徹底解説
図解 建築の力学 II

鈴木秀三・吉田競人・川上善嗣・黒木宏之

井上書院

まえがき

　建築の科目のうち，力学関係科目は敬遠されがちな科目の一つとされています。
　近年出版される構造力学関係の書籍は，講義を前提の教科書として講義回数に合わせて内容・テーマを絞り込み，構造力学を苦手とする学生に対し「力学は難しくない」ことを強調する意図もあって，見た目にきれいなイラストや多色刷りを採用し，説明も簡潔としたものが多くなっているように思います。講義のテキストとしては効率的であったとしても，建築の構造を理解させる観点からすると，現在の大学での力学に関する教育内容は表層的になりすぎているのではないかとの思いがあります。

　一方，建築構造の実務において要求される知識は，従来の大学教育の内容を遥かに凌駕する状況になっていると感じています。実務的にはパーソナル・コンピュータによる構造設計が可能な状況にはあるとはいえ，構造設計プロセスはブラックボックス化し，データ入力と出力だけに意識が集中され，建物全体の力の流れをアナログ感覚で捉えて安全性を確認する構造設計を軽んじる風潮を危惧しております。今こそ，パーソナル・コンピュータを前提とした教育内容の再構築が必要なときであると思われます。

　本書は『建築の力学Ⅰ』に続くもので，構造設計にはアナログ的感覚の涵養が重要であるとの考えのもと，古典的な骨組の変形と不静定構造の解法である弾性曲線式・モールの定理・たわみ角法・固定モーメント法・D値法，不静定構造の解法の根本となるエネルギー原理・仮想仕事法について労を厭わず詳細に説明したものです。これらに加え，最近の力学書では割愛されることが多かった直角変位図についても，部材の微小変形による骨組の変形をアナログ的に考えるうえで有用と考え，多くのページを割き説明しました。

　建築の力学を理解するためには一定の時間と根気が必要であり，その解説は冗長を厭わず詳細に繰り返し行うことが重要と考えています。本書が，建築の力学の基本原理についての理解を深め，実務に必要な応用的な構造知識習得の一助となれば，筆者らの望外の喜びとするところです。

　終わりに，本書の企画段階において貴重なるご意見をくださった故・横濱茂之先生（職業能力開発総合大学校教授）に対し感謝の意を表するとともに，出版に至るまでの長い期間忍耐強く督励くださった井上書院編集部の鈴木泰彦氏にお礼申し上げます。

2019（令和元）年6月

執筆者を代表して　鈴木　秀三

吉田　競人

徹底解説
図解　建築の力学II─目次

1 弾性曲線式による梁のたわみ ─────── 9
1-1 曲げモーメントによる弾性曲線の微分方程式 ─────── 9
（1）片持ち梁のたわみ ─────── 11
（2）静定梁のたわみ ─────── 15
1-2 せん断力による弾性曲線の微分方程式 ─────── 22
（1）梁のせん断変形 ─────── 23
1-3 梁における曲げ変形とせん断変形 ─────── 26
（1）等分布荷重を受ける単純梁の場合 ─────── 26
（2）スパン中央に集中荷重を受ける単純梁の場合 ─────── 26
（3）集中荷重を受ける片持ち梁の場合 ─────── 27

2 モールの定理による静定梁のたわみ ─────── 29
2-1 モールの定理の原理 ─────── 29
（1）力の釣合い式より誘導される微分方程式 ─────── 29
（2）微分方程式の相似性 ─────── 30
2-2 モールの定理による単純梁のたわみ ─────── 30
2-3 モールの定理による片持ち梁のたわみ ─────── 34

3 骨組の変形（直角変位図） ─────── 37
3-1 直角変位図の基本 ─────── 37
（1）直角変位点 ─────── 37
（2）直角変位図 ─────── 38
3-2 骨組の安定・不安定の判別 ─────── 40
（1）安定な骨組の直角変位図 ─────── 41
（2）不安定な骨組の直角変位図 ─────── 43
（3）〈基本則〉を活用して描く直角変位図 ─────── 44
3-3 異形ラーメンの部材角 ─────── 47
（1）3材により構成される異形ラーメン ─────── 47
（2）独立部材と従属部材 ─────── 50
（3）自由度の高い骨組の直角変位図 ─────── 51
3-4 静定トラスの変形（図式解法） ─────── 53
（1）ウィリオの変位図の基本 ─────── 53
（2）モールの回転変位図 ─────── 55
（3）ウィリオ‐モールの変位図によるトラスの変形 ─────── 57

4 弾性仕事に関する諸理論 ─────── 63
4-1 仕事の定義 ─────── 63
4-2 弾性仕事とエネルギー ─────── 63
（1）外力仕事 ─────── 64
（2）歪エネルギー（内力仕事） ─────── 65

(3) 部材の歪エネルギーの総量 ——————————————————— 69

　4-3 エネルギー保存の法則とその応用 ——————————————— 69

　4-4 相反作用の定理 ———————————————————————— 74

　　　(1) 載荷経路と外力仕事 —————————————————————— 74

　　　(2) マクスウェル - ベティの相反定理 ————————————— 75

　4-5 カスティリアーノの定理 ———————————————————— 77

　　　(1) 弾性体の全ポテンシャル・エネルギー ——————————— 77

　　　(2) カスティリアーノの第 1 定理 —————————————————— 77

　　　(3) カスティリアーノの第 2 定理（エンゲッサーの定理）————— 78

　　　(4) 最小仕事の原理 ———————————————————————— 79

5 仮想仕事法による静定骨組の変形 ————————————————— 93

　5-1 仮想仕事の原理 ———————————————————————— 93

　　　(1) 外力がなす仮想仕事（仮想外力仕事）——————————— 93

　　　(2) 応力がなす仮想仕事（仮想内力仕事）——————————— 95

　5-2 骨組の仮想仕事 ———————————————————————— 97

　　　(1) 骨組の仮想外力仕事 —————————————————————— 97

　　　(2) 骨組の仮想内力仕事 —————————————————————— 98

　　　(3) 仮想外力仕事と仮想内力仕事の関係 ——————————— 98

　5-3 各種の応力に対応する仮想仕事式 ——————————————— 99

　　　(1) 軸方向力に対応する仮想仕事式 ———————————————— 99

　　　(2) 曲げ応力に対応する仮想仕事式 ———————————————— 100

　　　(3) せん断力に対応する仮想仕事式 ———————————————— 101

　　　(4) 仮想仕事の一般式 —————————————————————— 102

　5-4 骨組のたわみと回転角 ———————————————————— 103

　　　(1) 梁のたわみ —————————————————————————— 103

　　　(2) トラスのたわみ ———————————————————————— 126

　　　(3) 骨組のたわみ ————————————————————————— 129

6 不静定構造の解法種類と固定端モーメント ————————————— 139

　6-1 応力法と変形法 ———————————————————————— 139

　6-2 応力法による解法の原理 ———————————————————— 139

　　　(1) 解法例 1　一端固定・他端ローラー支持梁 ————————— 140

　　　(2) 解法例 2　一端固定・他端ピン支持梁 ——————————— 142

　　　(3) 解法例 3　両端固定梁 ———————————————————— 142

　6-3 固定端モーメント ——————————————————————— 144

7 たわみ角法 ———————————————————————————— 149

　7-1 たわみ角法の基本仮定 ———————————————————— 149

　　　(1) 線材仮定 ——————————————————————————— 149

　　　(2) 剛節仮定と節点モーメント —————————————————— 149

　　　(3) 考慮する変形と材長不変の仮定 ———————————————— 150

　7-2 たわみ角法で使用される用語と定義の概説 ——————————— 150

　　　(1) 材端モーメント ———————————————————————— 150

　　　(2) たわみ角 ——————————————————————————— 151

（3）部材角 ——————————————————————— 151

（4）中間荷重と固定端モーメント ——————————— 151

（5）剛　度 ———————————————————————— 152

（6）剛　比 ———————————————————————— 152

7-3 たわみ角法の基本式 ————————————————— 152

（1）単純梁に作用する材端モーメント（モーメント外力）— 152

（2）節点が移動し部材角 R が生じた場合の回転角 ————— 153

（3）中間荷重が作用した場合のたわみ角 ——————— 154

（4）たわみ角法の基本式 ———————————————— 154

7-4 たわみ角法による骨組応力の計算手順 ——————— 156

7-5 節点移動のない梁の計算手順 ——————————— 160

（1）両端固定梁 ————————————————————— 160

（2）一端固定・他端ピン支持梁 ——————————— 161

（3）連続梁 —————————————————————— 163

7-6 節点移動のない骨組の計算手順 ——————————— 166

（1）外力モーメントを受ける場合 —————————— 166

（2）中間荷重を受ける場合 ————————————— 169

7-7 節点移動のある骨組の計算手順 ——————————— 172

7-8 対称条件を満足する場合の解法 ——————————— 177

（1）奇数スパンの場合の変形 ———————————— 177

（2）偶数スパンの場合の変形 ———————————— 178

7-9 マトリックス演算による解法 ——————————— 179

7-9-1 たわみ角法基本式のマトリックス表現 ——————— 179

7-9-2 マトリックスを用いる解法の計算手順 ——————— 180

7-9-3 節点移動のない骨組の解法例 —————————— 181

（1）解法例1　鉛直荷重を受ける屈折骨組 ————— 181

（2）解法例2　鉛直荷重を受ける2層1スパン骨組 — 183

7-9-4 節点移動のある骨組の解法 ——————————— 188

（1）解法例1　水平力を受ける1層1スパン骨組 —— 188

（2）解法例2　水平力を受ける2層2スパン骨組 —— 192

（3）解法例3　非対称荷重を受ける骨組 ————— 198

7-9-5 異形ラーメンの解法 —————————————— 202

（1）解法例1　鉛直荷重を受ける場合 ——————— 203

（2）解法例2　水平荷重を受ける場合 ——————— 208

（3）直角変位図を利用した仮想仕事式 ——————— 212

7-9-6 表計算ソフトによるマトリックス演算 ——————— 219

8 固定モーメント法 ———————————————————— 223

8-1 固定モーメント法の基本仮定と概念 ——————————— 223

（1）到達モーメントと分配モーメント ———————— 223

8-2 連続梁の解法 —————————————————————— 225

（1）モーメント荷重を受ける連続梁 ————————— 225

（2）中間荷重を受ける連続梁 ———————————— 228

（3）中間荷重を受ける3連続梁 —————————— 230

8-3 節点移動のないラーメン骨組の解法 ——————————— 232

（1）剛節骨組 ──────────────────── 233

（2）1層1スパンのラーメン骨組 ──────────── 235

（3）2層1スパンのラーメン骨組 ──────────── 240

8-4 変形対称性と有効剛比の活用 ──────────── 243

（1）有効剛比の考え方 ─────────────── 243

（2）他端ピンの場合の有効剛比の利用 ──────── 244

（3）対称変形骨組の場合の有効剛比の利用 ────── 244

（4）偶数スパンの対称変形骨組の場合 ──────── 245

8-5 節点移動のあるラーメンの解法（概説） ─────── 248

（1）水平力により部材角が生じる骨組 ──────── 248

（2）部材角だけが生じる場合のたわみ角法の基本式 ── 248

（3）水平力を受けるラーメン ───────────── 249

（4）非対称鉛直荷重を受けるラーメン ──────── 249

9 水平力を受ける骨組の解法（D 値法） ────────── 253

9-1 D 値法によるラーメンの解法原理 ─────────── 253

（1）層方程式と柱のせん断力 ───────────── 253

（2）せん断力分布係数 D ───────────── 254

（3）反曲点高比 ────────────────── 260

9-2 D 値法による部材の応力・反力の算定手順 ───── 262

（1）柱の柱頭・柱脚モーメントの算定 ──────── 262

（2）梁の応力（曲げモーメント，せん断力）の算定 ─── 264

9-3 D 値法による応力算定例 ─────────────── 265

9-3-1 1層1スパンラーメンの例 ───────────── 265

（1）柱の柱頭・柱脚モーメントの算定 ──────── 265

（2）梁の応力（曲げモーメント，せん断力）の算定 ── 266

9-3-2 2層2スパンラーメンの例 ───────────── 267

（1）柱の柱頭・柱脚モーメントの算定 ──────── 267

（2）梁の応力（曲げモーメント，せん断力）の算定 ── 269

9-4 建物のねじれと偏心率 ─────────────── 271

（1）建物としての基本的な挙動 ───────────── 271

（2）ねじりモーメントを受ける円柱の基本式 ───── 272

（3）偏心率とねじり補正係数 ───────────── 273

9-5 偏心率等の計算例 ──────────────── 276

10 仮想仕事法による不静定構造の解法 ──────────── 279

10-1 仮想仕事法による不静定構造の解法原理 ─────── 279

（1）解法例1 ──────────────────── 279

（2）解法例2 ──────────────────── 281

（3）変形の連続条件の定式化 ───────────── 281

10-2 ラーメン系骨組の解法例 ───────────── 282

10-3 トラスの解法例 ──────────────── 284

（1）外的1次不静定トラス ────────────── 286

（2）内的1次不静定トラス ────────────── 287

10-4 交差梁の解法例 ──────────────── 289

（1）集中荷重を受ける交差梁 ———————————————— 289
（2）等分布荷重を受ける交差梁 ——————————————— 290

参考図書 ————————————————————————————— 292
索　引 ————————————————————————————————— 293

1 弾性曲線式による梁のたわみ

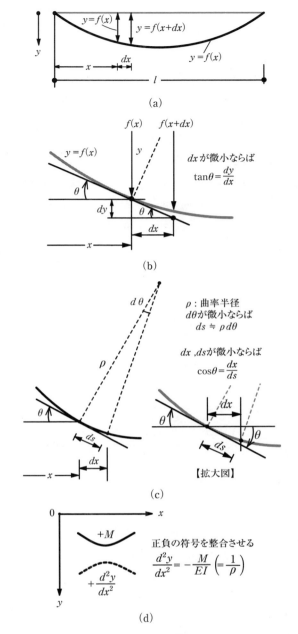

梁が力や曲げモーメントを受けると，梁はたわむ（撓む：変形する）。

梁のたわみの状態を関数 $y = f(x)$ と表わすことができれば，梁の任意の位置の変形状態を知ることができる。

建築分野では，曲げモーメントによる変形が重要視され，梁のたわみといえば，断りのない限り曲げモーメントによるたわみを指すことが一般的であるが，本章では，曲げモーメントとせん断力によるたわみについて説明する。

1-1 曲げモーメントによる弾性曲線の微分方程式

梁のたわみを表わす式〔$y = f(x)$〕を弾性曲線式（たわみ曲線式）という。

梁が曲げモーメントを受けてたわんだ場合の弾性曲線式は，曲げモーメント（M）と梁材の特性（E, I）によって決まるが，それらの間には，弾性曲線（たわみ曲線）の微分方程式とよばれる，次の関係がある。

$$\frac{d^2y}{dx^2} = -\frac{M}{EI}$$

この式は，梁の曲げモーメントによる変形曲線（たわみ曲線）を求める基本式で，以下では上式の誘導とその応用について説明する。

① 梁の変形が，図1-1(a)のように弾性曲線 $y = f(x)$ と表わすことができるものとして，図(b)のように梁の x 点位置の変形に注目する。

$y = f(x)$ の導関数 $\frac{dy}{dx}$ (y'：$f'(x)$, $\frac{d}{dx}f(x)$) は曲線の x 点における接線の傾きを表わすので，x 点での傾きを θ とすれば，次の関係があることになる。

$$\tan\theta = \frac{dy}{dx} \tag{1.1}$$

② この変形を図(c)のように極座標系で考えると，極座標に関して次式が成立する。

図 1-1 曲げ変形と微分方程式

$$ds \fallingdotseq \rho d\theta \tag{1.2}$$

$$\therefore \frac{1}{\rho} = \frac{d\theta}{ds}$$

また，『建築の力学 I』の7章において，曲げ応力度は，次式で表現できることを説明している。

$$\frac{1}{\rho} = \frac{M}{EI} \tag{1.3}$$

ρ ：曲率半径

$\dfrac{1}{\rho}$：曲率

M：曲げモーメント

EI：曲げ剛性

③ (1.1) 式と (1.2) 式は，x-y 座標と極座標とでは表現が異なるが，両式ともに梁の変形式 $y = f(x)$ の x 点における接線の傾きに関係する式である。

(1.1) 式と (1.2) 式，さらには (1.3) 式を関連づけることによって，梁のたわみ y と作用するモーメント (M)，材の特性 (E, I) との関係が得られる。

まず，(1.1) 式の両辺を s について微分して，$\dfrac{d\theta}{ds}$ を求める。

左辺：$\dfrac{d(\tan\theta)}{ds} = \dfrac{d(\tan\theta)}{d\theta} \cdot \dfrac{d\theta}{ds} = \dfrac{1}{\cos^2\theta} \cdot \dfrac{d\theta}{ds}$

右辺：$\dfrac{d}{ds}\left(\dfrac{dy}{dx}\right) = \dfrac{d}{dx}\left(\dfrac{dy}{dx}\right) \cdot \dfrac{dx}{ds} = \dfrac{d^2y}{dx^2} \cdot \dfrac{dx}{ds}$

左辺＝右辺：$\dfrac{1}{\cos^2\theta} \cdot \dfrac{d\theta}{ds} = \dfrac{d^2y}{dx^2} \cdot \dfrac{dx}{ds}$

$\Rightarrow \quad \dfrac{d\theta}{ds} = \dfrac{d^2y}{dx^2} \cdot \underset{\cos\theta}{\underbrace{\dfrac{dx}{ds}}} \cdot \cos^2\theta$

$\therefore \quad \dfrac{d\theta}{ds} = \dfrac{d^2y}{dx^2} \cdot \cos^3\theta \qquad (1.4)$

ここで，$\cos\theta$ と $\tan\theta$ との関係について考える。

$$\cos^2\theta = \dfrac{\cos^2\theta}{1} = \dfrac{\cos^2\theta}{\cos^2\theta + \sin^2\theta}$$
$$= \dfrac{1}{\left(\dfrac{\cos^2\theta + \sin^2\theta}{\cos^2\theta}\right)} = \dfrac{1}{1 + \tan^2\theta}$$

$\therefore \quad \cos\theta = \sqrt{\dfrac{1}{1 + \tan^2\theta}} = \dfrac{1}{(1 + \tan^2\theta)^{\frac{1}{2}}}$

となるので，$\cos^3\theta$ は次のように表わせる。

$$\cos^3\theta = \dfrac{1}{(1 + \tan^2\theta)^{\frac{3}{2}}}$$

したがって，(1.4) 式は次のように表わせる。

$$\dfrac{d\theta}{ds} = \dfrac{d^2y}{dx^2} \cdot \dfrac{1}{(1 + \tan^2\theta)^{\frac{3}{2}}} \qquad (1.5)$$

また，(1.2) 式と (1.5) 式の関係から，次式を得る。

$$\dfrac{1}{\rho} = \dfrac{d\theta}{ds} = \dfrac{d^2y}{dx^2} \cdot \dfrac{1}{(1 + \tan^2\theta)^{\frac{3}{2}}} \qquad (1.6)$$

(1.1) 式より $\tan\theta = \dfrac{dy}{dx}$ であるから，(1.6) 式は，次のように表現できる。

$$\dfrac{1}{\rho} = \dfrac{d^2y}{dx^2} \cdot \dfrac{1}{\left\{1 + \left(\dfrac{dy}{dx}\right)^2\right\}^{\frac{3}{2}}} \qquad (1.7)$$

(1.7) 式は非線形微分方程式であり，これを厳密に解くことは相当難しい。一般的には，直線な梁のたわみ角（回転角）$\dfrac{dy}{dx}$ は相当微小であり，微小な $\dfrac{dy}{dx}$ の 2 乗である $\left(\dfrac{dy}{dx}\right)^2$ は，さらに微小であるので，$\left(\dfrac{dy}{dx}\right)^2 \doteqdot 0$ としても誤差は小さいと考える。

このように考えれば，(1.7) 式は次式のように簡単になる。

$$\dfrac{1}{\rho} = \dfrac{d^2y}{dx^2} \qquad (1.8)$$

④ (1.8) 式と (1.2) 式とは同じ曲率 ($1/\rho$) を表わす式である。図(d)のように，たわみを考える場合では y 軸を下向きを正（＋）としている関係から，曲げモーメント M は上向き凹が正（＋），一方，数学では y 軸の上向きを正（＋）としているので，$\dfrac{d^2y}{dx^2}$ は下向き凹が正（＋）となる。したがって，力学と数学との符号を合わせるために，M または $\dfrac{d^2y}{dx^2}$ のいずれかに負号（－）を付けることが必要となる。

― メモ ―

① (1.7) 式は，微分幾何学において，曲線の曲率に関する公式として知られている。

② (1.8) 式は，たわみ角が微小な場合に成立するが，曲がった梁（曲がり梁）や変形の大きな梁（大変形問題）では無視できないので，この影響を厳密に考慮することが必要となる。

(1.3) 式，(1.8) 式の符号を考えれば，次式を得る。

$$\frac{d^2y}{dx^2} = -\frac{M}{EI}\left(=\frac{1}{\rho}\right) \quad (1.9)$$

この式は，曲げモーメントにより生じる弾性曲線（たわみ曲線）の微分方程式である。

梁の曲げモーメントによる変形は，(1.9) 式の微分方程式を解くことにより求めることができる。

(1.9) 式の右辺の曲げモーメント M は，通常，x の関数で表現されるので，x 点におけるモーメントを M_x とすれば，

基本式：$\dfrac{d^2y}{dx^2} = -\dfrac{M_x}{EI}$ （1.10）

この式を 1 回積分すれば x 点での接線＝たわみ角（回転角）$\dfrac{dy}{dx}$ が，さらに $\dfrac{dy}{dx}$ を積分すれば，x 点のたわみ y が求められることになる。

たわみ角（回転角）θ

$$\theta = \frac{dy}{dx} = \int \frac{d^2y}{dx^2}dx = -\int \frac{M_x}{EI}dx \quad (1.11)$$

たわみ y

$$y = \int \frac{dy}{dx}dx = -\iint \frac{M_x}{EI}dx\cdot dx \quad (1.12)$$

以下の項では，この微分方程式を用いて，代表的な静定梁の弾性曲線の求める。

(1) 片持ち梁のたわみ

一端固定，他端自由支持された梁（片持ち梁）のたわみを前項で求めた (1.10)～(1.12) 式の弾性曲線の微分方程式にもとづいて求める。

例題 1-1 例題図 1-1(a)のような先端に集中荷重を受ける片持ち梁（E, I は全長で一定）の変形を求めなさい。

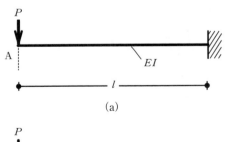

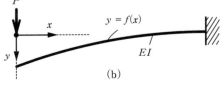

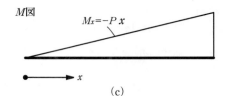

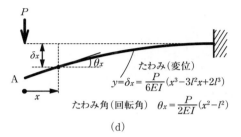

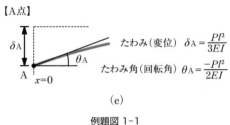

例題図 1-1

[解答]

先端に力 P を受けた梁は，図(b)のように変形することが予想される。

たわみ曲線（弾性曲線）が $y = f(x)$ と表現できるとして，弾性曲線の微分方程式を解いて，たわみ曲線を求める。

(1) 曲げモーメント

この梁のモーメントは，図(c)の M 図に示すように $M_x = -Px$ である。

(2) 微分方程式

微分方程式の基本式より，次の方程式を得る。

$$\frac{d^2y}{dx^2} = -\frac{M}{EI} = -\frac{(-Px)}{EI} = \frac{Px}{EI} \quad ①$$

この方程式を満足する $y = f(x)$ を求めれば，たわみ曲線の形状がわかる。

①式より，

$$\frac{d^2y}{dx^2} = \frac{Px}{EI}$$

であるので，両辺を積分すれば，

$$\frac{dy}{dx} = \int \frac{Px}{EI}dx = \frac{1}{EI}\left\{P\left(\frac{x^2}{2}\right) + c_1\right\} \quad ②$$

さらに両辺を積分すれば，

$$y = \int \frac{dy}{dx}dx = \frac{1}{EI}\left(P\frac{1}{2}\times\frac{x^3}{3} + c_1x + c_2\right)$$

$$= \frac{1}{EI}\left(\frac{Px^3}{6} + c_1x + c_2\right) \quad ③$$

(3) 境界条件

積分定数 c_1, c_2 は，境界条件により決定する。

支点 $(x = l)$ は固定端なので，変形は0 $(y=0)$，たわみ角（回転角）も $0\left(\dfrac{dy}{dx}=0\right)$ である。すなわち，

②式より

・$x = l$ で $\dfrac{dy}{dx} = 0$

$$0 = \dfrac{1}{EI}\left\{P\left(\dfrac{l^2}{2}\right)+c_1\right\} \Rightarrow c_1 = -\dfrac{Pl^2}{2}$$

③式より

・$x = l$ で $y = 0$

$$0 = \dfrac{1}{EI}\left\{\dfrac{Pl^3}{6}+\underbrace{\left(-\dfrac{Pl^2}{2}\right)}_{c_1}\times l+c_2\right\}$$

$$\Rightarrow c_2 = \dfrac{Pl^3}{2}-\dfrac{Pl^3}{6}=\dfrac{(3-1)Pl^3}{6}=\dfrac{Pl^3}{3}$$

(4) 変形曲線

求めた c_1, c_2 を②，③式に代入すれば，たわみ（弾性）曲線式は次のようになる。

たわみ角（回転角）：②式より

$$\theta_x = \dfrac{dy}{dx} = \dfrac{1}{EI}\left(\dfrac{Px^2}{2}-\dfrac{Pl^2}{2}\right)$$

$$= \dfrac{P}{2EI}(x^2-l^2) \quad ④$$

たわみ（変位）：③式より

$$y = \dfrac{1}{EI}\left(\dfrac{Px^3}{6}-\dfrac{Pl^2}{2}x+\dfrac{Pl^3}{3}\right)$$

$$= \dfrac{P}{6EI}(x^3-3l^2x+2l^3) \quad ⑤$$

(5) たわみ

変形曲線が求められたので（図(d)参照），任意の点の変形を求めることができる。

ここで，加力点（自由端 A：$x=0$）のたわみ δ_A とたわみ回転角 θ_A を求めてみる。

④，⑤式に $x = 0$ を代入すれば，

$$\theta_A = \theta_{x=0} = \dfrac{P}{2EI}(0-l^2) = \dfrac{-Pl^2}{2EI}$$

$$\delta_A = y_{x=0} = \dfrac{P}{6EI}(0-3l^2\cdot 0+2l^3) = \dfrac{Pl^3}{3EI}$$

なお，たわみ曲線式は点 A の y 方向変位しか考慮していないので，A 点の x 方向変位は 0 と考えていることになる。

例題 1-2 例題図 1-2(a)のような等分布荷重 w が作用した片持ち梁（E, I は全長で一定）の自由端 A のたわみ δ_A とたわみ（回転）角 θ_A を求めなさい。

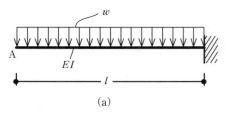

(a)

M図

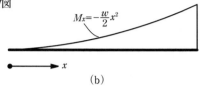

(b)

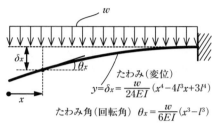

たわみ（変位）$y=\delta_x=\dfrac{w}{24EI}(x^4-4l^3x+3l^4)$

たわみ角（回転角）$\theta_x = \dfrac{w}{6EI}(x^3-l^3)$

(c)

【A点】

たわみ（変位）$\delta_A = \dfrac{wl^4}{8EI}$

たわみ角（回転角）$\theta_A = -\dfrac{wl^3}{6EI}$

(d)

例題図 1-2

解答

(1) 曲げモーメントは図(b)のとおり。

$$M_x = -\dfrac{wx^2}{2}$$

(2) 微分方程式は次式となる。

$$\dfrac{d^2y}{dx^2} = -\dfrac{M}{EI} = -\dfrac{1}{EI}\times\dfrac{-wx^2}{2} = \dfrac{w}{2EI}x^2 \quad ①$$

両辺を積分すると，

$$\dfrac{dy}{dx} = \int\dfrac{w}{2EI}x^2 dx = \dfrac{1}{EI}\left(\dfrac{w}{2}\cdot\dfrac{x^3}{3}+c_1\right)$$

$$= \dfrac{1}{EI}\left(\dfrac{w}{6}x^3+c_1\right) \quad ②$$

さらに積分すると，

$$y = \int\dfrac{dy}{dx}dx = \dfrac{1}{EI}\left(\dfrac{w}{6}\cdot\dfrac{x^4}{4}+c_1x+c_2\right)$$

$$= \dfrac{1}{EI}\left(\dfrac{w}{24}x^4+c_1x+c_2\right) \quad ③$$

(3) 境界条件

支点 $(x = l)$ は固定端なので，

$y = 0$, たわみ角 $\frac{dy}{dx} = 0$ である。

・$x = l$ で $\frac{dy}{dx} = 0$

$$0 = \frac{1}{EI}\left(\frac{wl^3}{6} + c_1\right) \Rightarrow c_1 = -\frac{wl^3}{6}$$

・$x = l$ で $y = 0$

$$0 = \frac{1}{EI}\left(\frac{wl^4}{24} - \frac{wl^3}{6} \times l + c_2\right)$$

$$\Rightarrow c_2 = -\frac{wl^4}{24} + \frac{wl^4}{6} = \frac{3wl^4}{24} = \frac{wl^4}{8}$$

(4) 変形曲線

したがって、弾性曲線式は次のようになる（図(c)）。

たわみ角（回転角）

$$\theta_x = \frac{dy}{dx} = \frac{1}{EI}\underbrace{\left(\frac{wx^3}{6} - \frac{wl^3}{6}\right)}_{\frac{w}{6}x^3 + c_1}$$

$$= \frac{w}{6EI}(x^3 - l^3) \quad ④$$

たわみ：③式に c_1, c_2 を代入

$$y = \frac{1}{EI}\underbrace{\left(\frac{w}{24}x^4 - \frac{wl^3}{6}x + \frac{wl^4}{8}\right)}_{\frac{w}{24}x^4 + c_1 x + c_2}$$

$$= \frac{w}{24EI}(x^4 - 4l^3 x + 3l^4) \quad ⑤$$

(5) たわみ

自由端 A ($x = 0$) のたわみ（回転）角 θ_A とたわみ δ_A は、④，⑤式に $x = 0$ を代入すれば求められる（図(d)）。

$$\theta_A = \theta_{x=0} = \frac{w}{6EI}(0 - l^3) = \frac{-wl^3}{6EI}$$

$$\delta_A = y_{x=0} = \frac{w}{24EI}(0 - 4l^3 \times 0 + 3l^4) = \frac{3wl^4}{24EI}$$

$$= \frac{wl^4}{8EI}$$

例題 1-3 例題図 1-3(a)のようなモーメント M が作用した片持ち梁（E, I は全長で一定）の自由端 A のたわみ θ_A とたわみ（回転）角 δ_A を求めなさい。

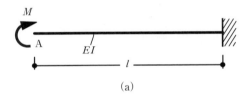

(a)

M図

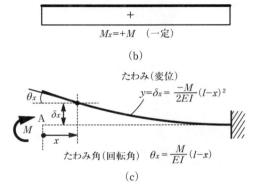

$M_x = +M$（一定）

(b)

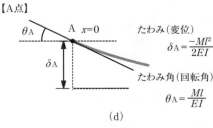

たわみ（変位）

$y = \delta_x = \frac{-M}{2EI}(l-x)^2$

たわみ角（回転角） $\theta_x = \frac{M}{EI}(l-x)$

(c)

【A点】

θ_A, $x = 0$

たわみ（変位） $\delta_A = \frac{-Ml^2}{2EI}$

たわみ角（回転角） $\theta_A = \frac{Ml}{EI}$

(d)

例題図 1-3

解答

(1) 曲げモーメント

図(b)より、$M_x = M$（一定）

(2) 微分方程式

$$\frac{d^2y}{dx^2} = -\frac{M}{EI} \quad ①$$

両辺を積分すれば、

$$\frac{dy}{dx} = \frac{1}{EI}(-Mx + c_1) \quad ②$$

さらに両辺を積分すれば、

$$y = \frac{1}{EI}\left(-M\frac{x^2}{2} + c_1 x + c_2\right) \quad ③$$

(3) 境界条件

積分定数 c_1, c_2 を境界条件によって求める。

支点（$x = l$）は固定端であるので、変形は（$y = 0$）、たわみ角は $\left(\frac{dy}{dx} = 0\right)$ である。

・$x = l$ で $\frac{dy}{dx} = 0$：②式より

$$0 = \frac{1}{EI}(-Ml + c_1) \Rightarrow c_1 = Ml$$

・$x = l$ で $y = 0$ で：③式より

$$0 = \frac{1}{EI}\left(-M \cdot \frac{l^2}{2} + Ml \cdot l + c_2\right)$$

$$\Rightarrow c_2 = \frac{Ml^2}{2} - Ml^2 = -\frac{Ml^2}{2}$$

1 弾性曲線式による梁のたわみ

(4) 弾性曲線式

求めた c_1, c_2 を②, ③式に代入すれば，弾性曲線式は次のようになる。

たわみ角（回転角）
$$\theta_x = \frac{dy}{dx} = \frac{1}{EI}(-Mx + Ml)$$
$$= \frac{M}{EI}(l-x) \quad ④$$

たわみ
$$y = \frac{M}{EI}\left(-\frac{x^2}{2} + lx - \frac{l^2}{2}\right) = \frac{-M}{2EI}(l-x)^2 \quad ⑤$$

(5) たわみ

δ_A と θ_A は④, ⑤式に $x=0$ を代入すれば求められる。

$$\theta_A = \theta_{x=0} = \frac{Ml}{EI}$$

$$\delta_A = y_{x=0} = -\frac{Ml^2}{2EI}$$

例題 1-4 例題図 1-4(a) のような片持ち梁の先端に集中荷重が作用した場合の先端 A の変位とたわみ角を求めなさい。ただし，材の断面は 90 mm × 90 mm，ヤング係数は $7 \times 10^3 \, \text{N/mm}^2$ とする。

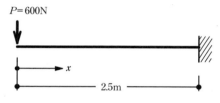

(a)

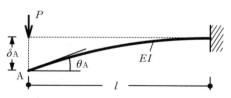

たわみ（変位） $\delta_A = \dfrac{Pl^3}{3EI} = 81.7$ （mm）

たわみ角（回転角） $\theta_A = \dfrac{-Pl^2}{2EI} = 0.049$ （rad）

(b)

例題図 1-4

解答

$$I = \frac{90 \times 90^3}{12} = 5.468 \times 10^6 \, \text{mm}^4$$

$$E = 7 \times 10^3 \, \text{N/mm}^2$$

すでに求めた式（例題 1-1 図(c)）に数値を代入して求める（図(b)）。

$$\delta_A = \frac{Pl^3}{3EI} = \frac{(6 \times 10^2) \times (2.5 \times 10^3)^3}{3 \times (7 \times 10^3) \times \left(\dfrac{90 \times 90^3}{12}\right)}$$

$$= \frac{93.75 \times 10^{11}}{1.148 \times 10^{11}} \fallingdotseq 81.66 = 81.7 \, \text{mm}$$

$$\theta_A = \frac{-Pl^2}{2EI} = \frac{-(6 \times 10^2) \times (2.5 \times 10^3)^2}{2 \times (7 \times 10^3) \times (5.468 \times 10^6)}$$

$$= -\frac{3.750 \times 10^9}{7.655 \times 10^{10}} = -0.04899 \, \text{rad} \, (= -2.807°)$$

例題 1-5 例題図 1-5(a) のような片持ち梁の先端（B 点）の変位を求めなさい。ただし，材の断面は 90 mm 角，ヤング係数は $7 \times 10^3 \, \text{N/mm}^2$ とする。

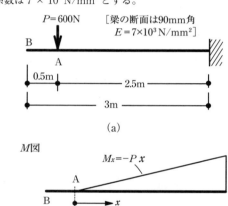

(a)

M図

(b)

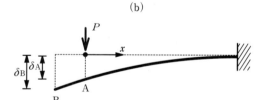

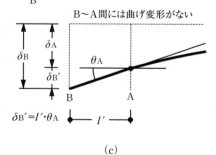

$\delta_{B'} = l' \cdot \theta_A$

(c)

例題図 1-5

解答

A 点の変形は例題 1-1 と同じ式で求められる。A 〜 B 間

には力が作用していないので，曲げモーメントは0でA〜B間の材は曲げ変形をしないが，A点が回転するので，その角度により材の先端Bは下方向変位する。したがって，

$$\delta_B = \delta_A + l' \cdot \theta_A$$
$$= \frac{Pl^3}{3EI} + \underset{\substack{\text{A点を原点とすれば}\\\text{座標上は負}}}{l'} \times \left(-\frac{Pl^2}{2EI}\right)$$
$$= 81.66 + \frac{(0.5 \times 10^3) \times (6 \times 10^2) \times (2.5 \times 10^3)^2}{2 \times (7 \times 10^3) \times (5.468 \times 10^6)}$$
$$= 81.66 + \frac{18.75 \times 10^{11}}{76.55 \times 10^9} = 81.66 + 24.49$$
$$\fallingdotseq 106.2 \text{ mm}$$

(2) 静定梁のたわみ

単純支持（一端ピン・他端ローラー支持）された梁の変形を弾性曲線の微分方程式にもとづいて求める。

例題 1-6 例題図 1-6(a)のような等分布荷重を受ける単純梁（E, Iは全長で一定）のたわみ曲線とA〜C点の変位とたわみ角を求めなさい。

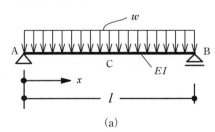

(a)

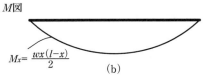

$M_x = \frac{wx(l-x)}{2}$

(b)

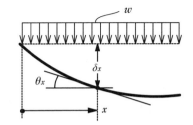

たわみ角（回転角）　$\theta_x = \frac{w}{24EI}(4x^3 - 6lx^2 + l^3)$

たわみ（変位）　$y = \delta_x = \frac{w}{24EI}(x^4 - 2lx^3 + l^3x)$

(c)

$$y' = \theta_x = \frac{w}{24EI}(4x^3 - 6lx^2 + l^3)$$
$a = (4x^3 - 6lx^2 + l^3)$とおいてグラフ化し，$a=0$となるxの値を同定する。グラフより，$x=l/2$のとき$a=0$である。

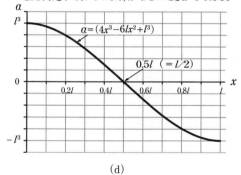

(d)

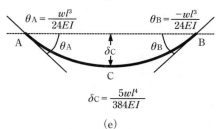

$\theta_A = \frac{wl^3}{24EI}$　　$\theta_B = \frac{-wl^3}{24EI}$

$$\delta_C = \frac{5wl^4}{384EI}$$

(e)

例題図 1-6

解答

(1) 曲げモーメント（図(b)参照）
$$M_x = \frac{w}{2}x(l-x) = \frac{wl}{2}x - \frac{w}{2}x^2$$

(2) 微分方程式
(1.10) 式より，
$$\frac{d^2y}{dx^2} = -\frac{M_x}{EI} = -\frac{1}{EI}\left(\frac{wl}{2}x - \frac{w}{2}x^2\right) \quad ①$$

両辺を1回積分すると，たわみ角となる。
$$\frac{dy}{dx} = -\frac{1}{EI}\left(\frac{wl}{2} \cdot \frac{x^2}{2} - \frac{w}{2} \cdot \frac{x^3}{3} + c_1\right)$$
$$= \frac{1}{EI}\left(-\frac{wl}{4}x^2 + \frac{w}{6}x^3 - c_1\right) \quad ②$$

さらに，両辺を積分すると，変位となる。
$$y = \frac{1}{EI}\left(-\frac{wl}{4} \cdot \frac{x^3}{3} + \frac{w}{6} \cdot \frac{x^4}{4} - c_1 x + c_2\right)$$
$$= \frac{1}{EI}\left(-\frac{wl}{12}x^3 + \frac{w}{24}x^4 - c_1 x + c_2\right) \quad ③$$

(3) 境界条件
境界条件により，係数c_1, c_2を決定する。
1) 支点位置：$x=0$で$y=0$，③式より
$$0 = \frac{1}{EI} \cdot c_2 \text{ より } c_2 = 0$$

2) 支点位置：$x=l$で$y=0$，③式より

$$0 = \frac{1}{EI}\left(\underbrace{\frac{-wl^4}{12} + \frac{wl^4}{24}}_{\frac{-wl^4}{24}} - c_1 l\right) \text{ より}$$

$$\Rightarrow c_1 = \frac{-wl^3}{24}$$

(4) 変形曲線

したがって,弾性曲線式は次のようになる(図(c))。

たわみ角(回転角):②式より,

$$\theta_x = \frac{dy}{dx} = \frac{1}{EI}\left(-\frac{wl}{12}x^2 + \frac{w}{6}x^3 + \frac{wl^3}{24}x\right)$$

$$= \frac{w}{24EI}(4x^3 - 6lx^2 + l^3) \quad ④$$

たわみ:③式より,

$$y = \frac{1}{EI}\left(-\frac{wl}{4}x^3 + \frac{w}{24}x^4 + \frac{wl^3}{24}\right)$$

$$= \frac{w}{24EI}(x^4 - 2lx^3 + l^3 x) \quad ⑤$$

(5) たわみ

最大のたわみは,$y' = \theta_x = 0$ の点で極値をとるので,④式 $\theta_x = 0$ として求められる。

左右対称条件から,直感的に梁の中央部 $\left(x = \frac{l}{2}\right)$ で生じることがわかれば,それに従えばよい。不明な場合には,$y' = \theta_x$ をグラフ化して $y' = \theta_x = 0$ となる点を探すことになる(図(d))。

$$y_{max} = y_{x=\frac{l}{2}} = \frac{w}{24EI}\left\{\left(\frac{l}{2}\right)^4 - 2l\left(\frac{l}{2}\right)^3 + l^3 \times \frac{l}{2}\right\}$$

$$= \frac{wl^4}{24EI}\left(\frac{1}{16} - \frac{1}{4} + \frac{1}{2}\right)$$

$$= \frac{wl^4}{24EI}\left(\frac{1 - 4 + 8}{16}\right) = \frac{5wl^4}{384EI}$$

[暗記しておくと役に立つ]

最大または最小のたわみ角は,支点位置 $(x = 0, l)$ で生じる。直感的に不明な場合には,①式 = 0 として,$\theta_x = \frac{dy}{dx}$ の極値をとる点を求めることになる。

その値は,④式により計算される(図(e))。

$$x = 0 : \theta_{x=0} = \frac{wl^3}{24EI}$$

$$x = l : \theta_{x=l} = \frac{w}{24EI}(4l^3 - 6l \cdot l^2 + l^3)$$

$$= \frac{-wl^3}{24EI}$$

例題 1-7 　例題図 1-7(a)のようなスパン中央に集中荷重 P を受ける梁(E, I は全長で一定)の支点のたわみ角とスパン中央のたわみを求めなさい。

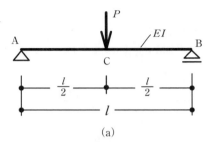

(a)

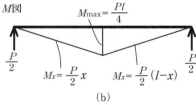

(b)

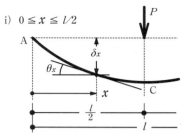

たわみ角(回転角)　$\theta_x = \frac{P}{16EI}(l^2 - 4x^2)$

たわみ(変位)　$y = \delta_x = \frac{P}{48EI}x(3l^2 - 4x^2)$

(c)

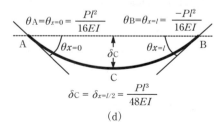

$\theta_A = \theta_{x=0} = \frac{Pl^2}{16EI}$ 　 $\theta_B = \theta_{x=l} = \frac{-Pl^2}{16EI}$

$\delta_C = \delta_{x=l/2} = \frac{Pl^3}{48EI}$

(d)

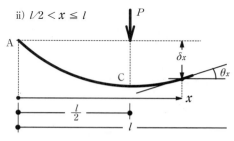

たわみ角(回転角)　$\theta_x = \frac{P}{16EI}(3l^2 - 8lx + 4x^2)$

たわみ(変位)　$y = \delta_x = \frac{P}{48EI}(-l^3 + 9l^2 x - 12lx^2 + 4x^3)$

(e)

例題図 1-7

(解答)

(1) 曲げモーメント (図(b))

1) $0 \leq x \leq \dfrac{l}{2}$: $M_x = \dfrac{P}{2}x$

2) $\dfrac{l}{2} < x \leq l$: $M_x = \dfrac{P}{2}(l-x)$

(2) 微分方程式

1) $0 \leq x \leq \dfrac{l}{2}$ ①

$$\dfrac{d^2y}{dx^2} = -\dfrac{M_x}{EI} = -\dfrac{P}{2EI}x$$

両辺を1回積分すると,

$$\dfrac{dy}{dx} = -\dfrac{P}{2EI}\left(\dfrac{x^2}{2} + c_1\right) \qquad ②$$

さらに積分すると,

$$y = -\dfrac{P}{2EI}\left(\dfrac{x^3}{6} + c_1 x + c_2\right) \qquad ③$$

2) $\dfrac{l}{2} < x \leq l$

$$\dfrac{d^2y}{dx^2} = -\dfrac{P}{2EI}(l-x)$$

両辺を1回積分すると,

$$\dfrac{dy}{dx} = -\dfrac{P}{2EI}\left(lx - \dfrac{x^2}{2} + c_3\right) \qquad ④$$

さらに積分すると,

$$y = -\dfrac{P}{2EI}\left(\dfrac{lx^2}{2} - \dfrac{x^3}{6} + c_3 x + c_4\right) \qquad ⑤$$

(3) 境界条件 $\left(0 \leq x \leq \dfrac{l}{2}\right)$

1) 支点A:$x = 0$ で $y = 0$,③式より

$$\dfrac{x^3}{6} + c_1 x + c_2 = 0 \quad \Rightarrow \quad c_2 = 0 \qquad ⑥$$

2) 直感的に「スパン中央で最大たわみ」がわかれば,

②式で,$x = \dfrac{l}{2}$ で $\dfrac{dy}{dx} = 0$

$$\dfrac{1}{2}\left(\dfrac{l}{2}\right)^2 + c_1 = 0 \quad \Rightarrow \quad c_1 = -\dfrac{l^2}{8} \qquad ⑦$$

これで,c_1,c_2 が決定される。

直感が働かない場合は,後で説明する。

(4) 変形曲線 $\left(0 \leq x \leq \dfrac{l}{2}\right)$

②式,③式に⑥式,⑦式を代入すれば,

たわみ角(回転角)

$$\theta_x = \dfrac{dy}{dx} = -\dfrac{P}{2EI}\left(\dfrac{x^2}{2} - \dfrac{l^2}{8}\right)$$

$$= \dfrac{P}{16EI}(l^2 - 4x^2) \qquad ⑧$$

たわみ

$$y = -\dfrac{P}{2EI}\left(\dfrac{x^3}{6} - \dfrac{l^2}{8}x\right)$$

$$= \dfrac{P}{48EI}x(3l^2 - 4x^2) \qquad ⑨$$

(5) たわみ

支点のたわみ角は,

支点A:⑧式において,$x=0$ より

$$\theta_x = \dfrac{Pl^2}{16EI}$$

支点B:左右対称条件より,

$$\theta_B = -\theta_A = -\dfrac{Pl^2}{16EI}$$

最大たわみは,スパン中央で $x = \dfrac{l}{2}$ より,

$$y = \dfrac{P}{48EI}x(3l^2 - 4x^2)$$

$$= \dfrac{P}{48EI} \times \dfrac{l}{2} \times \underbrace{\left\{3l^2 - 4\left(\dfrac{l}{2}\right)^2\right\}}_{2l^2}$$

$$= \dfrac{Pl^3}{48EI}$$

［暗記しておくと役に立つ］

(6) 境界条件:$\left(\dfrac{l}{2} < x \leq l\right)$

○「スパン中央で最大たわみ」という直感が働かない場合

1) ⑥式と同じ $c_2 = 0$

2) 支点B:$x = l$ で $y = 0$,⑤式より

$$\dfrac{l^3}{2} - \dfrac{l^3}{6} + lc_3 + c_4 = 0$$

$$\therefore \quad lc_3 + c_4 = -\dfrac{l^3}{3} \qquad ⑩$$

3) $x = \dfrac{l}{2}$ で,左右の式のたわみ角は等しい。

②式=④式

$$\dfrac{x^2}{2} + c_1 = lx - \dfrac{x^2}{2} + c_3$$

$$c_1 - c_3 = \dfrac{l^2}{2} - \dfrac{1}{2}\left(\dfrac{l}{2}\right)^2 - \dfrac{1}{2}\left(\dfrac{l}{2}\right)^2 = \dfrac{l^2}{4} \qquad ⑪$$

4) $x = \dfrac{l}{2}$ で,左右の式のたわみは等しい。

③式=⑤式,$(c_2 = 0)$

$$\dfrac{x^3}{6} + c_1 x + c_2 = \dfrac{lx^2}{2} - \dfrac{x^3}{6} + c_3 x + c_4$$

$$\dfrac{l}{2}\underbrace{(c_1 - c_3)}_{\frac{l^2}{4}} - c_4 = -\dfrac{1}{6}\left(\dfrac{l}{2}\right)^3 + \dfrac{l}{2}\left(\dfrac{l}{2}\right)^2 - \dfrac{1}{6}\left(\dfrac{l}{2}\right)^3$$

$$= -\dfrac{l^3}{48} + \dfrac{l^3}{8} - \dfrac{l^3}{48} = \dfrac{l^3}{12}$$

$$\Rightarrow c_4 = \dfrac{l}{2} \times \dfrac{l^2}{4} - \dfrac{l^3}{12} = \dfrac{3-2}{24}l^3 = \dfrac{l^3}{24} \qquad ⑫$$

1 弾性曲線式による梁のたわみ   17

⑩式より,
$$lc_3 = \left(-\frac{l^3}{3} - c_4\right) = -\frac{l^3}{3} - \frac{l^3}{24} = -\frac{9}{24}l^3$$
$$\Rightarrow c_3 = -\frac{3}{8}l^2 \qquad ⑬$$

⑪, ⑬式より,
$$c_1 = \frac{l^2}{4} + c_3 = \frac{l^2}{4} - \frac{3}{8}l^2 = \frac{-l^2}{8}$$

(7) 変形曲線

1) $0 \leq x \leq \frac{l}{2}$

たわみ角（回転角）
$$\theta_x = \frac{dy}{dx} = -\frac{P}{2EI}\left(\frac{x^2}{2} - \frac{l^2}{8}\right) = \frac{P}{16EI}(l^2 - 4x^2) \qquad ⑧$$

たわみ
$$y = -\frac{P}{2EI}\left(\frac{x^3}{6} - \frac{l^2}{8}x\right)$$
$$= \frac{P}{48EI}(3l^2x - 4x^3) \qquad ⑨$$

2) $\frac{l}{2} < x \leq l$ （図(e)）

たわみ角（回転角） ④式より
$$\theta_x = \frac{dy}{dx} = -\frac{P}{2EI}\left(lx - \frac{x^2}{2} - \frac{3}{8}l^2\right)$$
$$= \frac{P}{16EI}(3l^2 - 8lx + 4x^2) \qquad ⑭$$

たわみ：⑤式より
$$y = -\frac{P}{2EI}\left(\frac{lx^2}{2} - \frac{x^3}{6} - \frac{3l^2x}{8} + \frac{l^3}{24}\right)$$
$$= \frac{P}{48EI}(-l^3 + 9l^2x - 12lx^2 + 4x^3) \qquad ⑮$$

支点Bのたわみ角は⑭式において $x = l$ とすれば,
$$\theta_B = \frac{P}{16EI}(3l^2 - 8l^2 + 4l^2) = \frac{-Pl^2}{16EI}$$

スパン中央点Cのたわみは, ⑮式に $x = \frac{l}{2}$ を代入
$$y_C = \frac{P}{48EI}\left(-l^3 + \frac{9}{2}l^3 - \frac{12}{4}l^3 + 4 \times \frac{l^3}{8}\right) = \frac{Pl^3}{48EI}$$
当然のことながら, ⑨式による値と同じ.

例題 1-8　例題図1-8(a)のように集中荷重Pを受ける単純梁（E, Iは全長で一定）のたわみ曲線を求めなさい。

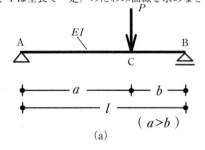

(a)

M図（反力）

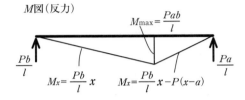

(b)

i) $0 \leq x \leq a$

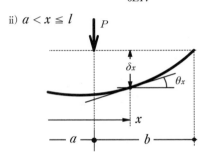

たわみ角（回転角）　$\theta_x = \frac{Pb}{6EIl}(l^2 - b^2 - 3x^2)$

たわみ（変位）　$y = \delta_x = \frac{Pbx}{6EIl}(l^2 - b^2 - x^2)$

ii) $a < x \leq l$

たわみ角（回転角）
$$\theta_x = \frac{P}{6EIl}\{b(l^2 - b^2 - 3x^2) + 3l(x-a)^2\}$$

たわみ（変位）
$$y = \delta_x = \frac{P}{6EIl}\{bx(l^2 - b^2 - x^2) + l(x-a)^3\}$$

(c)

例題図 1-8

【解答】

(1) 曲げモーメント（図(b)）

曲げモーメントを表わす式は, 加力点の左右で異なるので, 区間分けして考える.

$$0 \leq x \leq a : M_x = \frac{Pb}{l}x$$
$$a < x \leq l : M_x = \frac{Pb}{l}x - P(x-a) = \frac{Pa}{l}(l-x)$$

(2) 微分方程式

集中荷重の左側のたわみを y_1, 右側のたわみを y_2 とすれば,

$$0 \leq x \leq a : \frac{d^2y_1}{dx^2} = -\frac{M_x}{EI}$$

$$= -\frac{1}{EI}\left(\frac{Pb}{l}x\right) \qquad ①$$

$$a < x \leqq l: \quad \frac{d^2 y_2}{dx^2} = -\frac{M_x}{EI}$$

$$= -\frac{1}{EI}\left\{\frac{Pb}{l}x - P(x-a)\right\} \qquad ①'$$

1)　左側①式を積分すれば，

$0 \leqq x \leqq a$：

たわみ角（回転角）

$$\frac{dy_1}{dx} = -\frac{1}{EI}\left(\frac{Pb}{l}\cdot\frac{x^2}{2} + c_1\right)$$

$$= -\frac{1}{EI}\left(\frac{Pb}{2l}x^2 + c_1\right) \qquad ②$$

たわみ

$$y_1 = -\frac{1}{EI}\left(\frac{Pb}{2l}\cdot\frac{x^3}{3} + c_1 x + c_2\right)$$

$$= -\frac{1}{EI}\left(\frac{Pb}{6l}x^3 + c_1 x + c_2\right) \qquad ③$$

2)　右側①′式を積分すれば，

$a < x \leqq l$：

たわみ角（回転角）

$$\frac{dy_2}{dx} = -\frac{1}{EI}\left\{\frac{Pb}{l}\cdot\frac{x^2}{2} - P\frac{(x-a)^2}{2} + c_3\right\}$$

$$= -\frac{1}{EI}\left\{\frac{Pb}{l}x^2 - \frac{P}{2}(x-a)^2 + c_3\right\} \qquad ②'$$

たわみ

$$y_2 = -\frac{1}{EI}\left\{\frac{Pb}{6l}\cdot\frac{x^3}{3} - \frac{P}{2}\frac{(x-a)^3}{3} + c_3 x + c_4\right\}$$

$$= -\frac{1}{EI}\left\{\frac{Pb}{6l}x^3 - \frac{P(x-a)^3}{6} + c_3 x + c_4\right\} \qquad ③'$$

(3)　境界条件

　　未知数が4個なので，境界条件式が4個必要となる。次の4個の変形条件を考える。

1)　左支点（$x = 0$）でたわみ $y_1 = 0$

　③式より，

$$0 = -\frac{1}{EI}\left(\frac{Pb}{2l}\cdot 0^3 + c_1\cdot 0 + c_2\right) \Rightarrow c_2 = 0 \qquad ④$$

2)　支点（$x = l$）でたわみ $y_2 = 0$

　③′式より，

$$0 = -\frac{1}{EI}\left\{\frac{Pb}{6l}l^3 - \frac{P(l-a)^3}{6} + c_3 l + c_4\right\}$$

$$= -\frac{1}{EI}\left\{\frac{Pbl^2 - Pb^3}{6} + c_3 l + c_4\right\}$$

$$= -\frac{1}{EI}\left\{\frac{Pb(l^2 - b^2)}{6} + c_3 l + c_4\right\} \qquad ⑤$$

3)　加力点（$x = a$）で，左右のたわみ角の絶対値は等しいから，

$$\left(\frac{dy_1}{dx}\right)_{x=a} = \left(\frac{dy_2}{dx}\right)_{x=a}$$

　②式 ＝②′式より，

$$-\frac{1}{EI}\left(\frac{Pb}{2l}a^2 + c_1\right)$$

$$= -\frac{1}{EI}\left\{\frac{Pb}{2l}a^2 - \frac{P}{2}(a-a)^2 + c_3\right\}$$

$$\Rightarrow c_1 - c_3 = 0 \qquad ⑥$$

4)　加力点（$x = a$）で，左右の変位（y_1, y_2）は等しいことから，

$$(y_1)_{x=a} = (y_2)_{x=a}$$

　③式 ＝③′式より，

$$-\frac{1}{EI}\left(\frac{Pb}{6l}a^3 + c_1 a + c_2\right)$$

$$= -\frac{1}{EI}\left\{\frac{Pb}{6l}a^3 - \frac{P(a-a)^3}{6} + c_3 a + c_4\right\}$$

$$a\underbrace{(c_1 - c_3)}_{⑥式より 0} + \underbrace{c_2}_{④式より 0} - c_4 = 0 \Rightarrow c_4 = 0 \qquad ⑦$$

　⑤式より，

$$c_3 l + \frac{Pb(l^2 - b^2)}{6} = 0$$

$$\Rightarrow c_3 = \frac{-Pb(l^2 - b^2)}{6l} \qquad ⑧$$

　⑥式より，

$$c_1 = c_3 = \frac{-Pb(l^2 - b^2)}{6l} \qquad ⑨$$

(4)　変形曲線

　　したがって，たわみ角，たわみ曲線は次のようになる。

1)　$0 \leqq x \leqq a$

　左側：

たわみ角（回転角）

$$\theta_x = \frac{dy_1}{dx}$$

$$= -\frac{1}{EI}\left(\frac{Pb}{2l}x^2 - \frac{Pb(l^2 - b^2)}{6l}\right)$$

$$= \frac{Pb}{6EIl}(l^2 - b^2 - 3x^2) \qquad ⑩$$

たわみ

$$y_x = -\frac{1}{EI}\left(\frac{Pb}{6l}x^3 - \frac{Pb(l^2 - b^2)}{6l}x\right)$$

$$= \frac{Pbx}{6EIl}(l^2 - b^2 - x^2) \qquad ⑪$$

1　弾性曲線式による梁のたわみ　　19

2) $a < x \leq l$

右側：

たわみ角（回転角）

$$\theta_x = \frac{dy_2}{dx}$$
$$= -\frac{1}{EI}\left\{\frac{Pb}{2l}x^2 - \frac{P}{2}(x-a)^2 - \frac{Pb(l^2-b^2)}{6l}\right\}$$
$$= \frac{P}{6EIl}\left\{b(l^2-b^2-3x^2) + 3l(x-a)^2\right\} \quad ⑩'$$

たわみ

$$y_x = -\frac{1}{EI}\left\{\frac{Pb}{6l}x^3 - \frac{P(x-a)^3}{6} - \frac{Pb(l^2-b^2)}{6l}x\right\}$$
$$= \frac{P}{6EIl}\left\{bx(l^2-b^2-x^2) + l(x-a)^3\right\} \quad ⑪'$$

例題 1-9 例題図 1-9(a)の集中荷重を受ける単純梁の(1)加力点のたわみ角とたわみを求め，(2)梁の最大たわみと発生する位置，(3)加力位置と最大たわみについて考察しなさい。

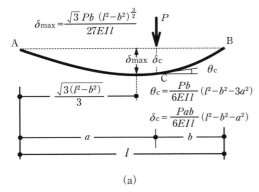

(a)

b の大きさ	$0.50l$	$0.40l$	$0.30l$	$0.20l$	$0.10l$
δ_{max}発生位置	$0.500l$	$0.529l$	$0.551l$	$0.566l$	$0.574l$
$\delta_{max}/\delta_{l/2}$	1.000	1.004	1.013	1.020	1.024

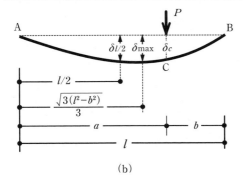

(b)

例題図 1-9

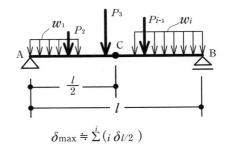

$$\delta_{max} \fallingdotseq \sum_{i}(i\,\delta_{l/2})$$

ここに，
δ_{max}：荷重群 i により生ずる最大たわみ
$i\,\delta_{l/2}$：荷重 i により生ずるスパン中央のたわみ

(c)

例題図 1-9

解答

(1) 加力点 ($x = a$) のたわみとたわみ角は例題 1-8 ⑩式と⑪式により求められる。

たわみ角　　$\theta_{x=a} = \dfrac{Pb}{6EIl}(l^2 - b^2 - 3a^2)$　　⑫

たわみ　　$y_{x=a} = \dfrac{Pab}{6EIl}(l^2 - b^2 - a^2)$　　⑬

(2) 梁の最大たわみの発生位置は，$\theta_x = 0$ となる点であるから，⑫式 = 0 とおけば，

$$l^2 - b^2 - 3x^2 = 0$$
$$\therefore x = \sqrt{\frac{(l^2-b^2)}{3}} = \frac{\sqrt{3(l^2-b^2)}}{3} \quad ⑭$$

これを例題 1-8 ⑪式に代入すれば，最大たわみが計算できる。

$$\delta_{max} = y_{max} = \frac{Pbx}{6EIl}(l^2 - b^2 - x^2)$$
$$= \frac{Pb}{6EIl} \times \frac{\sqrt{3(l^2-b^2)}}{3} \times \left\{l^2 - b^2 - \frac{(l^2-b^2)}{3}\right\}$$
$$= \frac{Pb}{6EIl} \times \frac{\sqrt{3(l^2-b^2)}}{3} \times \frac{2(l^2-b^2)}{3}$$
$$= \frac{\sqrt{3}Pb(l^2-b^2)^{\frac{3}{2}}}{27EIl} \quad ⑮$$

なお，(l^2-b^2) は，$(l-b)(l+b) = a(a+2b)$ なので，次のような表現もできる。

$$x = \frac{\sqrt{3a(a+2b)}}{3}$$
$$\delta_{max} = y_{max} = \frac{Pab(a+2b)\sqrt{3a(a+2b)}}{27EIl}$$

(3) 最大たわみは⑮式より，b の値によって決まる。

b の値を $0.5l \sim 0.1l$ に変化させた場合の「最大たわみ δ_{max} の発生位置」とその値が，図(b)の表中に示してある。

表より，荷重 P が著しく偏った場合 ($b = 0.1l$) であっても，δ_{max} の発生位置は $0.574l$ であり，加力位置にかかわらず，

最大たわみはスパン中央部付近に生じることがわかる。

δ_{max} とスパン中央のたわみ $\delta_{1/2}$ を比較するために，⑮式と⑪式を用いて比をとれば，次式となる。

$$\frac{\delta_{max}}{\delta_{1/2}} = \left\{\frac{\sqrt{3}Pb(l^2-b^2)^{\frac{3}{2}}}{27EIl}\right\} / \left[\frac{Pb \cdot \frac{l}{2}\left\{l^2 - b^2 - \left(\frac{l}{2}\right)^2\right\}}{6EIl}\right]$$

$$= \frac{16\sqrt{3}}{9} \cdot \frac{(l^2-b^2)^{\frac{3}{2}}}{(3l^2-4b^2)l}$$

計算された表中の比をみれば，$b = 0.1l$ であっても，その差は 2.4％程度で，加力位置にかかわらず，スパン中央のたわみ $\delta_{1/2}$ を最大たわみ δ_{max} としても大きな誤差は生じない。図(c)のように，単純梁に多数の荷重が作用する場合，最大たわみの正確な値を算定することは，相当面倒であるので，実用的には，各荷重によるスパン中央部の各たわみを単純に加算して，これを最大たわみとして代用することが多い。

例題 1-10　例題図 1-10 の支点 A に曲げモーメント M を受ける梁（E, I は全長で一定）の，たわみ曲線式と両支点のたわみ角を求めなさい。

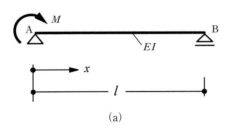

(a)

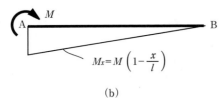

(b)

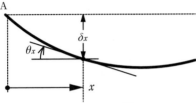

たわみ角（回転角）　$\theta_x = \dfrac{M}{6EIl}(3x^2 - 6lx + 2l^2)$

たわみ（変位）　$y = \delta_x = \dfrac{M}{6EIl}(x^3 - 3lx^2 + 2l^2x)$

(c)

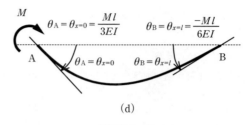

(d)

例題図 1-10

【解答】

(1)　曲げモーメント
$$M_x = M - \frac{M}{l}x = M\left(1 - \frac{x}{l}\right)$$

(2)　微分方程式
$$\frac{d^2y}{dx^2} = -\frac{M}{EI}\left(1 - \frac{x}{l}\right) \quad ①$$

両辺を 1 回積分すると，
$$\frac{dy}{dx} = \theta = -\frac{M}{EI}\left(x - \frac{x^2}{2l} + c_1\right) \quad ②$$

さらに両辺を積分すると，
$$y = -\frac{M}{EI}\left(\frac{x^3}{6l} + \frac{x^2}{2} + c_1x + c_2\right) \quad ③$$

(3)　境界条件

支点 $x = 0$ で $y = 0$：③式より，
$$0 = -\frac{M}{EI} \times c_2 \quad \Rightarrow \quad c_2 = 0$$

支点 $x = l$ で $y = 0$：③式より，
$$0 = -\frac{M}{EI} \times \left(-\frac{l^2}{6} + \frac{l^2}{2} + c_1 l + \underset{0}{c_2}\right)$$

$$\Rightarrow \quad c_1 = -\frac{l}{3}$$

(4)　変形曲線

したがって，たわみ曲線式は次のようになる。
たわみ角（回転角）：②式より
$$\theta_x = \frac{dy}{dx} = -\frac{M}{EI}\left(x - \frac{x^2}{2l} - \frac{l}{3}\right)$$
$$= \frac{M}{6EIl}(3x^2 - 6lx + 2l^2) \quad ④$$

たわみ：③式より
$$y = -\frac{M}{EI}\left(-\frac{x^3}{6l} + \frac{x^2}{2} - \frac{l}{3}x\right)$$
$$= \frac{M}{6EIl}(x^3 - 3lx^2 + 2l^2x) \quad ⑤$$

(5)　たわみ

支点のたわみ角
④式より，
$$x = 0 : \theta_{x=0} = \frac{M}{6EIl} \times 2l^2 = \frac{Ml}{3EI}$$

$$x = l : \theta_{x=l} = \frac{M}{6EIl}(3l^2 - 6l^2 + 2l^2)$$
$$= -\frac{Ml}{6EI}$$

この値は，不静定梁や不静定ラーメンの解法で用いられるたわみ角法の基本となる式である。

例題 1-11 例題図 1-11(a)～(e)の両支点のたわみ角を求めなさい。

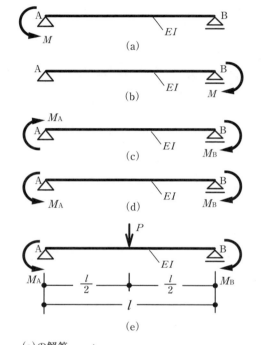

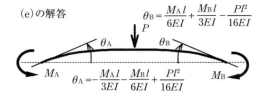

例題図 1-11

[解答]

微分方程式を立てて解く方法が基本ではあるが，実践的には，基本となる荷重条件における梁の変形形状をアナログ的に把握したうえで，数式を理解しておき，それを応用すればよい。

図(a)～(e)を解くためには，例題1-10と1-7を利用すればよい。

例題1-10を基本形とすれば，基本形のモーメント荷重が逆になったものが図(a)，対称形となったものが図(b)，基本形と図(b)が組み合わさったものが図(c)，図(a)と図(b)が組み合わさったものが図(d)，図(d)と例題1-7の複合したものが図(e)である。

解答は例題図1-11のなかに示してあるが，基本形のたわみ角の大きさと方向を理解していれば，モーメントや力の方向に対応した値を組み合わせることにより，煩雑な計算をしないで，たわみ角を求めることができる。

1-2 せん断力による弾性曲線の微分方程式

梁のせいがスパンにくらべて大きい場合，せん断力によるたわみ（変形）が無視できない大きさになることがある。スパンLと高さHの比が3以下となる梁を一般にディープビーム（Deep Beam）という。

本節では，梁のせん断力によるたわみの算定法とその影響度合いについて説明する。

せん断力を受ける長方形（矩形）断面梁に生じるせん断応力の分布は，図1-2のように（『建築の力学Ⅰ』の7-2を参照），中立軸位置で最大で，断面の縁で0となる曲線で表わされる。

せん断応力による変形を考えれば，せん断変形角は中立軸位置で最大，縁位置で0，その間はせん断応力度の変化に対応した変形角となる。各位置のせん断変形角にもとづいて，せん断面の変形を描くと，断面は図(b)のように変形することがわかる。

このような状態の変形を求めることは簡単ではな

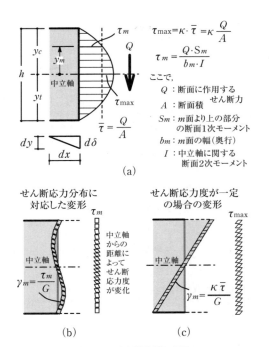

図1-2 せん断変形の仮定

いので，通常，せん断面全面に，最大せん断応力度 τ_{max} が発生（本来は，中立軸位置だけに発生）するものと仮定して，概算的にせん断変形を求めることが一般的に行われている。

この仮定によれば図1-2(c)のように，せん断変形角はせん断面の全面で一様となり，取扱いが簡単になる。

せん断面の全面に τ_{max} が発生するという仮定にもとづけば，せん断力とせん断変形角の間には，次の関係が成立することになる（『建築の力学I』の6-2でくわしく説明している）。

$$\tau_{max} = G\gamma \text{ より } \gamma = \frac{\tau_{max}}{G} \qquad ①$$

τ_{max}：最大せん断応力度
G　：せん断弾性係数
γ　：せん断変形角（rad）

また，中立軸位置の最大せん断応力度は，図1-2(a)のように，次のように表わされる。

$$\tau_{max} = \kappa \frac{Q}{A} \quad (\kappa \text{ は形状係数}) \qquad ②$$

①式と②式より次式を得る。

$$\gamma = \frac{\tau_{max}}{G} = \kappa \frac{Q}{A} \times \frac{1}{G} = \frac{\kappa Q}{GA} \qquad ③$$

また，γ は次式でも表わされる。

$$\gamma = \frac{d\delta}{dx} = \frac{dy}{dx} \qquad ④$$

したがって，③，④式より x 点のせん断力に関する次の微分方程式が誘導される。

$$\frac{dy}{dx} = \frac{\kappa}{GA} Q_x \quad [せん断変形] \qquad ⑤$$

⑤式を，境界条件を考えて解けば，せん断弾性変形式を求めることができる。

なお，この式はせん断面の全面にが作用していると仮定しているので，せん断変形を過大に評価するであろうことが予想できる。この式にもとづいておけば，設計上では安全側の評価となると考えられることが，この概算法が広く用いられている理由である。

この概算法による結果は，精度の高い計算手法（たとえば，本書「4 弾性仕事に関する諸理論」において説明している歪エネルギーにもとづく計算法）により求められる変形量に対し，長方形（矩形）断面の場合25％，円形断面の場合20％ほど大きな量と計算されることが知られている。せん断変形にだけ注目すれば，この誤差は決して小さいとはいえないが，次項の計算例で示すように，建築で一般的に用いられる梁におけるせん断変形の量は，曲げモーメントによる変形量にくらべて相対的に小さいので，工学的判断として⑤式の微分方程式を採用することが一般的となっていると考えられる。

(1) 梁のせん断変形

前項で求めた微分方程式を用いて，せん断変形を求める。例題を以下に示す。

例題 1-12　例題図1-12(a)のような先端に集中荷重 P を受ける片持ち梁（A，G は全長で一定）のせん断変形を求めなさい。

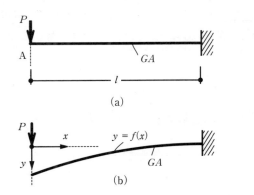

1　弾性曲線式による梁のたわみ　23

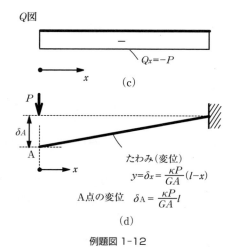

例題図 1-12

〔解答〕
(1) せん断力

Q 図は図(c)のようになる。

(2) 基本となる微分方程式は，

$$\frac{dy}{dx} = \frac{\kappa}{GA} Q_x$$

$Q_x = -P$（一定）より，

$$\frac{dy}{dx} = -\frac{\kappa}{GA} P \quad \text{［せん断変形角］}$$

$$y = \int -\frac{\kappa}{GA} P dx = -\frac{\kappa P}{GA} x + c_1$$

(3) 境界条件

固定端 $(x = l)$ で変位は 0 $(y = 0)$

$$-\frac{\kappa P}{GA} l + c_1 = 0 \quad \Rightarrow \quad c_1 = \frac{\kappa P}{GA} l$$

(4) せん断弾性変形式（図(d)）

$$y = -\frac{\kappa P}{GA} x + \frac{\kappa P l}{GA} = \frac{\kappa P}{GA}(l-x) \quad \text{［直線］}$$

(5) 自由端 A（先端）の変位は（上式に $x = 0$ を代入）より，

$$\delta_A = \frac{\kappa P}{GA} l$$

〔例題 1-13〕 例題図 1-13(a)のような等分布荷重を受ける片持ち梁（A, G は全長で一定）のせん断変形を求めなさい。

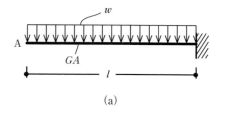

(a)

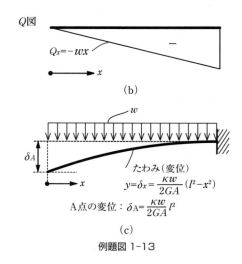

例題図 1-13

(1) せん断力（Q 図は図(b)）

$$Q_x = -wx \qquad ①$$

(2) 微分方程式

$$\frac{dy}{dx} = \frac{\kappa}{GA}(-wx) = -\frac{\kappa w}{GA} x \qquad ②$$

両辺を積分すれば，

$$y = \int -\frac{\kappa w}{GA} x dx = -\frac{\kappa w}{2GA} x^2 + c_1$$

(3) 境界条件

固定端 $(x = l)$ で変位は 0 $(y = 0)$

$$\therefore \quad c_1 = \frac{\kappa w}{2GA} l^2$$

(4) せん断弾性変形式（図(c)）

$$y = \frac{\kappa w}{2GA}(l^2 - x^2)$$

(5) 自由端 A の変位は，$x = 0$ より，

$$\delta_A = \frac{\kappa w}{2GA} l^2$$

〔例題 1-14〕 例題図 1-14(a)のような等分布荷重を受ける単純梁（A, G は全長で一定）のせん断変形を求めなさい。

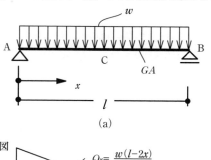

(a)

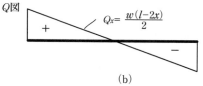

(b)

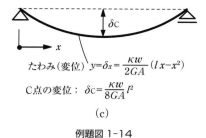

たわみ（変位） $y=\delta_x = \dfrac{\kappa w}{2GA}(lx-x^2)$

C点の変位： $\delta_C = \dfrac{\kappa w}{8GA}l^2$

(c)

例題図 1-14

解答

(1) せん断力（Q 図は図(b)）
$$Q_x = \dfrac{wl}{2} - wx \qquad ①$$

(2) 微分方程式
$$\dfrac{dy}{dx} = \dfrac{\kappa}{GA}\left(\dfrac{wl}{2} - wx\right) = \dfrac{\kappa wl}{2GA} - \dfrac{\kappa w}{GA}x \qquad ②$$

両辺を積分すれば，
$$y = \dfrac{\kappa wl}{2GA}x - \dfrac{\kappa w}{2GA}x^2 + c_1$$

(3) 境界条件
 $x=0$ で $y=0$ または $x=l$ で $y=0$
 $\therefore c_1 = 0$

(4) せん断弾性変形式（図(c)）
$$y = \dfrac{\kappa w}{2GA}(lx - x^2) \qquad ③$$

(5) 変形の最大値は，③式の導関数が0となる点となる。
$$\dfrac{dy}{dx} = \dfrac{\kappa w}{2GA}(l-2x) \quad [\text{微分方程式と同じ}]$$

$l - 2x = 0$ なる点で極値をもつ。これにより最大値は $x = l/2$ の点であることがわかる。

$$y_{max} = y_{x=\frac{l}{2}} = \dfrac{\kappa w}{2GA}\left\{l \cdot \dfrac{l}{2} - \left(\dfrac{l}{2}\right)^2\right\}$$
$$= \dfrac{\kappa w}{2GA}\left(\dfrac{l^2}{2} - \dfrac{l^2}{4}\right) = \dfrac{\kappa wl^2}{8GA}$$

例題 1-15 例題図 1-15(a)のような集中荷重を受ける単純梁（A, G は全長で一定）のせん断変形を求めなさい。

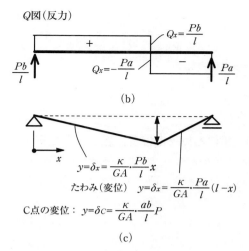

Q図（反力）

(b)

たわみ（変位） $y=\delta_x = \dfrac{\kappa}{GA} \cdot \dfrac{Pb}{l}x$

$y=\delta_x = \dfrac{\kappa}{GA} \cdot \dfrac{Pa}{l}(l-x)$

C点の変位： $y=\delta_C = \dfrac{\kappa}{GA} \cdot \dfrac{ab}{l}P$

(c)

例題図 1-15

解答

(1) せん断力（Q 図は図(b)）

1) A〜C 間： $Q_x = \dfrac{b}{l}P \qquad (0 \leq x \leq a) \qquad ①$

2) C〜B 間： $Q_x = -\dfrac{a}{l}P \qquad (a < x \leq l) \qquad ②$

(2) 微分方程式

1) A〜C 間： $\dfrac{dy}{dx} = \dfrac{\kappa}{GA}\left(\dfrac{b}{l}P\right) \qquad ③$

解は $y = \int \dfrac{\kappa}{GA} \cdot \dfrac{b}{l}P dx = \dfrac{\kappa b}{GAl}Px + c_1$

境界条件
 $x = 0$ で $y = 0$ より，$c_1 = 0$

弾性曲線式
$$\therefore y = \dfrac{\kappa}{GA} \cdot \dfrac{b}{l}Px \quad [\text{直線}]$$

最大値は $x = a$（C 点）で，
$$y_{max} = \dfrac{\kappa}{GA} \cdot \dfrac{ab}{l}P \qquad ④$$

2) C〜B 間： $\dfrac{dy}{dx} = \dfrac{\kappa}{GA}\left(-\dfrac{a}{l}P\right) \qquad ⑤$

解は $y = \int \dfrac{-\kappa}{GA} \cdot \dfrac{a}{l}P dx = \dfrac{-\kappa}{GA} \cdot \dfrac{a}{l}Px + c_1$

境界条件
 $x = l$ で $y = 0$ より，$c_1 = -l$

弾性曲線式
$$\therefore y = \dfrac{\kappa}{GA} \cdot \dfrac{a}{l}P(l-x) \quad [\text{直線}] \qquad ⑥$$

最大値は $y = a$（C 点）で，
$$y_{max} = \dfrac{\kappa}{GA} \cdot \dfrac{aP}{l}(l-a) = \dfrac{\kappa}{GA} \cdot \dfrac{ab}{l}P$$

当然ではあるが，A〜C 間，C〜B 間いずれの式によって

1 弾性曲線式による梁のたわみ

も変位は同じで，せん断変形角は左右で異なることがわかる。

なお，集中荷重 P がスパン中央に作用する場合は，$a=b=l/2$ より

$$y_{\max}=\frac{\kappa Pl}{4GA}$$

1-3 梁における曲げ変形とせん断変形

実際の梁のたわみは，曲げ変形（曲げモーメントによる変形）とせん断変形（せん断力による変形）が重ね合わされたものである。

梁のせん断変形は，曲げモーメントの変化に対応して発生するせん断力 $(Q=dM_x/dx)$ によって生じるので，一般論として，曲げ変形が生じる場合には，必ずせん断変形も生じていることになる。

本節では，梁に生じる曲げ変形とせん断変形の大きさを比較して，梁の変形に及ぼすせん断変形の影響について検討する。

(1) 等分布荷重を受ける単純梁の場合

図 1-3 のような，梁が等分布荷重を受ける場合の，曲げ変形 $_b\delta_{\max}$ とせん断変形 $_s\delta_{\max}$ について考える。

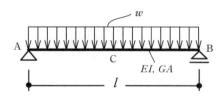

C点（スパン中央）のたわみ：

曲げたわみ： $_b\delta_C=\dfrac{5wl^4}{384EI}$

せん断たわみ： $_s\delta_C=\dfrac{\kappa wl^2}{8GA}$

図 1-3　等分布荷重を受ける梁

最大変形はスパン中央 C 点で生じるが，曲げ変形に対するせん断変形の比 β を考えれば，前項で求めたように次式となる。

$$\beta=\frac{_s\delta_{\max}}{_b\delta_{\max}}=\frac{\left(\dfrac{\kappa wl^2}{8GA}\right)}{\left(\dfrac{5wl^4}{384EI}\right)}=\frac{48}{5}\times\kappa\times\frac{EI}{GA}\times\frac{1}{l^2}$$

ここで，部材断面を幅 b，せい h の長方形（矩形）と仮定すれば，

$$\kappa=\frac{3}{2}=1.5,\ I=\frac{bh^3}{12},\ A=b\times h\ \text{より，}$$

$$\beta=\frac{48}{5}\times\frac{3}{2}\times\frac{E}{G}\times\frac{h^2}{12}\times\frac{1}{l^2}=\frac{144}{120}\times\frac{E}{G}\times\frac{h^2}{l^2}$$

$$=1.2\times\frac{E}{G}\times\left(\frac{h}{l}\right)^2$$

E と G は材質によって決まるが，『建築の力学 I』の 6-4 で説明したように，等方性材料では，$E=\dfrac{2(m+1)}{m}G$ の関係（m：ポアソン数）があり，$m=3.3$（$\nu=0.3$：鋼材）〜6（$\nu=0.167$：コンクリート）とすれば，

$$\frac{E}{G}=2.6\,(m=3.3)\sim 2.3\,(m=6)\ \text{であり，}$$

$$\beta=2.76\sim 3.12\left(\frac{h}{l}\right)^2$$

となる。

この式は，曲げ変形とせん断変形との比は，スパン l に対する梁せい h の比の 2 乗に比例することを意味している。

この式によれば，$h/l=1/15$ の場合に $\beta=0.012\sim 0.014$（せん断変形は曲げ変形の 1.5% 以下），$h/l=1/10$ の場合に $\beta=0.028\sim 0.031$（約 3%），$h/l=1/5$ の場合で $\beta=0.110\sim 0.125$（約 10%）となることがわかる。

(2) スパン中央に集中荷重を受ける単純梁の場合

図 1-4 のような中央集中荷重を受ける梁について，等分布荷重の場合と同様の手順で検討する。

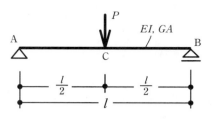

C点（スパン中央）のたわみ：

曲げたわみ： $_b\delta_C=\dfrac{Pl^3}{48EI}$

せん断たわみ： $_s\delta_C=\dfrac{\kappa Pl}{4GA}$

図 1-4　中央集中荷重を受ける梁

前項より，

$$\beta = \frac{{}_s\delta_{max}}{{}_b\delta_{max}} = \frac{\left(\dfrac{\kappa Pl}{4GA}\right)}{\left(\dfrac{Pl^3}{48EI}\right)} = 12 \times \kappa \times \frac{EI}{GA} \times \frac{1}{l^2}$$

断面を長方形 ($b \times h$), $E/G = 2.3 \sim 2.6$ とすれば,

$$\beta = 12 \times \frac{3}{2} \times (2.3 \sim 2.6) \times \frac{h^2}{12} \times \frac{1}{l^2}$$

$$= 3.45 \sim 3.9 \left(\frac{h}{l}\right)^2$$

$h/l = 1/15$ の場合で $\beta = 0.015 \sim 0.017$, $h/l = 1/10$ の場合で $\beta = 0.035 \sim 0.039$, $h/l = 1/5$ の場合で $\beta = 0.138 \sim 0.156$ で約15%となること, また, 等分布荷重よりもスパン中央集中荷重のほうが, せん断変形の影響が大きいこともわかる.

(3) 集中荷重を受ける片持ち梁の場合

図1-5のような梁について, 等分布荷重の場合と同様の手順で検討する.

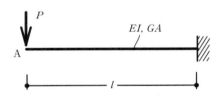

A点(先端)のたわみ:

曲げたわみ: ${}_b\delta_A = \dfrac{Pl^3}{3EI}$

せん断たわみ: ${}_s\delta_A = \dfrac{\kappa Pl}{GA}$

図1-5 集中荷重を受ける片持ち梁

$$\beta = \frac{{}_s\delta_{max}}{{}_b\delta_{max}} = \frac{\left(\dfrac{\kappa Pl}{GA}\right)}{\left(\dfrac{Pl^3}{3EI}\right)} = 3 \times \kappa \times \frac{EI}{GA} \times \frac{1}{l^2}$$

断面を長方形 ($b \times h$), $E/G = 2.3 \sim 2.6$ とすれば,

$$\beta = 3 \times \frac{3}{2} \times (2.3 \sim 2.6) \times \frac{h^2}{12} \times \frac{1}{l^2}$$

$$= 0.86 \sim 0.98 \left(\frac{h}{l}\right)^2$$

$h/l = 1/15$ の場合で, $\beta \fallingdotseq 0.004$, $h/l = 1/10$ の場合で $\beta \fallingdotseq 0.01$, $h/l = 1/5$ の場合で $\beta \fallingdotseq 0.04$ である.

以上 (1) 〜 (3) の検討によれば, 曲げ変形に対するせん断変形の大きさは, 梁せい h がスパン l の 1/10(たとえば, スパン10mで梁せい1m以下となる場合には, それほど大きくない.)といえる. したがって, 建築関係の構造設計においては, 梁せい h がスパン l の 1/10 以上となる場合 ($h/l \geqq 1/10$) には, 梁のたわみ量をせん断変形を付加した値にもとづいて設計し, $h/l = 1/10$ の場合には, せん断変形を無視することが一般的に行われている.

2 モールの定理による静定梁のたわみ

静定梁のたわみ（変位）とたわみ角（回転角）を求める方法として，1章では，数学の微積分学の知識を前提とした「弾性曲線の微分方程式」を用いる方法を説明した。モール（Mohr）は，梁の応力を求めるときに使用する力の釣合い式（『建築の力学Ⅰ』で説明）と「弾性曲線の微分方程式」による解法式とを対照させて，「モールの定理」とよばれる両式の関係を明らかにした。「モールの定理」によれば，与えられた支持・荷重条件下における梁のたわみとたわみ角（回転角）を，微積分学の知識を直接使わずに，与条件により生じる曲げモーメント M を部材の曲げ剛性 EI で除した弾性荷重 M/EI（仮想荷重）により生じる曲げモーメントとせん断力として計算することができる。また，任意の点のたわみ角とたわみを簡便に求めることができることも，「モールの定理」による方法の利点である。

2-1 モールの定理の原理
(1) 力の釣合い式より誘導される微分方程式

図 2-1 (a) のような等分布荷重を受ける単純梁の応力図の求め方については，『建築の力学Ⅰ』の「4 部材の応力」で説明している。すなわち，図 (b) のように，部材を自由体としてとらえて，生じ得る応力 M（モーメント）・Q（せん断力）・N（軸方向力）を仮定し，力の釣合い式（$\Sigma X=0, \Sigma Y=0, \Sigma M=0$）により応力を特定し，それを図 (c) のようにグラフ化した応力図を求める方法である。図 (b) の状態では，せん断力 Q を荷重の面積，曲げモーメント M を面積モーメント（その面積の断面一次モーメント）と考えることができるので，この解法を「面積モーメント法」とよぶことがある。

さて，図 2-2 のような等分布荷重状態の力の釣合いを考えるとき，せん断力 Q と曲げモーメント M の関係は微分方程式の形で表わせることについては，すでに『建築の力学Ⅰ』（「7 部材の断面に生じる応力」の「7-2 せん断力により生じる応力」の項）で説明している。

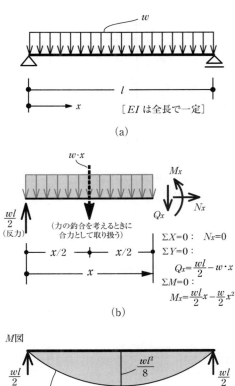

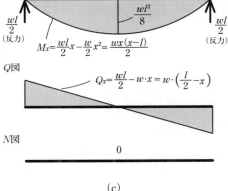

図 2-1　等分布荷重を受ける梁

分布荷重を受ける微小部分 dx の両側断面に生じる曲げモーメントとせん断力を，左側断面で M_x と Q_x，右側断面で $(M_x + dM_x)$ と $(Q_x + dQ_x)$ とすれば，力の釣合いより，分布荷重 w，せん断力 Q，曲げモーメント M との間には，次の関係が成立することが必要である。

$\Sigma X = 0$：軸方向力は作用していない
$\Sigma Y = 0$： $Q_x - wdx - (Q_x + dQ_x) = 0$
　　　　　$-wdx - dQ_x = 0$

$$\therefore \frac{dQ_x}{dx} = -w \tag{2.1}$$

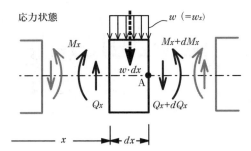

応力状態

$\Sigma X=0$: 軸方向力N_xは作用していない

$\Sigma Y=0$: $Q_x - w \cdot dx - (Q_x + dQ_x) = 0$
$\qquad -w \cdot dx - dQ_x = 0$
$\qquad \therefore \dfrac{dQ_x}{dx} = -w$

$\Sigma M_A=0$: $M_x + Q_x \cdot dx - w \cdot dx \cdot \dfrac{dx}{2} - (M_x + dM_x) = 0$
$\qquad Q_x \cdot dx - \dfrac{w \cdot (dx)^2}{2} - dM_x = 0$
$\qquad (dx)^2 \fallingdotseq 0$ とすれば $Q_x \cdot dx - dM_x = 0$
$\qquad \therefore \dfrac{dM_x}{dx} = Q_x$

図 2-2　曲げ応力とせん断応力の関係

A 点でのモーメントの釣合いを考えれば,

$$\sum M_A = 0 : M_x + Q_x dx - wdx \cdot \dfrac{dx}{2} - (M_x + dM_x) = 0$$

$$Q_x dx - w\dfrac{(dx)^2}{2} - dM_x = 0$$

ここで, dx は微小なので高次の累乗は無視できるほど小さいと考え, $(dx)^2 \fallingdotseq 0$ とすれば,

$$\therefore \dfrac{dM_x}{dx} = Q_x \qquad (2.2)$$

(2.2) 式を x について1回微分して, (2.1) 式に代入すれば, 分布荷重 w, せん断力 Q, 曲げモーメント M との関係を表わす次式が得られる。次式は, 力の釣合いにもとづく微分方程式といえる。

$$\dfrac{d^2 M_x}{dx^2} = \dfrac{d}{dx}\left(\dfrac{dM_x}{dx}\right) = \dfrac{d}{dx} Q_x = -w \qquad (2.3)$$

(2.3) 式を一般式表現とするために w を w_x とおけば, 次のことがいえる。

荷重 w_x を受ける梁のせん断力 Q_x と曲げモーメント M_x は, w_x を1回または2回積分することにより得られる。これを積分記号で表わせば, M_x と Q_x は次式で表現される。

$$Q_x = \int \left(\dfrac{d}{dx} Q_x\right) dx = \int -(w_x) dx \qquad (2.4)$$

また, (2.2) 式より,

$$M_x = \int Q_x dx = \iint -(w_x) dx \qquad (2.5)$$

(2) 微分方程式の相似性

力の釣合いにもとづき前項で誘導した微分方程式と,「1 弾性曲線式による梁のたわみ」で誘導した微分方程式を比較すると, 2つの方程式の形は次のように類似していることがわかる。

$$\dfrac{d^2 M_x}{dx^2} = \dfrac{d}{dx}\left(\dfrac{dM_x}{dx}\right) = \dfrac{d}{dx} Q_x = -w_x \qquad (2.3)'$$

$$\Updownarrow \qquad \Updownarrow \qquad \Updownarrow \qquad \Updownarrow$$

$$\dfrac{d^2 y}{dx^2} = \dfrac{d}{dx}\left(\dfrac{dy}{dx}\right) = \dfrac{d}{dx} \theta_x = -\dfrac{M_x}{EI}$$

$$(1.10 \sim 1.12)$$

すなわち, 2つの微分方程式中の M_x と y, Q_x と θ_x, w_x と (M_x/EI) とが, それぞれ対応する形となっている。

(2.3)′ 式の w_x に代えて (M_x/EI) を仮想の荷重（弾性荷重とよぶ）として「面積モーメント法」で解けば, せん断力 Q_x がたわみ角 θ_x を, 曲げモーメント M_x がたわみ y を表わすことになる。これが「モールの定理」とよばれるもので, 静定梁のたわみとたわみ角を, 微分方程式を解く代わりに, 力の釣合いにもとづく「面積モーメント」により計算する方法の原理である。なお, 片持ち梁の場合には, 両式の微分方程式の境界条件の差違を補正するために固定端と自由端を入れ替えて適用する必要があり, これについては 2-3 で説明する。

2-2　モールの定理による単純梁のたわみ

モールの定理によれば,「単純梁の任意の点のたわみ角 θ_x およびたわみ y は, 梁の曲げモーメント M を EI で除した弾性荷重 (M/EI) により生じるその点のせん断力 Q_x および曲げモーメント M_x に, それぞれ等しい」ということになる。

図 2-1 (a) に示した等分布荷重を受ける単純梁のたわみ角とたわみについて, モールの定理による解法手順に従って求めてみる。

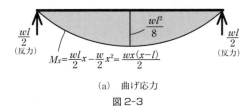

(a) 曲げ応力

図2-3

手順1) 反力とM図（曲げモーメント図）を求める。
（図2-1（b）（c）参照）

手順2) M図にもとづき，弾性荷重（M_x/EI）を加える。

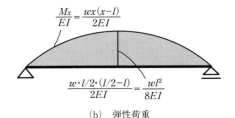

(b) 弾性荷重

手順3) 弾性荷重を受けた場合の反力を求める。

任意の関数をもつ荷重の合力と作用位置の求め方は参考図2-1に示すとおりで，この問題の場合の合力の大きさと作用位置は参考図2-2のようになる。

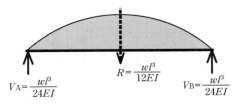

(c) 弾性荷重の合力と反力

手順4) 自由体図を考えて，弾性荷重に対するせん断力Q_x（=たわみ角）と曲げモーメントM_x（=たわみ）を計算する。

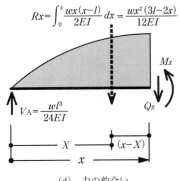

(d) 力の釣合い

〈参考〉
［合力の大きさと位置を求める一般式］
（「建築の力学Ⅰ」1.力と力のモーメント参照）

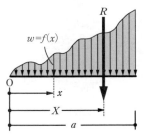

$$R = \int_0^a w\,dx = \int_0^a f(x)\,dx,\quad M = \int_0^a wx\,dx = \int_0^a f(x)\cdot x\,dx$$

$$X = \frac{M}{R} = \frac{\int_0^a wx\,dx}{\int_0^a w\,dx} = \frac{\int_0^a f(x)\cdot x\,dx}{\int_0^a f(x)\,dx}$$

参考図2-1

［図2-3の場合の合力の大きさと位置］

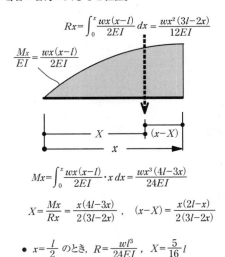

$$Rx = \int_0^x \frac{wx(x-l)}{2EI}\,dx = \frac{wx^2(3l-2x)}{12EI}$$

$$Mx = \int_0^x \frac{wx(x-l)}{2EI}\cdot x\,dx = \frac{wx^3(4l-3x)}{24EI}$$

$$X = \frac{Mx}{Rx} = \frac{x(4l-3x)}{2(3l-2x)},\quad (x-X) = \frac{x(2l-x)}{2(3l-2x)}$$

- $x = \dfrac{l}{2}$ のとき，$R = \dfrac{wl^3}{24EI}$，$X = \dfrac{5}{16}l$
- $x = l$ のとき，$R = \dfrac{wl^3}{12EI}$，$X = \dfrac{l}{2}$

参考図2-2

① Q図（たわみ角）

$\Sigma Y = 0 : -V_A + R_x + Q_x = 0$

$\therefore\ Q_x(=\theta_x) = \dfrac{wl^3}{24EI} - \dfrac{wx^2(3l-2x)}{12EI}$

$\qquad\qquad = \dfrac{w}{24EI}(4x^3 - 6lx^2 + l^3)$

当然のことながら，「弾性曲線の微分方程式」による解法式（1章例題1-6）と同じ式となる。

2 モールの定理による静定梁のたわみ　31

② M 図（たわみ）：参考図 2-2 参照

$$\Sigma M = 0: V_A x + R_x(x-X) - M_x = 0$$

$$\therefore M_x = \delta_x = \frac{wl^3}{24EI}x$$
$$- \frac{wx^2(3l-2x)}{12EI} \times \frac{x(2l-x)}{2(3l-2x)}$$
$$= \frac{w}{24EI}(x^4 - 2lx^3 + l^3x)$$

当然のことながら，「弾性曲線の微分方程式」による解法式（1章例題 1-6）と同じ式となる。

③ 最大たわみは梁の中央点 $x=l/2$ で生じ，最大・最小たわみ角は両支点で生じる。

［最大たわみと最大・最小たわみ角の表示］

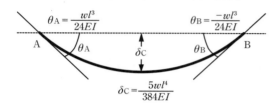

(e) 最大たわみとたわみ角

モールの定理による方法の利点は，以下の例題のように，任意の点のたわみ角とたわみを簡便に求めることができるところにある。

例題 2-1 例題図 2-1（a）のような単純梁（EI は全長で一定）が，スパン中央部に集中荷重 P を受ける場合の，支点および梁中央部のたわみ角とたわみを求めなさい。

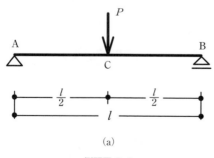

例題図 2-1

解答

手順 1） 反力と M 図を求める。

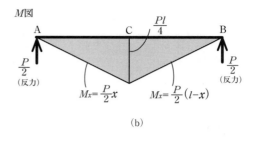

手順 2） 弾性荷重（M/EI）を加え，
手順 3） 反力を求める。

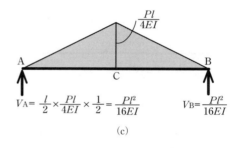

手順 4） 注目する点での自由体図を考えて，せん断力と曲げモーメントを計算する。

① A 支点

$\Sigma Y = 0: V_A - Q_A = 0$

$\therefore Q_A (=\theta_A) = V_A = \frac{Pl^2}{16EI}$

$\Sigma M = 0: M_A = 0$

$\therefore M_A (=\delta_A) = 0$

② B 支点

$\Sigma Y = 0: V_B + Q_B = 0$

$\therefore Q_B (=\theta_B) = -V_B = -\frac{Pl^2}{16EI}$

$\Sigma M = 0: M_B = 0$

$\therefore M_B (=\delta_B) = 0$

③ 梁スパン中央（C 点）

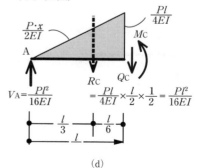

$\Sigma Y=0$: $V_A - R_C - Q_C = 0$

∴ $Q_C (=\theta_C) = V_A - R_C = 0$

$\Sigma M=0$: $V_A \times \frac{l}{2} - R_C \times \frac{l}{6} - M_C = 0$

∴ $M_C (=\delta_C) = \left(\frac{l}{2} - \frac{l}{6}\right) \times \frac{Pl^2}{16EI} = \frac{Pl^3}{48EI}$

例題 2-2 例題図 2-2（a）のような単純梁（EI は全長で一定）が，材端にモーメント荷重を受ける場合の，支点および梁中央部のたわみ角とたわみを求めなさい。

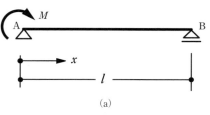

例題図 2-2

解答

手順 1） 反力と M 図を求める。

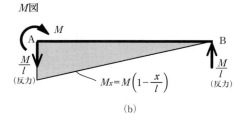

(b)

手順 2） 弾性荷重（M/EI）を加え，

手順 3） 反力を求める。

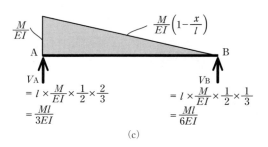

(c)

手順 4） 注目する点での自由体図を考えて，せん断力と曲げモーメントを計算する。

---

① A 支点

$\Sigma Y=0$: $V_A - Q_A = 0$

∴ $Q_A (=\theta_A) = V_A = \frac{Ml}{3EI}$

$\Sigma M=0$: $M_A = 0$

∴ $M_A (=\delta_A) = 0$

② B 支点

$\Sigma Y=0$: $V_B + Q_B = 0$

∴ $Q_B (=\theta_B) = -V_B = -\frac{Ml}{6EI}$

$\Sigma M=0$: $M_B = 0$

∴ $M_B (=\delta_B) = 0$

③ 梁スパン中央（C 点）

弾性荷重を図のような R_1 と R_2 に分けて考える

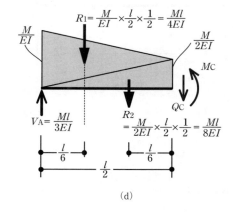

(d)

$\Sigma Y=0$: $-V_A + R_1 + R_2 + Q_C = 0$

∴ $Q_C (=\theta_C) = V_A - R_1 - R_2$

$= \frac{Ml}{3EI} - \frac{Ml}{4EI} - \frac{Ml}{8EI} = -\frac{Ml}{24EI}$

$\Sigma M=0$: $V_A \times \frac{l}{2} - R_1 \times \frac{l}{3} - R_2 \times \frac{l}{6} - M_C = 0$

∴ $M_C (=\delta_C) = \frac{Ml^2}{EI} \times \left(\frac{1}{6} - \frac{1}{12} - \frac{1}{48}\right) = \frac{Ml^2}{16EI}$

2-3 モールの定理による片持ち梁のたわみ

モールの定理によれば,「片持ち梁の任意の点のたわみ角 θ_x およびたわみ y は, 梁の曲げモーメント M を EI で除した弾性荷重 (M/EI) とした, 固定支点と自由端を入れ替えて考えた状態での, その任意点のせん断力 Q_x および曲げモーメント M_x に, それぞれ等しい。」ということになる。

図2-4(a) に示すような, 自由端の先端に集中荷重を受ける片持ち梁のたわみ角とたわみについて, モールの定理による解法手順に従って求めてみる。

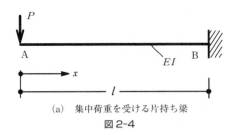

(a) 集中荷重を受ける片持ち梁

図2-4

手順1) M 図(曲げモーメント図)を求める。

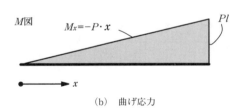

(b) 曲げ応力

手順2) M 図にもとづき弾性荷重 M_x/EI を加え, 固定支点と自由端を入れ替える(図2-6(c)参照)。

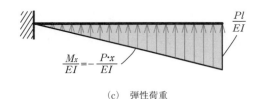

(c) 弾性荷重

〈参考〉

ここで, 固定支点と自由端を入れ替える理由について考えておく。2つの微分方程式中の M_x と y, Q_x と θ_x, w_x と M_x/EI とが, それぞれ対応する形となっているので, 弾性曲線の形状は基本的に変わらない。しかし, 参考図2-3に示すように, 片持ち梁の先端部については面積モーメント法では

$M=0$ かつ $Q=0$, 弾性曲線式によればたわみ y とたわみ角 θ は最大または最小であり, 固定支点については真逆の条件となる。したがって, 固定端と自由端とを入れ替えて考えれば, 両微分方程式の間の境界条件の差違を解消できることになる。

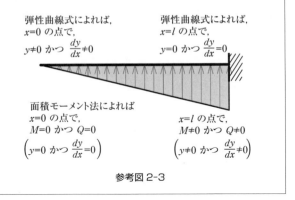

参考図2-3

手順3) 弾性荷重を受けた場合の反力を求める。

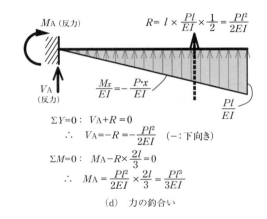

$\Sigma Y = 0 : V_A + R = 0$

$\therefore V_A = -R = -\dfrac{Pl^2}{2EI}$ (−:下向き)

$\Sigma M = 0 : M_A - R \times \dfrac{2l}{3} = 0$

$\therefore M_A = \dfrac{Pl^2}{2EI} \times \dfrac{2l}{3} = \dfrac{Pl^3}{3EI}$

(d) 力の釣合い

手順4) 自由体図を考えて, 弾性荷重に対するせん断力 Q_x (=たわみ角)と曲げモーメント M_x (=たわみ)を求める。

① Q 図(たわみ角)

$\Sigma Y = 0 : -V_A + R_x - Q_x = 0$

$\therefore Q_x(=\theta_x) = -\dfrac{Pl^2}{2EI} + \dfrac{Px^2}{2EI} = \dfrac{P}{2EI}(x^2 - l^2)$

当然のことながら,「弾性曲線の微分方程式」による解法式(1章例題1-1)と同じ式となる。

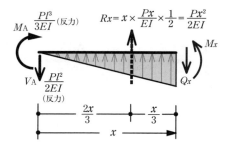

(e) たわみ角とたわみ

② M図（たわみ）

$$\Sigma M = 0 : M_A - V_A x + R_x \frac{x}{3} - M_x = 0$$

$$\therefore M_x(=\delta_x) = \frac{Pl^3}{3EI} - \frac{Pl^2}{2EI}x + \frac{Px^2}{2EI} \times \frac{x}{3}$$

$$= \frac{P}{6EI}(x^3 - 3l^2 x + 2l^3)$$

当然のことながら，「弾性曲線の微分方程式」による解法式（1章例題1-1）と同じ式となる。

以上のように，片持ち梁の場合には固定支点と自由端とを入れ替えて面積モーメント法を適用すれば，「弾性曲線の微分方程式」による解法と同じ式となることが確認された。

③ 結果のグラフ化：Q_x と M_x をグラフ化してみれば，最小たわみ角（−）は梁の先端点で生じ，梁の先端点のたわみが最大となることがわかる。

[たわみ角とたわみのグラフ]

たわみ角（Q図）

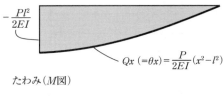

たわみ（M図）

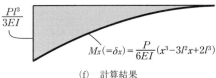

(f) 計算結果

例題 2-3 例題図 2-3（a）のような片持ち梁（EI は全長で一定）が，梁の中央部に集中荷重を受ける場合の，梁の先端部および加力点のたわみとたわみ角を求めなさい。

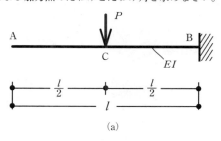

(a)

例題図 2-3

解答

手順に従って計算する。

手順1）M図を求める。

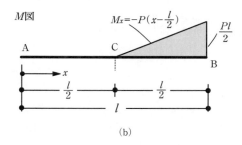

(b)

手順2）弾性荷重（M/EI）を加え，固定支点と自由端を入れ替える。

手順3）弾性荷重を受けた場合の反力を求める。

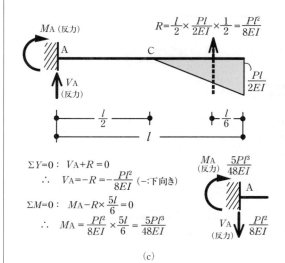

$\Sigma Y = 0 : V_A + R = 0$

$\therefore V_A = -R = -\frac{Pl^2}{8EI}$ （−：下向き）

$\Sigma M = 0 : M_A - R \times \frac{5l}{6} = 0$

$\therefore M_A = \frac{Pl^2}{8EI} \times \frac{5l}{6} = \frac{5Pl^3}{48EI}$

(c)

2　モールの定理による静定梁のたわみ　35

手順4) 注目する点での自由体図を考え，せん断力と曲げモーメントを計算する。

① A点

$\Sigma Y=0$：［たわみ角］
　　$-V_A-Q_A=0$
　∴ $Q_A(=\theta_A)=-V_A=\dfrac{Pl^2}{8EI}$

$\Sigma M=0$：［たわみ］
　　$M_A\underset{(反力)}{} - M_A\underset{(応力)}{}=0$
　∴ $M_A\underset{(応力)}{}(=\delta_A)=M_A\underset{(反力)}{}=\dfrac{5Pl^3}{48EI}$

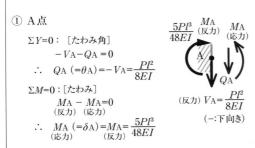

② C点

$\Sigma Y=0$：［たわみ角］
　　$-V_A-Q_C=0$
　∴ $Q_C(=\theta_C)=-V_A=-\dfrac{Pl^2}{8EI}$

$\Sigma M=0$：［たわみ］
　　$M_A-V_A\times\dfrac{l}{2}-M_C=0$
　∴ $M_C(=\delta_C)$
　　$=\dfrac{5Pl^3}{48EI}-\dfrac{Pl^2}{8EI}\times\dfrac{l}{2}=\dfrac{Pl^3}{24EI}$

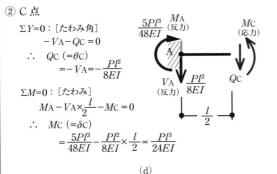

(d)

例題 2-4　例題図 2-4（a）のような片持ち梁（EI は全長で一定）が，等分布荷重を受ける場合の，梁の先端部のたわみとたわみ角を求めなさい。

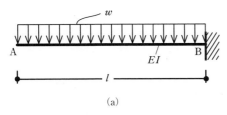

(a)

例題図 2-4

解答

手順に従って計算する。なお，弾性荷重の合力と図心位置については，参考図 2-4 に示してある。

手順1)　M 図を求める。

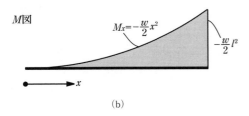

(b)

手順2)　弾性荷重を加え，固定支点と自由端を入れ替える。
手順3)　反力を求める。

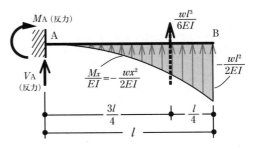

$\Sigma Y=0$：$V_A+R=0$
　∴ $V_A=-R=-\dfrac{wl^3}{6EI}$

$\Sigma M=0$：$M_A-R\times\dfrac{3l}{4}=0$
　∴ $M_A\underset{(反力)}{}=\dfrac{wl^3}{6EI}\times\dfrac{3l}{4}=\dfrac{wl^4}{8EI}$

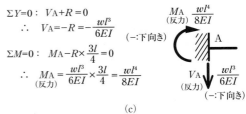

(c)

手順4)　注目する点での自由体図を考えて，せん断力と曲げモーメントを計算する。

A点（先端部）

$\Sigma Y=0$：$V_A+Q_A=0$
　∴ $Q_A(=\theta_A)=-V_A=-\dfrac{wl^3}{6EI}$

$\Sigma M=0$：$M_A\underset{(反力)}{}-M_A\underset{(応力)}{}=0$
　∴ $M_A\underset{(応力)}{}(=\delta_A)=M_A\underset{(反力)}{}=\dfrac{wl^4}{8EI}$

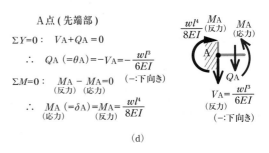

(d)

〈参考〉

［例題 2-4 の弾性荷重の合力の大きさと位置］

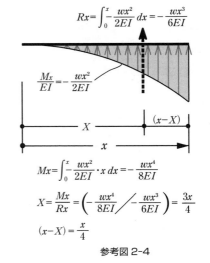

$Rx=\displaystyle\int_0^x \dfrac{wx^2}{2EI}\,dx = -\dfrac{wx^3}{6EI}$

$Mx=\displaystyle\int_0^x \dfrac{wx^2}{2EI}\cdot x\,dx = -\dfrac{wx^4}{8EI}$

$X=\dfrac{Mx}{Rx}=\left(-\dfrac{wx^4}{8EI}\Big/-\dfrac{wx^3}{6EI}\right)=\dfrac{3x}{4}$

$(x-X)=\dfrac{x}{4}$

参考図 2-4

3 骨組の変形（直角変位図）

骨組が変形するとき，骨組を構成する各部材の動きは，骨組としての幾何学的な変形適合条件を満たしている。骨組の変形を幾何学的に検討する場合，Kinematic Theory（運動理論，移動理論）にもとづく直角変位に注目した手法＝直角変位図が用いられる。建築の力学分野では，①骨組の安定・不安定の判別，②異形ラーメン構造における構成部材間の部材角の関係，③トラス構造の骨組全体の変形などを検討する場合に利用される。この場合，①と②においては部材の伸縮はないことを前提とし，③においては部材の伸縮に注目して，それぞれ適用する。

電卓やコンピュータのなかった時代には，骨組の変形を，三角定規などを使って幾何学的に検討する手法は必要不可欠であったが，デジタル化の進んだ現代においてはアナログ的な手法は顧みられない状況となっている。しかしながら，建築の構造を考えるうえで，骨組の動きを直感的に把握できる能力は不可欠であり，骨組の変形を実感できるアナログ的手法は捨てがたいように思われる。

3-1 直角変位図の基本

物体が運動することにより移動する場合，平行移動をする場合を除き，その運動はある点を中心とした回転運動と考えることができる。

図3-1のように，剛体が移動して剛体上の2点A，BがA′，B′点に移動する場合，線分AA′，BB′それぞれの垂直2等分線の交点O（極）を回転中心とした回転運動と考えることができる。この場合，各点の移動量は極Oからの距離に比例する。また，A点とB点は剛体上の任意の点としているので，剛体上のすべての点は極Oからの距離に比例した動きとなる。このことは，部材が伸縮のない線材，または部材の伸縮が部材長にくらべて無視できるほど小さい場合には，両材端の動きを検討すれば材全体の動きをとらえることができることを意味する。

本章では，剛体の回転による変位量が微小であることを大前提として説明する。

以下の図では，部材の長さにくらべて非常に小さ

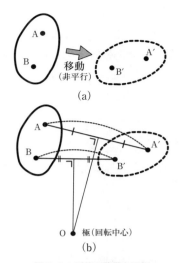

図 3-1 剛体の移動と回転

い変位量（＝微小変位量）を，あえて部材長と同じ程度に拡大して図形化するが，これは微小変形量の幾何学的な関係を検討するためであり，図示したような大変形の状態を対象としていないことに留意して欲しい（変位が微小でない場合を取り扱う力学は，「大変形問題」とよばれる力学分野となる）。

（1） 直角変位点

図3-2（a）のように，点Aが極O回りに微小な回転変位を起こした場合を考えると，変位は図（b）のように回転開始点の接線方向（＝極線OAと直角をなす方向）に生じたと考えることができる。

その移動変位量 Δ を，原点（A）に対し時計回り（または反時計回り）に90°回転させた点（A′）を「直角変位点」と定義すれば，移動変位量 Δ を極線（OA）上の長さと表現できるようになる。

図（b）から，極線の長さ l，回転角 θ，変位量 Δ と直角変位量 AA′ の間には次の関係があることがわかる。

$$\Delta = AA'' = l \cdot \theta = OA \cdot \theta \qquad (3.1)$$

［A′点が極Oに近づく場合］

$$\theta = \frac{\Delta}{l} = \frac{OA - AA'}{OA} = 1 - \frac{AA'}{OA} \quad (<1)$$

または，

［A′点が極Oから遠ざかる場合］

$$\theta = \frac{\Delta}{l} = \frac{OA + AA'}{OA} = 1 + \frac{AA'}{OA} \quad (>1)$$

$\theta < 1$ または $\theta > 1$ となるかは，極の位置と回転

方向の組合せ条件によるが，いずれの式となるかは描かれた図形をみて判断すればよい。

「直角変位点」は，骨組全体の変形を幾何学的に検討するうえで有用な「直角変位図」の基本となる概念であり，その応用方法を以下で説明する。

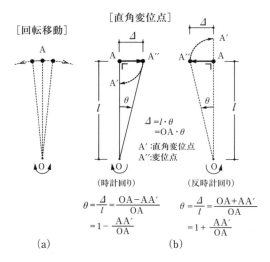

図 3-2　回転移動と直角変位

(2) 直角変位図

移動する部材の長さが変わらない（部材の伸縮がない）場合の，部材の直角変位点について検討する。

(a) 一般形（部材両端が自由に移動できる状態）

図 3-3（a）のような，部材端が拘束されず自由に移動できる状態にある部材 AB が，極 O に対し時計回りに回転する場合を考える。

図（b）のように，回転角 θ（たわみ角法の基本式で部材角 R と定義している角度と同じ）で回転した場合，前項で説明したように，材端 A 点と B 点はそれぞれの極線に対して直角に移動して A″ 点と B″ 点に移動し，次の関係が成立する。

$$\Delta_{AA'} = l_A \cdot \theta = OA \cdot \theta$$
$$\Delta_{BB'} = l_B \cdot \theta = OB \cdot \theta$$

図（c）のように，原点 A と B について，それぞれ時計回りに直角変位点 A′ と B′ を決定すれば，OA′ と OB′ はそれぞれ次式で表わせる。

$$OA' = OA - \Delta_{AA'} = OA - OA \cdot \theta = OA(1-\theta)$$
$$OB' = OB - \Delta_{BB'} = OB - OB \cdot \theta = OB(1-\theta)$$

このことは，△OA′B′ と △OAB に注目すれば，∠A′OB′ = ∠AOB，かつ，その角を挟む 2 辺の長さが $(1-\theta)$ 倍であることから，相似の関係にあ

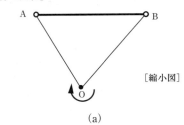

(a)

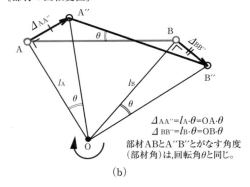

(b)

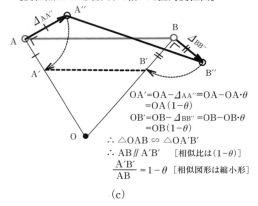

(c)

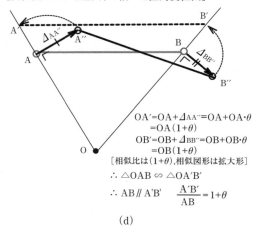

(d)

図 3-3　部材の回転と直角変位図

ることがわかる。すなわち，

$$\triangle \text{OA}'\text{B}' \infty \triangle \text{OAB}$$
$$\therefore \text{AB} \mathbin{/\mkern-6mu/} \text{A}'\text{B}'$$
$$\frac{\text{A}'\text{B}'}{\text{AB}} = (1-\theta) \tag{3.2}$$

上式は，「〈基本則1〉：両端が自由に移動できる部材の直角変位図は，原形に平行で相似比（$1-\theta$）の図形となる」ことを意味している。このことは，直角変位図を迅速に描くうえで重要な知見である。

逆に考えれば，直角変位図を描き，部材（AB）に関する長さを読み取り，長さ比（A′B′／AB）にもとづいて部材（AB）の回転角（部材角）を計算することができる。すなわち，

$$\theta = 1 - \frac{\text{A}'\text{B}'}{\text{AB}} \tag{3.3}$$

図（d）は，図（b）と同様に極Oに対し時計回りにθ回転させた後，図（c）とは逆に，原点に対し反時計回りに回転させた場合の直角変位図である。この場合には，直角変位図（A′B′）は極Oより遠ざかるため符号が変わり，相似比は（$1+\theta$）となる。

$$\frac{\text{A}'\text{B}'}{\text{AB}} = (1+\theta), \quad \theta = \frac{\text{A}'\text{B}'}{\text{AB}} - 1$$

図3-2で説明したように，当然のことながら，測定長さにもとづき計算される回転角θは図（c）の場合と同値である。

(b) 部材の一端が移動できない形（拘束された状態）

図3-4（a）のように，部材ABの一端（A点）が回転中心の場合［回転中心とした場合を含む］，A点は移動できないので，A点の変位点A″と直角変位点A′はともに原点Aと同じ位置となる。一方の材端B点は，自由に回転移動できるので，直角変位図を描けば図（b）のようになり，(3.2)式の関係は成立するが，直角変位点B′は部材ABの線上に位置することがわかる。

すなわち，「〈基本則2〉：材の一端が移動できない部材の直角変位図は，原形に平行で相似比（$1-\theta$）の図形となるが，その位置は原形の線上である」といえる。このことは，直角変位図を迅速に描くうえで重要な知見である。

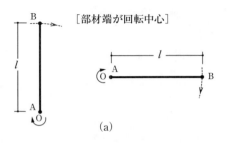

(a)

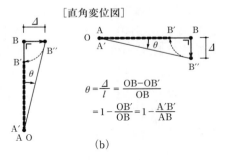

(b)

図3-4　部材端が回転中心の場合の直角変位図

(c) 部材が平行に移動する場合（＝回転角が0）

図3-5（a）のように部材ABが平行に移動する場合，すなわち，回転角（部材角）が0の場合の直角変位図を，直角変位点の定義に従って描けば，AB＝A′B′で，各点の極線は互いに平行となり交

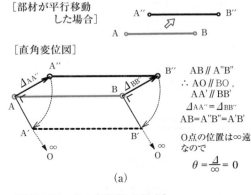

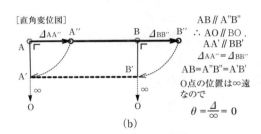

図3-5　平行移動する部材の直角変位図

3　骨組の変形（直角変位図）　39

わらない（＝極Oは無限遠方∞にあると考えることができる）。

(3.1) 式に従って数式表現すれば次式となる。すなわち，

$$\theta = \frac{\Delta}{l} = \frac{\Delta}{\infty} = 0$$

また，図（b）のように材軸上を平行に移動する場合についても，同様なことがいえる。

以上より，「〈基本則3〉：部材が平行に移動した場合，直角変位図と原形の長さは等しく，回転角 θ は0となる」または「部材の回転角 θ が0の場合または直角変位図と原形の長さが等しい場合，部材は平行に移動している」といえる。

(d) 部材の両端が移動できない形

図 3-6（a）のように，部材 AB の一端（A 点）が支点により拘束されている状態で，他端（B 点）を回転中心とした場合，A 点と B 点はともに移動できないので，A 点と B 点の変位点（A″と B″）はともに原点（A，B）と同じ位置となる。

すなわち，「〈基本則4〉：両端が移動できない（拘束された）状態の直角変位図は，原形と合同である」または「直角変位図が原形と合同の場合，部材は移動できない状態にある」といえる。

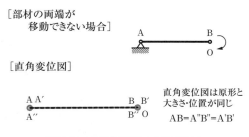

図 3-6 両端拘束部材の直角変位図

(e) 回転角 $\theta = 1$ とする作図方法

図 3-7（a）のような，回転中心が部材上にない状態（一般形）について，直角変位図を描く場合，対象点の直角方向の移動量を，極O（回転中心）からその点までの距離と等しくすれば，直角変位点も極Oと同位置になる。この場合，他端の直角変位点も極Oと同位置になる。

この結果，回転角（部材角）θ は1となる。すなわち，

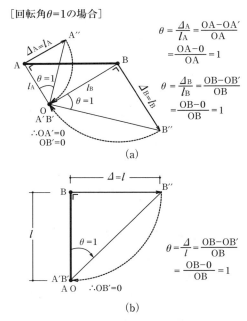

図 3-7 回転角 $\theta = 1$ の場合の直角変位図

$$\theta = \frac{\Delta_A}{l_A} = \frac{OA - OA'}{OA} = \frac{OA - 0}{OA} = 1$$

$$\theta = \frac{\Delta_B}{l_B} = \frac{OB - OB'}{OB} = \frac{OB - 0}{OB} = 1$$

図（b）のような，A 点を回転中心（極O）とした場合では，材長を移動量として直角変位図を描けば，A′点，B′点は材端 A 点（極O）と同一点となり，結果，回転角（部材角 R）θ は1となる。

すなわち，「〈基本則5〉：回転角 $\theta = 1$ とする図は，移動量を材長と等しくして描けばよく，その直角変位点は回転中心（極O）と同位置となる」といえる。

部材の回転角（部材角 R）$\theta = 1$ として直角変位図を描く手法は，異形ラーメン構造における構成部材間の部材角の関係を求める際に用いられる。

3-2 骨組の安定・不安定の判別

骨組の安定・不安定の判別に，静定・不静定の判別式（$m = n + s + r - 2k$）が活用できる場合があることは『建築の力学Ⅰ』2-2 で説明した。すなわち，$m < 0$ の骨組は不安定であるが，$m \geq 0$ の骨組については必ず安定である保証はなく，安定・不安定の判別は直角変位図による方法などにより確認する必要があることを述べた。ここでは，直角変位図による判定方法について説明する。

(1) 安定な骨組の直角変位図

3本の部材が相互に連結された三角形は，古くは「三角形不変の理（ことわり）」と称され，その形状が安定で剛体のように動くことが知られている。

部材が三角形に組まれて安定なトラスの直角変位図を描いて，その特性を調べてみる。

(a) 任意の点を極Oとした直角変位図

図3-8 (a) のような三角形の，任意の点を極Oとした場合の直角変位図を描いてみる。

まず，図 (b) のように，極O回りに回転角（部材角）θ で回転させて直角変位図を描けば，図3-3 (c) で証明したように，次の関係がある。

$$AB \parallel A'B'$$
$$\frac{A'B'}{AB} = (1-\theta)$$

次に，部材ACと部材BCについて考える。

両部材ともに一端が部材ABの両端にそれぞれ連結されているので，その移動点はそれぞれA″点とB″点である。部材長が変わらない（伸縮しない）とすれば，C″点は図 (c) に示すように一義的に決まるので（部材ACとBCは勝手に回転できない＝剛体と同じ），C点も極O回りに部材ABと等しい回転角 θ で回転することになる。

C点が極O回りに θ 回転すれば，図 (c) のように $OC' = OC \cdot (1-\theta)$ の関係をもつことになる。

部材ABについて証明したのと同様に，部材ACと直角変位点 A′C′ の間にも次の関係がある。

$$AC \parallel A'C'$$
$$\frac{A'C'}{AC} = (1-\theta)$$

同様に，部材BCについても次式が成り立つ。

$$BC \parallel B'C'$$
$$\frac{B'C'}{BC} = (1-\theta)$$

以上より，△ABCの各辺の長さに対する直角変位点 A′，B′，C′ を結んでできる△A′B′C′の各辺の長さの比は3辺ともに $(1-\theta)$ であるので，2つの三角形の間には相似の関係があることがわかる。

以上より，「〈判定則1〉：形状が安定な骨組（三角形）の直角変位図は，原形と相似となる」または

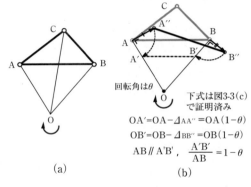

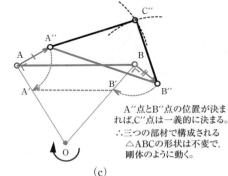

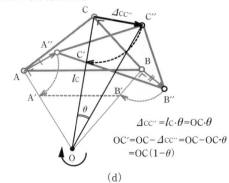

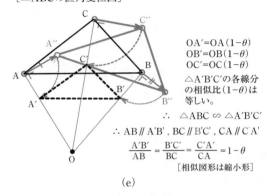

図3-8　安定な骨組の直角変位図

「直角変位図が原形と相似となる骨組は安定である」といえる。

なお，参考図 3-1 には直角変位図を原点の左回りで描いたものであるが，直角変位図は原形に相似であるが，相似比は $(1+\theta)$ となり原形よりも大きい図形となることがわかる。

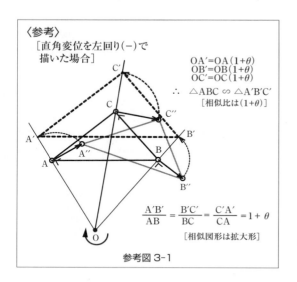

参考図 3-1

(b) 節点位置を極Oとした直角変位図

図 3-9 (a) のように節点 (A) を極Oとすることは，節点をピン支持した状態と同じである。その直角変位図は，A 点が移動しないので A″ と A′ は極O点と同位置で，B 点と C 点が図 (b) のような変位をする。直角変位図は図 (c) のような，同じ相似比 $(1-\theta)$ をもつ 2 辺に挟まれた節点の角度が等しい形の相似三角形となる。

(c) 単純支持されたトラスの直角変位図

図 3-10 (a) のように単純支持されたトラスの場合，A 点と C 点が拘束されるので部材 AC は回転（移動）できないので，部材 AC に連結された B 点も必然的に回転（移動）できない。したがって，直角変位点 A′～C′ は原位置と同位置となり，〈基本則 4〉のとおり，直角変位図は図 (b) のようになる。すなわち，

$$\triangle ABC \equiv \triangle A'B'C', \quad \theta = 0$$

以上より，「直角変位図が原形と合同となる骨組は安定である」といえるので，これを，先の〈判定則 1〉に加えて，一括表現すれば次のようになる。

〈判定則 1〉：「形状が安定な骨組（三角形）の直角変位図は，原形と相似または合同となる」または「直角変位図が原形と相似または合同となる骨組は安定である」

骨組が不安定である条件は，〈基本則 1〉の条件を満足しないことであり，次のようにいえる。

〈判定則 2〉：「形状が不安定な骨組の直角変位図は，原形と相似または合同とならない」または「直角変位図が原形と相似または合同でない骨組は，不安定である」

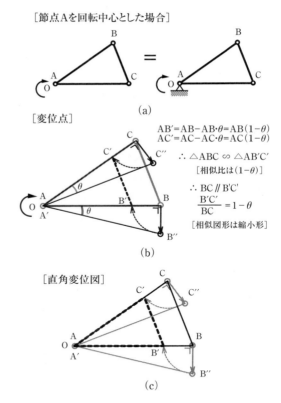

図 3-9 節点位置を極とした直角変位図

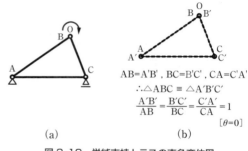

図 3-10 単純支持トラスの直角変位図

（2） 不安定な骨組の直角変位図

図 3-11（a）のような部材 4 本を連続的に連結して構面が構成される骨組（閉鎖形骨組）は，変形のイメージ例に示すように，経験的に形状が変化することが予想でき，直感的に不安定な骨組であると判断できる。しかし，直感に頼らず，この骨組が不安定構造あることを証明するためには，直角変位図を描き，不安定構造の条件〈判定則2〉「相似または合同とならない」ことを示せばよい。

まず，この骨組の直角変位図を，変形を順に追って描く手法（「逐次法」とよぶ）により描いてみる。すなわち，最初に構成部材のうちの 1 つの部材 I を回転移動させ，その部材に連結している部材 II の動きを検討し，次に，部材 II に連結された部材 III の動きを検討するという順に，すべての構成部材の動きについて順次検討する。

図 3-11（a） 不安定な骨組の直角変位図（その 1）

手順 1) 任意の部材（AB）を，任意の極 O 回りに角度 θ 回転させて，その直角変位点（A′，B′）を求める。

① 極 O（任意）を定める。[極 O の位置は任意に定めてよい。ここでは，各節点の移動量が等しくなるように，極 O を線分 AB の二等分線上とし，線分 OO′ は AB の 1/2 の長さとした。]
② 極線 OA と OB を引く。
③ 極線 OA と直角に変位量 $\varDelta$（大きさは任意）をとり A″点として，回転角 θ を決定する。
④ 変位 $\varDelta$ を直角に回転させれば，直角変位点 A′ となる。
⑤ 極線 OB との角度が回転角 θ となる極 O を通る線を引き，
⑥ B 点からの垂線と交わる点を B″点とする。
⑦ 変位量 BB″（①で二等辺三角形になる位置に極

O を定めたので $\triangle$ となる）の直角回転点が直角変位点 B′ となる。
[作図精度を，〈基本則 1〉AB ∥ A′B′ となっているかで検定し，作図の正確性を確認しておくとよい]

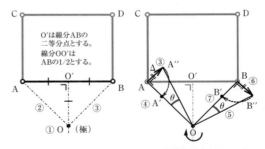

図 3-11（b） 不安定な骨組の直角変位図（その 2）

手順 2) 部材（AB）の一端に連結されている部材（AC または BD）の直角変位図を描く。ここでは，部材 AC の直角変位点（C′）を求める。

⑧ 極線 OA を延長し，線上に O_1 点を定める（= θ_1 が確定）。
[直角変位 AA″⊥OA かつ AA″⊥AO_1 の条件より，O_1 点は極線 OA 上にある必要がある。ここでは，線分 AC の二等分点からの垂線との交点を極 O_1 をとし，両端の移動量が等しくなるようにした。]
⑨ O_1 点と C 点を結ぶ極線 O_1C を引き，
⑩ 極線 O_1C との角度が回転角 θ_1 となるように極 O_1 を通る線を引き，C 点からの垂線と交わる点を C″点とする。
⑪ 変位量 CC″[⑧で二等辺三角形となる位置に極 O を定めたので $\triangle$ となる]の直角回転点が直角変位点 C′ となる。

手順 3) 部材（AB）の他端に連結されている部材（BD）の直角変位点（D′）を求める。
[部材 AC の手順⑧～⑪と同様な方針で描く]

⑫ O_2 点を定める（= θ_2 が確定）。[極 O_2 は線分 BD の二等分点からの垂線との交点とした。]
⑬ 極線 O_2D を引く。
⑭ 回転角 θ_2 となる線を引き，C 点からの垂線と交わる点を D″点とする。
⑮ 変位量 DD″[$\varDelta$]の直角回転点を直角変位点 D′ とする。

3　骨組の変形（直角変位図）　43

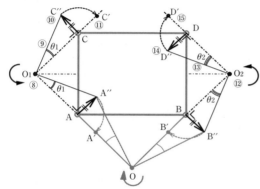

図3-11(c) 不安定な骨組の直角変位図（その3）

手順4） 得られた直角変位点（A′〜D′）を結べば，直角変位図は完成する。

完成した直角変位図は，原形の各辺とそれぞれ対応する直角変位図の辺は平行であるものの，相似比は等しくなく，相似でも合同でもないことがわかる。よって，この骨組は不安定な構造であることが証明されたことになる。

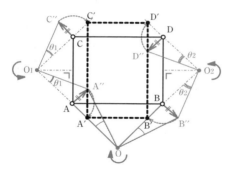

図3-11(d) 不安定な骨組の直角変位図（その4）

（3）〈基本則〉を活用して描く直角変位図

直角変位図の〈基本則〉を活用して作図する方法は，逐次法よりも簡便に直角変位図を描くことができる。

図3-12は，〈基本則1〉「原形と平行になる」ことを活用して描いた例であるが，その作図手順を説明する。

手順1） 部材ABの直角変位図

① 極O（任意）を定める。

②③ 極線OAとOBを引く。［長く描いておくと，後の作図が楽］

④ 極線OA上に⊿（直角変位量は任意）をとり，A′点とする。

[基本則を活用して描く直角変位図の例]

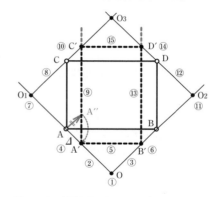

図3-12 基本則を活用した直角変位図

⑤ 部材ABと直角変位図A′B′の間には，AB∥A′B′の関係があるので〈基本則1〉，A′点を通る平行線を引く。

⑥ 極線OB③と平行線⑤の交点がB′点となる。

手順2） 部材ACの直角変位図

⑦ 極線OAの延長線上に，部材ACの回転中心となる極O₁（任意位置）を定める。［わかりやすいように，ACの二等分線位置からの垂線との交点とし，両端の移動量が等しくなるようにした］

⑧ 極O₁からC点を通る極線O₁Cを引く。［延長して描いておくとよい］

⑨ 部材ACの直角変位図A′C′の間には，〈基本則1〉からAC∥A′C′の関係があるので，A′点を通る平行線を引く。

⑩ 極線O₁Cと平行線⑨との交点がC′点となり，部材ACの直角変位図が得られる。

手順3） 部材BDの直角変位図

［部材ACの手順⑧〜⑪と同様な方針で描く］

⑪ 極線OBの延長線上に極O₂（任意位置）を定める。［BDの二等分線位置からの垂線との交点としている］

⑫ 極O₂からD点を通る極線O₂Dを引く。［延長して描いておくとよい］

⑬ 〈基本則1〉よりBD∥B′D′の関係があることから，B′点を通りBDに平行な線を引く。

⑭ 極線ODの延長線との交点がD′点となり，部材BDの極O₂に関する直角変位図が得られる。

手順4） 部材CDの直角変位図

⑮ 既得の直角変位点C′点とD′点を結ぶ線が，部

材 CD の直角変位図となる。[極線 O_1C と極線 O_2D の交点が極 O_3 となるが，作図上は利用されない。作図の精度検討のために CD ∥ C′D′ であることを確認しておくとよい。]

これで □ABCD の直角変位図は完成する。当然ではあるが，得られた直角変位図は原形と相似でなく，〈判定則2〉より，この骨組は不安定骨組であることが証明される。

〈基本則〉を利用する作図法は，図 3-11 の逐次法よりも簡単なので，通常は〈基本則〉を利用する作図法が用いられる。

演習問題 3-1 骨組 ABCD の直角変位図を描きなさい。
（解答は章末）

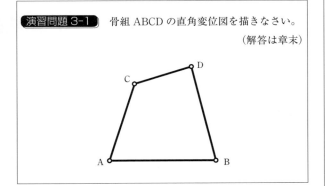

例題 3-1 骨組 ABCD が不安定であることを，直角変位図を描いて証明しなさい。

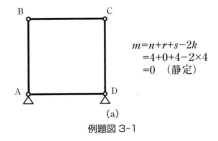

$m = n + r + s - 2k$
$\quad = 4 + 0 + 4 - 2 \times 4$
$\quad = 0$ （静定）

(a)

例題図 3-1

解答

骨組 ABCD は，部材が三角形を構成していないので不安定骨組であることが直感的に予想できる。しかし，判別式は $m = 4 + 0 + 4 - 2 \times 4 = 0$（静定）となるので，判別式による安定・不安定の判断はできない。したがって，直角変位図を描いて骨組の安定・不安定を判定することが必要である。

実際に，この骨組は不安定骨組であるので，任意の極 O 点回りの直角変位図は無数に描ける。以下にその例を示す。

なお，どの図においても，次の基本則が確認される。

〈基本則1〉 材端が自由に移動できる BC 材の直角変位図 B′C′ は，原形と平行になる（BC ∥ B′C′）。

〈基本則2〉 材の一端が回転中心となる部材の直角変位点は，その部材上にある。

〈基本則3〉 両端が拘束（支点）されている部材（AD）の直角変位点（A′ と D′）は，原位置と同じである。

これらの基本則は，直角変位図を迅速に描くうえで有用であるので，よく理解しておくとよい。

[A点回りの直角変位図] [O(任意)点回りの直角変位図]

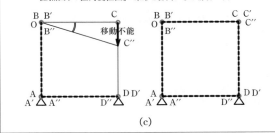

(b)

不安定な骨組の直角変位図は，極の位置により無数に描けるので，場合によっては合同の図が描けることもある。たとえば，下図のように B 点を極（O）として C 点を回転させようとしても，D 点が拘束されているため，C″ 点には移動できない。したがって，B 点を極とした場合には，A 点，B 点，D 点の 3 点が拘束されることにより骨組は安定な状態となり，直角変位図は原形と合同となる。

[B点回りの直角変位図]=原形と合同になる場合の例

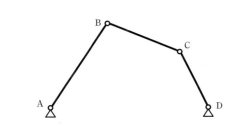

(c)

演習問題 3-2 骨組 ABCD が不安定であることを，直角変位図を描いて証明しなさい。
（解答は章末）

例題 3-2 下図のトラスの，安定・不安定を判定しなさい。

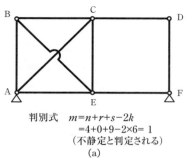

判別式　$m = n + r + s - 2k$
　　　　　$= 4 + 0 + 9 - 2 \times 6 = 1$
　　　　（不静定と判定される）
(a)
例題図 3-2

解答

判別式は $m = 4 + 0 + 9 - 2 \times 6 = 1 > 0$（不静定）であるが，骨組の□CDEF 部分は 4 本の部材で構成されており，不安定な骨組であることが直感的に予想できる。直角変位図により証明するためには，相似でない直角変位図が描けることを示せばよい。

図 (b) に直角変位図の一例とその変形イメージ図を示す。同図からわかるとおり，直角変位図は原形と相似ではないことから，〈判定則 2〉より，この骨組は不安定な構造であることが証明される。

[直角変位図：A点とF点を極とした場合]

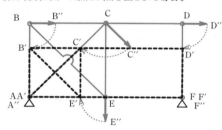

[変形イメージ図]
各点の変位点（A″,B″,C″,D″,E″,F″）を結んで描いた図

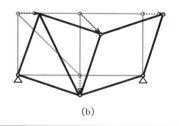

(b)

〈参考〉安定な骨組の直角変位図

参考図 3-2 に示すトラスは，すべての構面について，部材が三角形に連結された形で構成されており，安定な骨組であることが予想される。

このトラスの直角変位図は，たとえば，図のように描ける

が，この図は直角変位図の定義に反している。

すなわち，CF 材以外の直角変位図は〈基本則 1〉または〈基本則 2〉を満足しているが，材の一端が移動できない状態にある部材 CF の直角変位図 C′ と F′ については，〈基本則 2〉「原形の線上にある」または「原形と平行である」ことに反しており，直角変位図の原則と矛盾しているので，描かれた直角変位図は無効である。

このトラスの場合，CF 材を含むすべての部材について，直角変位図の基本則に反しない条件を満足できる図は，直角変位点（A′～F′点）が原形位置（A～F点）にある場合＝直角変位図と原形が合同の場合だけである。すなわち，この骨組の直角変位図は原形と合同で，〈判定則 1〉により，この「骨組は安定である」と判定される。

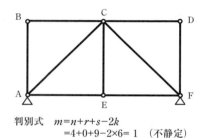

判別式　$m = n + r + s - 2k$
　　　　　$= 4 + 0 + 9 - 2 \times 6 = 1$　（不静定）

[直角変位図：基本則に反する図]

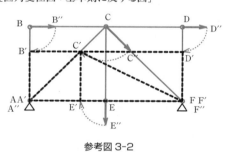

参考図 3-2

演習問題 3-3 次のトラスの，安定・不安定を直角変位図により判定しなさい。　　　　　（解答は章末）

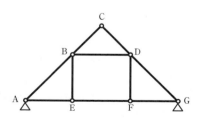

判別式：$m = 4 + 0 + 10 - 2 \times 7 = 0$　（静定）

3-3 異形ラーメンの部材角

後述する「7 たわみ角法による骨組の解析」において説明する「たわみ角法」の基本式には，部材の伸縮がないことを前提として，部材の回転により生じる部材角 R の項が含まれている。柱・梁が直交する形で配置された一般的な整形ラーメンの応力解析では，部材が軸方向に伸縮しないことを前提とすれば，水平材（梁）の部材角 R を意識する場合はほとんどないが，部材が斜交（傾斜）しているラーメンでは，部材角の影響を考慮する必要がある。水平材の部材角を考慮する必要があるラーメンは，一般的に，異形ラーメンとよばれる。

ラーメン構造は部材間が剛接合された骨組であるが，ラーメンを構成する各部材の部材長が変化しなければ（部材が伸縮しなければ），各部材間の部材角の関係（骨組全体の動き）は，ピン接合された骨組（不安定な骨組＝幾何学的な制約下で変形・移動が自由な骨組）と同じである。すなわち，部材が伸縮しない骨組における構成部材の部材角相互の関係は，節点がピン節点・剛節点にかかわらず，部材相互の幾何学的関係で決まることになる。したがって，構成部材の部材角相互の関係については，これまで述べた直角変位図の概念が適用できる。

ここでは，異形ラーメンを構成する部材間相互の部材角の関係を，直角変位図を利用して求める方法について説明する。

(1) 3材により構成される異形ラーメン
(a) 任意の変位量（部材角）とした直角変位図

図 3-13 (a) には，3材を連続的に連結して構成されるラーメン骨組 ABCD と，その骨組が幾何学的条件に従って変形する例が示してある。たとえ骨組が剛節ラーメンで安定であっても，部材相互間の動きは，ピン節点の場合と同様の，部材の長さ・拘束条件等の幾何学的変形制限を受けることは前項で述べた（ピン節点のイメージも図示してある）。

図 (b) には，逐次法による，B点が直角変位 Δ_B だけ移動した場合の直角変位図の作図プロセスが，図 (c) には得られた直角変位図が，それぞれ示してある。

図 3-14 には，〈基本則〉を利用する方法による直角変位図の作図例が示してある（逐次法よりも簡便

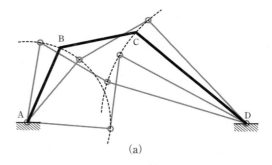

(a)

［逐次法による作図プロセス］

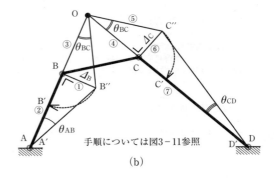

手順については図 3-11 参照

(b)

［完成した直角変位図］

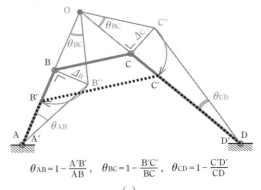

$\theta_{AB} = 1 - \dfrac{A'B'}{AB}$, $\theta_{BC} = 1 - \dfrac{B'C'}{BC}$, $\theta_{CD} = 1 - \dfrac{C'D'}{CD}$

(c)

図 3-13 3材によって構成された異形ラーメンの直角変位図

なこの方法が，通常，用いられる）。

この例では，①A点を回転中心として，部材 AB の変位量を AB 材に直交する方向に確定させ（最初に変位量を確定させる部材を「独立部材」という：後述），材に連結する残りの 2 部材（BC 材と CD 材：「従属部材」という）の移動量について，②BC 材の材端は支点ではない，③D点は支点である，という幾何学的条件により直角変位図を確定させている。なお，最初に回転移動させる材は 3 材のうちのどの部材でもよく，その材の移動量を直角変位として，直角変位図を描き始めればよい。

[〈基本則〉にもとづく作図プロセス]

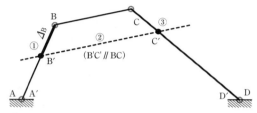

① A点を回転中心とする。⇒〈基本則2〉直角変位点A′はA点と同じ位置で，直角変位点B′は線分AB上にある。B点の変位 $\varDelta_B$（大きさは任意）を，AB上にとりB′点とする。
② BC材の材端は支点ではない。⇒〈基本則1〉BC材とB′C′は互いに平行で（BC // B′C′），C′点はB′点を通りBC材に平行な線上にある。
③ D点は支点である。⇒〈基本則2〉直角変位点D′はD点と同位置で，直角変位点C′は線分DC上にある。C′点はBC材の直角変位図とDC材の交点である。

(a)

[完成した直角変位図]

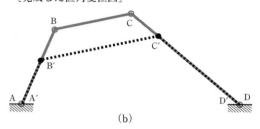

(b)

図 3-14 基本則による異形ラーメンの直角変位図

例題 3-3 　例題図 3-3 の骨組において，図のような変位 $\varDelta$ を与えたときの各部材の部材角を求めなさい。

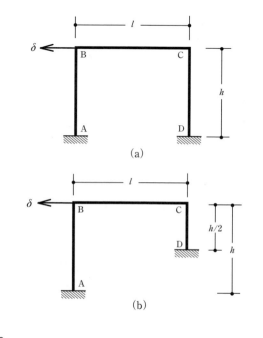

例題図 3-3

解答

各問ともに，移動量 $\varDelta$ を直角変位として直角変位図を描き始めればよい。解答としては，〈基本則〉を利用する方法により描いた直角変位図が示してある。直角変位図は図解法なので，適度の大きさで正確に描いた直角変位図の必要な長さを直接計測して，その計測値にもとづいて部材角（回転角）を求めればよい。なお，解答には部材角を数式表現したものも示してある。

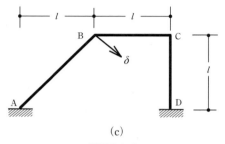

数式表現をすれば

$\theta_{AB} = 1 - \dfrac{A'B'}{AB} = 1 - \dfrac{h+\delta}{h} = -\dfrac{\delta}{h}$

$\theta_{BC} = 1 - \dfrac{B'C'}{BC} = 1 - \dfrac{l}{l} = 0$

$\theta_{CD} = 1 - \dfrac{C'D'}{CD} = 1 - \dfrac{h+\delta}{h} = -\dfrac{\delta}{h}$

(a)

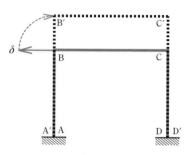

数式表現をすれば

$\theta_{AB} = 1 - \dfrac{A'B'}{AB} = 1 - \dfrac{h+\delta}{h} = -\dfrac{\delta}{h}$

$\theta_{BC} = 1 - \dfrac{B'C'}{BC} = 1 - \dfrac{l}{l} = 0$

$\theta_{CD} = 1 - \dfrac{C'D'}{CD} = 1 - \dfrac{h/2+\delta}{h/2} = -\dfrac{2\delta}{h}$

(b)

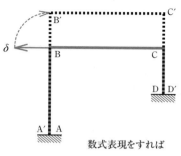

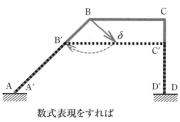

数式表現をすれば

$$\theta_{AB} = 1 - \frac{A'B'}{AB} = 1 - \frac{\sqrt{2}\,l - \delta}{\sqrt{2}\,l} = \frac{\sqrt{2}}{2} \cdot \frac{\delta}{l}$$

$$\theta_{BC} = 1 - \frac{B'C'}{BC} = 1 - \frac{l + \sqrt{2}\,\delta/2}{l} = -\frac{\sqrt{2}}{2} \cdot \frac{\delta}{l}$$

$$\theta_{CD} = 1 - \frac{C'D'}{CD} = 1 - \frac{l - \sqrt{2}\,\delta/2}{l} = \frac{\sqrt{2}}{2} \cdot \frac{\delta}{l}$$

(c)

例題図 3-3 の解答図

（b） 部材角を1とした直角変位図

例題 3-3 のような直角変位図では，特定の部材の変位量（部材角）が確定すれば，それに対応した各部材の部材角の大きさを求めることができる。たわみ角法の解法では，部材相互間の部材角の比率が重要となる。各部材の部材角相互の比率は，求めた各部材の部材角の値にもとづき計算すれば得ることができるが，「独立部材（最初に移動量を確定させる部材）」の部材角を1として直角変位図を描けば，得られる各部材の値は「独立部材」の部材角 R に対する比 ϕ を表わすことになる。部材角が1となる場合の直角変位図については，すでに図 3-7 で説明しているが，独立部材角を1とする直角変位図の作図は，部材角を任意とした場合の作図よりも簡便で明確である。

図 3-15 の例では，部材 AB を独立部材とし，直角変位量 B″ を AB 材の長さと同じとして，直交変位図が回転中心と同じ位置となるように拡大して描いてある（実際の変位は微小であることを前提として，直角に変位すると仮定していることを忘れないで欲しい）。

[AB 材の部材角 $\theta_{AB}=1$ とした直角変位図]

変位点 B″ を， $\Delta_{AB} = l_{AB}$（部材長）となる位置になるように拡大して描けば，A′B′=0，∴ $\theta_{AB}=1$ となる。

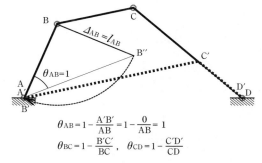

$$\theta_{AB} = 1 - \frac{A'B'}{AB} = 1 - \frac{0}{AB} = 1$$
$$\theta_{BC} = 1 - \frac{B'C'}{BC}, \quad \theta_{CD} = 1 - \frac{C'D'}{CD}$$

図 3-15　部材角 $\theta = 1$ とした直角変位図

例題 3-4　例題 3-3 の骨組について，部材 AB（独立部材）の部材角（回転角）を1とした場合の直角変位図を描くことにより，AB 材の部材角に対する各部材の部材角の比率を求めなさい。

解答

直角変位図は，それぞれ図のようになり，AB 材の部材角（独立部材）に対する各部材の部材角の比率 ϕ が計算できる。なお，図 (a) と図 (b) の場合は梁材 BC の部材角が0となる。すなわち，平行状態にある2本の柱に直交する梁材は，平行移動だけで回転移動はしないことがわかる。このことから，柱と梁が直交している一般的なラーメン構造では，柱に部材角が生じても梁には部材角が生じないことがわかる。

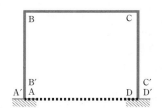

数式表現をすれば

$$\theta_{AB} = 1 - \frac{A'B'}{AB} = 1 - \frac{0}{h} = 1$$
$$\theta_{BC} = 1 - \frac{B'C'}{BC} = 1 - \frac{l}{l} = 0$$
$$\theta_{CD} = 1 - \frac{C'D'}{CD} = 1 - \frac{0}{h} = 1$$

(a)

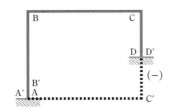

数式表現をすれば

$\theta_{AB} = 1 - \dfrac{A'B'}{AB} = 1 - \dfrac{0}{h} = 1$

$\theta_{BC} = 1 - \dfrac{B'C'}{BC} = 1 - \dfrac{l}{l} = 0$

$\theta_{CD} = 1 - \dfrac{C'D'}{CD} = 1 - \dfrac{-h/2}{h/2} = 2$

(b)

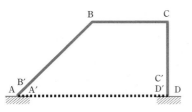

数式表現をすれば

$\theta_{AB} = 1 - \dfrac{A'B'}{AB} = 1 - \dfrac{0}{\sqrt{2}\,l} = 1$

$\theta_{BC} = 1 - \dfrac{B'C'}{BC} = 1 - \dfrac{2l}{l} = -1$

$\theta_{CD} = 1 - \dfrac{C'D'}{CD} = 1 - \dfrac{0}{l} = 1$

(c)

例題図 3-4 の解答図

[解答]

部材 AB の部材角を $\theta = 1$ として直角変位図を描けば，下図のようになる。この図にもとづき，各部材の部材長と直角変位の長さにより，各部材の部材角を計算して求めればよい（図解法的には実測値であるが，幾何学的な数式にもとづいてもよい）。

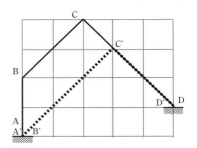

$\theta_{AB} = 1 - \dfrac{A'B'}{AB} = 1 - \dfrac{0}{AB} = 1$

$\theta_{BC} = 1 - \dfrac{B'C'}{BC} = 1 - \dfrac{6\sqrt{2}}{4\sqrt{2}} = 1 - \dfrac{3}{2} = -\dfrac{1}{2}$

$\theta_{CD} = 1 - \dfrac{C'D'}{CD} = 1 - \dfrac{4\sqrt{2}}{6\sqrt{2}} = 1 - \dfrac{2}{3} = \dfrac{1}{3}$

∴ $\theta_{AB} : \theta_{BC} : \theta_{CD} = 1 : -\dfrac{1}{2} : \dfrac{1}{3}$

[演習問題 3-4] 骨組 ABCD について，部材 AB の部材角に対する各部材の部材角の比を，直角変位図を描いて求めなさい。 （解答は章末）

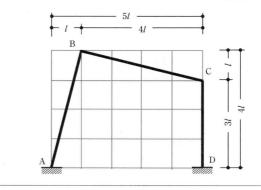

（2） 独立部材と従属部材

前項のように，3材が連続して連結されて構面が構成される骨組の例では，3材のうちの1材の移動量（部材角）が定まれば，残りの2材の移動量（部材角）は，幾何学的条件により一義的に定まることになる。骨組の動きが，1つの材の動きにより確定できる骨組を，「自由度」が1の骨組という。

自由度1の骨組では，3材のうち，最初の移動量

[例題 3-5] 例題図 3-5 のような，骨組 ABCD について，部材 AB の部材角に対する各部材の部材角の比を，直角変位図を描いて求めなさい。

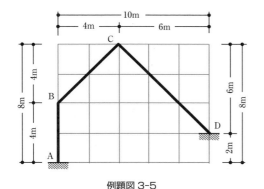

例題図 3-5

を決める部材を「独立部材」とよび，その部材角を「独立部材角（R）」という。また，独立部材に連結されている部材を「従属部材」とよび，その部材角を「従属部材角（θ_i）」という。1つの独立部材は2つの「従属部材」と関連づけることができる。すなわち，従属部材角（θ_i）は（比率ϕ_i，独立部材角（R）の積（$\phi \times R$）として表現できる。すなわち，

$$\theta_i = \phi_i \times R$$

図3-16のように4本以上の部材から構成される骨組では，1つの部材（独立部材）の動きを確定させても，連結された2つの部材（従属部材）の動きが確定するだけで，残りの部材はその独立部材の動きとは無関係に動くことができるため，骨組全体の動きは確定しない。自由度の高い骨組の動きを確定するためには，自由度に応じた数の独立部材を選定して，その動きを確定させることが必要となる。

骨組の動きを確定させるのに必要な独立部材の数＝自由度mは，部材数sと閉鎖形（部材または地盤で囲まれた構面）数nで決まり，次式で計算できる。

$$m = s - 2n \tag{3.4}$$

ここに，
 m：自由度
 s：部材数
 n：閉鎖形（構面）数

図3-16の骨組には，上式により算定される自由度（独立部材数）の例が示してあるが，上式で算定される自由度は最大値で，互いに平行な部材がある場合などの条件によっては，自由度は減少する。

(3) 自由度の高い骨組の直角変位図

自由度の高い（＝独立部材が複数ある）骨組の部材角相互の関係を求める場合は，自由度と同じ数の独立部材を任意に設定して，従属部材の部材角を確定させればよい。その場合，1つの注目する独立部材がその従属部材に及ぼす影響をとらえることができれば，複数の独立部材が存在しても各独立部材の各従属部材への影響を累加して考えればよく，骨組全体の動きを明確に把握することができる。

注目する独立部材以外の独立部材の影響を排除する方法としては，注目する独立部材以外の独立部材角が0となる条件で直角変位図を描けば，注目する独立部材が，その従属部材に及ぼす影響だけを明らかにすることができる。

独立部材数がm個の場合の従属部材jの部材角R_jは，次式のように表現される。

$$R_j = {}_I\phi_j \cdot {}_I R + {}_{II}\phi_j \cdot {}_{II} R + {}_{III}\phi_j \cdot {}_{III} R + \cdots + {}_m\phi_j \cdot {}_m R$$
$$= \sum_1^m {}_m\phi_j \cdot {}_m R \tag{3.5}$$

ここに，
 R_j：従属部材jの従属部材角
 ${}_m\phi_j$：注目する独立部材mの部材角が${}_m R$で，それ以外の独立部材角がすべて0の場合における注目する独立部材角を1としたときの従属部材jの部材角の比
 ${}_m R$：注目する独立部材mの独立部材角

図3-17に示す4本の部材が連結された骨組を例に，部材角の算定手順を説明する。

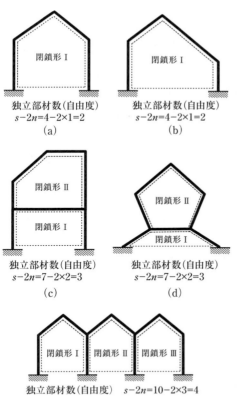

図3-16 独立部材数（自由度）

（a）独立部材数（自由度）$s-2n=4-2\times1=2$
（b）独立部材数（自由度）$s-2n=4-2\times1=2$
（c）独立部材数（自由度）$s-2n=7-2\times2=3$
（d）独立部材数（自由度）$s-2n=7-2\times2=3$
（e）独立部材数（自由度）$s-2n=10-2\times3=4$

この例では独立部材数（自由度）は4と算定されるが，(a)の骨組（対称形）が3組連結された形の骨組であり，高さが同じで平行な部材（柱）があるので，2部材が独立部材として確定すれば十分であり，4部材が独立部材である必要はない。

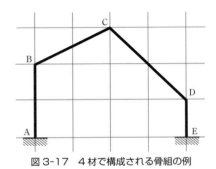

図 3-17 4 材で構成される骨組の例

手順1) 自由度の算定：自由度を (3.4) 式により計算し，注目する独立部材を決定する。
・判別式 $m = S - 2n = 4 - 2 \times 1 = 2$ より，自由度は 2 となるので，独立部材（任意）を部材 AB と BC の 2 材とする。

手順2) 注目する独立部材の部材角を 1，それ以外の独立部材角を 0 とした直角変位図を描き，注目する独立部材角と従属部材角との関係を，部材角比 ϕ として求める。
・直角変位図は〈基本則〉にもとづき描く。

まず，図 3-18 (a) のように，独立部材 AB の部材角 ${}_I\theta_{AB}$ を 1 とし，他の独立部材角（BC）を 0 とした（回転させない）場合の直角変位図を描いて，

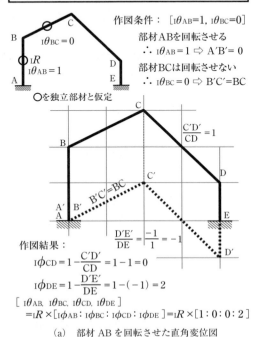

(a) 部材 AB を回転させた直角変位図
図 3-18（その 1）

従属部材角の比を求める。すなわち，独立部材 AB の直角変位図を〈基本則 3〉により $A'B' = 0$ とし，独立部材 BC の直角変位図は〈基本則 4〉により $B'C' = BC$ として C' 点を定め，従属部材 CD の直角変位図は〈基本則 1〉により $C'D' \parallel CD$ となる線を引き，従属部材 DE の直角変位図は〈基本則 2〉より部材線上にあることより，その交点を D' 点として，$A' \sim E'$ 点を順に線で結べば直角変位図は完成する。得られた直角変位図の各点間の長さの実測値（数値）にもとづいて，部材角比 ${}_I\phi_{CD}$，${}_I\phi_{DE}$ を計算すれば，条件 (a) の場合の部材角比が得られる。すなわち，

$$[{}_I\phi_{AB} : {}_I\phi_{BC} : {}_I\phi_{CD} : {}_I\phi_{DE}]$$
$$= [1 : 0 : 0 : 2]$$

上の関係は独立部材角 ${}_IR$ に対する従属部材角の比なので，実際の部材角 ${}_I\theta_j$ は次式の関係となる。

$$[{}_I\theta_{AB}, {}_I\theta_{BC}, {}_I\theta_{CD}, {}_I\theta_{DE}]$$
$$= {}_IR \times [{}_I\phi_{AB} : {}_I\phi_{BC} : {}_I\phi_{CD} : {}_I\phi_{DE}]$$
$$= {}_IR \times [1 : 0 : 0 : 2]$$

次に，図 3-18 (b) のように，独立部材 BC の部材角 ${}_{II}\theta_{BC}$ を 1 とし，他の独立部材角（AC）を 0 とした（回転させない）場合の直角変位図を描いて，従属部材角の比を求める。すなわち，回転中心（極）を B 点とすれば，独立部材 AB の直角変位図は〈基本則 4〉により $A'B' = AB$（=回転角は 0）であり，独立部材 BC の直角変位図を〈基本則 3〉により $B'C' = 0$ とすれば独立部材角の作図条件を満足する。続いて，従属部材 CD（〈基本則 1〉による），従属部材 DE（〈基本則 2〉による）の直角変位点を確定すれば直角変位図は完成する。得られた結果にもとづいて，部材角比 ${}_{II}\phi_{CD}$，${}_{II}\phi_{DE}$ を計算すれば，条件 (b) の場合の部材角比が得られる。すなわち，

$$[{}_{II}\phi_{AB} : {}_{II}\phi_{BC} : {}_{II}\phi_{CD} : {}_{II}\phi_{DE}]$$
$$= [0 : 1 : -3 : 3]$$

上の関係は独立部材角 ${}_{II}R$ に対する従属部材角の比なので，実際の部材角 ${}_{II}\theta_j$ は次式の関係となる。

$$[{}_{II}\theta_{AB}, {}_{II}\theta_{BC}, {}_{II}\theta_{CD}, {}_{II}\theta_{DE}]$$
$$= {}_{II}R \times [{}_{II}\phi_{AB} : {}_{II}\phi_{BC} : {}_{II}\phi_{CD} : {}_{II}\phi_{DE}]$$
$$= {}_{II}R \times [0 : 1 : -3 : 3]$$

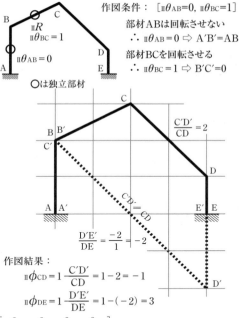

(b) 部材Cを回転させた直角変位

図3-18（その2）

手順3) 独立部材ごとに得られた結果にもとづき，(3.5)式により，各部材の部材角を算定する。すなわち，

$$\theta_{AB} = {}_IR , \quad \theta_{BC} = {}_{II}R \quad （独立部材）$$

$$\theta_{CD} = \sum_{m=1}^{2} {}_m\phi_{CD}\cdot{}_mR = {}_I\theta_{CD} + {}_{II}\theta_{CD}$$
$$= {}_IR \times 0 + {}_{II}R \times -1 = -R_{II}$$

$$\theta_{DE} = \sum_{m=1}^{2} {}_m\phi_{DE}\cdot{}_mR = {}_I\theta_{DE} + {}_{II}\theta_{DE}$$
$$= {}_IR \times 2 + {}_{II}R \times 3 = 2_IR + 3_{II}R$$

演習問題 3-5 下図のような山形ラーメンについて，各部材の部材角間の関係を求めなさい。 （解答は章末）

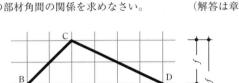

3-4 静定トラスの変形（図式解法）

トラスの部材に生じる応力については『建築の力学Ⅰ』で説明している。力学におけるトラスは，①直線部材を三角形になるように組み合わせる，②直線部材間の接合部（節点）をピン接合とする，③荷重は節点に作用する，の3条件を設けることにより，部材には軸方向力（N）だけが作用することになる。

静定トラスの部材には軸方向力だけが作用するため，骨組としての変形はトラス部材の伸縮により生じることになる。したがって，静定トラスの変形については部材の伸縮に注目して考え，基本的には，各節点の変位を求めることになる。なお，前項で説明したラーメン骨組の場合には，部材は軸方向に変化しない（曲げモーメントによる変形が大きく，軸方向の伸縮は無視できるほど小さい）ことを前提としており，トラスの場合には部材の軸方向伸縮だけを前提とする点が，両者の相違点である。

静定トラスの変形を求める方法として，静定トラスの各節点の変位を拡大して描き，各節点の変位の関係からトラス全体の変形を求める方法が「ウィリオ（Williot）の変位図」とよばれるものである。しかし，骨組の支持条件によってはウィリオの変位図だけでは単純に解けないことがあり，その場合には「モール（Mohr）の回転変位図」または「モールの変位図」とよばれる図を併せ描いた図（「ウィリオ-モールの変位図」とよばれる）により解くことになる。

(1) ウィリオの変位図の基本
(a) 部材の伸縮

図3-19のような部材（長さ l，EA は全長で一定）が軸方向力 N を受けると，材は伸縮する。引張力（＋）を受けると伸び，圧縮力（－）を受けると縮むが，その量は次式で求められる。

$$\Delta = \frac{lN}{EA} = cN \tag{3.6}$$

ここに，

Δ：伸縮量

N：軸方向力

$c = \dfrac{l}{EA}$：コンプライアンス（compliance）

［材料の伸縮性を表わす。ばね定数の逆数。単位 m/N］

【軸方向力Nを受ける部材の変形】

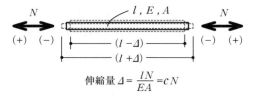

伸縮量 $\Delta = \dfrac{lN}{EA} = cN$

図 3-19 部材の伸縮

(b) 変位図の基本

図 3-20 (a) のような 2 本の部材からなるトラスを考える。このトラスの反力と応力は図 (b) のようになり，部材 AB は縮み（$l_{AB} - \Delta_{AB}$），部材 AC は伸びる（$l_{AC} + \Delta_{AC}$）。2 材は A 点でピン結合されているので，図 (c) のイメージ（変形を誇張して描いてある）のように，それぞれの変形後の部材長を半径とした円の交点が A 点の移動位置となる。実際の伸縮量は小さく，回転による移動も少ないので，本書「3-1 直角変位図の基本」で説明したように A′ 点と A″ 点は各部材に直角の方向に変位すると考えれば，A 点の移動点は図 (d) のように極 O，a，a′，a″ 点としてベクトル表示できる。これが「ウィリオの変位図」の基本である。この関係を幾何学的に数式で表現すると，図 (e) に示すようになる。

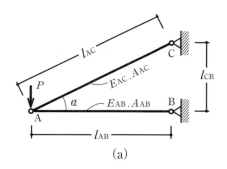

(a)

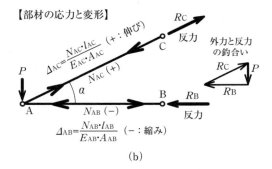

(b)

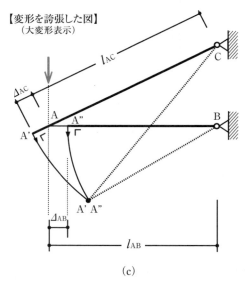

(c)

〈ウィリオ（Williot）の変位図〉

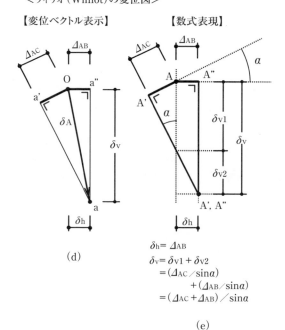

$\delta_h = \Delta_{AB}$
$\delta_v = \delta_{v1} + \delta_{v2}$
$\quad = (\Delta_{AC} / \sin\alpha)$
$\quad\quad + (\Delta_{AB} / \sin\alpha)$
$\quad = (\Delta_{AC} + \Delta_{AB}) / \sin\alpha$

(e)

図 3-20 ウィリオの変位図の基本

(c) 節点が移動する場合

図3-21（a）のように，図3-20の支点BとCがそれぞれB′点とC′点に移動する場合について考える。この場合，図（b）のように，部材ABと部材ACはそれぞれ平行に移動し，A点はそれぞれA″点，A‴点となる。結果として，部材ABはB′点を中心として半径 $(l_{AB} - \Delta_{AB})$ で，部材ACはC′点を中心として半径 $(l_{AC} + \Delta_{AC})$ で，それぞれ回転することになり，図（c）のように，各部材の直角方向に変位すると考えれば，その交点がA′点となる。完成した変位図は図（d）のようになる。

図3-21の状態（節点BとCが移動）は，図3-22（a）のような荷重・支持状態のトラスで生じる。図3-22（a）のトラスの変形は，図3-21と同様の手順で求められる。

まず，図（b）のように各部材の伸縮量を求める［実際は（3.6）式で計算するが，ここでは単に Δ_{BC}，Δ_{CD}，Δ_{BD} としている］。

図（c）の手順1）に示すように，B点とC点の変位ベクトル δ_B と δ_C を求める。次に，図3-21ですでに説明したように，手順2）としてA点の変位量と得られた δ_B と δ_C を合成すれば変位を求めることができる。

この節では片持ちトラスを例として説明したので，変位ベクトルが既知の節点と2本の部材の組合せから，次々と新しい節点の変形を検討できた。しかし，図3-24のように支点の間に節点がある構造では，最初に変位を確定できる節点がないので，ここまでの説明だけでは作図できない。これを解決する方法として「モールの回転変位図」を用いることになる。

(2) モールの回転変位図

図3-23（a）のようなトラス（ABCD）を，任意の点Oを極として微小な回転角 θ だけ回転させることを考える。このトラスは安定なので剛体として回転し，図（b）のように各節点A～DがA″～D″に移動したとする。「3-1 直角変位図の基本」で説明したように，変位が微小な場合，各節点の変位は図のように回転開始点の接線方向（＝各極線と直角をなす方向）に生じ，その移動量は各極線の長さに比例する。各節点の変位ベクトルの始点を極O

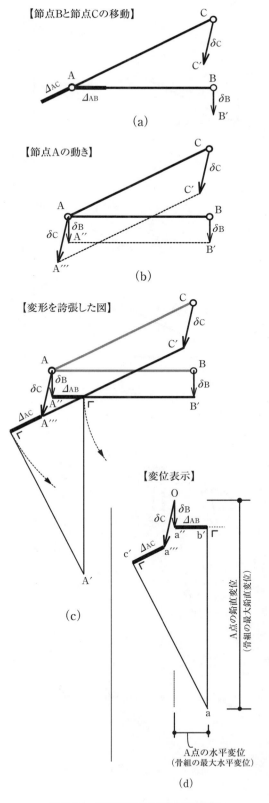

図3-21 部材が移動する場合の変位図

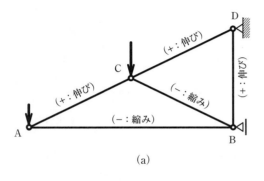

(a)

【部材ごとの変位量】

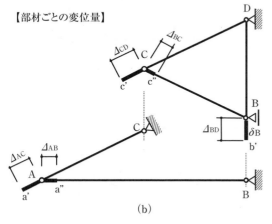

(b)

【ウィリオの変位図】

手順1）：
支点Dに関わる部材

手順2）：
A点に関わる部材

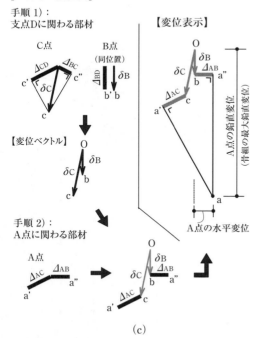

(c)

図 3-22　トラスの変形の算定手順

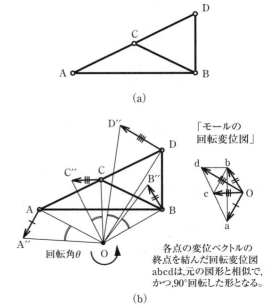

(a)

(b)

各点の変位ベクトルの終点を結んだ回転変位図abcdは，元の図形と相似で，かつ，90°回転した形となる。

＜回転角を2θとした場合の「モールの回転変位図」＞

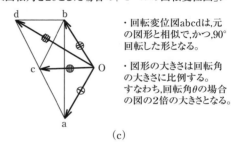

・回転変位図abcdは，元の図形と相似で，かつ，90°回転した形となる。
・図形の大きさは回転角の大きさに比例する。すなわち，回転角θの場合の図の2倍の大きさとなる。

(c)

＜元の図形を任意の角度で回転させた図の描き方＞

① 元の図形を任意の大きさ（縮尺）で，90°（直角に）回転させた図形を描く。

② 任意の点（この図ではa点）を極Oとして，各点の変位ベクトルを決定する。

③ 変位ベクトルを元の図形に反映させれば，元の図形を任意の角度で回転させた図が描ける。

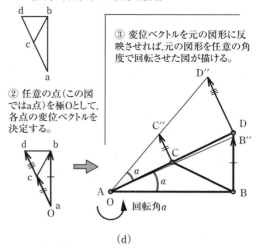

(d)

図 3-23　モールの回転変位図

に集積して描き，各ベクトルの終点を結べば，図形 abcd は元の図形（ABCD）と相似で，かつ，90°（直角に）回転した形となる。これを，「モールの回転変位図」または「モールの変位図」という。回転角が図（b）の2倍となった場合，回転変位図は図（c）のように，元の図形と相似で，かつ，90°回転した形となるがその大きさは2倍となる。すなわち，モールの回転変位図の大きさは，元の図形の回転角に比例することになる。元の図形を任意の角度で回転させた図の描き方が，図（d）に示してある。その手順は①元の図形を任意の大きさ（縮尺）で90°（直角に）回転させた図形を描き，②任意の点（例ではa点）を極Oとして各点の変位ベクトルを決定し，③変位ベクトルを元の図形に反映させれば，元の図形を任意の角度で回転させた図が描ける。変位ベクトルは回転による移動量と移動方向を表わし，回転角 $\alpha = 1$ の場合の回転変位図の大きさは元の図と同寸となる。

いうまでもないが，これらの図は微小変形量の関係を検討するために誇張した図であり，実際には図のような大変形の状態が生じているわけではないことに留意して欲しい。

(3) ウィリオ-モールの変位図によるトラスの変形

トラスの変形は，各部材の応力に応じて生じる各部材の伸縮量に依存する。たとえば，図3-24（a）の荷重・支持条件では，図（b）のような部材応力とそれに対応する部材の伸縮が発生する。その結果，図（c）のように部材の伸縮を含んだ部材長の幾何学的関係からトラス全体の変形が決まることになる。この場合，幾何学的に決まるトラスの変形形状は剛体と同じで，応力状態が変化しなければ，図（d）のように回転・移動させても変形形状は変わらない。

図3-24（a）のように支点の間に節点がある構造では，片持ちトラスの場合と異なり，最初に変位を確定できる節点がないので，ウィリオの変位図による作図を始められない。ここで，復元が容易な条件のもとに変位を確定できる節点を考え，変形状態のトラスの各節点の相対的な変位を確定したうえで，元の状態に復元すれば，本来の変形状態を求められる。たとえば，図（d）のイメージのように部材ACが水平となるようにトラス全体を回転させておき，変形後のトラスの各節点の変位を確定させた後，元の位置に復元（逆回転）すれば，本来の変形状態を求めることができる。具体的には，図（e）に示すイメージのように部材ACが水平となるように支持条件を変えて（応力が変わらないので変形形状も変わらない），C点が水平移動だけするという条件を設け，B点が片持ちトラスの先端となるように考えれば，片持ちトラスで説明した変位図作成手順で，変形後のトラス節点の変位を求めることができる。

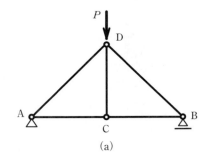
(a)

【部材の応力と変形】
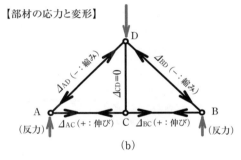
(b)

【骨組の変形イメージ（誇張図）】
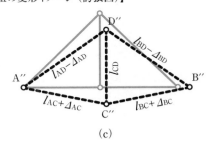
(c)

【骨組の変形イメージ（部材ACを水平とした場合）】
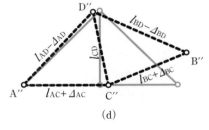
(d)

図3-24（その1）

3　骨組の変形（直角変位図）　57

【骨組だけの変形を求めるイメージ】
　部材ACが水平になるように，C点がローラー支持となることをイメージすれば，C点は水平方向にだけ移動できる＝部材ACを水平に保持しているイメージとなる。
　この場合，B点の変位ベクトルは2本の部材の伸縮で決まることになり，片持ちトラスの場合と同じように，次々と新しい節点の変形を確定できる。

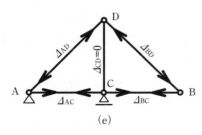

(e)

【ウィリオの変位図】
　部材ACを水平とし，A点を極Oとして描いた変形図
　①〜⑩の順に作図

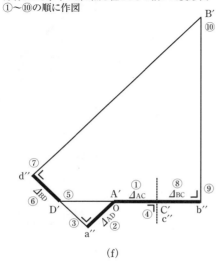

(f)

図3-24 （その2）変形を仮想して求めるウィリオの変位図

　その後，このトラスの場合には「A点とB点は同一水平線上にある」ことを復元条件として，変形後トラス形状の全体を回転させて復元すれば，図（c）の状態を確定できることになる。

　図（f）には，部材ACが水平でC点が水平移動することを条件として［図（d）の変形イメージ］，手順①〜⑩により描いたウィリオの変位図が示してある。

　実際の元のトラスのA点とB点は支点で，A点とB点は同一水平線上にあるので，元のトラスの変位図においては直角変位点の原理（90°回転）から同一鉛直線上になければならない。この条件に合致させるには，「モールの回転変位図」により線分

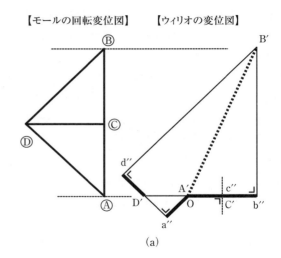

(a)

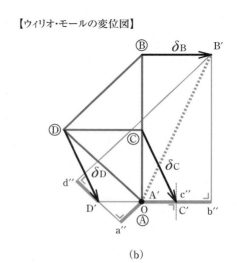

(b)

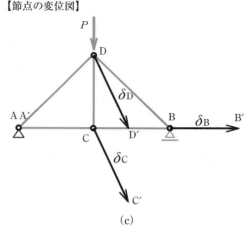

(c)

図3-25　モールの回転変位図による回転補正

A′B′ が同一鉛直線上になるようにトラスを回転させればよい。具体的には，図 3-25 (a) に示すように，モールの回転変位図の線分Ⓐ Ⓑが，ウィリオの変位図の線分 A′ B′ の鉛直方向成分と同じ長さとなるように，モールの回転変位図を描けばよい。

実際のトラスの節点の変位は，ウィリオの変位図による相対実変位ベクトルとモールの回転変位図による回転変位ベクトルが合成されたものと考えることができる。したがって，図 (b) のように両変位図を極 O（A′点とⒶ点）で結合して描けば，線分 B′Ⓑ，C′Ⓒ，D′Ⓓを結ぶベクトルが，それぞれ実際のトラスの節点 B, C, D の変位方向と大きさを表わすことになる。図 (c) には，トラスの各節点の変位位置をベクトル表示した図が示してある。

なお，図解法では，各節点の変位量は図の各長さを実測して算定するので，正確な作図が必要であることはいうまでもない。

演習問題解答

3-1

基本則による直角変位図の作図の手順の例を示す。

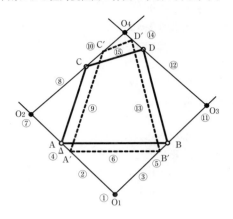

3-2

不安定な骨組の直角変位図は無数に描けるが，極を任意の点 O とした場合と支点 A 位置とした場合の 2 例を示す。いずれの図においても，直角変位図は原形と相似ではなく，骨組が不安定であることを証明している。

[極 O を任意位置として描いた直角変位図]

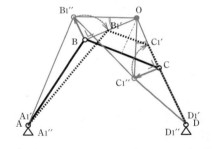

[A 点と D 点を極とし，基本則に基づき描いた直角変位図]
AB 材の直角変位量 $\varDelta$ を決め，あとは基本則に従い完成させる。
AB 材と CD 材：＜基本則 2＞材の一端が回転中心となる部材の直角変位点は，その部材上にある＝①③
BC 材：＜基本則 1＞材端が自由に移動できる材の直角変位図は，原形と平行になる（BC ∥ B'C'）＝②

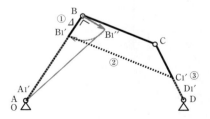

3　骨組の変形（直角変位図）　59

3-3

基本則による直角変位図の描画手順について，節点 A, C, G の各点を極とした例を示す。

作図手順：

① 支点 A を極 O_1 とする。
② AB 線上に任意の移動量をとり，B′ 点とする〈基本則 2〉
③ B′ 点を通り BE に平行な線を引き，AE との交点を E′ 点とする。
 (∵ B′E′ ∥ BE である〈基本則 1〉)
④ C 点を極 O_2 とする。
⑤ B′ 点を通り BD に平行な線を引き，
 (∵ B′D′ ∥ BD である〈基本則 1〉)
⑥ CD との交点を D′ 点とする。
 (∵ D′ 点は CD 線上にある〈基本則 2〉)
⑦ G 点を O_3 点とする。
⑧ D′ 点を通り DF に平行な線を引き，
 (∵ D′F′ ∥ DF である〈基本則 1〉)
 FG との交点を F′ 点とする。
 (∵ F′ 点は GF 線上にある〈基本則 2〉)

［直角変位図：A,C,G の各点を極とした場合］

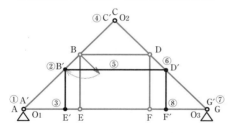

以上の手順で求めた直交変位点 A′～G′ を結べば，下図のような直角変位図が完成する

［完成した直角変位図］

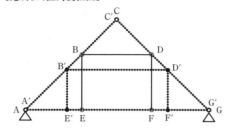

完成した直角変位図は，原形とは相似とはならないので，この骨組は不安定であることが証明される。

3-4

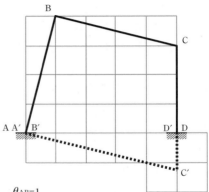

$\theta_{AB} = 1$

$\theta_{BC} = 1 - \dfrac{B'C'}{BC} = 1 - \dfrac{5}{4} = -\dfrac{1}{4}$

$\theta_{CD} = 1 - \dfrac{C'D'}{CD} = 1 - \dfrac{-(1/4) \times 5}{3} = 1 + \dfrac{5}{12} = \dfrac{17}{12}$

∴ $\theta_{AB} : \theta_{BC} : \theta_{CD} = 1 : -\dfrac{1}{4} : \dfrac{17}{12}$

3-5

手順 1) 自由度を計算し，独立部材を決定する。

$m = s - 2n = 4 - 2 \times 1 = 2$ より自由度は 2，独立部材は部材 AB と BC の 2 材とする。

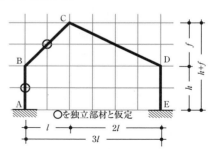

手順 2) 注目する独立部材の部材角を 1，それ以外の独立部材角を 0 とした直角変位図を描き，独立部材角と従属部材角との関係を，部材角比 ϕ として求める。

(a) 部材 AB を回転させ，部材 BC は回転させない

∴ $_I\theta_{AB} = 1 \Rightarrow A'B' = 0$ ∴ $_I\theta_{BC} = 0 \Rightarrow B'C' = BC$

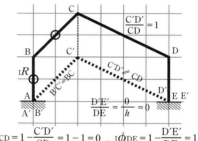

$_I\phi_{CD} = 1 - \dfrac{C'D'}{CD} = 1 - 1 = 0$， $_I\phi_{DE} = 1 - \dfrac{D'E'}{DE} = 1 - 0 = 1$

[$_I\theta_{AB}$, $_I\theta_{BC}$, $_I\theta_{CD}$, $_I\theta_{DE}$]
$= {_IR} \times [_I\phi_{AB} : {_I\phi_{BC}} : {_I\phi_{CD}} : {_I\phi_{DE}}] = {_IR} \times [1 : 0 : 0 : 1]$

手順3) 独立部材ごとに得られた結果にもとづき，各部材の部材角を算定する。

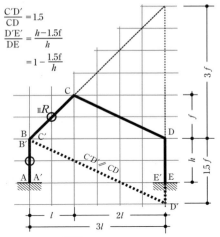

(b) 部材BCを回転させ，部材ABは回転させない

∴ $_{II}\theta_{BC} = 1 \Rightarrow B'C' = 0$　∴ $_{II}\theta_{AB} = 0 \Rightarrow A'B' = AB$

$$\frac{C'D'}{CD} = 1.5$$

$$\frac{D'E'}{DE} = \frac{h - 1.5f}{h} = 1 - \frac{1.5f}{h}$$

$$_{II}\phi_{CD} = 1 - \frac{C'D'}{CD} = 1 - 1.5 = -0.5$$

$$_{II}\phi_{DE} = 1 - \frac{D'E'}{DE} = 1 - \left(1 - \frac{1.5f}{h}\right) = \frac{1.5f}{h}$$

$$[_{II}\theta_{AB},\ _{II}\theta_{BC},\ _{II}\theta_{CD},\ _{II}\theta_{DE}]$$
$$= {_{II}R} \times [_{II}\phi_{AB} : _{II}\phi_{BC} : _{II}\phi_{CD} : _{II}\phi_{DE}]$$
$$= {_{II}R} \times \left[0 : 1 : -0.5 : \frac{1.5f}{h}\right]$$

独立部材角

$$\theta_{AB} = {_I\theta_{AB}} + {_{II}\theta_{AB}} = {_IR} \times 1 + {_{II}R} \times 0 = {_IR}$$

$$\theta_{BC} = {_I\theta_{BC}} + {_{II}\theta_{BC}} = {_IR} \times 0 + {_{II}R} \times 1 = {_{II}R}$$

従属部材角

$$\theta_{CD} = \sum_{m=1}^{2} {_m\phi_{CD}} \cdot {_mR} = {_I\theta_{CD}} + {_{II}\theta_{CD}}$$
$$= {_IR} \times 0 + {_{II}R} \times -0.5 = -0.5 {_{II}R}$$

$$\theta_{DE} = \sum_{m=1}^{2} {_m\phi_{DE}} \cdot {_mR} = {_I\theta_{DE}} + {_{II}\theta_{DE}}$$
$$= {_IR} \times 1 + {_{II}R} \times \frac{1.5f}{h} = {_IR} + \frac{1.5f}{h} {_{II}R}$$

4 弾性仕事に関する諸理論

構造物に外力が作用すると，構造物には変位・変形が生じる。これは外力が構造物に対し仕事をし，それに対応して，構造物内部に発生する応力と歪とが仕事をした結果と考えることができる。外力が行う仕事を「外力仕事」といい，構造物内部の応力が行う仕事を「内力仕事」あるいは「歪エネルギー」という。

仕事は，力と変位との積，あるいは応力と歪との積で表わされる。大きさが徐々に増加する性質をもつ荷重を「漸増荷重」といい，弾性体に作用する漸増荷重と変形とによる外力仕事，あるいは応力～歪関係が線形である物体が漸増荷重に呼応して行う内力仕事を，「弾性仕事」という。構造物が弾性であれば，作用した外力が除かれると構造物の変形はなくなるが，これは構造物内部に蓄積された歪エネルギーが解放されたと考えることができる。

本章では，弾性仕事とエネルギーの関係から導かれる諸法則，すなわち，相反定理，ポテンシャル・エネルギー最小の原理などについて説明する。なお，エネルギー原理にもとづく諸理論による解法を総称して「エネルギー法による解法」とよぶことがある。

4-1 仕事の定義

力による仕事 W は，図 4-1 (a) のように，力 P （一定値で保持された力，既存の力）とその力の方向の移動量 δ の積 $P\delta$ として定義される。これをグラフ化すれば，図のような長方形の面積として表わされる。また，仕事は，力の方向と移動量が同じ方向の場合を正（＋），逆向きの場合を負（－）と表現される。

図 (b) のように，力 P の方向に対して角度 θ の方向に δ 変位する場合の仕事 W は，力 P の方向の変位量（$\delta\cos\theta$）または変位 δ 方向の力の分力（$P\cos\theta$）を考えて表現すれば，次式で定義できる。

$$W = P\delta\cos\theta \tag{4.1}$$

この関係をグラフ化すれば，図のような長方形の面積として表わされる。図 (a) の場合についても，$\cos 0° = 1$ であることを考えれば，(4.1) 式を適用

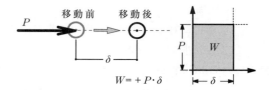

(a) 力の方向に変位する場合

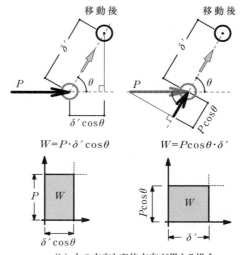

(b) 力の方向と変位方向が異なる場合

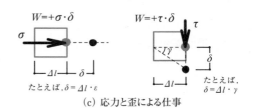

(c) 応力と歪による仕事

図 4-1 仕事の定義

できることがわかる。

以上のことは，図 (c) のような部材内部に発生する応力（σ, τ）と歪（ε, γ）による仕事についてもいえる。

なお，仕事の単位は J（ジュール）で，1 N の力で 1 m 変位させたときの仕事が 1 J である。

4-2 弾性仕事とエネルギー

仕事は，力と変位との積，あるいは応力と変形との積で表わされる。大きさが徐々に増加する性質をもつ力やモーメント荷重のことを「漸増荷重」といい，弾性体に対して漸増荷重が行う仕事を「弾性仕事」という。

（1） 外力仕事

物体や構造物に対し，外部から作用する力やモーメントによる仕事を外力仕事という。

（a） 外力による弾性仕事

図4-2（a）のように弾性体の単純梁に漸増荷重 P（$0 \to P_0$）が作用する場合を考える。漸増荷重が0から始まり P_0 に達する場合は，荷重点の移動（変位）も0から始まり，荷重が P_0 に達したときに変位が δ_0 に達する。この関係を図（b）として表わせば，荷重 P_x による微小仕事 dw は $dw = P_x d\delta_x$ となり，変位が δ_0 に達するまでの間の仕事量は次式により表わされ，これは図中の三角形部分の面積を表わしていることになる。

$$W_0 = \int dw = \int_0^{\delta_0} P_x d\delta_x = \int_0^{\delta_0} \left(\frac{P_0}{\delta_0} \delta_x\right) d\delta_x$$
$$= \frac{P_0}{\delta_0}\left[\frac{\delta_x^2}{2}\right]_0^{\delta_0} = \frac{1}{2} P_0 \delta_0 \qquad (4.2)$$

弾性仕事（漸増荷重による仕事）と，一定値で保持された力（保持力，既存力）による仕事とは区別されるが，上式より保持力による仕事の大きさは弾性仕事の2倍であることがわかる。

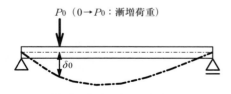

（a）集中荷重を受ける単純梁の変位

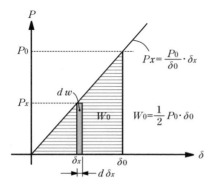

（b）漸増荷重～変位関係

図4-2　力による弾性仕事

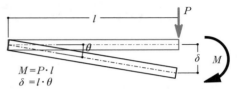

P が漸増荷重（$0 \to P_0$）ならば，$M_0 = P_0 \cdot l$，$\delta_0 = l \cdot \theta$

（a）モーメントと回転角

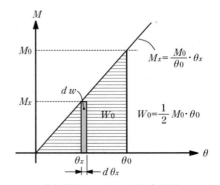

（b）漸増モーメント～回転角関係

図4-3　モーメントによる弾性仕事

（b） モーメント荷重による弾性仕事

図4-3（a）のように，長さ l の剛体（変形しない）の棒の端部にモーメント荷重 M（一定値で保持されたモーメント）が作用することにより，棒が回転して回転角 θ となった場合の仕事について考える。モーメント M の大きさは Pl と等価であるので $P = (M/l)$ の関係があり，回転角 θ は $\delta = l\theta$ であるので，その関係を力による仕事の定義 (4.1) 式に代入して，$\cos 0° = 1$ とすれば，モーメントによる仕事は次式となる。

$$W_0 = P\delta \cos\theta = \left(\frac{M}{l}\right)(l\theta)\cos\theta = M\theta \qquad (4.3)$$

次に，弾性仕事について考える。図4-3（a）の場合で，モーメント荷重 M が0から M_0 に漸増した場合には，回転角 θ も0から θ_0 に漸増することになる。これを $M \sim \theta$ の関係として図示すれば，図(b)のようになる。モーメント M_x による微小仕事 dw は $dw = M_x d\theta_x$ となり，回転角が θ_0 に達するまでの間の弾性仕事の量 W_0 は次式により表わされ，これは図中の三角形部分の面積を表わしていることになる。

$$W_0 = \int dw = \int_0^{\theta_0} M_x d\theta$$
$$= \int_0^{\theta_0} \left(\frac{M_0}{\theta_0}\theta_x\right)d\theta = \frac{1}{2}M_0\theta_0 \quad (4.4)$$

上式より，モーメント荷重の場合も，一定値に保持されたモーメント（保持モーメント）による仕事の大きさは，弾性仕事の2倍であることがわかる。

(2) 歪エネルギー（内力仕事）

外力等を受ける物体や構造物の内部に発生する応力（内部応力）と歪による仕事を，内力仕事または歪エネルギーというが，一般的には歪エネルギーとよぶことが多い。

(a) 軸力を受ける部材の歪エネルギー

図4-4（a）のような，断面積A，長さlの部材（弾性体）に漸増軸方向力$N(0 \to N)$が作用する場合の，部材内部の軸方向に生じる歪エネルギーU_N（内力仕事）は次のように求められる。

1) 微小要素に生じる歪エネルギー

まず，直線材が部材の両端から軸方向力Nを受けたとき，図（b）のように，左端から距離xの微小要素（面積dA，長さdx）に発生した応力度σ_xにより歪ε_xが生じた場合の仕事の増分dU_Nについて考える。

微小要素が応力を受け，左側と右側がそれぞれ$d\delta$，$d\delta+\Delta\delta$移動した場合，微小応力を$dN=\sigma_x dA$，微小変位を$\Delta\delta=d\varepsilon_x dx$と表わせば，微小要素に関する力の釣合いより次の関係が得られる。

$$du_N = -dNd\delta + dN(d\delta+\Delta\delta) = dN\Delta\delta$$
$$= (\sigma_x dA)(d\varepsilon_x dx) = \sigma_x d\varepsilon_x dAdx \quad (4.5)$$

また，$\sigma_x = E\varepsilon_x$であることから，微小要素（$dAdx$）に生じる歪エネルギー$du_N$は次式となる。

$$du_N = \sigma_x d\varepsilon_x dAdx = (E\varepsilon_x)d\varepsilon_x dAdx \quad (4.6)$$

上式は，$\sigma_x d\varepsilon_x [=E\varepsilon_x d\varepsilon_x:$仕事$]$と$dAdx[dV:$微小要素の体積$]$との積の形となっているので，$\sigma_x d\varepsilon_x$は単位体積当たりの仕事の増分を表わしていると考えることができる。

ここで，漸増軸方向力$N(0 \to N)$が作用し，歪ε_xが0からεに達するまでの微小要素（断面積dA，長さdx）に蓄積される歪エネルギー$U_N{'}$（内力仕事）は，上式を歪で積分すれば次式のようになる。

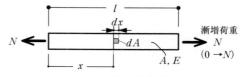

(a) 軸方向力を受ける部材

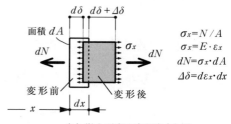

(b) 微小要素の内部応力と歪

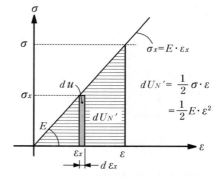

(c) 単位体積当たりの歪エネルギー

図4-4 軸方向力を受ける部材の歪エネルギー

$$U_N{'} = \int_0^\varepsilon du_N = \int_0^\varepsilon E\varepsilon_x d\varepsilon dAdx$$
$$= \frac{1}{2}E\varepsilon^2 dAdx \quad (4.7)$$

2) 断面に蓄積される歪エネルギー

上式(4.7)は，単位体積当たりの歪エネルギーと微小要素の体積（$dV:dAdx$）との積の形となっているので，単位体積当たりの歪エネルギーは，図(c)の三角形部分の面積として関連づけることができる。

断面積Aに蓄積される歪エネルギーdU_Nは，上式のdAの項について積分すれば，次式のようになる。

$$dU_N = \int_A \frac{1}{2}E\varepsilon^2 dAdx = \frac{1}{2}E\varepsilon^2 Adx$$

3) 部材の全長に蓄積される歪エネルギー

部材長さlの全長に蓄積される歪エネルギーW_Nは，上式のdxの項について積分すれば，次式のようになる。

$$U_N = \int_0^l \frac{1}{2} E\varepsilon^2 A dx = \int_0^l \frac{EA}{2}\left(\frac{N}{EA}\right)^2 dx$$
$$= \int_0^l \frac{N^2}{2EA} dx = \frac{N^2 l}{2EA} \qquad (4.8)$$

また,断面の応力度 $\sigma(=E\varepsilon)$ の関係式として表わせば,次のようにも表現できる。

$$U_N = \int_0^l \frac{1}{2} E\varepsilon^2 A dx = \int_0^l \frac{1}{2} \cdot \frac{E^2\varepsilon^2}{E} A dx$$
$$= \int_0^l \frac{1}{2} \cdot \frac{\sigma^2}{E} A dx = \frac{1}{2}\left(\frac{\sigma^2}{E}\right) Al \qquad (4.8)'$$

上式は,断面積 A・長さ l・ヤング係数 E の部材(弾性体)に対し漸増軸力 N が作用したときに,部材全体に蓄積される歪エネルギー(内力仕事)を表わすものである。

作用する軸力が部材長さ方向に変化する場合には,(4.8)式中の N を N_x として積分すれば部材の全長に蓄積される歪エネルギーを算定できるので,一般式は次式となる。

$$U_N = \int \frac{N_x^2}{2EA} dx \qquad (4.9)$$

(b) 曲げを受ける部材の歪エネルギー

図4-5 (a) のような,断面積 A,長さ l の部材の両端に漸増モーメント $M(0 \to M)$ が作用する場合の,部材内部の歪エネルギー(内力仕事)は次のように求められる。

1) 微小要素に生じる歪エネルギー

まず,図 (b) のような,中立軸からの距離 y の微小要素(断面積 dA,長さ dx)が ε_y 変形した場合の微小要素当たりの内力仕事の増分 du_M について考える。

微小要素当たりの内部仕事の増分 du_M は,仕事の定義より応力($\sigma_y dA$)と変形($\varepsilon_y dx$)との積であり,$\sigma_y = E\varepsilon_y$ であることを考慮すれば,軸方向力の場合の(4.6)式と同じ形の次式で表わすことができる。

$$du_N = \sigma_y d\varepsilon_y dA dx = (E\varepsilon_y) d\varepsilon_y dA dx \qquad (4.10)$$

ここで,軸方向力の場合と同様の扱いで,漸増モーメント $M(0 \to M)$ が作用し,歪 ε_y が 0 から ε に達するまでの微小要素(断面積 dA,長さ dx)に蓄積される歪エネルギー U'_M(内力仕事)は,上式を歪で積分すれば次式になる。

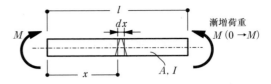

(a) 曲げモーメントを受ける部材

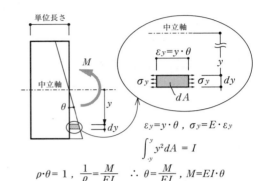

〔各式の誘導・関係については,『建築の力学 I』・「7.部材の断面に生じる応力」の『7-1.曲げモーメントにより生じる応力』を参照〕

(b) 微小要素の内部応力と歪

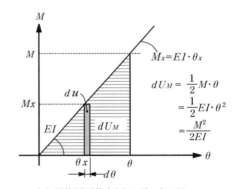

(c) 単位断面積当たりの歪エネルギー

図4-5 曲げモーメントを受ける部材の歪エネルギー

$$U'_M = \int_0^\varepsilon du'_M = \int_0^\varepsilon E\varepsilon_y d\varepsilon dA dx$$
$$= \frac{1}{2} E\varepsilon^2 dA dx \qquad (4.11)$$

2) 断面に蓄積される歪エネルギー

(4.11)式は,微小要素の歪エネルギーは(4.7)式と同じであることを示している。ただし,曲げモーメントの場合には中立軸からの距離 y により応力度と歪度が変化するので,断面に蓄積される歪エネルギーは軸方向力の場合と異なる。曲げモーメントを受ける断面に蓄積される歪エネルギーは,次のように算定する。

図 (b) に示すように，$\varepsilon_y = y\theta$ の関係や，ρ，M，E，I 間の関係を利用して式を展開し，断面積 A 当たりの歪エネルギーを求めれば次式となる。

$$dU_M = \int \frac{1}{2}E\varepsilon^2 dAdx = \int \frac{1}{2}E(y\theta)^2 dAdx$$

$$= \frac{E\theta^2}{2}\int_A (y^2 dA)dx = \frac{EI}{2}\theta^2 dx$$

$$= \frac{EI}{2}\left(\frac{M}{EI}\right)^2 dx = \frac{M^2}{2EI}dx \qquad (4.12)$$

上式が，曲げモーメント M を受ける断面 A に蓄積される歪エネルギーの基本式である。

3) 部材の全長に蓄積される歪エネルギー（曲げ）

部材長さ l の全長に蓄積される歪エネルギー U_M は，上式の dx の項について積分すればよい。この例では，部材長 l にわたって一律に M が作用しているので，次式のようになる。

$$U_M = \int_0^l \frac{M^2}{2EI}dx = \frac{M^2 l}{2EI}$$

作用する曲げモーメントが部材長さ方向に変化する場合には，(4.12) 式中の M を M_x として積分すれば，部材の全長に蓄積される歪エネルギーを算定できるので，一般式は次式となる。

$$dU_M = \int \frac{M_x^2}{2EI}dx \qquad (4.13)$$

(c) せん断力を受ける部材の歪エネルギー

図 4-6 (a) のような，断面積 A，長さ l の部材の両端に漸増せん断力 Q $(0 \to Q)$ が作用する場合の，部材内部の歪エネルギー（内力仕事）は次のように求められる。

1) 微小要素に生じる歪エネルギー（せん断）

まず，図 (b) のような，中立軸からの距離 y の微小要素（断面積 dA，長さ dx）にせん断力 τ が作用して変形しせん断歪 τ_x となった場合の，微小要素当たりの内力仕事の増分 du_S について考える。

微小要素当たりの内力仕事の増分 du_S は，仕事の定義より応力 dQ $(= \tau_x dA)$ と変形 $d\delta$ $(= d\gamma_x dx)$ の積であるので，次式で表わすことができる。

$$du_S = dQd\delta = (\tau_x dA)(d\gamma_x dx)$$
$$= \tau_x d\gamma_x dAdx \qquad (4.14)$$

また，$\gamma_x = \tau_x/G$，$d\gamma_x = d\tau_x/G$ であるので，上式は次式となる。

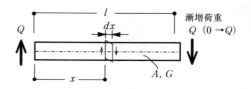

(a) せん断力を受ける部材

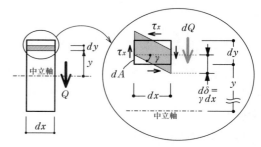

(b) 微小要素の内部応力と歪

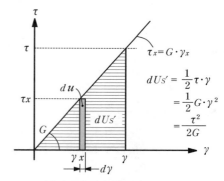

(c) 単位体積当たりの歪エネルギー

図 4-6 せん断力を受ける部材の歪エネルギー

$$du_S = \tau_x\left(\frac{d\tau_x}{G}\right)dAdx = \frac{\tau_x d\tau_x}{G}dAdx \qquad (4.15)$$

ここで，漸増せん断力 Q $(0 \to Q)$ が作用し，せん断応力度 τ_x が 0 から τ に達するまでの微小要素 $(dAdx)$ に蓄積される歪エネルギー u_S' （内力仕事）は，上式を τ の項で積分すれば求められる。

$$u_S' = \int_0^\tau du_S = \int_0^\tau \frac{1}{G}\tau_x d\tau_x dAdx$$
$$= \frac{\tau^2}{2G}dAdx \qquad (4.16)$$

上式は，せん断力を受ける微小要素 $(dAdx)$ に

蓄積される歪エネルギーの基本式であり，単位体積当たりの歪エネルギー$\tau^2/2G$は，図(c)の三角形部分の面積として関連づけることができる。

2) 断面に蓄積される歪エネルギー（せん断）

断面A全体に蓄積される歪エネルギーdU_S'は，(4.16)式をdAについて積分すれば算定できるので，次式のように表現できる。

$$dU_S' = \int_A \frac{\tau^2}{2G}dAdx = \frac{dx}{2G}\int_A \tau^2 dA \quad (4.17)$$

上式は整った式表現ではあるが，断面Aに生じるせん断応力度τは，曲げモーメントの場合と同様，中立軸からの距離yにより変化するので，断面全体としてはその影響を考慮する必要がある。

まず，図4-7のように，中立軸(面)から距離mの位置にあるm面のせん断応力度τ_mについて考える。

断面Aに蓄積される歪エネルギーdU_Sを考える。

m面のせん断応力度は，『建築の力学I』「7-2 せん断力により生じる応力」で説明しているように，次式で与えられる。

$$dA = b_m dy_m$$
$$\tau_m = \frac{QS_m}{b_m I}$$
$$S_m = \int_{y_m}^{y_c} y_m dA = \int_{y_m}^{y_c} y_m b_m dy_m$$

これらの関係を(4.17)式に代入し，断面A（背の大きさはy_c+y_t）について積分すれば，次式を得る。

$$dU_S = \frac{dx}{2G}\int_A \tau^2 dA = \frac{dx}{2G}\int_A \tau_m^2 dA$$
$$= \frac{dx}{2G}\int_A \left(\frac{QS_m}{b_m I}\right)^2 (dm dy_m)$$
$$= \frac{dx}{2G}\cdot\frac{Q^2}{I^2}\int_{y_t}^{y_c}\frac{S_m^2}{b_m}dy_m$$
$$= \frac{Q^2}{2GI^2}dx\int_{y_t}^{y_c}\frac{S_m^2}{b_m}dy_m \quad (4.18)$$

ここに，

$$S_m = \int_{y_m}^{y_c} b_m dy_m y_m$$

上式は，断面A全体に蓄積される歪エネルギーdU_Sを算定する場合の一般式である。

3) 部材の全長に蓄積される歪エネルギー（せん断）

部材長さlの全長に蓄積される歪エネルギーU_Sは，(4.18)式のdxの項について積分すればよい。この例では，部材長lにわたって一律にQが作用しているので，長さlの弾性体のせん断歪エネルギーdU_S（内力仕事）は次式のようになる。

$$U_S = \int_0^l dU_S' = \int_0^l \frac{dx}{2G}\int_A \tau^2 dA = \frac{l}{2G}\int_A \tau^2 dA$$
$$(4.19)$$

4) 矩形断面に蓄積される歪エネルギー（せん断）

具体例として，矩形断面（幅b・背h）の場合の断面A全体に蓄積される歪エネルギーdU_Sを(4.18)式により算定すれば，図4-8に示すようになる。すなわち，

$$\int_A \tau_m^2 dA = \alpha\frac{Q^2}{A} = \frac{6}{5}\frac{Q^2}{A} = 1.2\frac{Q^2}{A} \quad (=\alpha\bar{\tau}Q)$$
$$(4.20)$$

ここで，αは断面形状により定まる係数で，例として算定した矩形断面の場合は1.2（=6/5），同様に計算すれば円形断面の場合は約1.1（=10/9）となる。断面形状により定まる係数αのことを「形状係数」とよぶこともあるが，断面の最大応力度τ_{max}を平均応力度$\bar{\tau}$（=Q/A）の比として表わす「形状係数κ」（矩形の場合1.5，円形の場合1.33）とは意味合いが異なることに留意する必要がある。形状係数κは，図4-8の例のように，断面の最大せん断

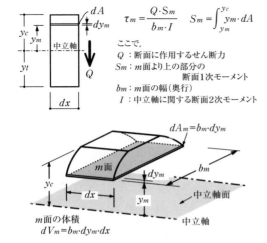

図4-7　m面のせん断応力度

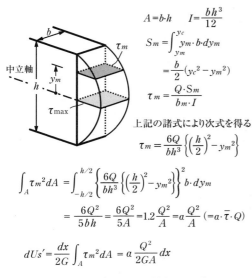

$$A = b \cdot h \quad I = \frac{bh^3}{12}$$

$$S_m = \int_{y_m}^{y_c} y_m \cdot b \cdot dy_m = \frac{b}{2}(y_c^2 - y_m^2)$$

$$\tau_m = \frac{Q \cdot S_m}{b_m \cdot I}$$

上記の諸式により次式を得る

$$\tau_m = \frac{6Q}{bh^3}\left\{\left(\frac{h}{2}\right)^2 - y_m^2\right\}$$

$$\int_A \tau_m^2 dA = \int_{-h/2}^{h/2}\left\{\frac{6Q}{bh^3}\left\{\left(\frac{h}{2}\right)^2 - y_m^2\right\}\right\}^2 b \cdot dy_m$$

$$= \frac{6Q^2}{5bh} = \frac{6Q^2}{5A} = 1.2\frac{Q^2}{A} = a\frac{Q^2}{A} \; (= a \cdot \bar{\tau} \cdot Q)$$

$$dU_S' = \frac{dx}{2G}\int_A \tau_m^2 dA = a\frac{Q^2}{2GA}dx$$

図 4-8 矩形断面のせん断歪エネルギー

応力度 τ_{max} の平均せん断応力度に対する比を表わすものであり，(4.20) 式の α に代えて κ を使用することは，「中立軸からの距離にかかわらず，断面の全面が最大応力度 τ_{max} になっている」と仮定することを意味する。当然のことながら，中立軸（面）からの距離の影響（断面の縁では $\tau = 0$）を考慮している α の値は κ の値よりも小さくなる（矩形断面の場合，$\kappa = 1.5$，$\alpha = 1.2$）。種々の断面形状について歪エネルギーにもとづく α を算定することは繁雑なので，実設計では安全側であるとして，α に代えて κ の値を使うことも多い。

矩形断面をもつ部材の部材長 l にわたって一律に Q が作用している場合，部材長さ l の全長に蓄積される歪エネルギー U_S は，(4.19) 式と (4.20) 式により次のように表現される。

$$U_S = \int_0^l \frac{1}{2G}\left(\alpha\frac{Q^2}{A}\right)dx = \alpha\frac{Q^2 l}{2GA}$$

作用するせん断力が部材長さ方向に変化する場合には，(4.19) 式と (4.20) 式から誘導される式中の Q を Q_x として積分すれば，部材の全長に蓄積される歪エネルギーを算定できるので，一般式は次式となる。

$$U_S = \int \frac{\alpha Q_x^2}{2GA}dx \qquad (4.21)$$

(3) 部材の歪エネルギーの総量

外部から漸増荷重が作用し，その荷重に起因する軸方向力，曲げモーメントおよびせん断力が部材に作用する場合の，部材内に蓄積される歪エネルギー W_T の総量は，(a) 〜 (c) で説明した各応力に関する歪エネルギーの総和と考えてよく，これを式で表わせば下式となる。

$$W_T = W_N + W_M + W_S$$
$$= \int_0^l \frac{P^2}{2EA}dx + \int_0^l \frac{M^2}{2EI}dx + \int_0^l \frac{1}{2G}\left(\alpha\frac{Q^2}{A}\right)dx$$
(4.22)

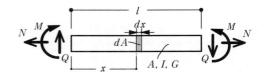

図 4-9 部材の歪エネルギーの総量

4-3 エネルギー保存の法則とその応用

力学的エネルギー保存の法則によれば，漸増荷重（曲げモーメント含む）による生じる外力仕事と歪エネルギー（内力仕事）は等しいこととなる。

力学的エネルギー保存の法則＝外部仕事と歪エネルギー（内力仕事）が等しいことを利用すれば，部材の変形を求めることができる。

例題 4-1 例題図 4-1 のような長さ 1 m・直径 9 mm の鉄棒が，漸増荷重 $P = 10$ kN を受ける場合に生じる歪エネルギーを求めなさい。また，エネルギー保存の法則（歪エネルギーが外力仕事と等しいこと）を利用して，この鉄棒の先端の伸び δ を求めなさい。ただし，鉄棒のヤング係数は $E = 206$ kN/mm^2 とする。

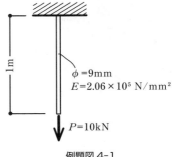

例題図 4-1

解答

鉄筋の断面積 $A = 63.6$ mm^2，軸力 10 kN なので，歪エネルギーは次のようになる。

$$W_N = \int_0^l \frac{P^2}{2EA}dx = \frac{P^2 l}{2EA} = \frac{100 \times 1000}{2 \times 206 \times 63.6}$$
$$= 3.82 \text{ (kN·mm)}$$

先端のたわみを δ とすると外力仕事 W は，荷重が漸増荷重であることから $W = P\delta/2$ である。

エネルギー保存の法則から外力仕事と歪エネルギーは等しいことから $W = W_N$，

$$\therefore \frac{P\delta}{2} = \frac{P^2 l}{2EA}$$
$$\therefore \delta = \frac{Pl}{EA} = \frac{10 \times 1000}{206 \times 63.6} = 0.763 \text{ (mm)}$$

【例題 4-2】 例題図 4-2 のような，2 本の鉄棒で構成されるトラスの先端に，漸増荷重 $P = 20$ kN を作用させた場合の荷重点の鉛直変位 δ を，エネルギー保存の法則を利用して求めなさい。ただし，2 本の部材の直径はともに直径 $\phi = 16$mm で，鉄のヤング係数は $E = 206$ kN/mm^2 とする。

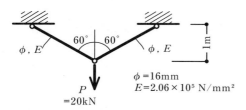

例題図 4-2

【解答】

鉄筋の断面積 $A = 201.1$ mm^2 で，トラス材の実長は $L = l/\cos 60°$ である。漸増荷重 $P = 20$ kN が作用した場合の，それぞれの部材に作用する軸力 N は $N = P/(2\cos 60°)$ であるから，トラスの部材に蓄積される歪エネルギーの総量は次式で算定される。

$$W_N = 2\int_0^L \frac{N^2}{2EA}dx$$
$$= 2 \times \frac{\left\{\frac{P}{(2\cos 60°)}\right\}^2 \left(\frac{l}{\cos 60°}\right)}{2EA}$$
$$= \frac{P^2 l}{4EA\cos^3 60°} = \frac{20 \times 1000}{16 \times 206 \times 201.1 \times 0.5^3}$$
$$= 4.83 \text{ (kN·mm)}$$

漸増荷重により荷重方向（鉛直方向）変位 δ が生じた場合の外力仕事は，次式である。

$$W = \frac{P\delta}{2}$$

エネルギー保存の法則から，外力仕事と歪エネルギー（内力仕事）は等しいとおけば，鉛直変位 δ を求めることができる。

$$W = W_N$$
$$\therefore \frac{P\delta}{2} = \frac{P^2 l}{4EA\cos^3 60°}$$
$$\therefore \delta = \frac{Pl}{2EA\cos^3 60°} = \frac{20 \times 1000}{8 \times 206 \times 201.1} = 0.060 \text{(mm)}$$

【例題 4-3】 例題図 4-3（a）のような，長さ $l = 1$ m の片持ち梁の先端に漸増荷重 $P = 1$ kN が作用した場合の，梁の先端の荷重点の鉛直方向のたわみ δ を，エネルギー保存の法則を利用して求めなさい。ただし，梁の断面は $b \times h = 20$ mm $\times$ 200 mm で，ヤング係数，せん断弾性係数はそれぞれ $E = 206$ kN/mm^2，$G = 79$ kN/mm^2 とする。

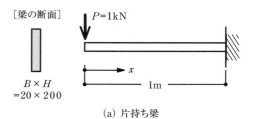

(a) 片持ち梁

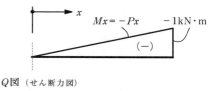

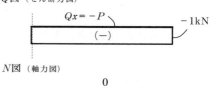

N 図（軸力図）

0

(b) 応力図

例題図 4-3

【解答】

梁の諸係数・性能は，与条件より，次のように算定される。
梁の断面積は $A = 20 \times 200 = 4000$ mm^2，
断面 2 次モーメントは

$$I = \frac{bh^3}{12} = \frac{20 \times 200^3}{12} = 1.33 \times 10^7 \text{(mm}^4\text{)}$$

曲げ剛性は $EI = 2.74 \times 10^9$ kN·mm^2，せん断剛性は $GA = 3.16 \times 10^5$ kN となる。

梁には，軸方向力は発生せず，曲げ応力とせん断応力が発生して，M 図と Q 図は図（b）のようになる。

先端より x の点の曲げモーメント，せん断力はそれぞれ $M_x = -Px$，$Q_x = -P$ となる。

曲げモーメントとせん断力による歪エネルギーは (4.21) 式から

$$U_T = U_M + U_S = \int_0^l \frac{M^2}{2EI} dx + \int_0^l \frac{\alpha Q^2}{2GA} dx$$

$$= \int_0^l \frac{(-Px)^2}{2EI} dx + \int_0^l \frac{\alpha(-P)^2}{2GA} dx$$

$$= \left[\frac{P^2 x^3}{6EI}\right]_0^l + \left[\frac{\alpha P^2 x}{2GA}\right]_0^l$$

$$= \frac{P^2 l^3}{6EI} + \frac{\alpha P^2 l}{2GA}$$

外力のなす仕事 W は，$W = P\delta/2$ であるから，

$$W = U_T$$

$$\therefore W = \frac{P\delta}{2} = U_T = \frac{P^2 l^3}{6EI} + \frac{\alpha P^2 l}{2GA}$$

$$\therefore \delta = \frac{Pl^3}{3EI} + \frac{\alpha Pl}{GA}$$

数値を代入すれば，片持ち梁の先端の変位が求められる。

$$\therefore \delta = \frac{Pl^3}{3EI} + \frac{\alpha Pl}{GA}$$

$$= \frac{1 \times 1000^3}{3 \times 2.74 \times 10^9} + \frac{1.2 \times 1 \times 1000}{3.16 \times 10^5}$$

$$= 0.121 + 0.00380 = 0.125 \text{ (mm)}$$

曲げ変形とせん断変形との比は，0.031（= 0.038/0.121）であり，全たわみに占めるせん断変形の割合も 0.030（= 0.038/0.125）≒ 3％で，せん断変形の割合は非常に小さいことがわかる。

例題 4-4 例題図 4-4 (a) のような，スパン l の単純梁の中央に荷重 P が作用した場合の梁中央部の鉛直方向のたわみを，エネルギー保存の法則を利用して求めなさい。また，その全たわみに占める曲げモーメントとせん断力によるそれぞれのたわみ量について，考察しなさい。ただし，梁の断面は $b \times h$，形状による係数（形状係数）$\kappa = 1.2$，ポアソン比 ν は 0.25 で $G = E/(2(1+\nu))$ の関係があるものとする。

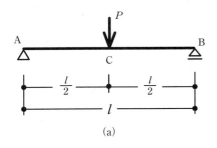

(a)

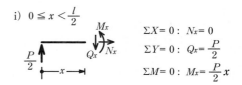

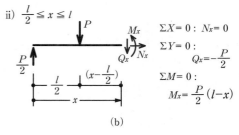

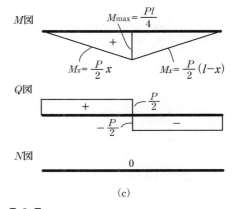

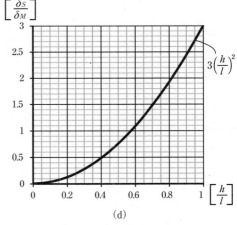

例題図 4-4

解答

断面 2 次モーメント I は $I = bh^3/12$ である。各点の応力は，例題図 (b) のような断面の応力を仮定として算定すれば，M 図，Q 図，N 図は図 (c) のようになり，軸方向応力は生じないことがわかる。

x の点の曲げモーメント M_x，せん断力 Q_x は，次式で表わせる。

i) $0 \leq x < \dfrac{l}{2}$

$$M_x = \dfrac{Px}{2}, \quad Q_x = \dfrac{P}{2}$$

ii) $\dfrac{l}{2} \leq x \leq l$

$$M_x = \dfrac{P(l-x)}{2}, \quad Q_x = \dfrac{-P}{2}$$

曲げモーメントとせん断力による歪エネルギー U_T は，(4.21) 式によれば，次式となる。

$$U_T = U_M + U_S = \int_0^l \dfrac{M^2}{2EI}dx + \int_0^l \dfrac{\alpha Q^2}{2GA}dx$$

$$= \int_0^{\frac{l}{2}} \dfrac{\left(\dfrac{Px}{2}\right)^2}{2EI}dx + \int_{\frac{l}{2}}^l \dfrac{\left\{\dfrac{P(l-x)}{2}\right\}^2}{2EI}dx$$

$$+ \int_0^{\frac{l}{2}} \dfrac{\alpha\left(\dfrac{P}{2}\right)^2}{2GA}dx + \int_{\frac{l}{2}}^l \dfrac{\alpha\left(\dfrac{-P}{2}\right)^2}{2GA}dx$$

$$= \left[\dfrac{P^2 x^3}{24EI}\right]_0^{\frac{l}{2}} + \left[-\dfrac{P^2(l-x)^3}{24EI}\right]_{\frac{l}{2}}^l$$

$$+ \left[\dfrac{\alpha P^2 x}{8GA}\right]_0^{\frac{l}{2}} + \left[\dfrac{\alpha P^2 x}{8GA}\right]_{\frac{l}{2}}^l$$

$$= \dfrac{P^2 l^3}{192EI} + \dfrac{P^2 l^3}{192EI} + \dfrac{\alpha P^2 l}{16GA} + \dfrac{\alpha P^2 l}{16GA}$$

$$= \dfrac{P^2 l^3}{96EI} + \dfrac{\alpha P^2 l}{8GA}$$

鉛直方向のたわみ δ は，エネルギー保存の法則により，外力仕事 $W = P\delta/2$ と，歪エネルギー U_T が等しいことから，

$$W = \dfrac{P\delta}{2} = U_T = \dfrac{P^2 l^3}{96EI} + \dfrac{\alpha P^2 l}{8GA}$$

$$\therefore \ \delta = \dfrac{Pl^3}{48EI} + \dfrac{\alpha Pl}{4GA}$$

曲げモーメントによるたわみ δ_M とせん断力によるたわみ δ_S は，それぞれ次式である。

$$\delta_M = \dfrac{Pl^3}{48EI}, \quad \delta_S = \dfrac{\alpha Pl}{4GA}$$

ここで，$I = Ar^2$（r は断面2次半径）であることから矩形断面の場合 $r^2 = I/A = h^2/12$ であり，さらに $(E/G) = 2(1+\nu)$ であることから，せん断力によるたわみ δ_S と曲げモーメントによるたわみ δ_M との関係は次式のように表現できる。

$$\delta_S = \dfrac{\alpha Pl}{4GA} = \dfrac{Pl^3}{48EI} \times \left(\dfrac{48EI}{Pl^3} \times \dfrac{\alpha Pl}{4GA}\right)$$

$$= \dfrac{Pl^3}{48EI} \times \left(\dfrac{12\alpha}{l^3} \times \dfrac{EI}{GA}\right) = \dfrac{Pl^3}{48EI} \times \left(12\alpha \dfrac{r^2}{l^2} \times \dfrac{E}{G}\right)$$

$$= \dfrac{Pl^3}{48EI} \times \left\{12\alpha \times \dfrac{(h^2/12)}{l^2} \times 2(1+\nu)\right\}$$

$$= \dfrac{Pl^3}{48EI} \times \left\{12 \times 1.2 \times \dfrac{(h^2/12)}{l^2} \times 2(1+0.25)\right\}$$

$$= \dfrac{Pl^3}{48EI} \times \left(3 \times \dfrac{h^2}{l^2}\right)$$

したがって，曲げモーメントによるたわみ δ_M とせん断力によるたわみ δ_S の比（δ_S/δ_M）は，次式となる。

$$\dfrac{\delta_S}{\delta_M} = \left(3 \times \dfrac{h^2}{l^2}\right)$$

上式の関係を図 (d) に示してあるが，矩形断面の場合，スパンに対する梁せいの割合が 10% 以下 = 梁せい比 (h/l) が 0.1 以下であると，せん断変形は曲げ変形（曲げモーメントによる変形）の 3% と小さいことがわかる。一般的な梁は梁せい比が 0.1 以下であることから，通常，せん断変形は小さいものとして無視し，梁のたわみとして曲げ変形だけを考えることが多い。しかし，壁梁（ウォールガーター）のように梁せい比が大きい場合には，せん断変形の影響は無視できないことに留意することが必要である。

例題 4-5 例題図 4-5 (a) に示すような，上端が固定された弾性体の棒（長さ l・断面積 A・ヤング係数 E）の下端に瞬間的に力 N（衝撃力）が作用したときに，棒に生じる応力度（衝撃応力度）について考察しなさい。

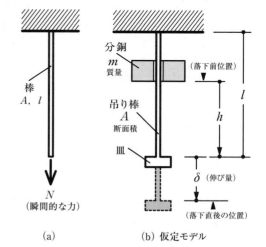

(a)　　　　(b) 仮定モデル

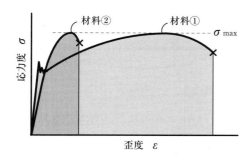

(c) 蓄積される歪エネルギー

例題図 4-5

解答

物体に衝撃的に荷重が作用すると，物体内部には静荷重が作用するときよりも大きな応力が生じる。衝撃的な荷重により発生する最大応力を，衝撃応力（impact stress, impulsive stress）という。実際に衝撃荷重が作用する場合，衝撃のエネルギーは物体内に歪エネルギーとして蓄積されるほか，音や熱として逸散するので，これらの影響を厳密に求めることは相当に難しい。ここでは，単純に，衝撃エネルギーのすべてが物体の歪エネルギーとして吸収されると仮定し，エネルギー保存の法則を適用して，衝撃的加力の影響について考察する。

この問題を考えるにあたって，図 (b) に示すような，上端を固定され下端に皿をもつ吊り棒（弾性体で長さ l・断面積 A・ヤング係数 E）のモデルを考え，皿の上端より高さ h の位置から，質量 m の分銅を落下衝突させたとき，吊り棒が δ 伸びた場合の応力について検討する。ただし，皿部分は十分に剛で衝撃による変形は無視できるほど小さいものとする。

i) 外力仕事

重力加速度を g とすれば，質量 m の分銅による力 N（静荷重：static force）は $N = mg$ であり，力 N がなす仕事 W ＝位置エネルギーは次式で表わされる。

$$W = mg(h+\delta) = N(h+\delta) \quad (a)$$

ii) 棒に生じる歪エネルギー

吊り棒は軸力だけを受けるので，棒に蓄積される歪エネルギー U_N は (4.8) 式により，次式のように算定される。

$$U_N = \int_0^l \frac{1}{2}E\varepsilon^2 A dx = \int_0^l \frac{EA}{2}\left(\frac{\delta}{l}\right)^2 dx = \frac{EA}{2l}\delta^2 \quad (b)$$

iii) エネルギー保存の法則

衝撃エネルギーのすべてが物体の歪エネルギーとして吸収されると仮定すれば，エネルギー保存の法則から，外力仕事＝位置エネルギーと歪エネルギーは等しくなり，次式を得る。

$$\left[W = mg(h+\delta) =\right] N(h+\delta) = \frac{EA}{2l}\delta^2 \left[= U_N\right] \quad (c)$$

上式を，全変形 δ の関数として整理すれば，次式となる。

$$\frac{EA}{2l}\delta^2 - N(h+\delta) = 0$$

$$\delta^2 - \frac{2lN}{EA}\delta - \frac{2lN}{EA}h = 0 \quad (d)$$

ここで，分銅による力 N（静荷重）により生じる静荷重による伸びを δ_{st} とすると，次の関係がある。

$$\delta_{st} = l\varepsilon, \quad \sigma_{st} = E\varepsilon, \quad \sigma_{st} = \frac{N}{A}$$

$$\therefore \quad \delta_{st} = \frac{Nl}{EA} \quad \text{（静荷重による伸び）}$$

これを (d) 式に代入すれば，次式となる。

$$\delta^2 - 2\delta_{st}\delta - 2\delta_{st}h = 0$$

この式を満足する δ は 2 つあるが，大きいほうの値をとれば次式となる。

$$\delta = \delta_{st} \pm \sqrt{\delta_{st}^2 + 2\delta_{st}h} \quad \Rightarrow \quad \delta = \delta_{st}\left(1 + \sqrt{1 + 2\frac{h}{\delta_{st}}}\right) \quad (e)$$

ここで，力 N を瞬間的に加えた場合の応力は，$h ≒ 0$ とすれば次の関係を得る。

$$\delta = 2\delta_{st} \quad \therefore \quad \sigma = 2\sigma_{st}$$

すなわち，瞬間的に力 N を加えると，静的に加力した場合の最大 2 倍の伸び（歪）を生じる＝最大 2 倍の応力度が発生することがわかる。ただし，最大 2 倍の応力度が発生するのは，材料が弾性であること（＝応力が弾性範囲にあること）が前提であることに留意する必要がある。

図 (b) のモデルで分銅が高さ h から落下したときには，通常，式 (e) 中の h/δ_{st} は $h/\delta_{st} \gg 0$ であることから，2 倍を優に超える応力度が発生することになる。

また，式 (e) の意味を分銅の落下速度の観点からみれば，物理学が教えるように，位置エネルギー＝運動エネルギーの関係から，高さ h と衝突時の速度 v との間には次のような関係がある。

$$mgh = \frac{1}{2}mv^2 \quad \therefore \quad h = \frac{v^2}{2g}$$

この関係を (e) 式に代入すれば，静変形 δ_{st} と質量 M の物体が速度 v で作用した場合の変形 δ とを関連づけすることができる。

$$\delta = \delta_{st} + \sqrt{\delta_{st}^2 + 2\delta_{st}h} = \delta_{st} + \sqrt{\delta_{st}^2 + 2\delta_{st}\frac{v^2}{2g}}$$

$$= \delta_{st}\left(1 + \sqrt{1 + \frac{v^2}{g\delta_{st}}}\right) \quad (f)$$

瞬間的に力 N（衝撃力）が作用したときには，初速 $v = 0$（落下距離 $h = 0$）とすれば，当然のことながら (e) 式と同様に，静的加力の場合の伸びの最大 2 倍（＝応力度が最大 2 倍）となる。落下距離や速度が大きい場合には，弾性体であれば 2 倍以上の応力度に達することになる。

しかしながら，実際の材料・部材の場合には，落下高さや

4 弾性仕事に関する諸理論 73

作用速度が大きくなると，材料・部材の変形が大きくなることに間違いはないが，変形増大＝応力度増大となって部材が直ちに破壊することにはならない。なぜならば，材料・部材に大きな変形（歪）が生じると材料・部材は塑性化するため，弾性体を前提とした議論とおりにはならないからである。材料・部材の破壊は蓄積できる歪エネルギーに関係し，歪エネルギーの蓄積量は材料・部材の特性に依存する。材料に蓄積できる歪エネルギーは，図（c）に示すように，応力度～歪度関係曲線と歪度（横）軸とで囲まれる面積で表わされる。材料①と②のように強度が同じ材料であっても，囲まれる面積が大きい材料①のほうが，エネルギー吸収量が大きい＝対衝撃性が高く破壊まで粘り強く（靱性），材料②は破壊までの粘り強さが小さい（脆性：ぜいせい）といえる。このように，静的加力実験により得られる応力度～歪度曲線図や荷重～変位曲線図等の情報は，材料や部材の対衝撃性（靱性，脆性）の優劣を判断する指標の1つとなる。

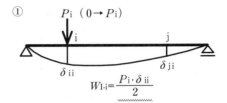

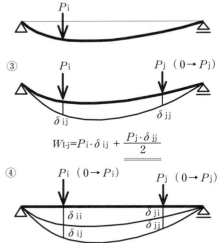

4-4 相反作用の定理

相反定理はマクスウェル–ベティの相反定理とよばれ，弾性系に適用できるエネルギー原理のうちの1つであり，この定理を応用することによって，影響線［移動荷重（集中荷重）による任意点の断面力（反力，せん断力，曲げモーメント）を荷重作用位置に表わし，荷重が移動する場合の断面力を連続して描いた線］を容易に描くことができる。また，マトリックス法における柔性マトリックス［弾性系における荷重と変形の関係を表わす剛性マトリックスの逆行列］の対称性を裏づける定理でもある。

(1) 載荷経路と外力仕事

図4-10（a）載荷経路Ⅰの①に示すような，単純梁のi点に漸増荷重（＝力）P_i が作用し，i点がδ_{ii}，j点がδ_{ji}だけ変位する場合を考える（δ_{ij}の意味は，δ 変位点i|荷重点j）。この場合の外力仕事は，荷重が漸増荷重P_iだけなので，定義に従えば次式となる。

$$W = \frac{P_i \delta_{ii}}{2}$$

②は，i点の変位がδ_{ii}となって力が釣り合った状態（漸増荷重がP_iが仕事$W = P_i \delta_{ii}/2$をし終わった状態）を示している。この状態では，力P_iは漸増荷重ではなく，一定に保持されている荷重＝既存荷重であり，その位置はδ_{ii}点にある。

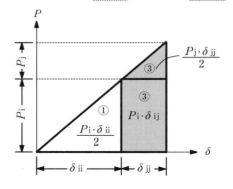

(a) 載荷経路Ⅰ

図4-10 外力仕事と載荷経路

③は，②の釣合い状態において，新たにj点に漸増荷重P_jを作用させた場合に，i点がδ_{ij}，j点がδ_{jj}だけ変位した状態を示している。この場合の外力仕事は，漸増荷重P_jによる仕事$P_j \delta_{jj}/2$に加え，i点に停留している荷重P_i（すでに一定に保持されている荷重＝保持荷重）も仕事（$P_i \delta_{ij}$）をすることになる（保持荷重も仕事をすることがポイント）。したがって，荷重P_jが作用することにより発生した外力仕事は次式となる。

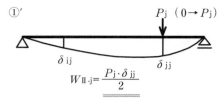

①′

$W_{\text{II-j}} = \dfrac{P_j \cdot \delta_{jj}}{2}$

②′ 釣合い状態（保持された荷重と変位）

③′

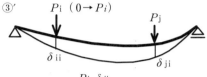

$W_{\text{II-i}} = \dfrac{P_i \cdot \delta_{ii}}{2} + P_j \cdot \delta_{ji}$

④′

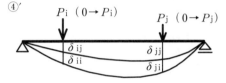

$W_{\text{II}} = W_{\text{II-j}} + W_{\text{II-i}} = \dfrac{P_j \cdot \delta_{jj}}{2} + \dfrac{P_i \cdot \delta_{ii}}{2} + P_j \cdot \delta_{ji}$

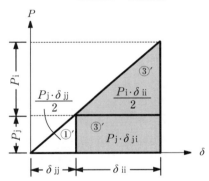

(b) 載荷経路 II

図 4-10 つづき

$W = \dfrac{P_j \delta_{jj}}{2} + P_i \delta_{ij}$

④は，①〜③の状態を一括表示した図であり，単純梁のi点に漸増荷重P_iが作用して釣合い状態になった後，さらにj点に漸増荷重P_jが作用して釣合い状態になった場合には，i点・j点の変位量はそれぞれ（$\delta_{ii} + \delta_{ij}$），（$\delta_{ji} + \delta_{jj}$）であり，載荷経路Iにおける外力仕事の総量値は次式となることを示している。

$$W_{\text{I}} = \dfrac{P_i \delta_{ii}}{2} + P_i \delta_{ij} + \dfrac{P_j \delta_{jj}}{2}$$

次に，載荷経路Iとは逆に，最初にj点に漸増荷重P_jが作用して釣合い状態になった後，さらにi点に漸増荷重P_iが作用して釣合い状態になった場合を載荷経路IIとして，載荷経路Iと同じ手順で検討する。

図 4-10（b）載荷経路II①′に示すように，j点に漸増荷重P_jが作用した場合の外力仕事は，次式で表わされる。

$$W = \dfrac{P_j \delta_{jj}}{2}$$

②′は，力が釣り合った状態（仕事をし終わった状態）を示している。

③′は，②′の状態において，新たにi点に漸増荷重P_iを作用させた場合の外力仕事は，次式で表わされる。

$$W = \dfrac{P_i \delta_{ii}}{2} + P_j \delta_{ji}$$

④′は，①′〜③′の状態を一括表示した図であり，単純梁のj点に漸増荷重P_jが作用した後，さらにi点に漸増荷重P_iが作用して釣合い状態になった場合には，i点・j点の変位量はそれぞれ（$\delta_{ij} + \delta_{ii}$），（$\delta_{jj} + \delta_{ji}$）であり，載荷経路IIにおける外力仕事の総量値は次式となることを示している。

$$W_{\text{II}} = \dfrac{P_i \delta_{ii}}{2} + P_j \delta_{ji} + \dfrac{P_j \delta_{jj}}{2}$$

(2) マクスウェル - ベティの相反定理

載荷経路が異なっても，最終的な荷重状態（P_iとP_jが作用）と変形状態（i点・j点の変位量）は同じであることから，載荷経路Iの外力仕事W_{I}と載荷経路IIの外力仕事W_{II}は最終的には等しくなければならない。したがって，図 4-10（a）④と（b）④′で得られた結果から，次の関係を得る。

$$W_{\text{I}} = \dfrac{P_i \delta_{ii}}{2} + P_i \delta_{ij} + \dfrac{P_j \delta_{jj}}{2}$$
$$= \dfrac{P_i \delta_{ii}}{2} + P_j \delta_{ji} + \dfrac{P_j \delta_{jj}}{2} = W_{\text{II}}$$
$$\therefore \ P_i \delta_{ij} = P_j \delta_{ji} \quad (4.23)$$

この式を，ベティ（Betti）の（相反作用の）定理とよぶ。

4 弾性仕事に関する諸理論

この式は，弾性構造物の i 点に外力 P_i が作用したときに，「外力 P_i」と「外力 P_j により i 点に生じる変位 δ_{ij}」とがなす仕事（$= P_i \delta_{ij}$）と，「外力 P_j」と「外力 P_i により j 点に生じる変位 δ_{ji}」とがなす仕事（$= P_j \delta_{ji}$）は等しいことを表わしている。また，この関係はモーメント M とたわみ角 θ の場合にも成立する（$M_i \theta_{ij} = M_j \theta_{ji}$）。

(4.23) 式の荷重項を 1 とおくと，すなわち，$P_i = P_j = 1$ とおけば，次式となる。

$$\delta_{ij} = \delta_{ji} \tag{4.24}$$

この関係は，マクスウェル (Maxwell) の (相反作用の) 定理とよばれる。

(4.23) 式と (4.24) 式をまとめて，マクスウェル‐ベティの相反作用の定理とよぶ。

例題 4-6 例題図 4-6 (a) に示すような，単純梁のスパン中央の k 点に荷重 P を載荷させたとき，スパン 4 等分点の i 点，j 点にはともに 7 mm の変位が生じた。図 (b) のように，この梁の i 点と j 点に荷重 P を作用させた場合のスパン中央部 k 点の変位 δ_k を求めなさい。

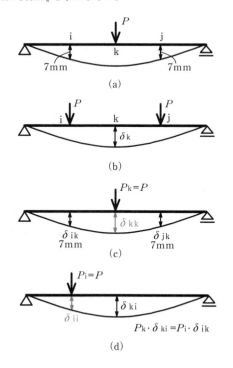

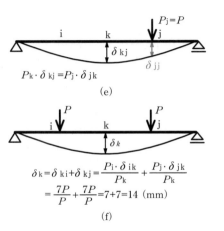

例題図 4-6

解答

図 (a) の状態の荷重と変位を図 (c) のように名づける。次に，図 (b) の荷重条件を，P_i と P_j が個別に作用した状態が合成されたものと考え，図 (d) と図 (e) のように分離して，それぞれに荷重と変位を名づける。

まず，図 (c) と図 (d) について，ベティの相反定理を適用すれば，次式の関係を得る。

$$P_i \delta_{ik} = P_k \delta_{ki}$$

荷重は $P_i = P_k = P$ であるから，上式から次式の関係を得る。

$$\delta_{ik} = \delta_{ki}$$

ここで，与条件より k 点に載荷した場合の i 点の変位 $\delta_{ik} = 7$ mm であり，上式より k 点の変位 δ_{ki} は，$\delta_{ki} = \delta_{ik} = 7$ mm である。

次に，図 (c) と図 (e) について，ベティの相反定理を適用すれば，同様の手順で検討すれば，j 点に荷重 P が作用した場合の k 点の変位は $\delta_{kj} = \delta_{jk} = 7$ mm を得る。

以上より，i 点と，j 点に同時に荷重 P が作用したときのスパン中央点 k の変位 δ_k は，荷重条件の重合せより，$\delta_k = \delta_{ki} + \delta_{kj} = 7 + 7 = 14$ mm となる。

例題 4-7 例題図 4-7 (a) に示すような，単純梁の k 点に荷重 40 kN を載荷させたとき，i 点に 6 mm，j 点に 4 mm の変位がそれぞれ生じた。図 (b) のように，i 点に 40 kN，j 点に 20 kN が同時に作用したときの，k 点の変位 δ_k を求めなさい。

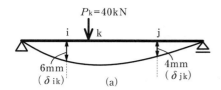

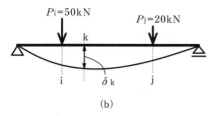

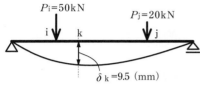

$$\delta_k = \delta_{ki} + \delta_{kj} = \frac{P_i \cdot \delta_{ik}}{P_k} + \frac{P_j \cdot \delta_{jk}}{P_k}$$

$$= \frac{50 \times 6}{40} + \frac{20 \times 4}{40} = 7.5 + 2 = 9.5 \text{ (mm)}$$

(c)

例題図 4-7

【解答】

ベティの相反定理を適用すれば，次のように算定される（図(c) 参照）。

$$P_i \delta_{ik} = P_k \delta_{ki}$$

$$\therefore \delta_{ki} = \frac{P_i \delta_{ik}}{P_k} = \frac{50 \times 6}{40} = 7.5 \text{ (mm)}$$

$$P_j \delta_{jk} = P_k \delta_{kj}$$

$$\therefore \delta_{kj} = \frac{P_j \delta_{jk}}{P_k} = \frac{20 \times 4}{40} = 2.0 \text{ (mm)}$$

$$\therefore \delta_k = \delta_{ki} + \delta_{kj} = 7.5 + 2.0 = 9.5 \text{ (mm)}$$

4-5 カスティリアーノの定理

(1) 弾性体の全ポテンシャル・エネルギー

力学におけるポテンシャル・エネルギーは，対象とする系の仕事を行う能力としてのエネルギー量を表わすものといえる。すなわち，ある系の「全ポテンシャル・エネルギーΠ」は，「内部歪エネルギーU」と，負符号の「位置エネルギーV」の和として定義され，これを数式で表わせば次式となる。

$$\Pi = U + V \quad (4.25)$$

ここで

内部歪エネルギー U： $U = \frac{1}{2}\int_V \sigma_x \varepsilon_x dv$ (4.26)

位置エネルギー V： $V = -\sum P_i u_i$ (4.27)

なお，P_iは物体に作用する外力，u_iはその方向の変位である。力の代わりに曲げモーメントM_iが作用する場合はu_iの代わりにθ_iを用いる。

位置エネルギーVは変位u_iの関数［(4.27) 式］であり，内部歪エネルギーUも変位（変形$\varepsilon_x dv$はu_iと関連）の関数［(4.25) 式］であることから$U(u_i)$と表現できる。したがって，系の全ポテンシャル・エネルギーΠは，変位u_iの関数として，次式のように表現できる。

$$\Pi(u_i) = U(u_i) - \sum(P_i u_i) \quad (4.28)$$

この式から，「全ポテンシャル・エネルギー最小の原理」は以下のように言い表わされる。

系の全ポテンシャル・エネルギーΠは，釣合い状態において停留し（一定値を保持 $\therefore$ 第1変分$\delta\Pi = 0$），安定な状態において最小値をとる（極値をとる：第2変分$\delta^2\Pi > 0$）。

(2) カスティリアーノの第1定理

独立な荷重群P_iが作用している系が釣合い状態にある（停留している）場合，この系の全ポテンシャル・エネルギーΠは，「全ポテンシャル・エネルギー最小の原理」により，その第1変分は0でなければならない。したがって，(4.27) 式を変位u_iで偏微分して（第1変分），これを0とおけば，次式が導かれる。

$$\frac{\partial \Pi}{\partial u_i} = \frac{\partial U}{\partial u_i} - P_i = 0 \quad \therefore \frac{\partial U}{\partial u_i} = P_i \quad (4.29)$$

上式は，「変位u_iで表わした歪エネルギーUの，u_iに関する偏微分係数は外力P_iとなる」ことを意味しており，これをカスティリアーノ（Castigliao）の第1定理とよぶ。

また，力の代わりに曲げモーメントM_iが作用する場合には，次式で表現される。

$$\frac{\partial \Pi}{\partial \theta_i} = \frac{\partial U}{\partial \theta_i} - M_i = 0 \quad \therefore \frac{\partial U}{\partial \theta_i} = M_i \quad (4.30)$$

4 弾性仕事に関する諸理論 77

（3） カスティリアーノの第2定理（エンゲッサーの定理）

前項では，全ポテンシャル・エネルギーΠは，変位u_iの関数として表現できることを説明した。

ここでは，ポテンシャル・エネルギーを力P_iの関数として表現することを考えてみる。一般論として，ポテンシャル・エネルギーを力P_iの関数として表現するうえでは，補歪エネルギーという概念が必要となる。

微小要素の歪エネルギーdU'は，図4-11（a）に示すような歪（変位）を横軸とした場合のアミカケ部分の面積として表現され，全歪エネルギーUは変位u_iの関数として全体積について積分すれば求められる。一方，ポテンシャル・エネルギーを力P_iの関数として表現する場合の歪エネルギーは補歪エネルギーとよばれる。微小要素の補歪エネルギーdU'^*は，図（b）に示すような応力（力）を横軸としたグラフのタテ線部分の面積として表現され，全補歪エネルギーU^*は力P_iの関数として全体積について積分すれば求められる。なお，弾性体の場合では，図（c）に示すように$U = U^*$が成り立つため，歪エネルギーと補歪エネルギーとを厳密に区別しなくても不都合は生じない。

全補ポテンシャル・エネルギーΠ^*は，補歪エネルギーU^*と補位置エネルギーV^*により，（4.26）・（4.27）式と同様の，次式で定義される。

$$\Pi^* = U^* + V^* \tag{4.31}$$

上式は，全補ポテンシャル・エネルギーΠ^*は，補歪エネルギーU^*が外力P_iの関数であることから，次のように表わすことができる。

$$\Pi^* = U^* + V^* = U^*(P_i) - \sum u_i P_i \tag{4.32}$$

$$U^* = \frac{1}{2}\int_V \sigma_x \varepsilon_x dv \tag{4.33}$$

$$V^* = -\sum u_i P_i \tag{4.34}$$

この系が釣合い状態にあるとすれば，この系は停留しているので第1変分は0でなければならない。

したがって，（4.31）式を力P_iで偏微分して（第1変分），これを0とおけば，次式が導かれる。

$$\frac{\partial \Pi^*}{\partial P_i} = \frac{\partial U^*}{\partial P_i} - u_i = 0 \quad \therefore \quad \frac{\partial U^*}{\partial P_i} = u_i \tag{4.35}$$

上式は，「荷重P_iで表わした補歪エネルギーU^*

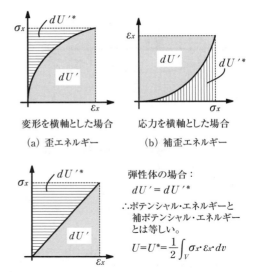

(a) 歪エネルギー　(b) 補歪エネルギー

(c) 弾性体の歪エネルギー

図4-11　微小要素の歪エネルギー

の，P_iに関する偏微分係数は変位u_iとなる」ことを意味しており，これをエンゲッサー（Engesser）の定理とよぶ。

また，この定理は力P_iの代わりに曲げモーメントM_iが作用する場合は，次式となる。

$$\frac{\partial \Pi^*}{\partial M_i} = \frac{\partial U^*}{\partial M_i} - \theta_i = 0$$

$$\therefore \quad \frac{\partial U^*}{\partial M_i} = \theta_i \tag{4.36}$$

エンゲッサーの定理は非弾性体・弾性体を問わず適用できる概念である。

弾性体の場合では，通常，図（b）に示すように$U = U^*$が成り立つため，式の展開にあたっては特に区別を要しない。弾性体で$U = U^*$が成り立つ場合のエンゲッサーの定理は，カスティリアーノの第2定理あるいは単にカスティリアーノの定理とよばれる。

〈一口メモ〉

「補歪エネルギーU^*（complementary energy：～を補足するエネルギー，補足エネルギー）」の概念はわかりづらい。歪エネルギーを定義する場合に，歪を変数として算定される歪エネルギーと区別するために，力を変数として算定されるエネルギーを「補歪エネルギー」とよぶと考えてよい。また，図4-10に示すように，仕事（$\sigma \times \varepsilon$）を構成するエネルギーを考えた場合に，歪エネルギー（U）を補足す

るエネルギー（U^*）という意味合いをもつともいえる。逆に言えば，仕事（$\sigma \times \varepsilon$）は歪エネルギー（$U$）と補歪エネルギー（$U^*$）とで構成されるともいえる。弾性体の場合には $U = U^*$ が成立するので，弾性力学では歪エネルギーと補歪エネルギーとを区別しなくても不都合がなく，したがって，弾性力学では用語を厳密に使い分けしないことも多い。

（4）最小仕事の原理

構造物の支点では，支点反力が生じても変位は生じない。すなわち，支点反力 P_i が生じても変位 u_i は生じない（仕事をしない）。この状態は，(4.35) 式において変位 u_i が 0 であることであり，次式で表現される。

$$\frac{\partial U^*}{\partial P_i} = u_i = 0 \quad (4.37)$$

また，固定支点に固定端モーメント M_i が生じても回転角 θ_i は生じない（仕事をしない）。この状態は (4.35) 式において回転角 θ_i が 0 であることであり，次式で表現される。

$$\frac{\partial U^*}{\partial M_i} = \theta_i = 0 \quad (4.38)$$

(4.37) 式と (4.38) 式が表現していることを，「補歪エネルギー最小の原理」あるいは「最小仕事の原理」とよぶ。

特に，弾性体の場合は $U = U^*$ が成立するので次式を得るが，これはカスティリアーノの第 2 定理を応用したものといえる。

$$\frac{\partial U}{\partial P_i} = 0, \quad \frac{\partial U}{\partial M_i} = 0 \quad (4.39)$$

例題 4-8 例題図 4-8 (a) のような，長さ l の片持ち梁の先端に荷重 P が作用した場合の，曲げモーメントによる梁の先端のたわみ δ とたわみ角 θ をカスティリアーノの定理を用いて求めなさい。ただし，梁は弾性体で，曲げ剛性は EI とする。

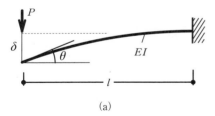

(a)

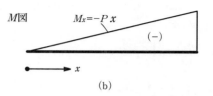

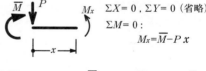

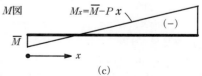

例題図 4-8

解答

1) たわみ δ を求める。

① 歪エネルギーを求めるためにモーメント図を作成する。例題 4-3 で求めたように，任意の x 点の曲げモーメントは次式で表わされ，図 (b) のようになる。

$$\therefore M_x = -Px \qquad \text{ⓐ}$$

② 曲げモーメントによる補歪エネルギー U^*（$= U$）は，(4.11) 式から次式となる。

$$U = \int \frac{M^2}{2EI} dx = \frac{1}{2EI} \int_0^l (-Px)^2 dx \qquad \text{ⓑ}$$

上式に，カスティリアーノの第 2 定理を適用し，力 P で 1 階偏微分すれば，たわみ δ（u）は求められる。

$$\frac{\partial U}{\partial P} = \frac{1}{2EI} \int_0^l \frac{\partial}{\partial P} (-Px)^2 dx = \frac{1}{2EI} \int_0^l 2Px^2 dx$$
$$= \frac{Pl^3}{3EI}$$

2) たわみ角 θ を求める。

① たわみ角を求めるためには，M と θ の関係式である (4.13) 式を利用することになる。しかし，先端に曲げモーメント（外力）がないため，式が適用可能とする仮想モーメント $\bar{M}$（$= 0$）を作用させる。この場合，任意の x 点の曲げモーメントは次式で表わされ，図 (c) のようになる。

$$\sum M = \bar{M} - Px - M_x = 0$$

$$\therefore M_x = \bar{M} - Px \qquad \text{ⓒ}$$

② 片持ち梁の補歪エネルギー U^*（$= U$）は

$$U^* = \frac{1}{2EI} \int (\bar{M} - Px)^2 dx \qquad \text{ⓓ}$$

モーメント $\bar{M}$ と P が作用した場合のたわみ角 θ は，カス

ティリアーノの第2定理より，ⓓ式を$\bar{M}$で偏微分すれば，次のように求められる。

$$\theta = \frac{\partial U^*}{\partial \bar{M}} = \frac{1}{2EI}\int \frac{\partial}{\partial \bar{M}}(\bar{M} - Px)^2 dx$$

$$= \frac{1}{2EI}\int 2(\bar{M} - Px)dx = \frac{1}{EI}\left(\bar{M}l - \frac{Pl^2}{2}\right) \quad ⓔ$$

ここで，モーメント$\bar{M}$は仮想であるので$\bar{M} = 0$とすれば，先端の回転角θが次のように得られる。

$$\theta = -\frac{Pl^2}{2EI}$$

例題 4-9 例題図 4-9 (a) のような，長さlの両端固定梁の中央に荷重Pが作用した場合の，両端のモーメント（固定端モーメント）と荷重点であるスパン中央部のたわみを，カスティリアーノの定理を用いて求めなさい。ただし，梁は弾性体で，曲げ剛性はEIとする。

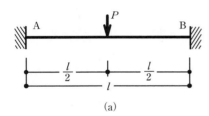
(a)

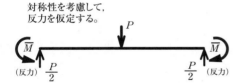
対称性を考慮して，反力を仮定する。

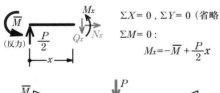
$\Sigma X = 0, \Sigma Y = 0$（省略）
$\Sigma M = 0:$
$M_x = -\bar{M} + \frac{P}{2}x$

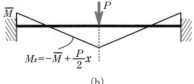
(b)

M図
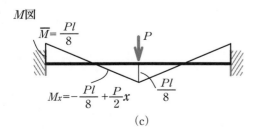
(c)

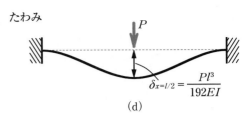
たわみ

$$\delta_{x=l/2} = \frac{Pl^3}{192EI}$$

(d)

例題図 4-9

解答

1) 固定端モーメントを求める。

この梁は不静定構造物であるので，力の釣合い式だけでは解けない。この梁は，荷重・支点が対称条件を満たすので，左半分に着目して話を進める。

図 (b) のように，両固定支点に発生するモーメント反力$\bar{M}$を不静定力の未知数とすると，任意の点xのモーメントM_xは次式で与えられる。

$$\Sigma M = -\bar{M} + \frac{P}{2}x - M_x = 0$$

$$\therefore M_x = -\bar{M} + \frac{P}{2}x$$

このモーメントによる補歪エネルギー$U^*(=U)$は，(4.12)式により，対称性を考慮して求めれば次式のようになる。

$$U^* = \int \frac{M_x^2}{2EI}dx = \frac{2}{2EI}\int_0^{\frac{l}{2}}\left(-\bar{M} + \frac{P}{2}x\right)^2 dx$$

$$= \frac{1}{EI}\int_0^{\frac{l}{2}}\left(-\bar{M} + \frac{P}{2}x\right)^2 dx$$

モーメント$\bar{M}$が作用している点は固定端であり，回転角θは生じないので，(4.37)式＝「補歪エネルギー最小の原理」あるいは「最小仕事の原理」が適用できる。この原理を利用すれば，未知数である固定端モーメント$\bar{M}$の値を決定できる。

$$\frac{\partial U^*}{\partial \bar{M}} = \theta = 0$$

$$\therefore \frac{\partial U^*}{\partial \bar{M}} = \frac{1}{EI}\int_0^{\frac{l}{2}}\frac{\partial}{\partial \bar{M}}\left(-\bar{M} + \frac{P}{2}x\right)^2 dx$$

$$= \frac{1}{EI}\int_0^{\frac{l}{2}}-2\left(-\bar{M} + \frac{P}{2}x\right)dx$$

$$= \frac{1}{EI}\int_0^{\frac{l}{2}}\left(2\bar{M} - Px\right)dx$$

$$= \frac{1}{EI}\left[2\bar{M}_x x - \frac{P}{2}x^2\right]_0^{\frac{l}{2}}$$

$$= \frac{1}{EI}\left[\bar{M}l - \frac{Pl^2}{8}\right] = 0$$

$$\therefore \bar{M} = \frac{Pl}{8}$$

2) 梁中央のたわみを求める。

不静定力 $\bar{M}$ がわかれば，この梁の M 図は図（c）のようになり，任意の点 x のモーメント M_x は次のようになる。

$$M_x = \frac{P}{2}x - \frac{Pl}{8}$$

梁の補歪エネルギー U^*（$=U$）は，次式のように計算される。

$$U^* = \int_0^l \frac{M_x^2}{2EI}dx = \frac{2}{2EI}\int_0^{\frac{l}{2}}\left(\frac{P}{2}x - \frac{Pl}{8}\right)^2 dx$$

$$= \frac{1}{4EI}\int_0^{\frac{l}{2}} P^2\left(x - \frac{l}{4}\right)^2 dx$$

荷重点 P の変位は，カスティリアーノの第2定理にもとづく (4.35) 式より，梁の補歪エネルギー U^* を P で偏微分すれば，次のように求められる。

$$\frac{\partial U^*}{\partial P} = \frac{1}{4EI}\int_0^{\frac{l}{2}}\frac{\partial}{\partial P}P^2\left(x - \frac{l}{4}\right)^2 dx$$

$$= \frac{P}{4EI}\int_0^{\frac{l}{2}}\left(x - \frac{l}{4}\right)^2 dx$$

$$= \frac{Pl^3}{192EI} = u（変位 \delta）$$

例題 4-10 例題図 4-10 (a) のような，両端 A，B がピン支持された半径 r の半円形のアーチが，中央部頂点 C に鉛直荷重 P を受けている。このとき柱脚に生じる水平反力をカスティリアーノの定理を用いて求めなさい。ただし，梁は弾性体で，曲げ剛性は EI とする。

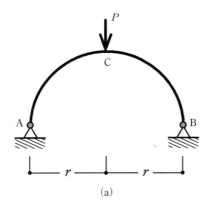

(a)

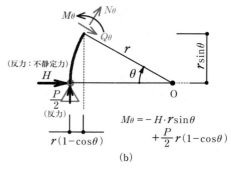

$M_\theta = -H \cdot r\sin\theta + \frac{P}{2}r(1-\cos\theta)$

(b)

例題図 4-10

解答

この構造物は，1次不静定である。座標系を図 (b) に示すような極座標系と仮定する。支点反力を水平反力 H と鉛直反力 V と仮定すれば，その対称性から，鉛直反力 $V = P/2$ であることは容易にわかる。支点の水平反力 H については不静定力 H として，カスティリアーノの定理を用いて求める。

x 軸より角度 θ の点の断面応力を考える。x 軸より角度 θ の点のモーメント M_θ は，力の釣合い式より次のように表現できる（θ は回転角ではないことに注意）。

$$\sum M = -Hr\sin\theta + \frac{P}{2}r(1-\cos\theta) - M_\theta = 0$$

$$\therefore M_\theta = -Hr\sin\theta + \frac{P}{2}r(1-\cos\theta)$$

このモーメントによる補歪エネルギー U^*（$=U$）は，次式のように算定される。

$$U^* = \int \frac{M_\theta^2}{2EI}d\theta$$

$$= \frac{1}{2EI}\int_0^\pi \left\{-Hr\sin\theta + \frac{P}{2}r(1-\cos\theta)\right\}^2 d\theta$$

ここで，水平反力 H が作用している点は支点なので変位は生じないので，最小仕事の原理 (4.37) 式が適用できる。すなわち，次式が成立する。

$$\frac{\partial U^*}{\partial H} = 0$$

これを利用して，未知数である水平反力 H の値を決定する。

$$\frac{\partial M_\theta^2}{\partial H} = 2M_\theta \frac{\partial M_\theta}{\partial H} \text{ より}$$

$$\frac{\partial U^*}{\partial H} = \frac{1}{2EI}\int_0^\pi 2M_\theta \frac{\partial M_\theta}{\partial H}d\theta$$

$$= \frac{1}{EI}\int_0^\pi M_\theta \frac{\partial M_\theta}{\partial H}d\theta = \frac{2}{EI}\int_0^{\frac{\pi}{2}} M_\theta \frac{\partial M_\theta}{\partial H}d\theta$$

$$= \frac{2}{EI}\int_0^{\frac{\pi}{2}}\left\{-Hr\sin\theta + \frac{P}{2}r(1-\cos\theta)\right\}(-r\sin\theta)d\theta$$

$$= \frac{2}{EI}\int\left\{-Hr^2\sin^2\theta - \frac{P}{2}r^2\sin(1-\cos\theta)\right\}d\theta$$

ここで、公式 $\sin^2\theta = \dfrac{1-\cos 2\theta}{2}$ を用い、( ) = 0 とおけば次式となる。

$Hr^2\left(\dfrac{1-\cos 2\theta}{2}\right) - \dfrac{P}{2}r^2\sin\theta + \dfrac{P}{2}r^2\sin\theta(1-\cos\theta)$

$= \dfrac{2}{EI}\left[\dfrac{Hr^2}{2}\left(\theta - \dfrac{1}{2}\sin 2\theta\right) + \dfrac{P}{2}r^2\cos\theta - \dfrac{Pr^2}{4}\times\dfrac{1}{2}\cos 2\theta\right]_0^{\pi/2}$

$= \dfrac{2}{EI}\left(\dfrac{Hr^2\pi}{4} - \dfrac{Pr^2}{2} + \dfrac{Pr^2}{4}\right) = \dfrac{2}{EI}\left(\dfrac{Hr^2\pi}{4} - \dfrac{Pr^2}{4}\right) = 0$

$\therefore H = \dfrac{P}{\pi}$

例題 4-11 例題図 4-11 (a) のような跳ね出し梁 (1次不静定) の先端に荷重 P が作用している。B点の反力をカスティリアーノの定理を用いて求めたうえで、曲げモーメント図 (M図) を描きなさい。ただし、梁は弾性体で、曲げ剛性は EI とする。

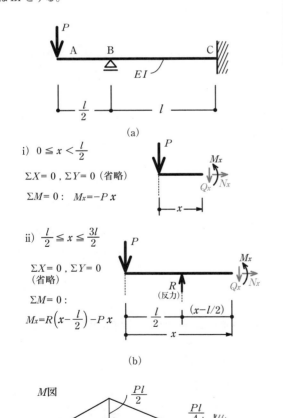

例題図 4-11

解答 支点Bの鉛直反力を R と仮定し、R を不静定力(未知数)としてカスティリアーノの定理を用いて求める。すなわち、支点Bには鉛直変位が生じないので、鉛直反力 R について最小仕事の原理を適用する。

支点Bの反力を R としたときの、梁のモーメント M_x は次のようになる。

$0 < x < \dfrac{l}{2}$ 　　 $M_x = -Px$

$\dfrac{l}{2} < x < \dfrac{3l}{2}$ 　　 $M_x = R\left(x - \dfrac{l}{2}\right) - Px$

このモーメントによる補歪エネルギー U^* ($= U$) を求め、最小仕事の原理(4.37)式により支点反力 R を同定すればよい。すなわち、

$\dfrac{\partial U^*}{\partial R} = 0$

$\dfrac{\partial U^*}{\partial R} = \int \dfrac{1}{\partial R}\left(\dfrac{M_x^2}{EI}\right)dx = \int \dfrac{1}{EI}\left(\dfrac{\partial M_x^2}{\partial R}\right)dx$

$= \dfrac{1}{EI}\int\left(2M_x\dfrac{\partial M_x}{\partial R}\right)dx$

$= \dfrac{1}{2EI}\int_0^{\frac{l}{2}}2(-Px)\cdot 0\,d\theta$

$\qquad + \dfrac{1}{2EI}\int_{\frac{l}{2}}^{\frac{3l}{2}}2\left\{R\left(x-\dfrac{l}{2}\right)-Px\right\}\left(x-\dfrac{l}{2}\right)dx$

$= \dfrac{1}{EI}\int_{\frac{l}{2}}^{\frac{3l}{2}}\left\{(R-P)x^2 + \left(\dfrac{Pl}{2} - Rl\right)x + \dfrac{R}{4}l^2\right\}dx$

$= \dfrac{1}{EI}\left\{(R-P)\dfrac{x^3}{3} + \left(\dfrac{Pl}{2} - Rl\right)\dfrac{x^2}{2} + \dfrac{R}{4}l^2 x\right\}_{\frac{l}{2}}^{\frac{3l}{2}}$

$= \dfrac{1}{12EI}(4R - 7P) = 0$

$\therefore R = \dfrac{7}{4}P$

したがって、固定端Aでのモーメントは

$M_A = \dfrac{7P}{4}\left(\dfrac{3l}{2} - \dfrac{l}{2}\right) - P\dfrac{3l}{2} = \dfrac{Pl}{4}$

支点Bでのモーメントは

$M_x = -Px = -P\left(\dfrac{l}{2}\right) = -\dfrac{Pl}{2}$

例題 4-12 例題図 4-12 のようなトラスのC点に水平荷重 P が作用している。C点の水平変位をカスティリアーノの定理を用いて求めなさい。ただし、全部材は弾性体でヤング係数 E、断面積 A であるものとする。

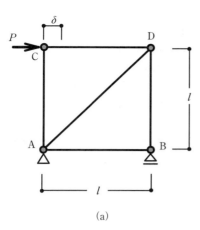

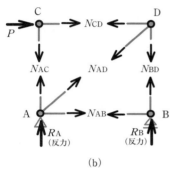

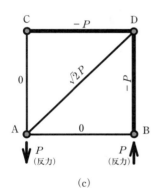

例題図 4-12

【解答】

1) 初めにトラス応力を求める。

反力と部材応力を図 (b) のように仮定し，力の釣合い条件により求める。

ⅰ) 反力 R_A と R_B

$\Sigma M_A = 0$: $Pl - R_B l = 0$　∴　$R_B = P$

$\Sigma Y = 0$: $R_A + R_B = 0$　∴　$R_A = -R_B = -P$

ⅱ) 部材の応力

① 節点 C

$\Sigma X = 0$: $P + N_{CD} = 0$　∴　$N_{CD} = -P$

$\Sigma Y = 0$: $-N_{AC} = 0$　∴　$N_{AC} = 0$

② 節点 B

$\Sigma X = 0$: $-N_{AB} = 0$　∴　$N_{AB} = 0$

$\Sigma Y = 0$: $N_{BD} + R_B = 0$　∴　$N_{BD} = -R_B = -P$

③ 節点 D

$\Sigma X = 0$: $-N_{CD} - N_{AD}\cos\theta = P - N_{AD}\cos\theta = 0$

∴　$N_{AD} = \sqrt{2}P$

2) 補歪エネルギー $U^*(=U)$ を求め，(4.34) 式により水平変位を同定する。

各部材の補歪エネルギー U_N^* を (4.9) 式により求め，総和としての全補歪エネルギー $U^*(=U)$ を求める。

$$U^* = \Sigma_{全部材}(U_N^*) = \Sigma\left(\int \frac{N_x^2}{2EA}dx\right)$$

補歪エネルギー $U^*(=U)$ を P で偏微分すれば，力 P 方向の変位 δ となるので，次式のように表現される。

$$\delta = \frac{\partial U^*}{\partial P}$$
$$= \Sigma_{全部材}\int \frac{\partial}{\partial P}\left(\frac{N_x^2}{2EA}dx\right)$$
$$= \Sigma \frac{1}{2EA}\int \frac{\partial N_x^2}{\partial P}dx = \Sigma \frac{1}{2EA}\int 2N_x\int \frac{\partial N_x}{\partial P}dx$$
$$= \Sigma \frac{1}{EA}\int N_x \frac{\partial N_x}{\partial P}dx$$

具体的に，上式により計算すれば次のようになる。

$$\delta = \frac{\partial U^*}{\partial P} = 2\times\frac{1}{EA}\int_0^l -P(-1)\,dx$$
$$+ \frac{1}{EA}\int_0^{\sqrt{2}l}(\sqrt{2}P)(\sqrt{2})dx$$
$$= \frac{2Pl}{EA} + \frac{2\sqrt{2}Pl}{EA} = (2+2\sqrt{2})\frac{Pl}{EA}$$

【例題 4-13】 例題図 4-13 (a) のように，単純梁のスパン中央に集中荷重 P が作用した場合の，曲げモーメントによる荷重点の鉛直方向のたわみをカスティリアーノの定理を用いて求めなさい。ただし，梁は弾性体で，曲げ剛性は EI とする。

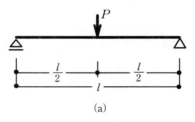

(a)

i) $0 \leqq x < \dfrac{l}{2}$

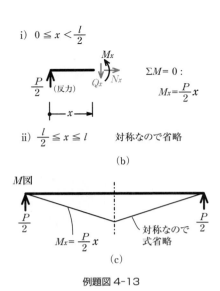

ii) $\dfrac{l}{2} \leqq x \leqq l$ 対称なので省略

例題図 4-13

[解答]

カスティリアーノの第 2 定理により，(4.30)～(4.34) 式に従って鉛直たわみを求める。

1) モーメント図を求める。

対称性を考えれば，鉛直反力 R は明らかに $P/2$ である。図 (b) のように，任意の x 点での力の釣合いを考えれば，モーメントは次式で表わせる。対称であるので右側についての式は省略する。

$$\sum M = 0 : \dfrac{P}{2}x - M_x = 0 \quad \therefore \quad M_x = \dfrac{P}{2}x$$

対称性を考慮して M 図を描けば，図 (c) のようになる。梁全体の補歪エネルギー U^* は，次のようになる。

$$U = \int_0^l \dfrac{1}{2EI}\left(\dfrac{Px}{2}\right)^2 dx = 2\int_0^{l/2} \dfrac{1}{2EI}\left(\dfrac{Px}{2}\right)^2 dx$$
$$= \dfrac{P^2}{4EI}\int_0^{l/2} x^2 dx$$
$$= \dfrac{P^2 l^3}{96EI}$$

また，荷重 P による位置エネルギー V は，梁中央の変位を δ とすると $V = -P\delta$ であるので，全補ポテンシャル・エネルギー Π^* は，次のように表わされる。

$$\Pi^* = U^* + V^* = \dfrac{P^2 l^3}{96EI} - P\delta$$

カスティリアーノの第 2 定理より，第 1 変分 $(d\Pi^*)$ は 0 であることから，たわみが求められる。

$$\dfrac{\partial \Pi^*}{\partial P} = \dfrac{P^2 l^3}{96EI} - \delta = 0$$
$$\therefore \quad \delta = \dfrac{Pl^3}{48EI}$$

例題 4-14 例題図 4-14 (a) に示すように，単純梁のスパン中央に弾性バネが取り付いた状態での弾性座屈荷重 P_{cr} を，エネルギー最小原理を利用して求めなさい。ただし，梁は弾性体で曲げ剛性は EI であり，弾性バネのバネ定数は k とする ($F = kx$ が成立する)。

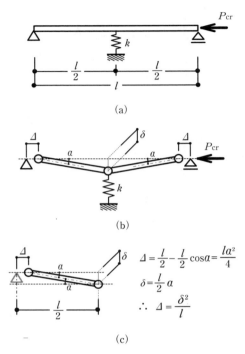

例題図 4-14

[解答]

設問条件は，部材の座屈防止のために補剛材が取り付けられた状況を検討する場合に適用できる。この構造系について，座屈により不安定状態が生じた瞬間を表現できるモデルを考える。図 (b) に示すように，両支点および弾性バネによる支持点はピン，部材はピンを介して連結される剛体とする 3 ヒンジ構造としてモデル化する。座屈が生じた瞬間の，両端の回転角を α，両端の水平方向変位を Δ，ばねの変位を δ とすれば，δ と Δ との関係は図 (c) より，次式で表わすことができる。

$$\Delta = \dfrac{l}{2} - \dfrac{l}{2}\cos\alpha = \dfrac{l}{2}(1 - \cos\alpha) \approx \dfrac{l}{2}\left(\dfrac{\alpha^2}{2}\right) = \dfrac{l\alpha^2}{4} \quad \text{ⓐ}$$

また，α とバネ変位 δ の関係は次式である。

$$\delta = \dfrac{l}{2}\alpha \quad \therefore \quad \alpha = \dfrac{l}{2}\delta \quad \text{ⓑ}$$

ⓐ ⓑ 両式より

$$\Delta = \dfrac{l\alpha^2}{4} = \dfrac{l}{4}\left(\dfrac{2}{l}\delta\right)^2 = \dfrac{\delta^2}{l} \quad \text{ⓒ}$$

全ポテンシャル・エネルギー Π は

$$\Pi = U + V = \frac{k\delta^2}{2} - P(2\varDelta) = \frac{k\delta^2}{2} - 2P\left(\frac{\delta^2}{l}\right) \quad \text{ⓓ}$$

カスティリアーノの第2定理より，第1変分 $\left(\delta\Pi = \frac{\partial \Pi}{\partial P}\right)$ は0であることから，次の条件式を得る。

$$\delta\Pi = \frac{\partial \Pi}{\partial P} = k\delta - \frac{4P}{l}\delta = 0$$

$$\therefore \ \delta\left(k - \frac{4P}{l}\right) = 0$$

$$\therefore \ \delta = 0 \quad \text{または} \quad P_{cr} = \frac{kl}{4}$$

安定な状態は，第2変分 $\left(\delta^2\Pi = \frac{\partial^2 \Pi}{\partial \delta^2}\right)$ が0以上であることから，次のように座屈荷重が得られる。

$$\delta^2\Pi = \frac{\partial^2 \Pi}{\partial \delta^2} = k - \frac{4P}{l} > 0$$

$$\therefore \ P_{cr} < \frac{l}{4}k$$

となり，この梁の座屈荷重 P_{cr} は次のようになる。

$$P_{cr} = \frac{l}{4}k$$

例題 4-15　例題図 4-15 に示すように，棒に軸方向力が作用して変形する場合について，棒の要素剛性マトリックスを，エネルギー法を利用して求めなさい。ただし，梁は弾性体で曲げ剛性は EI で，弾性バネのバネ定数は k とする（$F = kx$ が成立する）。

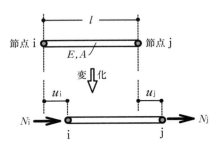

例題図 4-15

解答

梁の歪ポテンシャル・エネルギー式は（4.26）式より

$$U = \frac{1}{2}\int_V \sigma_x \varepsilon_x dv \quad \text{ⓐ}$$

梁の歪と応力度は，それぞれ（b）となるので，これをⓐ式に代入すれば，

$$\varepsilon = \frac{u_j - u_i}{l}, \quad \sigma = \varepsilon E = \frac{(u_j - u_i)}{l}E \quad \text{ⓑ}$$

$$U = \frac{1}{2}\int_V \sigma_x \varepsilon_x dv = \frac{1}{2}\int_V \frac{(u_j - u_i)}{l}E\frac{(u_j - u_i)}{l}dv$$
$$= \frac{E}{2l^2}\int_V (u_j - u_i)^2 dv$$

断面積 A，長さ l より

$$U = \frac{E}{2l^2}\int_V (u_j - u_i)^2 dv = \frac{EAL}{2l^2}(u_j - u_i)^2$$
$$= \frac{EA}{2l}(u_j - u_i)^2 \quad \text{ⓒ}$$

位置ポテンシャル・エネルギー V は

$$V = -N_i u_i - N_j u_j \quad \text{ⓓ}$$

したがって，全ポテンシャル・エネルギー Π は

$$\Pi = \frac{EA}{2l}(u_j - u_i)^2 - N_i u_i - N_j u_j \quad \text{ⓔ}$$

カスティリアーノの第2定理より，釣合い状態においては，第1変分（$\delta\Pi$）は0であることから，次の条件式を得る。

$$\delta\Pi = \frac{\partial \Pi}{\partial u_i} = \frac{EA}{l}(u_j - u_i)(-1) - N_i = 0 \quad \text{ⓕ}$$

$$\delta\Pi = \frac{\partial \Pi}{\partial u_j} = \frac{EA}{l}(u_j - u_i)(1) - N_j = 0 \quad \text{ⓖ}$$

これを整理して，マトリックス表示すれば次式となる。

$$\begin{Bmatrix} N_i \\ N_j \end{Bmatrix} = \frac{EA}{l}\begin{bmatrix} 1 & -1 \\ -1 & 1 \end{bmatrix}\begin{Bmatrix} u_i \\ u_j \end{Bmatrix} \quad \text{ⓗ}$$

したがって，剛性マトリックスは次のようになる。

$$\frac{EA}{l}\begin{bmatrix} 1 & -1 \\ -1 & 1 \end{bmatrix} \quad \text{ⓘ}$$

例題 4-16　例題図 4-16 に示すように，断面の異なる2本の棒で構成される部材の各節点に異なる軸方向力が作用して変形する場合について，部材の要素剛性マトリックスをエネルギー法を利用して求めなさい。ただし，2本の棒は弾性体でヤング係数はそれぞれ E_1 と E_2，断面積はそれぞれ A_1 と A_2 とする。

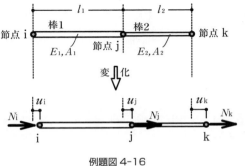

例題図 4-16

4　弾性仕事に関する諸理論　85

【解答】
1) 歪エネルギーの算定

前問で求めたように，各棒の歪エネルギーを算定すると，次のようになる．

 i) 棒1 軸剛性 $E_1 A_1$，長さ l_1
$$U_1 = \frac{E_1 A_1}{2 l_1}(u_j - u_i)^2 \quad \text{ⓒ-1}$$

 ii) 棒2 軸剛性 $E_2 A_2$，長さ l_2
$$U_2 = \frac{E_2 A_2}{2 l_2}(u_k - u_j)^2 \quad \text{ⓒ-2}$$

2) 位置エネルギー（ポテンシャル・エネルギー）V の算定
$$V = -N_i u_i - N_j u_j - N_k u_k \quad \text{ⓓ}$$

3) 全ポテンシャル・エネルギー Π の算定
$$\Pi = \frac{E_1 A_1}{2 l_1}(u_j - u_i)^2 + \frac{E_2 A_2}{2 l_2}(u_k - u_j)^2$$
$$\quad - N_i u_i - N_j u_j - N_k u_k \quad \text{ⓔ}$$

4) カスティリアーノの第2定理より，釣合い状態においては，第1変分（$\delta \Pi$）は0であることから，各変位 $u_i \sim u_k$ について次の条件式を得る．
$$\frac{\partial \Pi}{\partial u_i} = \frac{E_1 A_1}{l_1}(u_j - u_i)(-1) - N_i = 0 \quad \text{ⓕ-1}$$
$$\frac{\partial \Pi}{\partial u_j} = \frac{E_1 A_1}{l_1}(u_j - u_i)(1) + \frac{E_2 A_2}{l_2}(u_k - u_j)(-1) - N_j = 0 \quad \text{ⓕ-2}$$
$$\frac{\partial \Pi}{\partial u_k} = \frac{E_2 A_2}{l_2}(u_k - u_j)(1) - N_k = 0 \quad \text{ⓕ-3}$$

ここで，係数 k_1 と k_2 を次のⓖ式のように定め，ⓕ-1〜ⓕ-3式を整理してマトリックス表示すればⓗ式を得る．
$$\frac{E_1 A_1}{l_1} = k_1 \qquad \frac{E_2 A_2}{l_2} = k_2 \quad \text{ⓖ}$$

$$\begin{Bmatrix} N_i \\ N_j \\ N_k \end{Bmatrix} = \begin{bmatrix} k_1 & -k_1 & 0 \\ -k_1 & k_1 + k_2 & -k_2 \\ 0 & -k_2 & k_2 \end{bmatrix} \begin{Bmatrix} u_i \\ u_j \\ u_k \end{Bmatrix} \quad \text{ⓗ}$$

したがって，剛性マトリックスは次のようになる．

$$\begin{bmatrix} k_1 & -k_1 & 0 \\ -k_1 & k_1 + k_2 & -k_2 \\ 0 & -k_2 & k_2 \end{bmatrix}$$

【例題 4-17】 例題図 4-17（a）に示すような，3部材により構成される不静定トラスの先端1に荷重 P が作用している場合の，各部材の応力と伸び量を，最小エネルギーの原理を利用して求めなさい．ただし，3材は弾性体で，全部材ともにヤング係数 E で断面積 A（= 軸剛性 EA）である．

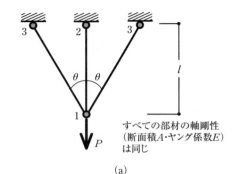

すべての部材の軸剛性（断面積 A・ヤング係数 E）は同じ

(a)

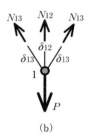

(b)

例題図 4-17

【解答】
ここでは全補ポテンシャル・エネルギー最小原理を利用した解法を行う．解法手順としては，まず，軸力を未知数として力の釣合い条件（平衡条件）を用いて部材力を定式化する．その後，変位の連続条件（適合条件）を適用し，変位を求めるというものである．この解法は応力を未知数として解くもので，いわゆる応力法とよばれるもので，最小仕事の原理を利用する解法も応力法に分類される．なお，たわみ角法や固定モーメント法など回転角や変位などを未知数として解くものは変位法とよばれる．

1) 未知数の決定

図（b）のように，部材1-3と部材1-2の軸力をそれぞれ N_{13}，N_{12} とし，材1-3と材1-2の伸びをそれぞれ δ_{13}，δ_{12} とする．ここでは，未知数として N_{12} を選択して，説明を進める．

2) 力の釣合い条件（平衡条件）の適用

このトラスの節点1での鉛直方向の力の釣合い条件（平衡条件）は，
$$N_{13} \cos\theta + N_{12} + N_{13} \cos\theta = P \quad \text{ⓐ}$$

不静定力を N_{12} とし，N_{13} を N_{12} で定式化すれば，次式となる．
$$N_{13} = \frac{P - N_{12}}{2 \cos\theta} \quad \text{ⓑ}$$

3) 変分原理の適用

トラス材には軸方向力だけが作用するので，各部材の補歪エネルギー U_{12}^*，U_{13}^*（弾性体なので $U = U^*$ であるので，以下では * を省略して表示）は，軸力 N_{12} の関数として，次

式で表わすことができる。

$$U_{12} = \frac{1}{2} \cdot \frac{l_{12}}{AE} N_{12}^2 \qquad ⓒ$$

$$U_{13} = \frac{1}{2AE}\left(\frac{P-N_{12}}{2\cos\theta}\right)^2\left(\frac{l}{\cos\theta}\right) \qquad ⓓ$$

全ポテンシャル・エネルギーΠは，ⓒ＋2×ⓓで算定され，次式のようにΠはN_{12}の関数となる。

$$\Pi = \frac{1}{2AE}\left\{(N_{12})^2 l + 2\left(\frac{P-N_{12}}{2\cos\theta}\right)^2\left(\frac{l}{\cos\theta}\right)\right\} \qquad ⓔ$$

最小エネルギー原理より，上式が最小となるN_{12}の値を調べる。

力の釣合い条件（停留条件）より，上式は次式を満足する必要がある。

$$\frac{\partial \Pi}{\partial N_{12}} = 0$$

$$\therefore \quad \frac{\partial \Pi}{\partial N_{12}} = \frac{1}{2AE}\left\{2lN_{12} - l\left(\frac{P-N_{12}}{\cos^3\theta}\right)\right\} = 0 \qquad ⓕ$$

これを解けば，次の結果を得る。

$$N_{12} = \frac{P}{1+2\cos^2\theta} \qquad ⓖ$$

この結果を（b）式に代入すれば，N_{13}が算定される。

$$N_{13} = \frac{P - \dfrac{P}{1+2\cos^2\theta}}{2\cos\theta} = \frac{P\cos^2\theta}{1+2\cos^3\theta} \qquad ⓗ$$

部材の伸び量δ_{12}とδ_{13}は，部材の諸係数との関係から，それぞれ次のように求められる。

$$\delta_{12} = \frac{N_{12}l_{12}}{AE} = \frac{l_{12}}{AE}\left(\frac{P}{1+2\cos^3\theta}\right) \qquad ⓘ$$

$$\delta_{13} = \frac{N_{13}l_{13}}{AE} = \frac{l_{12}}{AE}\left(\frac{P}{1+2\cos^3\theta}\right) \qquad ⓙ$$

例題 4-18 例題図 4-18（a）に示すような1層1スパンの1次不静定ラーメンの曲げ応力を，最小エネルギーの原理を利用して求めなさい。ただし，柱材と梁材は弾性体で，柱材・梁材の曲げ剛性はともにEIとする。

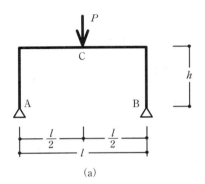

(a)

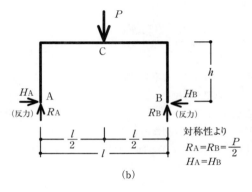

(b)

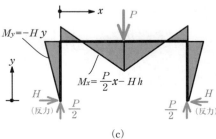

(c)

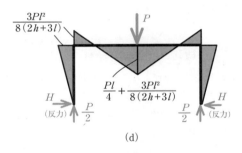

(d)

例題図 4-18

解答

1) 未知数の決定

この骨組は外的（支点反力が余剰）1次不静定フレームであるから，不静定力として水平反力Hを選択する。骨組・荷重位置が対称条件を満足しているので，柱脚の水平反力は$H_A = H_B$（$= H$と仮定）であること，柱の鉛直反力は$R_A = R_B$（$= P/2$）であることは明らかである。また，対称であることから，左側半分について注目して説明を進める。

2) 力の釣合い条件（平衡条件）の適用

左側半分だけに注目し，右側半分については対称条件により求める。

ⅰ) 柱の任意の位置yに生じるモーメントM_yは，次式となる。

$$\sum M_c = -Hy - M_y = 0$$

$$\therefore \quad M_y = -Hy \qquad ⓐ$$

ⅱ) 梁の任意の位置xに生じるモーメントM_xは，次式とな

る．

$$\sum M_G = \frac{Px}{2} - Hh - M_x = 0$$

$$\therefore M_x = \frac{Px}{2} - Hh \quad \text{ⓑ}$$

M図は，対称性を考慮して描けば，図（c）のようになる．

3) 変分原理の適用

柱と梁に生じる曲げモーメントによる，各部材の補歪エネルギー U_C^*, U_G^*（弾性体なので $U^* = U$ となるので，以下では * を省略して表示）は，水平反力 H の関数として，次式で表わすことができる．

柱，梁それぞれの部材の補歪エネルギー U を水平反力 H の関数で表わすと，それぞれ次のようになる．

$$U_C = \frac{1}{2EI}\left(\int_0^h (-Hy)^2 dy\right) = \frac{1}{2EI}\left(\frac{H^2h^3}{3}\right) \quad \text{ⓒ}$$

$$U_G = 2 \times \frac{1}{2EI}\left(\int_0^{\frac{l}{2}} \left(\frac{Px}{2} - Hh\right)^2 dx\right)$$

$$= \frac{2}{2EI}\left(\frac{P^2l^3}{96} - \frac{PHhl^2}{8} + \frac{H^2h^2l}{2}\right) \quad \text{ⓓ}$$

全補ポテンシャル・エネルギー Π（Π^*）は次式のようになり，Π は H の関数となる．

$$\Pi = 2 \times U_C + U_G$$

$$= \frac{2}{2EI}\left(\frac{H^2h^3}{3} + \frac{P^2l^3}{96} - \frac{PHhl^2}{8} + \frac{H^2h^2l}{2}\right) \quad \text{ⓔ}$$

最小エネルギー原理より，上式が最小となる H の値を調べる．

力の釣合い条件（停留条件）より，上式は第 1 変分（$\delta\Pi$）が 0 となる必要がある．

$$\delta\Pi = \frac{\partial\Pi}{\partial H} = 0 \quad \text{ⓕ}$$

$$\therefore \frac{\partial\Pi}{\partial H} = \frac{2}{2EI}\left(\frac{2Hh^3}{3} - \frac{Phl^2}{8} + H^2h^2l\right) = 0 \quad \text{ⓖ}$$

$$\therefore H = \frac{3Pl^2}{8h(2h+3l)} \quad \text{ⓗ}$$

水平力 H が求められたので，部材に生じる曲げモーメントは静的な釣合い条件式から求められる．すなわち H の値を，ⓐ式に代入すれば柱の任意点のモーメントが，ⓑ式に代入すれば梁の任意点のモーメントが算定できる．

柱および梁の接合点のモーメントはⓐ式またはⓑ式より求められる．

$$M_{y柱梁接合点} = -Hy = -\frac{3Pl^2}{8h(2h+3l)}y$$

柱の最大モーメント $M_{y_{max}}$ は，

$$M_{y_{max}} = -\frac{3Pl^2}{8h(2h+3l)}h = -\frac{3Pl^2}{8(2h+3l)}$$

梁中央のモーメントは，

$$M_{\frac{l}{2}} = \frac{Px}{2} - Hh = \frac{P}{2}\left(\frac{l}{2}\right) - \left(\frac{3Pl^2}{8h(2h+3l)}\right)h$$

$$= \frac{Pl}{4} + \frac{3Pl^2}{8h(2h+3l)}$$

となる．

例題 4-19　例題図 4-19（a）に示すような，接合部分がすべてピン接合である 3 層 3 スパンのブレース構造のフレームがある．最上部の各柱位置に鉛直荷重 P が作用し，最下層の柱脚の各ピン支点には鉛直反力 P が生じている場合，このフレームの各節点（合計 12 点）にはそれぞれ鉛直荷重 P が作用していると考えられる．この荷重が各柱の図心位置に作用しているとして，弾性座屈（臨界）荷重 P_{cr} および座屈モードを求めなさい．ただし，すべての部材は弾性体でヤング係数は E，すべてのブレース断面は A であるとする．

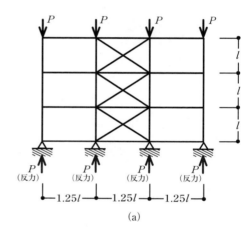

(a)

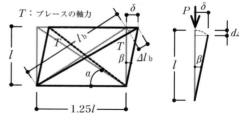

(b) ブレースの軸力と変位　　(c) 柱の傾きと変位

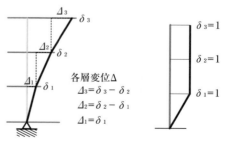

(d) 建物の変位と各層変位　　(e) 座屈モード

例題図 4-19

解答

この問題の解法は，例題 4-14 と同様で，例題 4-14 のバネの役割をブレースが担っていると考えればよい．すなわち，座屈により不安定状態が生じた瞬間は，柱は両端ピン支持された剛体で，弾性座屈（臨界）荷重 P_{cr} はブレースの変形に依存するモデルと考える．

1) ブレースの伸びによる歪エネルギーとポテンシャル・エネルギー

図（b）のように，フレーム全体の座屈により不安定状態となり，フレームに水平方向変位 δ が生じた結果として，ブレースが変形する場合を考える．ブレースの長さを l_b，伸び量を Δl_b とし，フレームの横方向変位を δ，柱の傾きにより生じた縦方向変位を $d\Delta$ とすれば，ブレースの伸び量 Δl_b と横方向変位 δ の関係は次のようになる．

$$\Delta l_b = \delta \cos \alpha = \frac{1.25l}{\sqrt{l^2 + (1.25l)^2}} \delta \qquad \text{(a)}$$

ブレース 1 本に作用する軸力 T は次式で表現できる．

$$T = EA\left(\frac{\Delta l_b}{l_b}\right) = EA\left\{\frac{1.25l}{\sqrt{l^2+(1.25l)^2}}\delta\right\}\left\{\frac{1}{\sqrt{l^2+(1.25l)^2}}\right\}$$
$$= \frac{1.25l}{l^2+(1.25l)^2}EA\delta \qquad \text{(b)}$$

ブレースは圧縮にも引張にも効くものとすれば，一組（2本）のブレースの歪エネルギーは次式となる．

$$U = 2\left(\frac{1}{2}T\Delta l_b\right) = \left\{\frac{1.25l}{l^2+(1.25l)^2}EA\delta\right\}\left\{\frac{1.25l}{\sqrt{l^2+(1.25l)^2}}\delta\right\}$$
$$= 0.38EA\frac{\delta^2}{l} \qquad \text{(c)}$$

2) 各層の柱頂部の変形

図（c）のように，柱の傾きにより生じた縦方向変位 Δl_b と横方向変位 δ の関係は，次式で表現される．

$$d\Delta = l(1-\cos\beta) = l\frac{\beta^2}{2} = \frac{1}{2}\left(\frac{\delta}{l}\right)^2 \qquad \text{(d)}$$

図（d）のように，3～1層での水平方向変位をそれぞれ δ_1，δ_2，δ_3 とすると，各層における鉛直方向変位は次のように表現される．

$$\Delta_3 = \delta_3 - \delta_2 \qquad \text{(e)}$$
$$\Delta_2 = \delta_2 - \delta_1 \qquad \text{(f)}$$
$$\Delta_1 = \delta_1 \qquad \text{(g)}$$

3) 全ポテンシャル・エネルギー

各層の全ポテンシャル・エネルギー $\Pi_3 \sim \Pi_1$ は，ⓒ式により，次のように算定される．

$$\Pi_3 = 0.38EA\left(\frac{\Delta_3^2}{l}\right) - 4P\frac{\Delta_3^2}{2l}$$
$$= 0.38EA\frac{(\delta_3-\delta_2)^2}{l} - 2P\frac{(\delta_3-\delta_2)^2}{l} \qquad \text{(h)}$$

$$\Pi_2 = 0.38EA\left(\frac{\Delta_2^2}{l}\right) - 8P\frac{\Delta_2^2}{2l}$$
$$= 0.38EA\frac{(\delta_2-\delta_1)^2}{l} - 4P\frac{(\delta_2-\delta_1)^2}{l} \qquad \text{(i)}$$

$$\Pi_1 = 0.38EA\left(\frac{\Delta_1^2}{l}\right) - 12P\frac{\Delta_1^2}{2l}$$
$$= 0.38EA\frac{\delta_1^2}{l} - 6P\frac{\delta_1^2}{l} \qquad \text{(j)}$$

したがって，フレーム全体の全ポテンシャル・エネルギーは次のように算定される．

$$\Pi = \Pi_1 + \Pi_2 + \Pi_3$$
$$= \frac{0.38EA}{l}\left\{(\delta_3-\delta_2)^2 + (\delta_2-\delta_1)^2 + \delta_1^2\right\}$$
$$- \frac{P}{l}\left\{2(\delta_3-\delta_2)^2 + 4(\delta_2-\delta_1)^2 + 6\delta_1^2\right\} \qquad \text{(k)}$$

3) 釣合い条件（平衡条件）

カスティリアーノの第 2 定理より，第 1 変分 $\left(\delta\Pi = \dfrac{\partial\Pi}{\partial\delta}\right)$ は 0 であることから，次の条件式を得る．

$$\frac{\partial\Pi}{\partial\delta_1} = \frac{0.38EA}{l}(-2\delta_2+4\delta_1) - \frac{P}{l}(-8\delta_2+20\delta_1) = 0 \qquad \text{(l)}$$

$$\frac{\partial\Pi}{\partial\delta_2} = \frac{0.38EA}{l}(-2\delta_3+4\delta_1-2\delta_1)$$
$$- \frac{P}{l}(-4\delta_3+12\delta_2-8\delta_1) = 0 \qquad \text{(m)}$$

$$\frac{\partial\Pi}{\partial\delta_3} = \frac{0.38EA}{l}(2\delta_3-2\delta_2) - \frac{P}{l}(-4\delta_3-4\delta_2) = 0 \qquad \text{(n)}$$

上の 3 式をまとめて整理して，マトリックス表示すれば，次式となる．

$$\frac{1}{l}\begin{bmatrix} 1.52EA-20P & -0.76EA+8P & 0 \\ -0.76EA+8P & 1.52EA-12P & -0.76EA+4P \\ 0 & -0.76EA+4P & 0.76EA-4P \end{bmatrix}\begin{Bmatrix} \delta_1 \\ \delta_2 \\ \delta_3 \end{Bmatrix} = \{0\} \qquad \text{(o)}$$

この式が $|\delta| = 0$ 以外の解をもつためには，係数項の行列式が 0 であることが必要であることは数学の教えるところであり，それに従えば次式を得る．

$$\begin{bmatrix} 1.52EA-20P & -0.76EA+8P & 0 \\ -0.76EA+8P & 1.52EA-12P & -0.76EA+4P \\ 0 & -0.76EA+4P & 0.76EA-4P \end{bmatrix}$$
$$= (1.52EA-20P)(1.52EA-12P)(0.76EA-4P)$$
$$- (0.76EA-4P)(-0.76EA+8P)^2$$
$$- (1.52EA-20P)(-0.76EA+4P)^2$$
$$= (0.76EA-4P)(0.76EA-8P)(0.76EA-12P) = 0$$

4 弾性仕事に関する諸理論 89

行列式が0であるためには，上の各項のいずれかが0であればよい。すなわち，P_{cr1}, P_{cr2}, P_{cr3} と名づければ，次のようになる。

$(0.76EA-4P) = 0$ ：$P_{cr1} = 0.190EA$
$(0.76EA-8P) = 0$ ：$P_{cr2} = 0.095EA$
$(0.76EA-12P) = 0$ ：$P_{cr3} = 0.063EA$ ⓟ

このうちの最小値が臨界荷重となるので，臨界荷重は次の値となる。

$P_{cr} = 0.063EA$ $[=P_{cr3}]$ ⓠ

4) フレームの座屈形状

臨界荷重時の座屈形状は，臨界荷重 $P_{cr3} = 0.063EA$ の値をⓞ式に代入すれば，次のようになる。

$$\frac{EA}{l}\begin{bmatrix} 0.26 & -0.256 & 0 \\ -0.256 & 0.764 & -0.508 \\ 0 & -0.508 & 0.508 \end{bmatrix}\begin{Bmatrix} \delta_1 \\ \delta_2 \\ \delta_3 \end{Bmatrix} = \{0\} \quad ⓡ$$

座屈モードは，各層の変位の比として表わされる。ここでは3層の変位を $\delta_3 = 1$ とすることにすれば，2層と1層の変位はⓡ式に代入して求められる。

$$\begin{bmatrix} 0.260 & -0.256 \\ -0.256 & 0.764 \end{bmatrix}\begin{Bmatrix} \delta_1 \\ \delta_2 \end{Bmatrix} + \begin{Bmatrix} 0 \\ -0.508 \end{Bmatrix} = \{0\}$$

これを解けば以下のようになる。

$$\begin{Bmatrix} \delta_1 \\ \delta_2 \end{Bmatrix} = \begin{bmatrix} 0.260 & -0.256 \\ -0.256 & 0.764 \end{bmatrix}^{-1}\begin{Bmatrix} 0 \\ 0.508 \end{Bmatrix}$$

$$= \begin{bmatrix} 5.74 & 1.92 \\ 1.92 & 1.95 \end{bmatrix}\begin{Bmatrix} 0 \\ 0.508 \end{Bmatrix}$$

$$= \begin{Bmatrix} 0.977 \\ 0.992 \end{Bmatrix} \fallingdotseq \begin{Bmatrix} 1 \\ 1 \end{Bmatrix}$$

すなわち，座屈モードは図 (e) のようになる。

〈参考〉 外力仕事によるカスティリアーノの定理の誘導

カスティリアーノの定理について，本文においては，内力仕事＝歪エネルギーの観点から誘導している。一方，当然ではあるが，外力仕事の観点からもカスティリアーノの定理を誘導することができる。ここでは，参考のために，外力仕事の観点からの誘導について説明しておく。

(1) 仕事Wと外力の関係

参考図4-1 (a) に示す例のように，ある系（自由体）に外力 (P_1, P_2, ‥‥, P_n, ‥：反力 P_{R1}, P_{R2} も骨組にとっては外力である）が作用して釣り合っている状態を考える。外力が作用して弾性変形をすれば，外力仕事Wは外力Pの関数fとして次のように表現できる。

$W = f(P_1, P_2, \cdots, P_n, \cdots)$ (参4-1)

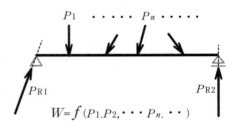

(a) 弾性仕事Wと外力の関係

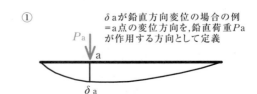

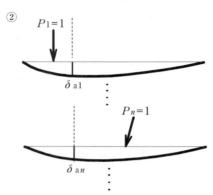

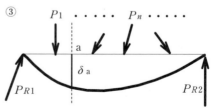

$\delta_a = \delta_{a1} \cdot P_1 + \cdots + \delta_{an} \cdot P_n + \cdots$

(b) 任意点aの変位と外力との関係

参考図4-1

(2) 任意点の変位aと外力との関係

複数の外力が作用して釣合い状態にある系の，任意点の変位と外力との関係について考える。

図 (b) ①は任意点aが鉛直方向に変位 δ_a だけ変位した状態を表わしている。この変位を仕事と関連づけるために，鉛直方向力 P_a の作用方向変位と定義する。力 P_a の作用方向は任意であり，したがって，変位方向を決定することは力の作用方向を決定することであるともいえる。図 (b) ②-1 は，$P_1 = 1$ が作用したときのA点の変位 δ_{a1} を表わしたもので，P_1 が作用したときのA点の変位は $\delta_{a1}P_1$ である。図 (b) ②

-2 は $P_n = 1$ が作用したときの A 点の変位 δ_{an} を表わしたもので，P_n が作用したときの A 点の変位は $\delta_{an} P_n$ である。図③は，外力 $(P_1, P_2, \cdots, P_n, \cdots)$ が作用した場合の A 点の変位 δ_a を表わしたもので，変位 δ_a は次式で表わすことができる。

$$\delta_a = \delta_{a1} P_1 + \delta_{a2} P_2 + \cdots + \delta_{an} P_n + \cdots \qquad (\text{参}4\text{-}2)$$

(3) P_n の微小変化 dP_n による変位 δ_a の微小変化

いま，P_n が微小変化した場合の変化量を dP_n とすれば，a 点の変化割合は（参 4-2）式の δ_a を P_n で偏微分 $\left(\dfrac{\partial \delta_a}{\partial P_n}\right)$ すれば求められ，δ_a の微小変位量は微小変化 dP_n との積で表わせる。これらのことを式で表わせば，次のようになる。

a 点の変化割合：

$$\frac{\partial \delta_a}{\partial P_n} = \frac{\partial}{\partial P_n}(\delta_{a1}P_1 + \delta_{a2}P_2 + \cdots + \delta_{an}P_n + \cdots) = \delta_{an}$$

δ_a の微小変位量：

$$\frac{\partial \delta_a}{\partial P_n} dP_n = \delta_{an} dP_n \qquad (\text{参}4\text{-}3)$$

(4) P_n の微小変化 dP_n による各加力点の変化

微小変化 dP_n が，各力の加力点の変位に及ぼす影響については，前項の任意点 a に代えて各力の加力点を考えれば，同様の議論となることがわかる。すなわち，（参 4-3）式中の a に代えて各力の位置番号とすれば，各力の加力点の変位に及ぼす微小変化 dP_n の影響（＝変化割合と変位量）を表わすことが理解できよう。すなわち，

1 点の変化割合：

$$\frac{\partial \delta_1}{\partial P_n} = \frac{\partial}{\partial P_n}(\delta_{11}P_1 + \delta_{12}P_2 + \cdots + \delta_{1n}P_n + \cdots) = \delta_{1n}$$

したがって，1 点の微小変位量は次式となる。

$$\frac{\partial \delta_1}{\partial P_n} dP_n = \delta_{1n} dP_n$$

各点の微小変位量は，以下同様に，次のように求められる。

$$\frac{\partial \delta_2}{\partial P_n} dP_n = \delta_{2n} dP_n, \cdots \quad , \frac{\partial \delta_n}{\partial P_n} dP_n = \delta_{nn} dP_n, \cdots$$

(5) P_n の微小変化 dP_n による各加力点の仕事 W の変化

仕事の定義より，P_n の微小変化 dP_n による各力による仕事の増分は，各力 $(P_1, P_2, \cdots, P_n, \cdots)$ と各加力点の微小変位量との積で表わすことができ，全体の仕事量はその総和で表わすことができる。すなわち，

$$dW = \frac{\partial W}{\partial P_n} dP_n$$

$$= \sum \frac{\partial w}{\partial P_n} dP_n$$

$$= P_1\left(\frac{\partial \delta_1}{\partial P_n} dP_n\right) + P_2\left(\frac{\partial \delta_2}{\partial P_n} dP_n\right) + \cdots$$

$$+ P_n\left(\frac{\partial \delta_n}{\partial P_n} dP_n\right) + \cdots$$

$$= P_1(\delta_{1n} dP_n) + P_2(\delta_{2n} dP_n) + \cdots$$

$$+ P_n(\delta_{2n} dP_n) + \cdots$$

$$= (P_1\delta_{1n} + P_2\delta_{2n} + \cdots + P_n\delta_{nn} + \cdots)dP_n$$

$$\therefore \frac{\partial W}{\partial P_n} = (P_1\delta_{1n} + P_2\delta_{2n} + \cdots + P_n\delta_{nn} + \cdots)$$

(6) カスティリアーノの第 1 定理

ここで，マクスウェルの定理によれば $\delta_{ij} = \delta_{ji}$ であるので，（参 4-2）式と同様に，上式は次のように表わせる。

$$\frac{\partial W}{\partial P_n} = (P_1\delta_{n1} + P_2\delta_{n2} + \cdots + P_n\delta_{nn} + \cdots) = \delta_n$$

$$(\text{参}4\text{-}4)$$

この式は，「弾性体の任意の一点 n に作用する外力 P_n の作用方向の変位 δ_n は，弾性仕事を外力 P_n について偏微分した値である」ことを示している。これがカスティリアーノの第 1 定理である。

(7) カスティリアーノの第 2 定理

系に作用する力 P_n が，支点において生じる反力のように変位できない力である場合には $\delta_n = 0$ であるので，次の関係を得る。

$$\frac{\partial W}{\partial P_n} = 0 \qquad (\text{参}4\text{-}5)$$

上式は，弾性仕事が力 P_n について極値をもち，以下に証明するように 2 階偏微分値が $\partial^2 W_T / \partial P_n{}^2 > 0$（下に凸）であることから，仕事が最小となることを示している。このことから，上式は「最小仕事の原理」あるいは「カスティリアーノの第 2 定理」とよばれる。

最小仕事の原理の根拠となる 2 階偏微分値が $\partial^2 W_T / \partial P_n{}^2 > 0$ は，次のように証明できる。

本文「4-2 弾性仕事とエネルギー (3) 部材の歪エネルギーの総量」の項では，内力仕事（歪エネルギー）の総量 W_T は次式で表現されることを説明している。

$$W_T = W_N + W_M + W_S$$

$$= \int \frac{N^2}{2EA} dx + \int \frac{M^2}{2EI} dx + \int \frac{\alpha Q^2}{2GA} dx \quad (\text{参}4\text{-}6)$$

ここに，

W_T：内力仕事の総量

W_N：軸方向力による内力仕事

W_M：曲げモーメントによる内力仕事

W_S：せん断力による内力仕事

いま，外力 $P_1 = 1$ により生じる応力（軸方向力，曲げモーメント，せん断力）をそれぞれ N_1, M_1, Q_1 と定義し，以下同様に定義すれば，外力 $P_n = 1$ により生じる応力はそれぞれ N_n, M_n, Q_n と定義される。複数の外力 $(P_1, P_2, \cdots P_n, \cdots)$ によって生じる N, M, Q は，各外力の 1 次関数とし

て次のように表現できる。

$$N = N_1 P_1 + N_2 P_2 + \cdots + N_n P_n + \cdots$$
$$M = M_1 P_1 + M_2 P_2 + \cdots + M_n P_n + \cdots$$
$$Q = Q_1 P_1 + Q_2 P_2 + \cdots + Q_n P_n + \cdots$$

したがって，それぞれの応力を P_n について偏微分すれば，次式となる。

$$\frac{\partial N}{\partial P_n} = N_n, \quad \frac{\partial M}{\partial P_n} = M_n, \quad \frac{\partial Q}{\partial P_n} = Q_n$$

（参 4-6）式に戻って，W を P_n で偏微分すれば，上の関係から，次の結果を得る（ただし，EA, EI, GA は一定とする）。

$$\frac{\partial W_T}{\partial P_n} = \frac{\partial W_N}{\partial P_n} + \frac{\partial W_M}{\partial P_n} + \frac{\partial W_S}{\partial P_n}$$
$$= \int \frac{N}{EA}\left(\frac{\partial N}{\partial P_n}\right)dx + \int \frac{M}{EI}\left(\frac{\partial M}{\partial P_n}\right)dx + \int \frac{\alpha Q}{GA}\left(\frac{\partial Q}{\partial P_n}\right)dx$$
$$= \int \frac{N N_n}{EA}dx + \int \frac{M M_n}{EI}dx + \int \frac{\alpha Q Q_n}{GA}dx$$

（参 4-7）

さらに，P_n についての 2 階偏微分を求めれば次のようになる。

$$\frac{\partial^2 W_T}{\partial P_n^{\,2}} = \int \frac{N_n}{EA}\left(\frac{\partial N}{\partial P_n}\right)dx + \int \frac{M_n}{EI}\left(\frac{\partial M}{\partial P_n}\right)dx + \int \frac{\alpha Q_n}{GA}\left(\frac{\partial Q}{\partial P_n}\right)dx$$
$$= \int \frac{N_n^{\,2}}{EA}dx + \int \frac{M_n^{\,2}}{EI}dx + \int \frac{\alpha Q_n^{\,2}}{GA}dx$$

（参 4-8）

上式中の変数は 2 乗式であるので，（参 4-8）式はつねに正である。すなわち，

$$\frac{\partial^2 W_T}{\partial P_n^{\,2}} > 0$$

これにより，W_T は $\partial W/\partial P_n > 0$ なる条件において極値をもつ下に凸の関数であり，$\partial W/\partial P_n = 0$ の場合が最小となることが証明される。

5 仮想仕事法による静定骨組の変形

　仮想仕事法により変形を求める方法とは，釣合い状態にある系（仕事をし終わって，荷重と変位・変形が保持された状態にある系）に，仮想の荷重（virtual force）または仮想の変位・変形（virtual displacement または deformation）を生じさせることにより仮想の仕事（virtual work）を行わせ，外力による仮想外力仕事と内部応力による仮想内力仕事が等しいという原理を利用して，注目する点の変位・変形を求める方法である。

　部材の変位・変形を求める方法には，微分方程式を用いて弾性曲線式により求める方法（本書1章），モールの定理（本書2章），エネルギー原理にもとづく弾性仕事に注目して求める方法（エネルギー法：本書4章）があることは，他章で説明しているが，仮想仕事による方法の特徴は，注目点の変位・変形を直接求めることができる点にある。

5-1 仮想仕事の原理

(1) 外力がなす仮想仕事（仮想外力仕事）

　物体の質点に複数の外力（external load）が作用して，力が釣合い状態にある場合を考える。図5-1 (a) には3つの力（$F_1 \sim F_3$）が作用している場合の例が示してある。複数の外力は釣り合っているのでその合力は0，合力が0なので質点の位置は変化しない（移動しない）。この状態において，この質点を任意の方向にδ_r移動させた（＝仮想変位を生じさせた）としても，合力が0（＝力がないのと同じ）なので，この質点に作用する外力が仮想になす仮想外力仕事（$\overline{W}_\text{ext}$：‾表記は仮想を意味する。ext: external）は0である。すなわち，「力が釣合い状態にある系においては，任意の方向に仮想変位を与えても，その仮想仕事は0である」ことは明らかで，このことを「仮想仕事の原理（principle of virtual work）」という。

　また，図 (b) のように質点に釣合いのとれていない外力（$P_1 \sim P_3$：その合力はR）が作用しても，質点が移動できないように拘束された状態（$\delta_r = 0$）

であれば，仕事の原理より，その仕事は0である。すなわち，質点に釣合いのとれていない「仮想外力が作用しても，質点が移動できない状態にあれば，その仮想仕事は0である」ことも明らかである。

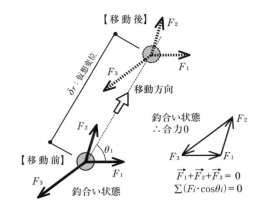

(a) 仮想変位と仮想仕事

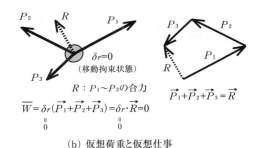

(b) 仮想荷重と仮想仕事

図5-1　質点の仮想仕事

例題5-1　例題図5-1 (a) のように単純梁に集中荷重Pが作用する場合に，支点Bに生じる反力R_Bを仮想仕事を用いて求めなさい。

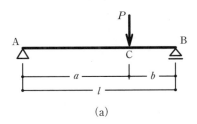

(a)

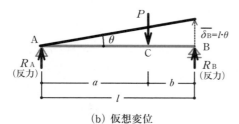

(b) 仮想変位

例題図 5-1

解答

図 (b) のように B 点に微小な仮想変位 $\overline{\delta}_B$ を与えれば（B 点の拘束を取り除き，代わりに反力 R_B を与えたと考えることもできる），部材は支点 A を回転中心として微小な回転角 θ が生じることになる。この状態について，仮想変位による仮想仕事を考えれば，次のようになる。

- B 点　仮想変位：$\overline{\delta}_B = l\theta$
  　　　仮想仕事：$R_B l\theta$
- C 点　仮想変位：$\overline{\delta}_C = a\theta$
  　　　仮想仕事：$-Pa\theta$

仮想仕事の原理より，次の関係が成立する。

$$-Pa\theta + R_B l\theta = 0$$

$$\therefore\ R_B = \frac{Pa}{l}$$

例題 5-2　例題図 5-2 (a) のようなトラスの節点 C に荷重 P が作用するとき，トラス材④に生じる軸方向力 N（＝トラス材④の両端の節点に生じる力）を，仮想仕事を用いて求めなさい。

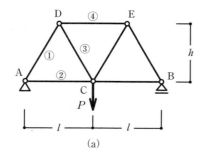

(a)

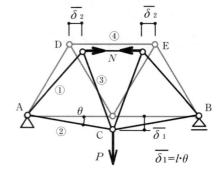

(b) 仮想変位

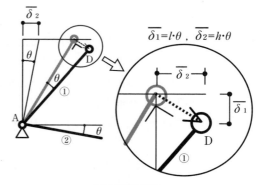

(c) 変形の詳細

例題図 5-2

解答

図 (b) のように節点 C の下方向の微小な仮想変位 $\overline{\delta}_1$ を与えれば，支点 A と B を回転中心とした微小な回転角 θ が生じ，これにより各節点には回転角 θ 対応する仮想変位が生じる。図 (c) に示すようにトラス部材①と②の回転角はともに θ であり，トラス材④の両節点の鉛直方向変位は $\overline{\delta}_1$，水平方向仮想変位量 $\overline{\delta}_2$ は次式で表わされる。

$$\overline{\delta}_1 = l\theta\ ,\quad \overline{\delta}_2 = h\theta$$

図からわかるように，トラス部材④は圧縮応力（力）を受け，部材の変形量は $2\overline{\delta}_2 = 2h\theta$ である。

仮想仕事式は，各節点に作用する力に関する仮想仕事の総和を 0 とした次式となり，これより軸方向力 N の大きさがわかる。

$$\sum(P_i \overline{\delta}_i) = 0 :$$
$$P\overline{\delta}_1 + N\overline{\delta}_2 + (-N)(-\overline{\delta}_2) = 0$$
$$\therefore\ N = -\frac{P\overline{\delta}_1}{2\overline{\delta}_2} = -\frac{Pl\theta}{2h\theta} = -\frac{Pl}{2h}$$

例題 5-3 例題図5-3 (a) のような方杖を有する骨組（合成骨組：ラーメン系とトラス系が併用された骨組）の頂部の節点Cに水平力Pが作用するとき，方杖に生じる軸方向力N（＝方杖の両端の節点に生じる力）を仮想仕事を用いて求めなさい。

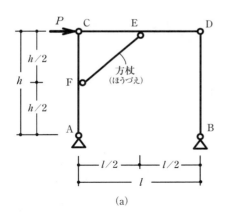

(a)

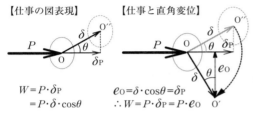

(b) 直角変位による仕事の表現

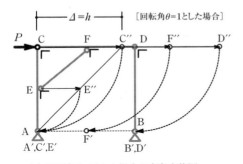

(c) 回転角$\theta=1$とした場合の直角変位図

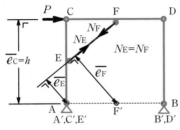

$P \cdot \overline{e_C}(=h) + N \cdot \overline{e_E} - N \cdot \overline{e_F} = 0$

$\therefore N = \dfrac{(\overline{e_F} - \overline{e_E})}{h} P$

(d) 直角変位を仮想変位とした仮想仕事

例題図 5-3

(解答)
　仮想仕事の原理を応用するうえでは，対象とする力の作用方向の仮想変位を考えることが必要である。例題5-2では，ある点の仮想変位を決定すると，他点の仮想変位が比較的簡単に同定できた。しかし，複雑な骨組では，各点の仮想変位間の関係を明らかにすることが難しいことが多い。このような場合，直角変位図を利用することにより，作用する力による仮想仕事を幾何学的に同定する手法が有効な場合も多い。

　まず，仕事と直角変位図の関係を調べておく。図 (b) の左図は質点OがO''点に変位した場合の仕事の定義（$W = P\delta_P = P\delta\cos\theta$）を図示したものである。同図の右図は直角変位図（直角変位図の描き方については，本書「3 直角変位図」で詳しく説明しているので，参照されたい）で，変位点O''（変位量δ）の直角変位O'を描いたものである。この図から，直角変位点O'から力の作用線に対し下ろした垂線の長さe_0は，力Pの作用方向の距離δ_Pと等しいことがわかる。すなわち，力Pを受けてδ方向に移動した（作用線方向にはδ_P）場合の仕事は，変位δの直角変位点から力Pの作用線に下ろした垂線の長さe_0と力Pの積となる。幾何学的な関係を数値的に求めることもできるが，実際には，精確に直角変位図を描いて，その長さを測れば，アナログ的に求めることができる。

　さて，本題に戻って，図 (c) は合成骨組について，水平力Pにより回転角$\theta=1$の回転が生じた場合（＝節点Cが加力方向に距離h移動した）の直角変位図である。図 (d) は，方杖の両端の各節点に作用する力（応力）N_EとN_Fに対しそれぞれの直角変位点（E', F'）から垂線を下ろし，その長さ（e_E, e_F）を同定した図である。また，C点の直角変位点からの垂線の長さは$e_C = h$である。

　ここで，直角変位図の変位を仮想変位とすれば，仮想仕事の原理より次式が成立する。

$$\sum(P_i \overline{e_i}) = 0 :$$
$$P\overline{e_C}(=h) + N_E \overline{e_E} - N_F \overline{e_F} = 0$$
$$\therefore N = \dfrac{(\overline{e_F} - \overline{e_E})}{h} P$$

(2) 応力がなす仮想仕事（仮想内力仕事）

　図5-2 (a) のような$x \sim y \sim z$座標系（$x \sim y$面が本書での2次元座標と同じとなるように軸方向を定義，一般的な3次元座標系の軸配置とは異なる）にある物体の微小要素（dx, dy, dz）に生じる応力 [$\sigma_x, \sigma_y, \sigma_z, \tau_{xy}(=\tau_{yx}:$共役関係), $\tau_{yz}(=\tau_{zy})$, $\tau_{zx}(=\tau_{xz})$] は，この微小要素に作用する外力と考えることができる。

構造物に外力が作用して釣合い状態にある場合，構造物を構成する微小要素に生じる応力も釣合い状態にあると考えることができる。釣合い状態にあるということは，各応力とそれに対応して生じた変形ともに保持された状態にあり，微小要素に生じた各応力とそれに対応して生じた変形による仕事（以下「実仕事」とよぶ）をし終わった状態にあるといえる。

釣合い状態にある（仕事をし終わって，その状態が保持された）応力あるいは変位に対し，微小の仮想の変位あるいは仮想の応力を作用させて，仮想の仕事をさせることを考えてみる。

まず，仮想変位を生じさせて，応力と仮想変位とによる仮想仕事について考える。ここで，この微小要素の各方向の仮想変位による垂直歪度を $\overline{\varepsilon_x}$, $\overline{\varepsilon_y}$, $\overline{\varepsilon_z}$，せん断歪度を $\overline{\gamma_{xy}}$ ($=\overline{\gamma_{yx}}$), $\overline{\gamma_{yz}}$ ($=\overline{\gamma_{zy}}$), $\overline{\gamma_{zx}}$ ($=\overline{\gamma_{xz}}$) と名づけ，各方向の応力による仮想仕事について考える。

1) x 方向の仮想仕事

図 (b) のような状態における，x 方向の垂直応力度 σ_x と仮想変位 $\overline{\delta_x}$ による仮想仕事を考える。

x 方向垂直応力は，
$$\Sigma \sigma_x = \sigma_x dA = \sigma_x(dydz)$$

x 方向仮想変位は，
$$\overline{\delta_x} = \overline{\varepsilon_x} dx$$

したがって，垂直応力による仮想仕事 $d\overline{w_x}$ は，次式となる。
$$d\overline{w_x} = \sigma_x dA \overline{\delta_x} = \sigma_x(dydz)\overline{\varepsilon_x}dx$$
$$= \sigma_x \overline{\varepsilon_x}(dxdydz) \qquad ①$$

次に，図 (c) のような状態における，x 方向のせん断応力度 τ_{yx} と仮想変位 $\overline{\delta_x}$ による仮想仕事を考える。

x 方向せん断応力は，
$$\Sigma \tau_{yx} = \tau_{yx}dA = \tau_{yx}(dxdz)$$

x 方向仮想変位は，
$$\overline{\delta_x} = \overline{\gamma_{yx}}dy$$

したがって，せん断応力による仮想仕事 $d\overline{w_x}$ は，次式となる。
$$d\overline{w_x} = \tau_{yx}dA\overline{\delta_x} = \tau_{yx}(dxdz)\overline{\gamma_{yx}}dy$$
$$= \tau_{yx}\overline{\gamma_{yx}}(dxdydz) \qquad ②$$

x 方向の仮想仕事 $d\overline{W_x}$ は①＋②であるので，まとめれば次式となる。

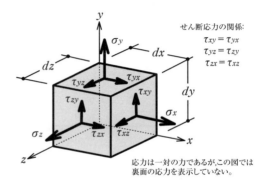

せん断応力の関係：
$\tau_{xy} = \tau_{yx}$
$\tau_{yz} = \tau_{zy}$
$\tau_{zx} = \tau_{xz}$

応力は一対の力であるが，この図では裏面の応力を表示していない。

(a) 微小要素に生じる応力

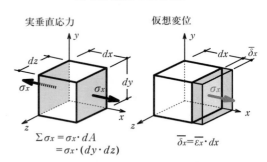

◎ 垂直応力 σ_x による x 方向の仮想仕事
$$d\overline{w_x} = \sigma_x \cdot dA \cdot \overline{\delta_x} = \sigma_x \cdot (dy \cdot dz) \cdot \overline{\varepsilon_x} \cdot dx$$
$$= \sigma_x \cdot \overline{\varepsilon_x} \cdot (dx \cdot dy \cdot dz)$$

(b) 垂直応力による仮想仕事の例（x 方向）

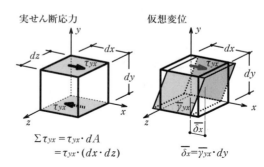

◎ せん断応力 τ_{yx} による x 方向の仮想仕事
$$d\overline{w_x} = \tau_{yx} \cdot dA \cdot \overline{\delta_x} = \tau_{yx} \cdot (dx \cdot dz) \cdot \overline{\gamma_{yx}} \cdot dy$$
$$= \tau_{yx} \cdot \overline{\gamma_{yx}} \cdot (dx \cdot dy \cdot dz)$$

(c) せん断応力による仮想仕事の例（x 方向）

図 5-2 応力による仮想仕事の例

$$d\overline{W_x} = ① + ②$$
$$= \sigma_x \overline{\varepsilon_x}(dxdydz) + \tau_{yx}\overline{\gamma_{yx}}(dxdydz)$$
$$= (\sigma_x \overline{\varepsilon_x} + \tau_{yx}\overline{\gamma_{yx}})(dxdydz)$$
(5.1)

2) y 方向の仮想仕事

y 方向の応力については，x 方向の場合と同様に考え，垂直応力度を σ_y，せん断応力度を τ_{xy}，仮想

の垂直歪度を $\overline{\varepsilon_y}$、せん断歪度を $\overline{\gamma_{xy}}$ とすればよい。結果として、(5.1) 式の添え字を変えた形式の次式となる。

$$d\overline{W_y} = \sigma_y\overline{\varepsilon_y}(dxdydz) + \tau_{xy}\overline{\gamma_{xy}}(dxdydz)$$
$$= (\sigma_y\overline{\varepsilon_y} + \tau_{xy}\overline{\gamma_{xy}})(dxdydz)$$
(5.2)

3) z 方向の仮想仕事

z 方向の応力についても同様で、σ_z、τ_{yz}、$\overline{\varepsilon_z}$、$\overline{\gamma_{yz}}$ とおけば、次式となる。

$$d\overline{W_z} = (\sigma_z\overline{\varepsilon_z} + \tau_{yz}\overline{\gamma_{yz}})(dxdydz)$$
(5.3)

4) 微小要素の仮想変位による仮想仕事

微小要素に作用する応力と仮想変位による仮想仕事は、x 方向・y 方向・z 方向の仮想仕事の総計であり、内力仕事なので、これを $d\overline{W_{\text{int}}}$（int：internal）と名づければ、次式となる。

$$d\overline{W_{\text{int}}} = (5.1)式 + (5.2)式 + (5.3)式$$
$$= (\sigma_x\overline{\varepsilon_x} + \tau_{yx}\overline{\gamma_{yx}} + \sigma_y\overline{\varepsilon_y} + \tau_{xy}\overline{\gamma_{xy}}$$
$$+ \sigma_z\overline{\varepsilon_z} + \tau_{xz}\overline{\gamma_{xz}})(dxdydz)$$
$$= (\sigma_x\overline{\varepsilon_x} + \sigma_y\overline{\varepsilon_y} + \sigma_z\overline{\varepsilon_z} + \tau_{yx}\overline{\gamma_{yx}}$$
$$+ \tau_{xy}\overline{\gamma_{xy}} + \tau_{xz}\overline{\gamma_{xz}})(dxdydz)$$
(5.4)

5) 微小要素の仮想応力による仮想仕事（補仮想仕事）

(5.4) 式は、実の応力に仮想変位を生じさせた場合の仮想仕事の式であるが、逆に、実の変位に仮想応力を作用させた場合の仮想仕事について考えてみる。まず、微小要素の各方向の仮想応力〔（垂直応力度を $\overline{\sigma_x}$、$\overline{\sigma_y}$、$\overline{\sigma_z}$ と、せん断応力度を $\overline{\tau_{xy}}$ $(=\overline{\tau_{yx}})$、$\overline{\tau_{yz}}(=\overline{\tau_{zy}})$、$\overline{\tau_{zx}}(=\overline{\tau_{xz}})$ と名づける〕による仮想仕事について考えてみる。検討手順は仮想変位による場合と同じであり、得られる結果は (5.4) 式中の「応力度と<u>仮想歪度</u>」が「<u>仮想応力度と歪度</u>」に変化した次式となる。

$$d\overline{W_{\text{int}}} = (\overline{\sigma_x}\varepsilon_x + \overline{\sigma_y}\varepsilon_y + \overline{\sigma_z}\varepsilon_z + \overline{\tau_{yx}}\gamma_{yx}$$
$$+ \overline{\tau_{xy}}\gamma_{xy} + \overline{\tau_{xz}}\gamma_{xz})(dxdydz)$$
(5.5)

「仮想変位による仮想仕事（式 (5.4)）」と「仮想応力（荷重）による仮想仕事（式 (5.5)）」とを区別するために、仮想荷重による仮想仕事のことを「補仮想仕事」とよぶ。しかしながら、次項以降で説明するように、骨組に仮想仕事の原理を適用した場合、両者の仮想仕事式は結果として同じ表現となるので、仮想変位と仮想荷重の区別をしないで、両者ともに単に仮想仕事とよぶことが多い。

5-2 骨組の仮想仕事
(1) 骨組の仮想外力仕事
(a) 力による仕事

図 5-3 (a) のように骨組（梁）に複数の外力が作用し、骨組の内部に発生する応力と歪により骨組が図 (b) のように変形（δ は各力の作用する方向の変位）して、釣合い状態（力と変形・変位が保持された状態）にある場合について考える。

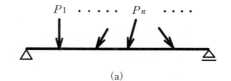

(a)

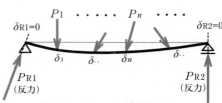

(b) 力が釣合った状態(実仕事)

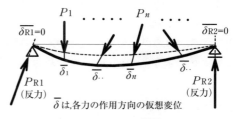

仮想変位による仮想仕事：$\overline{W_{\text{ext}}} = \Sigma(P_n \cdot \overline{\delta_n})$

(c) 仮想変位による仮想仕事

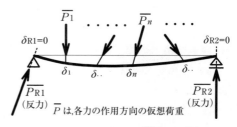

仮想荷重による仮想仕事：$\overline{W_{\text{ext}}} = \Sigma(\overline{P_n} \cdot \delta_n)$

(d) 仮想荷重による仮想仕事

図 5-3 仮想外力仕事

この状態について，力 P_n（すでに保持されている力）に対し仮想変位 $\overline{\delta_n}$ を生じさせた場合の仮想仕事は $P_n\overline{\delta_n}$ である。図（c）のように，この系に作用している外力のすべてについて，仮想変位を生じさせた場合の仮想仕事（仮想外力仕事）の総量 $\overline{W_{\text{ext}}}$ は次式で表わされる。

$$\overline{W_{\text{ext}}} = \Sigma\,(P_n\overline{\delta_n}) \qquad (5.6)$$

逆に，仮想の外力（仮想荷重）$\overline{P_n}$ を作用させ，力 P_n の作用している点の変位 δ_n（すでに保持されている変位）との仕事をさせた場合の仮想仕事（補仮想仕事）は $\overline{P_n}\delta_n$ である。図（d）のように，この系のすべての仮想外力の作用点の変位に対して，仮想荷重を作用させた場合の仮想外力仕事（補仮想外力仕事）の総量 $\overline{W_{\text{ext}}}$ は次式で表わされる。

$$\overline{W_{\text{ext}}} = \Sigma\,(\overline{P_n}\delta_n) \qquad (5.7)$$

上式は，理論上，仮想外力が複数作用した場合に成立することを表わしているが，複数の外力が作用した場合にそれぞれの力に対応した変位を求めることは繁雑できわめて困難である。したがって，実用的には，注目点（変位を知りたい点）n の知りたい方向の変位を求めるために，注目点の注目変位方向に単独（1つ）の仮想外力 $\overline{P_n}$ を，$\overline{P_n}=1$ として作用させた場合の仮想外力仕事（補仮想仕事）を考えることにする。そうすれば，次式のように注目点の変位 δ_n を同定できることになる。

$$\overline{W_{\text{ext}}} = \Sigma\,(\overline{P_n}\delta_n)=(\overline{1}\cdot\delta_n)=\delta_n$$

このように，仮想単位荷重（$\overline{P_n}=1$）を作用させて注目変位を同定する手法は，「単位荷重法」とよばれる。

(b) モーメントによる仕事

図5-4には，モーメント荷重 M_n による仕事と外力 P_n による仕事の関係が示してある。同図のように，力 P_n が作用して変位 δ_n が生じた場合の仕事 $P_n\delta_n$ と，モーメント M_n が作用して生じた回転角 θ_n の積は同値であるので，モーメント荷重とその回転角の積は仕事を表わすといえる。したがって，(5.6) 式と (5.7) 式中の P_n と δ_n を，それぞれ M_n と θ_n とで置き換えれば，次のようなモーメント荷重による仮想外部仕事式が得られる。

$$\overline{W_{\text{ext}}} = \Sigma\,(M_n\overline{\theta_n}) \qquad (5.8)$$

$$\overline{W_{\text{ext}}} = \Sigma\,(\overline{M_n}\,\theta_n) \qquad (5.9)$$

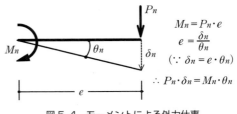

図5-4　モーメントによる外力仕事

上式は，理論上，仮想モーメント荷重が複数作用した場合に成立することを表わしている。仮想外力の項で説明したように，実用的には，注目点（たわみ角を知りたい点）n に単独（1つ）の仮想モーメント $\overline{M_n}$ を，$\overline{M_n}=1$ として作用させた場合の仮想仕事を考えれば，次式のように注目点のたわみ角 θ_n を同定できることになる。

$$\overline{W_{\text{ext}}} = \Sigma\,(\overline{M_n}\,\theta_n)=(\overline{1}\cdot\theta_n)=\theta_n$$

(2) 骨組の仮想内力仕事

微小要素の仮想歪あるいは仮想応力による仮想仕事は，(5.4) 式あるいは (5.5) 式として表わされることを説明した。骨組（構造物）全体は微小要素が累積したものと考えれば，骨組全体の仮想内力仕事の量（大きさ）$\overline{W_{\text{int}}}$ は微小部分の仮想内力仕事が累積したものと考えることができる。すなわち，骨組全体の仮想内力仕事 $\overline{W_{\text{int}}}$ は，微小要素の仮想内力仕事式（(5.4) 式あるいは (5.5) 式）を骨組全体について積分する形の次式で表現できる。

1) 仮想変位による仮想内力仕事

$$\begin{aligned}\overline{W_{\text{int}}} &= \int d\overline{W_{\text{int}}}\\ &= \iiint (\sigma_x\overline{\varepsilon_x}+\sigma_y\overline{\varepsilon_y}+\sigma_z\overline{\varepsilon_z}+\tau_{xy}\overline{\gamma_{xy}}\\ &\quad +\tau_{xy}\overline{\gamma_{xy}})(dxdydz)\end{aligned}$$

$$(5.10)$$

2) 仮想荷重による仮想内力仕事（補仮想内力仕事）

$$\begin{aligned}\overline{W_{\text{int}}} &= \int d\overline{W_{\text{int}}}\\ &= \iiint (\overline{\sigma_x}\varepsilon_x+\overline{\sigma_y}\varepsilon_y+\overline{\sigma_z}\varepsilon_z+\overline{\tau_{xy}}\gamma_{xy}\\ &\quad +\overline{\tau_{yx}}\gamma_{yx}+\overline{\tau_{yz}}\gamma_{yz})(dxdydz)\end{aligned}$$

$$(5.11)$$

(3) 仮想外力仕事と仮想内力仕事の関係

エネルギー保存の法則によれば，外力仕事と内力仕事は等しくなければならない。骨組に外力が作用した場合，骨組の構成部材には外力に対応して力の釣合い式を満足する応力と歪が発生するが，外力仕

事と内力仕事は等しいことになる。

この法則に従えば，仮想変位による仮想外力仕事 $\overline{W_{\text{ext}}}$（式（5.6））と，外部の仮想変位に対応して生じる仮想歪による仮想内力仕事（$\overline{W_{\text{int}}}$）（（5.8）式））とは等しく，次式が成立することになる。

$$\overline{W_{\text{ext}}} = \overline{W_{\text{int}}} \quad \text{または} \quad \overline{W_{\text{ext}}} + (-\overline{W_{\text{int}}}) = 0 \tag{5.12}$$

すなわち，（5.6）式と（5.10）式の間には次の関係が成立する。

$$\sum (P_n \overline{\delta_n})$$
$$= \iiint (\sigma_x \overline{\varepsilon_x} + \sigma_y \overline{\varepsilon_y} + \sigma_z \overline{\varepsilon_z}$$
$$+ \tau_{xy} \overline{\gamma_{xy}} + \tau_{yx} \overline{\gamma_{yx}} + \tau_{yz} \overline{\gamma_{yz}})(dxdydz) \tag{5.13}$$

また，仮想外力による仮想外力仕事の場合であっても（5.12）式は成立しなければならないので，仮想外力による仮想外力仕事（補仮想外力仕事）の場合には，（5.7）式と（5.11）式の間には次式が成立する。

$$\Sigma (P_n \overline{\delta_n})$$
$$= \iiint (\overline{\sigma_x} \varepsilon_x + \overline{\sigma_y} \varepsilon_y + \overline{\sigma_z} \varepsilon_z$$
$$+ \overline{\tau_{xy}} \gamma_{xy} + \overline{\tau_{yx}} \gamma_{yx} + \overline{\tau_{yz}} \gamma_{yz})(dxdydz) \tag{5.14}$$

5-3 各種の応力に対応する仮想仕事式

前項の（5.13）式と（5.14）式は，仮想仕事に関する外力・応力・歪の関係を表わした理論式であり，部材に発生する各応力（軸方向力，曲げモーメント，せん断力）に対して，具体的に適応できる形の仮想仕事式とはなっていない。ここでは，具体的に，骨組に発生する各応力についての仮想仕事式について説明する。

（1） 軸方向力に対応する仮想仕事式

図5-5（a）のような軸方向力 N を受ける部材（E, A）の応力度 σ と歪度 ε の関係は，次式のように表わされる。

$$\sigma = \frac{N}{A}, \quad \sigma = E\varepsilon, \quad \varepsilon = \frac{\Delta l}{l}, \quad \varepsilon = \frac{N}{EA}$$

この部材が，図（b）のような仮想の軸方向力 $\overline{N}$ を受ける場合，仮想の応力度 $\overline{\sigma}$ と仮想の歪度 $\overline{\varepsilon}$ の関係は，次式のように表わされる。

$$\overline{\sigma} = \frac{\overline{N}}{A}, \quad \overline{\sigma} = E\overline{\varepsilon}, \quad \overline{\varepsilon} = \frac{\Delta l}{l}, \quad \overline{\varepsilon} = \frac{\overline{N}}{EA}$$

1）仮想変位による仮想仕事

ここで，図5-6（a）のように仮想歪による仮想内力仕事を考えれば，(5.10)式より次の関係を得る。

$$\overline{W_{\text{int}}} = \int d\overline{W_{\text{int}}}$$
$$= \iiint (\sigma_x \overline{\varepsilon_x} + \sigma_y \overline{\varepsilon_y} + \sigma_z \overline{\varepsilon_z} + \tau_{yx} \overline{\gamma_{yx}}$$
$$+ \tau_{yx} \overline{\gamma_{yx}} + \tau_{yz} \overline{\gamma_{yz}})(dxdydz)$$
$$= \iiint (\sigma_x \overline{\varepsilon_x}) dxdydz$$

断面積は，図5-2（b）で示したように，$A = \iint dydz$ で表わされることを考慮すれば，上式は次のように展開できる。

$$\overline{W_{\text{int}}} = \int d\overline{W_{\text{int}}}$$
$$= \iiint (\sigma_x \overline{\varepsilon_x}) dxdydz$$
$$= \iint dydz \int (\sigma_x \overline{\varepsilon_x}) dx$$
$$= A \int \left(\frac{N}{A} \cdot \frac{\overline{N}}{EA} \right) dx = \int \left(\frac{N\overline{N}}{EA} \right) dx = \frac{N\overline{N}}{EA} l \tag{5.15}$$

2）仮想荷重による仮想仕事（補仮想仕事）

同様に，図5-6（b）のように仮想荷重による仮想内力仕事を考えれば，(5.11)式より次の関係が得られ，これは（5.15）式と同じとなる。

$$\overline{W_{\text{int}}} = \int d\overline{W_{\text{int}}}$$
$$= \iiint (\overline{\sigma_x} \varepsilon_x) dxdydz$$
$$= A \int \left(\frac{\overline{N}}{A} \cdot \frac{N}{EA} \right) dx = \int \left(\frac{\overline{N}N}{EA} \right) dx$$
$$= \frac{N\overline{N}}{EA} l$$

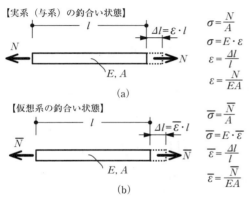

図5-5 軸方向力を受ける部材の応力と歪

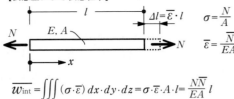

$$\overline{w}_{int} = \iiint (\sigma \cdot \overline{\varepsilon}) dx \cdot dy \cdot dz = \sigma \cdot \overline{\varepsilon} \cdot A \cdot l = \frac{N\overline{N}}{EA} l$$

(a)

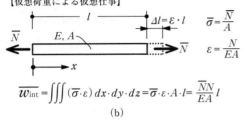

$$\overline{w}_{int} = \iiint (\overline{\sigma} \cdot \varepsilon) dx \cdot dy \cdot dz = \overline{\sigma} \cdot \varepsilon \cdot A \cdot l = \frac{\overline{N}N}{EA} l$$

(b)

図 5-6 軸方向力を受ける部材の仮想仕事

(2) 曲げ応力に対応する仮想仕事式

図 5-7 のような曲げモーメント M を受ける部材 (E, I) の，断面の応力度 σ_y と歪度 ε_y の関係は，曲率半径 ρ （またはたわみ角 θ）を介して，次式のように表わされる．式の誘導については，本書「1 弾性曲線式による梁のたわみ」の「1-1 曲げモーメントによる弾性曲線式の微分方程式」において，詳しく説明してあるので，必要に応じて参照のこと．

$$\varepsilon_y = y\theta \quad , \quad \sigma_y = E\varepsilon_y$$

$$\frac{1}{\rho} = \theta = \frac{M}{EI} \quad , \quad \int_{-y}^{y} y^2 dA = I$$

上の関係から，σ_y と ε_y は次式で表わされる．

$$\varepsilon_y = y\theta = \frac{M}{EI} y \quad , \quad \sigma_y = E\varepsilon_y = \frac{M}{I} y$$

仮想系については，同様の展開をすれば，次式で表わされる．

$$\overline{\varepsilon_y} = y\overline{\theta} = \frac{\overline{M}}{EI} y \quad , \quad \overline{\sigma_y} = E\overline{\varepsilon_y} = \frac{\overline{M}}{I} y$$

1) 仮想変位による仮想仕事

ここで，図 5-8 (a) のように仮想歪による仮想内力仕事を考えれば，(5.10) 式より次の関係を得る．

$$\overline{W}_{int} = \int d\overline{W}_{int}$$
$$= \iiint (\sigma_x \overline{\varepsilon_x} + \sigma_y \overline{\varepsilon_y} + \sigma_z \overline{\varepsilon_z} + \tau_{xy} \overline{\gamma_{xy}}$$
$$+ \tau_{yx} \overline{\gamma_{yx}} + \tau_{yz} \overline{\gamma_{yz}})(dxdydz)$$
$$= \iiint \left(\frac{M}{I} y \cdot \frac{\overline{M}}{EI} y \right) dxdydz$$

断面 2 次モーメント I は，次式で表わされる．

$$I = \int_{-y}^{y} y^2 dA = \iint_{-y}^{y} y^2 dydz$$

したがって，上式は次のように展開できる．

$$= \iiint \left(\frac{M\overline{M}}{EI^2} y^2 \right) dxdydz$$
$$= \iint y^2 dydz \cdot \int \left(\frac{M\overline{M}}{EI^2} \right) dx$$
$$= I \int \frac{M\overline{M}}{EI^2} dx = \int \frac{M\overline{M}}{EI} dx \quad (5.16)$$

2) 仮想荷重による仮想仕事（補仮想仕事）

同様に，図 5-8 (b) のように仮想荷重による仮想内力仕事を考えれば，(5.11) 式より次の関係が得られ，これは (5.16) 式と同じとなる．

$$\overline{W}_{int} = \iiint \left(\frac{\overline{M}}{I} y \cdot \frac{M}{EI} y \right) dxdydz$$
$$= \int \frac{\overline{M}M}{EI} dx = \int \frac{M\overline{M}}{EI} dx$$

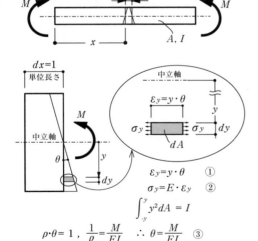

図 5-7 モーメントを受ける部材の応力と歪

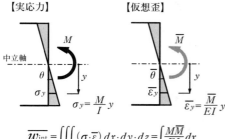

(a) 仮想歪による仮想仕事

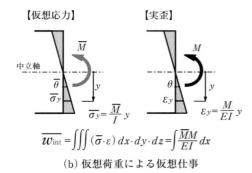

(b) 仮想荷重による仮想仕事

図 5-8 モーメントを受ける部材の仮想仕事

(3) せん断力に対応する仮想仕事式

図 5-9 のようなせん断力 Q を受ける部材 (G, A) の，断面のせん断応力度 τ_y と歪度 γ_y の関係は，断面1次モーメント S_y を介して，次式のように表わされる．式の誘導については，『建築の力学 I』・「7 部材の断面に生じる応力」の「7-2 せん断力に生じる応力」において，詳しく説明してあるので，必要に応じて参照のこと．

$$\tau_y = \frac{QS_y}{b_y I}, \quad \gamma_y = \frac{\tau_y}{G} = \frac{QS_y}{Gb_y I}, \quad \int_{-y}^{y} y dA = S$$

仮想系については，同様の展開をすれば，次式で表わされる．

$$\overline{\tau}_y = \frac{\overline{Q}S_y}{b_y I}, \quad \overline{\gamma}_y = \frac{\overline{\tau}_y}{G} = \frac{\overline{Q}S_y}{Gb_y I}, \quad \int_{-y}^{y} y dA = S$$

1) 仮想変位による仮想仕事

ここで，図 5-10 (a) の定義にあわせて，(5.10) 式中の τ_{yx} を τ_y，$\overline{\gamma_{yx}}$ を $\overline{\gamma}_y$ とおけば，仮想歪による仮想内力仕事は次のようになる．

$$\overline{W}_{\text{int}} = \int d\overline{W}_{\text{int}}$$
$$= \iiint (\sigma_x \overline{\varepsilon_x} + \sigma_y \overline{\varepsilon_y} + \sigma_z \overline{\varepsilon_z} + \tau_{xy} \overline{\gamma_{xy}}$$
$$+ \tau_{yx} \overline{\gamma_{yx}} + \tau_{yz} \overline{\gamma_{yz}})(dxdydz)$$

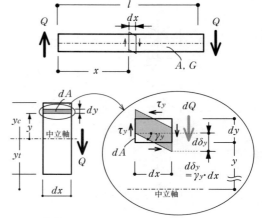

$$\tau_y = \frac{Q \cdot S_y}{b_y \cdot I} \quad ①$$
$$S_y = \int_y^{y_c} y \cdot dA \quad ②$$
$$\tau_{\max} = \kappa \cdot \tau_{\text{平均}} \quad ③$$
$$\left(\tau_{\text{平均}} = \kappa \frac{Q}{A} : \text{中立軸位置}\right)$$
$$\tau_y = G \cdot \gamma_y \Rightarrow \gamma_y = \frac{\tau_y}{G} \quad ④$$

ここで，
- Q : 断面に作用するせん断力
- S_y : y 面より上の部分の断面1次モーメン
- b_y : y 面の幅（奥行）
- I : 中立軸に関する断面2次モーメント
- κ : 形状係数 （最大せん断応力度を表す係数）

【仮想系の釣合い状態】
式①～④中の $Q, \delta_y, \tau_y, \gamma_y$ を仮想表記した形の次式となる．

$$\overline{\tau}_y = \frac{\overline{Q} \cdot S_y}{b_y \cdot I} \quad ⑤, \qquad \overline{\gamma}_y = \frac{\overline{\tau}_y}{G} \quad ⑥$$

図 5-9 せん断力を受ける部材の応力と歪

$$= \iiint (\tau_y \overline{\gamma_y}) dxdydz$$
$$= \iiint \left(\frac{QS_y}{b_y I} \cdot \frac{\overline{Q}S_y}{Gb_y I}\right) dxdydz$$
$$= \iiint \left\{\frac{Q\overline{Q}}{G} \cdot \left(\frac{S_y}{b_y I}\right)^2\right\} dxdydz$$
$$= \int \left(\frac{Q\overline{Q}}{G}\right) dx \cdot \iint \left(\frac{S_y}{b_y I}\right)^2 dydz$$

ここで，$\iint \left(\dfrac{S_y}{b_y I}\right)^2 dydz = \iint \left(\dfrac{S_y}{b_y I}\right)^2 dA$ は一般式であるので，断面形状（せん断応力分布）に依存する．

ここでは，これ以上の説明はしないが，この積分項を係数化して表わせば，仮想内力仕事は次のように表現できる．

$$= \frac{\alpha}{A} \int \left(\frac{Q\overline{Q}}{G}\right) dx = \int \alpha \frac{Q\overline{Q}}{GA} dx \quad (5.17)$$

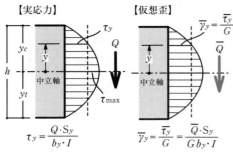

$$\tau_y = \frac{Q \cdot S_y}{b_y \cdot I} \qquad \overline{\gamma_y} = \frac{\overline{\tau_y}}{G} = \frac{\overline{Q} \cdot S_y}{G b_y \cdot I}$$

［仮想内力仕事］

$$\overline{w}_{int} = \iiint (\tau_y \cdot \overline{\gamma_y}) \, dx \cdot dy \cdot dz$$
$$= \iiint \left(\frac{Q \cdot S_y}{b_y \cdot I}\right) \cdot \left(\frac{\overline{Q} \cdot S_y}{G b_y \cdot I}\right) dx \cdot dy \cdot dz$$
$$= \int \alpha \frac{Q\overline{Q}}{GA} dx$$

ここで，$\alpha = A \cdot \iint \left(\frac{S_y}{b_y \cdot I}\right)^2 dy \cdot dz$

［補仮想内力仕事］

$$\overline{w}_{int} = \iiint (\overline{\tau_y} \cdot \gamma_y) \, dx \cdot dy \cdot dz = \int \alpha \frac{\overline{Q}Q}{GA} dx$$

図5-10　せん断力を受ける部材の仮想仕事

ここで，$\alpha = A \left\{ \iint \left(\frac{S_y}{b_y I}\right)^2 dydz \right\}$

αの値は，たとえば，矩形（長方形）断面の場合には$6/5 = 1.2$であり，円形の場合には$9/10 \fallingdotseq 1.11$である（誘導過程については，本書「4 弾性仕事に関する諸理論」中の図4-8を参照）。また，せん断応力分布を直線状（パラボラ状とせず）で断面の最大せん断応力τ_{max}が断面上に一様に分布すると仮定して（この仮定については，本書「1 弾性曲線式による梁のたわみ」・「1-2 せん断力による弾性曲線の微分方程式」で説明している），αに代えてκ（形状係数）とする略算式が使用されることも多い（矩形（長方形）断面の場合には$\kappa = 3/2 = 1.5$，円形の場合には$\kappa = 4/3 \fallingdotseq 1.33$である）。

2）仮想荷重による仮想仕事（補仮想仕事）

仮想荷重による仮想内力仕事は，(5.11)式中のτ_{yx}を$\overline{\tau_y}$と，$\overline{\gamma_{yx}}$をγ_yとおけば，次式が得られ，これは(5.17)式と同じとなる。

$$\overline{W}_{int} = \int d\overline{W}_{int}$$
$$= \iiint (\overline{\sigma_x}\varepsilon_x + \overline{\sigma_y}\varepsilon_y + \overline{\sigma_z}\varepsilon_z + \overline{\tau_{xy}}\gamma_{xy}$$
$$+ \overline{\tau_{yx}}\gamma_{yx} + \overline{\tau_{yz}}\gamma_{yz})(dxdydz)$$

$$= \iiint (\overline{\tau_{yx}}\gamma_{yx}) \, dxdydz$$
$$= \frac{\alpha}{A} \cdot \int \left(\frac{\overline{Q}Q}{G}\right) dx = \int \alpha \frac{\overline{Q}Q}{GA} dx$$
$$\left\{\text{または} \int \kappa \frac{Q\overline{Q}}{GA} dx \right\}$$

（4）仮想仕事の一般式

前項までにおいては，軸方向力・曲げモーメント・せん断力等の荷重（外力）がそれぞれ独立して作用する場合の各応力による仮想仕事式を求めているが，荷重が構造物に作用すると，これらの応力は同時に発生する（(5.13)式と(5.14)式を参照）。

したがって，構造物に荷重が作用した場合の仮想仕事式は，次のような一般式として表わすことができる。

$$\sum(P_n\overline{\delta_n}) = \sum(\overline{P_n}\delta_n)$$
$$= \int \frac{N\overline{N}}{EA} dx + \int \frac{M\overline{M}}{EI} dx + \int \alpha \frac{Q\overline{Q}}{GA} dx$$
(5.18)

「力$P \times$変位δ」＝「モーメント$M \times$たわみ角θ」の関係（図5-4参照）から，次式も成立する。

$$\sum(M_n\overline{\theta_n}) = \sum(\overline{M_n}\theta_n)$$
$$= \int \frac{N\overline{N}}{EA} dx + \int \frac{M\overline{M}}{EI} dx + \int \alpha \frac{Q\overline{Q}}{GA} dx$$
(5.19)

なお，上式中，たわみ角θ_nと仕事を行う応力（たわみ角を生じさせる応力）は曲げモーメントMだけであり，上式の右辺のうち，

$$\int \frac{N\overline{N}}{AE} dx \text{ と } \int \alpha \frac{Q\overline{Q}}{GA} dx \text{ は0となる。}$$

したがって，一般的には，たわみ角θ_n（回転角）の算定には，上式のうちの曲げモーメントMに関する式

$$\int \frac{M\overline{M}}{EI} dx$$

だけを計算すればよい。なお，本書の一部の例題では，(5.19)式に従い，上式中の3つの応力（M, Q, N）によるたわみ角を計算して，軸方向力Nによるたわみ角θ_aおよびせん断力Qにより生じるたわみ角θ_sが0になること，すなわち，次式が成立していることを確認している。

$$\theta_a = \int \frac{N\overline{N}}{AE}dx = 0, \quad \theta_s = \int \alpha \frac{Q\overline{Q}}{GA}dx = 0$$

5-4　骨組のたわみと回転角

前項で誘導した仮想仕事式のうち，荷重・外力が作用する骨組の変位を同定する場合には，仮想荷重を想定した式［補仮想仕事式］が用いられる。

実用的には，いわゆる「単位荷重法」により求める。すなわち，(5.18) 式の左辺［仮想外力仕事式］において，注目点 n（変位を知りたい点）の注目変位方向（知りたい変位方向）に，単独の仮想単位荷重（$\overline{P_n} = 1$）を作用させれば，次式のように注目点 n の変位 δ_n となることを利用する。

$$\overline{W_{ext}} = \Sigma(\overline{P_n}\,\delta_n) = (\overline{1}\cdot\delta_n) = \delta_n \quad (5.20)$$

その仮想単位荷重（$\overline{P_n} = 1$）により発生する応力にもとづいて右辺［仮想内力仕事式］を計算すれば，注目点 n の変位 δ_n を同定できることになる。

同様に，注目点 n のたわみ角（＝回転角）θ_n は，注目点 n に単独の仮想単位モーメント（$\overline{M_n} = 1$）を作用させれば，次式のように左辺は注目点 n のたわみ角（回転角）θ_n となる。

$$\overline{W_{ext}} = \Sigma(\overline{M_n}\,\theta_n) = (\overline{1}\cdot\theta_n) = \theta_n \quad (5.21)$$

その仮想単位モーメント（$\overline{M_n} = 1$）により発生する応力にもとづいて右辺［仮想内力仕事式］を計算すれば，注目点 n のたわみ角 θ_n を同定できることになる。

以下では，具体的な骨組について，その適用例を示す。

(1) 梁のたわみ

図5-11 (a) に示すような片持ち梁の先端に，鉛直・水平方向の集中荷重が作用する場合を例として，梁のたわみ（変位）とたわみ角（回転角）を求める手順を説明する。

① 実系（与系）の応力を求める（『建築の力学Ⅰ』の「4 部材の応力」において詳しく説明しているので，必要に応じて参照のこと）。

与えられた条件における梁の応力図（M 図，Q 図，N 図）は，図 (b) のようになる。

② 仮想荷重を作用させて，仮想系の応力（$\overline{M}$，$\overline{Q}$，$\overline{N}$）を求める。

変位については，注目点（先端）の知りたい方向に，単独の仮想単位荷重（$\overline{P} = 1$）が作用する場合の仮想応力を求める。

たわみ角（回転角）については，注目点（先端）に，単独の仮想単位モーメント（$\overline{M} = 1$）が作用する場合の仮想応力を求める。

③ (5.18) 式にもとづき梁先端のたわみ（変位）を，(5.19) 式にもとづき梁先端のたわみ角（回転角）を計算する。計算の方法には，式表現に忠実に積分計算を行う［数値解法］と，幾何学的関係を利用する［体積法］とがある。

(a) 鉛直方向変位

梁先端に，仮想の鉛直力（$\overline{P} = 1$）を作用させて，仮想の応力図（$\overline{M}$ 図，$\overline{Q}$ 図，$\overline{N}$ 図）を求める。仮想の応力図は，図5-12 (a) のようになる。

i) 曲げ応力（モーメント）による鉛直変位
［数式解法］

① 実系の曲げ応力は，図5-11 (b) のように，
$$M_x = -Px$$

② 仮想系の曲げ応力は，図5-12 (a) のように，
$$\overline{M_x} = -x$$

③ 仮想荷重による仮想内力仕事より，曲げたわみは次式で計算される。

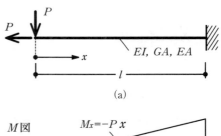

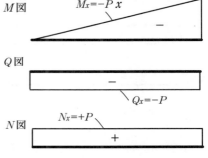

(b) 実系（与系）の応力図

図5-11　問題と実系の応用図

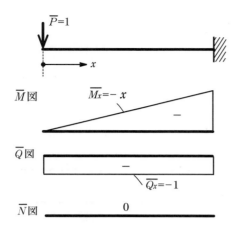

(a) 鉛直方向の仮想外力と応力図

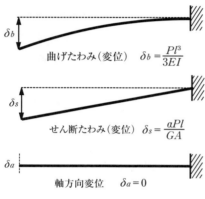

(b) 梁先端の応力別鉛直変位

図 5-12　鉛直方向変位

$$\delta_b = \int \frac{M\overline{M}}{EI} dx = \int_0^l \frac{(-Px)(-x)}{EI} dx$$
$$= \frac{P}{EI} \int_0^l x^2 dx = \frac{Pl^3}{3EI}$$

上式は，仮想仕事の原理にもとづき，積分計算を［数式解法］により誘導したものであるが，積分計算を行わずに幾何学的関係から誘導する方法［体積法］については，後で説明する。

ii）せん断力による鉛直変位

① 実系のせん断応力は，図 5-11（b）のように，
$$Q_x = -P$$

② 仮想系のせん断応力は，図 5-12（a）のように，
$$\overline{Q_x} = -1$$

③ 仮想せん断力による仮想内力仕事より，せん断たわみは次式で計算される。

$$\delta_s = \int \alpha \frac{Q\overline{Q}}{GA} dx = \int_0^l \alpha \frac{(-P)(-1)}{GA} dx$$
$$= \frac{\alpha P}{GA} \int_0^l 1 \cdot dx = \frac{\alpha Pl}{GA}$$

［体積法］については，後で説明する。

iii）軸方向力による鉛直変位

［数式解法］

① 実系の軸方向応力は，図 5-11（b）のように，
$$N_x = +P$$

② 仮想系の軸方向応力は，図 5-12（a）のように，
$$\overline{N_x} = 0$$

③ 仮想荷重による仮想内力仕事より，軸方向たわみ（変位）は次式で計算される。

$$\delta_a = \int \frac{N\overline{N}}{EA} dx = \int_0^l \frac{(+P)(0)}{EA} dx = 0$$

説明のため計算式を掲げているが，仮想の軸方向応力 $\overline{N}$ が 0 なので，計算するまでもなく 0 である。

iv）梁先端の鉛直変位は，図 5-12（b）に示すような応力別鉛直変位の和であり，次のようになる。

$$\sum \left(\overline{P_n} \delta \right) = \left(\overline{1} \cdot \delta \right)$$
$$= \delta = \int \frac{N\overline{N}}{EA} dx + \int \frac{M\overline{M}}{EI} dx + \int \alpha \frac{Q\overline{Q}}{GA} dx$$
$$= \delta_a + \delta_b + \delta_s$$
$$= 0 + \frac{Pl^3}{3EI} + \frac{\alpha Pl}{GA}$$
$$= \frac{Pl^3}{3EI} + \frac{\alpha Pl}{GA}$$

仮想内部仕事の計算においては，式に忠実に従えば，積分計算が必要となる。特に，モーメントに関する積分の計算は，式が複雑になることが多く計算過程が繁雑になり，隘路となることが多い。一方，幾何学を利用して算定する手法［体積法］は，積分計算を行わずに仮想内力仕事を求めることができるので，実用的な手法として有用である。

［体積法］は，仮想内力仕事式における積分の意味を幾何学的な体積としてとらえ，積分計算に代えて体積計算を行うことで仮想内力仕事を求める手法である。本項の梁の例については，［数式解法］と［体積法］とを並列して説明しているので，仮想内力仕事を求める手法として［体積法］が，きわめて実用的な方法であることを体感できると考えている。さ

らに，梁・柱で構成される骨組のように座標系が複雑となる場合，手計算による積分計算は繁雑となることが多いので，［体積法］により仮想内力仕事を求める方法を，体得しておくことが望まれる。

［体積法］の原理と計算方法を，図5-11の梁を例として説明する。

図5-13（a）は，鉛直方向の仮想外力を受ける場合の仮想内力仕事について説明するための図で，［数式表現］の内容はすでに説明してある。この積分式中の $\int_0^l M\overline{M}dx$ の意味は M と $\overline{M}$ の積を長さ l 全長にわたって加算することを表わしている。このことを，$M \sim \overline{M} \sim l$ 座標系上に［幾何学的表現］すれば，仮想内力仕事は四角錐の体積として表現できることがわかる。すなわち，$\int_0^l M\overline{M}dx$ を計算する代わりに，幾何学的に体積を計算すればよいことになる。このような四角錐の体積は［底面積×長さ（高さ）÷3］なので，その値は $\{(-Pl)\times(-l)\}\times l\div 3 = \dfrac{Pl^3}{3}$ となり，［数式解法］の積分値と一致することが確認できる。

図（b）は，仮想せん断力による仮想内力仕事について説明するための図で，［数式表現］の内容はすでに説明してある。この積分式中の $\int_0^l Q\overline{Q}dx$ の意味を，$Q \sim \overline{Q} \sim l$ 座標系上に［幾何学的表現］すれば，仮想内力仕事は長方体の体積として表現できることがわかる。すなわち，$\int_0^l Q\overline{Q}dx$ を計算する代わりに，幾何学的に体積を計算すればよいことになる。図のような長方体の体積は［面積×長さ（高さ）］なので，その体積は $|(-P)\times(-1)|\times l = Pl$ となり，積分値と一致することが確認できる。

［体積法］は，応力種類に関わらず，実応力図の形と仮想応力図の形との組合せで決定される立体形状（四角錐・長方体等の形）の体積を求めることにより，繁雑な積分計算をせずにすむ実用性の高い方法である。さらに，実応力と仮想応力の組合せのパターンごとに係数化しておけば，簡単に体積＝積分値を求めることができる。すなわち，その係数を「体積係数 K」と名づければ，次のように定義できる。

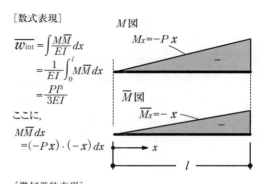

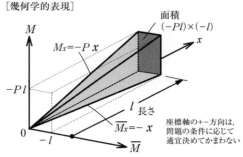

(a) 仮想外力による仮想内力仕事（曲げ応力）

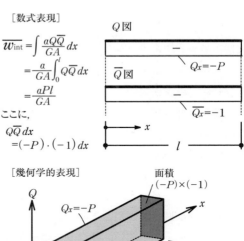

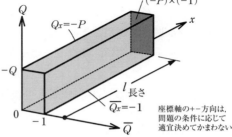

(b) 仮想外力による仮想内力仕事（せん断応力）

図5-13　仮想内力仕事の幾何学的表現

5　仮想仕事法による静定骨組の変形　105

体積係数 $K = \int_0^l M\overline{M}dx$

章末の表5-1には，汎用的な組合せパターンについての体積係数Kの値が，一覧表として示してある。この表を使えば，積分計算に代えることができる。また，この表は応力図の形状の組合せによる体積を係数として表わしているだけなので，幾何学的表現で示す座標軸の正負はどの方向に定めてもよい。さらに，Mと$\overline{M}$に代えてQと$\overline{Q}$とすればせん断力の場合に，Mと$\overline{M}$に代えてNと$\overline{N}$とすれば軸方向力にも適用できる。

この例について体積係数Kの表を使えば，図5-13（a）の応力図の組合せは一覧表の⑧（正負は問わない）に相当し，体積係数$K = l/3$であることがわかる。すなわち，次のように計算できる。

$$\int_0^l M\overline{M}dx = KM\overline{M} = \frac{l}{3} \times (-Pl) \times (-l) = \frac{Pl^3}{3}$$

図5-13（b）のせん断応力図の組合せは同表の①に該当し，体積係数$K = l$であるので，次のように計算できる。

$$\int_0^l Q\overline{Q}dx = KQ\overline{Q} = l \times (-P) \times (-1) = Pl$$

体積係数を利用した［体積法］は，実応力と仮想応力の形状と最大応力を的確に把握できていて，その組合せパターンが表中にあれば，繁雑な積分計算なしに簡単に積分値を得ることができる実用性の高い方法であることが理解できる。

(b) 水平方向変位

図5-14（a）のように，梁先端に水平方向の単独の仮想単位荷重（$\overline{P} = 1$）の作用させて，仮想の応力図（$\overline{M}$図，$\overline{Q}$図，$\overline{N}$図）を求めれば同図中に示すようになる。以下の手順は，鉛直変位の場合と同じである。

ⅰ）曲げ応力（モーメント）による水平変位
［数式解法］
① 実系の曲げ応力は，図5-11（b）のように，
$$M_x = -Px$$
② 仮想系の曲げ応力は，図5-14（a）のように，
$$\overline{M_x} = 0$$

説明は続けるが，$\overline{M_x} = 0$なので，計算するまでもなく，仮想内力仕事は0＝水平変位は0であるこ

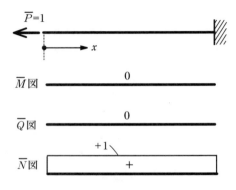

(a) 水平方向の仮想外力と応力図

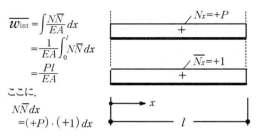

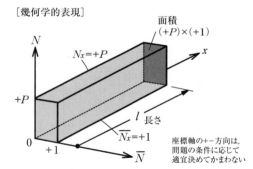

(b) 軸方向力による仮想内力仕事

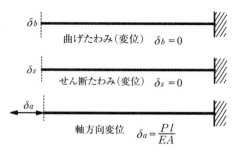

(c) 梁先端の応力別水平変位

図5-14 水平方向変位

とがこの時点でわかる。

③ 仮想曲げ応力による仮想内力仕事が 0 であることより，曲げたわみが 0 となることを，念のため確認しておく。

$$\delta_b = \int \frac{M\overline{M}}{EI}dx = \int_0^l \frac{(-Px)\times(0)}{EI}dx = 0$$

［体積法］

$\overline{M_x} = 0$ なので，体積は 0 である。

ii） せん断力による鉛直変位

［数式解法］

① 実系のせん断応力は，図 5-11 (b) のように，

$$Q_x = -P$$

② 仮想系のせん断応力は，図 5-14 (a) のように，

$$\overline{Q_x} = 0$$

$\overline{Q_x} = 0$ なので，計算するまでもなく仮想内力仕事は 0＝水平変位は 0 である。

③ 仮想せん断力による仮想内力仕事が 0 であることを，念のため確認しておく。

$$\int \alpha \frac{Q\overline{Q}}{GA}dx = \int_0^l \alpha \frac{(-P)(0)}{GA}dx = 0$$

［体積法］

$\overline{Q_x} = 0$ なので，体積は 0 である。

iii） 軸方向力による鉛直変位

［数式解法］

① 実系の軸方向応力は，図 5-11 (b) のように，

$$N_x = +P$$

② 仮想系の軸方向応力は，図 5-14 (a) のように，

$$\overline{N_x} = +1$$

③ 仮想軸方向力による仮想内力仕事より，軸方向たわみ（変位）は次式で計算される。

$$\delta_a = \int \frac{N\overline{N}}{EA}dx = \int_0^l \frac{(+P)\times(+1)}{EA}dx$$
$$= \frac{P}{EA}\int_0^l 1 \cdot dx = \frac{Pl}{EA}$$

［体積法］

図 5-14 (b) のように，体積は $\{(+P)\times(+1)\}\times l = Pl$ と計算できるので，たわみは次式となる。

$$\delta_a = \int \frac{N\overline{N}}{EA}dx = \frac{1}{EA}\{(+P)\times(+1)\}\times l = \frac{Pl}{EA}$$

あるいは，体積係数を使用すれば，応力の組合せが章末表中の①に相当するので，M を N と読み替

え $K = l$ とすれば，次式となる。

$$\delta_a = \int \frac{N\overline{N}}{EA}dx = \frac{1}{EA}KN\overline{N}$$
$$= \frac{1}{EA}\{l \times (+P) \times (+1)\} = \frac{Pl}{EA}$$

iv） 梁先端の水平変位は，図 5-15 (c) に示すような応力別水平変位の和であり，次のようになる。

$$\Sigma\left(\overline{P_n}\delta\right) = \left(\overline{1}\cdot\delta\right)$$
$$= \delta = \int \frac{N\overline{N}}{EA}dx + \int \frac{M\overline{M}}{EI}dx + \int \alpha \frac{Q\overline{Q}}{GA}a$$
$$= \delta_a + \delta_b + \delta_s$$
$$= \frac{Pl}{EA} + 0 + 0 = \frac{Pl}{AE}$$

(c)　たわみ角

梁先端に，仮想モーメント $(\overline{M} = 1)$ を作用させて，仮想の応力図（$\overline{M}$ 図，$\overline{Q}$ 図，$\overline{N}$ 図）を求める。応力図は，図 5-15 (a) のようになる。あとは (5.18) 式により計算すればよく，右辺の計算手順は，変位の場合と同じである。

i） 曲げ応力（モーメント）によるたわみ角（回転角）

［数式解法］

① 実系のモーメントは，図 5-11 (b) のように，

$$M_x = -P_x$$

② 仮想系のモーメントは，図 5-14 (a) のように，

$$\overline{M_x} = +1$$

③ 仮想モーメントによる仮想内部仕事より，たわみ角は次式で計算される。

$$\theta = \int \frac{M\overline{M}}{EI}dx = \int_0^l \frac{(-Px)\times(1)}{EI}dx$$
$$= \frac{-P}{EI}\int_0^l x\,dx = \frac{-Pl^2}{2EI}$$

［体積法］

図 5-14 (b) のように，三角柱の体積は［面積×長さ÷2］であるので，たわみ角は次式となる。

$$\theta = \int \frac{\overline{M}M}{EI}dx$$
$$= \frac{1}{EI}\{(-Pl)\times(+1)\times l \div 2\}$$
$$= \frac{-Pl^2}{2EI}$$

あるいは，体積係数を使用すれば，応力図の形状

5　仮想仕事法による静定骨組の変形　107

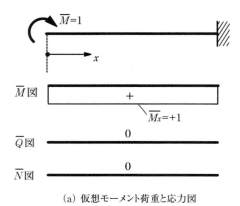

(a) 仮想モーメント荷重と応力図

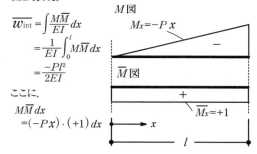

(b) 仮想モーメント荷重による仮想内力仕事（曲げ応力）

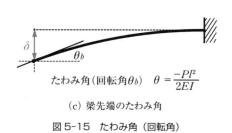

(c) 梁先端のたわみ角

図5-15 たわみ角（回転角）

の組合せは章末表中の⑦の M と $\overline{M}$ を交換した形であり，M と $\overline{M}$ を交換した形でも体積は変わらないので，$K = l/2$ として計算すれば，次式となる。

$$\theta = \int \frac{\overline{M}M}{EI}dx = \frac{1}{EI}KM\overline{M}$$
$$= \frac{1}{EI}\left\{\left(\frac{l}{2}\right)\times(-Pl)\times(+1)\right\}$$
$$= \frac{-Pl^2}{2EI}$$

ii） せん断力によるたわみ角（回転角）

せん断力によるたわみ角は0であることを，確認しておく。

［数式解法］

① 実系のせん断応力は，図5-11（b）のように，
  $Q_x = -P$

② 仮想系のせん断応力は，図5-15（a）のように，
  $\overline{Q_x} = 0$

③ 仮想せん断力による仮想内力仕事は，$\overline{Q_x} = 0$ より0である。

$$\theta = \int \alpha \frac{Q\overline{Q}}{GA}dx = \int_0^l \alpha \frac{(-P)(0)}{GA}dx = 0$$

［体積法］

$\overline{Q_x} = 0$ なので，体積は0である。

iii） 軸方向力によるたわみ角（回転角）

軸方向力によるたわみ角は0であることを，確認しておく。

［数式解法］

① 実系の軸方向応力は，図5-11（b）のように，
  $N_x = +P$

② 仮想系の軸方向応力は，図5-14（a）のように，
  $\overline{N_x} = 0$

③ 仮想軸方向力による仮想内力仕事は，$\overline{N_x} = 0$ より0である。

$$\theta = \int \frac{N\overline{N}}{AE}dx = 0$$

［体積法］

$\overline{N_x} = 0$ なので，体積は0である。

iv） 梁先端のたわみ角（回転角）は，図5-15（c）に示すような応力別の回転角の和として表わされるので，次のようになる。

$$\sum\left(\overline{M_n}\theta\right)=\left(\overline{1}\cdot\theta\right)$$
$$=\theta=\int\frac{N\overline{N}}{EA}dx+\int\frac{M\overline{M}}{EI}dx+\int\alpha\frac{Q\overline{Q}}{GA}dx$$
$$=\theta_a+\theta_b+\theta_s$$
$$=0-\frac{Pl^2}{2EI}+0=-\frac{Pl^2}{2EI}$$

以上のように，(5.18) 式と (5.20) 式にもとづいて，全応力に対する計算手順を示したが，変位・回転角に及ぼす影響が小さいと判断できる応力については計算対象としないことも多い。すなわち，通常の建物の骨組で採用される梁・柱については，その部材長と断面寸法の関係から，曲げ応力による変形が卓越することが多いので，曲げ応力によるたわみ（変形）だけを計算対象とし，せん断応力と軸方向応力については無視して計算対象としないことが多い。

例題 5-4　例題図 5-4 (a) のような長さ l の片持ち梁の先端にモーメント M が作用する場合の，梁先端の鉛直たわみとたわみ角を求めなさい。ただし，梁の諸性能は部材で一定で，それぞれ EI, GA, EA とする。

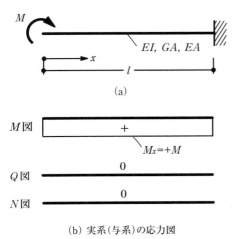

(a)

(b) 実系 (与系) の応力図

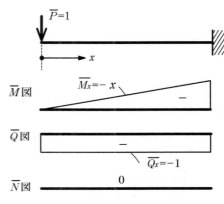

(c) 鉛直方向の仮想外力と応力図

［幾何学的表現］

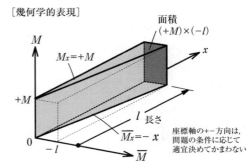

・三角柱の体積 = (面積×長さ÷2)
　　　　　　　 = $\{(+M)\times(-l)\}\times l\div 2\} = -Ml^2/2$
・体積係数 $K=l/2$　（章末表の⑦に該当）
　$KM\overline{M} = (l/2)\times(+M)\times(-l) = -Ml^2/2$

(d) 体積法による仮想内力仕事 (曲げ応力)

例題図 5-4 (その 1)

解答
本文で説明した手順に従って，解く。
(1) 実系 (与系) の応力を求める。
　与えられた条件における梁の応力図 (M 図, Q 図, N 図) は，図 (b) のようになる。
(2) 仮想荷重を作用させて，仮想系の応力 ($\overline{M}$, $\overline{Q}$, $\overline{N}$) を求める。
1) 鉛直方向変位
　鉛直変位については，図 (c) のように，注目点 (先端) の知りたい方向 = 鉛直方向に，単独の仮想単位荷重 ($\overline{P}=1$) を作用させ，仮想の応力図 ($\overline{M}$ 図, $\overline{Q}$ 図, $\overline{N}$ 図) を求める。仮想の応力図は，図 (c) のようになる。
 i) 曲げモーメントによる鉛直変位
［数式解法］
① 実系のモーメントは，図 (b) のように，
　　$M_x = +M$
② 仮想系のモーメントは，図 (c) のように，

$$\overline{M_x} = -x$$

③ 仮想荷重による仮想内力仕事から，曲げたわみは次式で計算される．

$$\delta_b = \int \frac{M\overline{M}}{EI}dx = \int_0^l \frac{(+M)(-x)}{EI}dx$$
$$= \frac{-M}{EI}\int_0^l xdx = \frac{-Ml^2}{2EI}$$

［体積法］

図（d）のように，三角柱の体積は［面積×長さ÷2］であるので，たわみは次式となる．

$$\delta_b = \int \frac{M\overline{M}}{EI}dx$$
$$= \frac{1}{EI}\{(+M)\times(-l)\times l\div 2\}$$
$$= \frac{-Ml^2}{2EI}$$

あるいは，体積係数を使用すれば，応力図の形状の組合せは章末表中の⑦の M と $\overline{M}$ を交換した形であり，M と $\overline{M}$ を交換しても体積は変わらないので，$K = l/2$ として計算すれば，次式となる．

$$\delta_b = \int \frac{M\overline{M}}{EI}dx = \frac{1}{EI}KM\overline{M}$$
$$= \frac{1}{EI}\left\{\left(\frac{l}{2}\right)\times(+M)\times(-l)\right\}$$
$$= \frac{-Ml^2}{2EI}$$

ii) せん断力と軸方向力による鉛直変位

① 実系のせん断力と軸方向力は，図（b）のように，ともに 0

したがって，$\delta_s = 0$，$\delta_a = 0$．手順②③は省略．

iii) 梁先端の鉛直変位は，(5.11) 式より，次のように計算することができる．

$$\sum(\overline{P_n}\delta) = (\overline{1}\cdot\delta)$$
$$= \delta = \int \frac{N\overline{N}}{EA}dx + \int \frac{M\overline{M}}{EI}dx + \int \alpha\frac{Q\overline{Q}}{GA}dx$$
$$= \delta_a + \delta_b + \delta_s$$
$$= 0 + \frac{-Ml^2}{2EI} + 0 = -\frac{Ml^2}{2EI}$$

2) たわみ角（回転角）

たわみ角については，図（e）のように，梁先端に単独の仮想単位モーメント（$\overline{M} = 1$）を作用させ，仮想の応力図（$\overline{M}$図，$\overline{Q}$図，$\overline{N}$図）を求める．

i) 曲げモーメントによるたわみ角（回転角）

［数式解法］

① 実系のモーメントは，図（b）のように，$M_x = +M$
② 仮想系のモーメントは，図（e）のように，$\overline{M_x} = +1$
③ 仮想荷重（モーメント）による仮想内力仕事より，たわみ角（回転角）は次式で計算される．

$$\theta_b = \int \frac{M\overline{M}}{EI}dx = \int_0^l \frac{(+M)(+1)}{EI}dx$$
$$= \frac{M}{EI}\int_0^l 1\cdot dx = \frac{Ml}{EI}$$

［体積法］

図（f）のように，長方形の体積は［面積×長さ］であり，たわみ角は次式となる．

$$\theta_b = \int \frac{M\overline{M}}{EI}dx$$
$$= \frac{1}{EI}\{(+M)\times(+1)\times l\} = \frac{Ml}{EI}$$

あるいは，体積係数を使用すれば，章末表中の①に該当し $K = l$ なので，たわみ角は次式となる．

$$\theta_b = \int \frac{M\overline{M}}{EI}dx = \frac{1}{EI}KM\overline{M}$$
$$= \frac{1}{EI}\{l\times(+M)\times(+1)\} = \frac{Ml}{EI}$$

ii) せん断力と軸方向力によるたわみ角

① 実系のせん断力と軸方向力は，図（b）のように，ともに 0

したがって，$\theta_s = 0$，$\theta_a = 0$．手順②③は省略．

iii) 梁先端のたわみ角は，図（g）に示すように，次のようになる．

$$\sum(\overline{M_n}\theta) = (\overline{1}\cdot\theta)$$
$$= \theta = \int \frac{N\overline{N}}{EA}dx + \int \frac{M\overline{M}}{EI}dx + \int \alpha\frac{Q\overline{Q}}{GA}dx$$
$$= \theta_a + \theta_b + \theta_s$$
$$= 0 + \frac{ML}{EI} + 0 = \frac{ML}{EI}$$

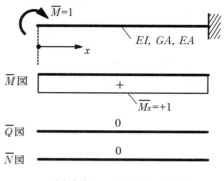

(e) 仮想モーメント荷重と応力図

[幾何学的表現]

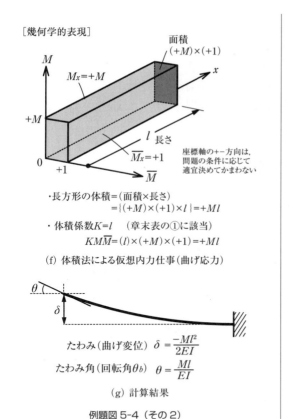

・長方形の体積＝（面積×長さ）
 ＝{(+M)×(+1)}×l ｝＝+Ml
・体積係数 $K=l$　（章末表の①に該当）
 $KM\overline{M}=(l)\times(+M)\times(+1)=+Ml$

(f) 体積法による仮想内力仕事（曲げ応力）

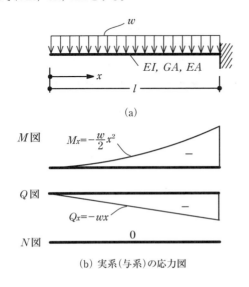

たわみ（曲げ変位）　$\delta = \dfrac{-Ml^2}{2EI}$

たわみ角（回転角θ_b）　$\theta = \dfrac{Ml}{EI}$

(g) 計算結果

例題図 5-4（その2）

例題 5-5　例題図 5-5（a）のような長さ l の片持ち梁に等分布荷重 w が作用する場合の，梁先端の鉛直たわみとたわみ角を求めなさい。ただし，梁の諸性能は部材で一定で，それぞれ EI，GA，EA とする。

(a)

M図　$M_x=-\dfrac{w}{2}x^2$

Q図　$Q_x=-wx$

N図　0

(b) 実系（与系）の応力図

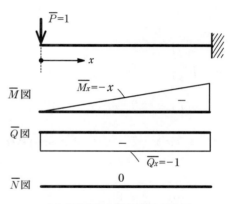

(c) 鉛直方向の仮想外力と応力図

[幾何学的表現]

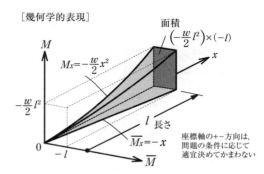

・体積＝（面積×長さ÷4）＝{(+M)×(-l)×l÷4}
 $=\left\{\left(-\dfrac{w}{2}l^2\right)\times(-l)\times l\div 4\right\}=\dfrac{wl^4}{8}$

・体積係数 $K=l/4$　（章末表の⑮に該当）
 $KM\overline{M}=\left(\dfrac{l}{4}\right)\times\left(-\dfrac{w}{2}l^2\right)\times(-l)=\dfrac{wl^4}{8}$

(d) 体積法による仮想内力仕事（曲げ応力）

例題図 5-5（その1）

解答

(1) 実系（与系）の応力を求める。

与えられた条件における梁の応力図（M図，Q図，N図）は，図（b）のようになる。

(2) 仮想荷重を作用させて，仮想系の応力（$\overline{M}$, $\overline{Q}$, $\overline{N}$）を求める。

1) 鉛直方向変位

鉛直変位については，図（c）のように，注目点（先端）の鉛直方向に，単独の仮想単位荷重（$\overline{P}=1$）を作用させ，仮想の応力図（$\overline{M}$図，$\overline{Q}$図，$\overline{N}$図）を求める。仮想の応力図は，図（c）のようになる。

i) 曲げ応力による鉛直変位

［数式解法］

① 実系のモーメントは，図（b）のように，

$$M_x=-\dfrac{w}{2}x^2$$

② 仮想系のモーメントは，図（c）のように，$\overline{M_x}=-x$

5　仮想仕事法による静定骨組の変形　111

③ 仮想荷重（モーメント）による仮想内力仕事より，曲げたわみは次式で計算される。

$$\delta_b = \int \frac{M\overline{M}}{EI}dx = \int_0^l \frac{\left(-\frac{w}{2}x^2\right)(-x)}{EI}dx$$
$$= \frac{w}{2EI}\int_0^l x^3 dx = \frac{wl^4}{8EI}$$

［体積法］

図 (d) のように $M \times \overline{M}$ が形づくる立体の体積は［面積×長さ÷4］（覚えておくと役に立つ）であるので，曲げたわみは次式となる。

$$\delta_b = \int \frac{M\overline{M}}{EI}dx = \frac{1}{EI}\left\{\left(-\frac{w}{2}l^2\right) \times (-l) \times l \div 4\right\}$$
$$= \frac{wl^4}{8EI}$$

あるいは，体積係数を使用すれば，章末表中の⑮に該当し $K = l/4$ なので，曲げたわみは次式となる。

$$\delta_b = \int \frac{M\overline{M}}{EI}dx = \frac{1}{EI}KM\overline{M}$$
$$= \frac{1}{EI}\left\{\left(\frac{l}{4}\right) \times \left(-\frac{w}{2}l^2\right) \times (-l)\right\}$$
$$= \frac{wl^4}{8EI}$$

ⅱ) せん断力による鉛直変位

［数式解法］

① 実系のせん断力は，図 (b) のように，

$Q_x = -wx$

② 仮想系のせん断応力は，図 (c) のように，

$\overline{Q_x} = -1$

③ 仮想せん断力による仮想内力仕事より，せん断たわみは次式で計算される。

$$\delta_s = \int \alpha \frac{Q\overline{Q}}{GA}dx$$
$$= \int_0^l \frac{\alpha \times (-wx) \times (-1)}{GA}dx$$
$$= \alpha\frac{w}{GA}\int_0^l x dx = \alpha\frac{w}{GA}\left[\frac{x^2}{2}\right]_0^l$$
$$= \alpha\frac{wl^2}{2GA}$$

［体積法］

図 (e) のように三角柱の体積は［面積×長さ÷2］であり，体積は，

$$(-wl) \times (-1) \times l \div 2 = \frac{wl^2}{2}$$

と計算できるので，せん断たわみは次式となる。

$$\delta_s = \int \alpha \frac{Q\overline{Q}}{GA}dx = \alpha\frac{1}{GA}\{(-wl) \times (-1) \times l \div 2\}$$
$$= \alpha\frac{wl^2}{2GA}$$

あるいは，体積係数を使用すれば，応力図の形状の組合せは章末表中の⑦の M と $\overline{M}$ を交換した形であり，M と $\overline{M}$ を交換しても体積は変わらないの，$K = l/2$ である。M を Q と読み替えて計算すれば，せん断たわみは次式となる。

$$\delta_s = \int \alpha \frac{Q\overline{Q}}{GA}dx = = \alpha\frac{1}{GA}KM\overline{M}$$
$$= \alpha\frac{1}{GA}\left\{\left(\frac{l}{2}\right) \times (-wl) \times (-1)\right\}$$
$$= \alpha\frac{wl^2}{2GA}$$

［幾何学的表現］

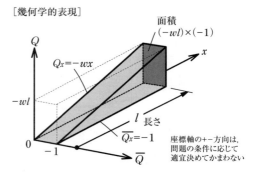

・三角柱の体積＝(面積×長さ÷2)
　　　　　　＝{(-wl)×(-1)×l÷2}＝$wl^2/2$

・体積係数$K=l/2$　（章末表の⑦に該当）
　$KM\overline{M} = (l/2)\times(-wl)\times(-1) = wl^2/2$

(e) 体積法による仮想内力仕事（せん断応力）

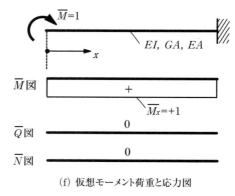

(f) 仮想モーメント荷重と応力図

[幾何学的表現]

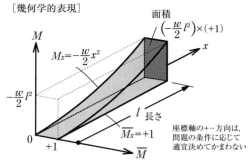

・体積＝(面積×長さ÷3)＝{(+M)×(-l)×1÷3}
　　　＝{(-\frac{w}{2}l^2)×(+1)×l÷3}＝\frac{-wl^3}{6}

・体積係数 $K=l/3$　（章末表の④に該当）
　$KM\overline{M}=\left(\frac{l}{3}\right)×\left(-\frac{w}{2}l^2\right)×(+1)=\frac{-wl^4}{6}$

(g) 図解法による仮想内力仕事（曲げ応力）

例題図 5-5（その2）

iii) 軸方向力による鉛直変位
① 実系の軸方向力は，図 (b) のように，0
したがって，$\delta_a = 0$ 。手順②③は省略。

iv) 梁先端の鉛直変位は，図 (e) に示すように，次のようになる。

$$\sum(\overline{P_n}\delta) = (\overline{1}\cdot\delta)$$
$$= \delta = \int\frac{N\overline{N}}{EA}dx + \int\frac{M\overline{M}}{EI}dx + \int\alpha\frac{Q\overline{Q}}{GA}dx$$
$$= \delta_a + \delta_b + \delta_s$$
$$= 0 + \frac{wl^4}{8EI} + \alpha\frac{wl^2}{2GA}$$
$$= \frac{wl^4}{8EI} + \alpha\frac{wl^2}{2GA}$$

2) たわみ角（回転角）

たわみ角については，図 (f) のように，梁先端に単独の仮想単位モーメント（$\overline{M}=1$）を作用させ，仮想の応力図（$\overline{M}$ 図，$\overline{Q}$ 図，$\overline{N}$ 図）を求める。

i) 曲げモーメントによるたわみ角（回転角 θ_b）

[数式解法]
① 実系の曲げ応力は，図 (b) のように，
　$M_x = -\frac{w}{2}x^2$
② 仮想系の曲げ応力は，図 (f) のように，$\overline{M_x} = +1$
③ 仮想モーメントによる仮想内力仕事より，たわみ角は次式で計算される。

$$\theta_b = \int\frac{M\overline{M}}{EI}dx = \int_0^l\frac{\left(-\frac{w}{2}x^2\right)(+1)}{EI}dx$$
$$= \frac{-w}{2EI}\int_0^l x^2 dx = -\frac{wl^3}{6EI}$$

[体積法]

図 (g) のように $M×\overline{M}$ が形づくる立体の体積は［面積×長さ÷3］であり，たわみ角は次式となる。

$$\theta_b = \int\frac{M\overline{M}}{EI}dx$$
$$= \frac{1}{EI}\left\{\left(-\frac{w}{2}l^2\right)×(+1)×l÷3\right\}$$
$$= \frac{-wl^3}{6EI}$$

あるいは，体積係数を使用すれば，応力図の組合せは章末表中の④に相当するので $K = l/3$ であり，たわみ角は次式となる。

$$\theta_b = \int\frac{M\overline{M}}{EI}dx = \frac{1}{EI}KM\overline{M}$$
$$= \frac{1}{EI}\left\{\left(\frac{l}{3}\right)×\left(-\frac{w}{2}l^2\right)×(+1)\right\}$$
$$= \frac{-wl^3}{6EI}$$

ii) せん断力と軸方向力によるたわみ角（θ_s, θ_a）
① 実系のせん断力と軸方向力は，図 (b) のように，ともに 0
したがって，$\theta_s = 0$，$\theta_a = 0$。手順②③は省略。

3) 梁先端のたわみ角は，図 (e) に示すように，次のようになる。

$$\sum(\overline{M_n}\theta) = (\overline{1}\cdot\theta)$$
$$= \theta = \int\frac{N\overline{N}}{EA}dx + \int\frac{M\overline{M}}{EI}dx + \int\alpha\frac{Q\overline{Q}}{GA}$$
$$= \theta_a + \theta_b + \theta_s$$
$$= 0 - \frac{wl^3}{6EI} + 0 = -\frac{wl^3}{6EI}$$

例題 5-6　例題図 5-6 (a) のような長さ l の単純梁に等分布荷重 w が作用する場合の，梁スパン中央部の鉛直たわみを求めなさい。ただし，梁の諸性能は部材で一定で，それぞれ EI，GA，EA とする。

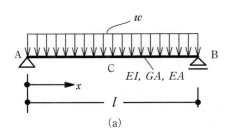

(a)

5　仮想仕事法による静定骨組の変形　113

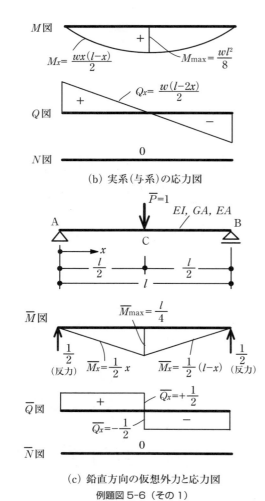

(b) 実系(与系)の応力図

(c) 鉛直方向の仮想外力と応力図

例題図 5-6(その1)

[解答]

本文で説明した手順に従って，解く。

(1) 実系(与系)の応力を求める。

　与えられた条件における梁の応力図(M図, Q図, N図)は，図(b)のようになる。

(2) 仮想荷重を作用させて，仮想系の応力($\overline{M}$, $\overline{Q}$, $\overline{N}$)を求める。

　鉛直変位については，図(c)のように，注目点(スパン中央)の鉛直方向に，単独の仮想単位荷重($\overline{P}=1$)を作用させ，仮想の応力図($\overline{M}$図, $\overline{Q}$図, $\overline{N}$図)を求める。仮想の応力図は，図(c)のようになる。

ⅰ) 曲げモーメントによる鉛直変位

[数式解法]

① 実系のモーメントは，図(b)のように，

$$M_x = \frac{wx(l-x)}{2}$$

② 仮想系のモーメントは，図(c)のようにスパン中央部で式が異なる。

(ⅰ) $0 \leq x \leq \dfrac{l}{2}$　　$\overline{M}_x = \dfrac{x}{2}$

(ⅱ) $\dfrac{l}{2} < x \leq l$　　$\overline{M}_x = \dfrac{1}{2}(l-x)$

③ 仮想荷重(モーメント)による仮想内力仕事より，曲げたわみは次式で計算される。

$$\begin{aligned}
\delta_b &= \int \frac{M\overline{M}}{EI}dx \\
&= \int_0^{\frac{l}{2}} \frac{\left(\frac{wx(l-x)}{2}\right)\left(\frac{x}{2}\right)}{EI}dx \\
&\quad + \int_{\frac{l}{2}}^{l} \frac{\left(\frac{wx(l-x)}{2}\right)\left(\frac{1}{2}(l-x)\right)}{EI}d \\
&= \frac{w}{4EI}\int_0^{\frac{l}{2}}(x^2(l-x))dx + \frac{w}{4EI}\int_{\frac{l}{2}}^{l}(x(l-x)^2)dx \\
&= \frac{w}{4EI}\left[\frac{lx^3}{3}-\frac{x^4}{4}\right]_0^{\frac{l}{2}} + \frac{w}{4EI}\left[\frac{l^2x^2}{2}-\frac{2lx^3}{3}+\frac{x^4}{4}\right]_{\frac{l}{2}}^{l} \\
&= \frac{wl^4}{4EI}\left(\frac{1}{24}-\frac{1}{64}\right) + \frac{wl^4}{4EI}\left\{\left(\frac{1}{2}-\frac{2}{3}+\frac{1}{4}\right)-\left(\frac{1}{8}-\frac{2}{24}+\frac{1}{64}\right)\right\} \\
&= \frac{wl^4}{4EI}\left\{\left(\frac{1}{24}-\frac{1}{64}\right)+\left(\frac{1}{2}-\frac{2}{3}+\frac{1}{4}\right)-\left(\frac{1}{8}-\frac{2}{24}+\frac{1}{64}\right)\right\} \\
&= \frac{wl^4}{4EI}\left\{\left(\frac{16}{384}-\frac{6}{384}\right)+\left(\frac{192}{384}-\frac{256}{384}+\frac{96}{384}\right) \right. \\
&\quad\quad \left. -\left(\frac{48}{384}-\frac{32}{384}+\frac{6}{384}\right)\right\} \\
&= \frac{wl^4}{4EI}\cdot\frac{20}{384} = \frac{5wl^4}{384EI}
\end{aligned}$$

　この骨組の形状と荷重条件は左右対称であるから，左側部分だけを計算して，その値を2倍しても同じである。

　すなわち，

$$\begin{aligned}
\delta_b &= \int \frac{M\overline{M}}{EI}dx \\
&= 2\times \int_0^{\frac{l}{2}} \frac{\left(\frac{wx(l-x)}{2}\right)\left(\frac{x}{2}\right)}{EI}dx \\
&= 2\times \frac{w}{4EI}\left[\frac{lx^3}{3}-\frac{x^4}{4}\right]_0^{\frac{l}{2}} \\
&= 2\times \frac{wl^4}{4EI}\left(\frac{1}{24}-\frac{1}{64}\right) = \frac{5wl^4}{384EI}
\end{aligned}$$

[体積法]

　図(d)のように$M \times \overline{M}$が形づくる立体の体積は[面積×長さ÷5/12]であるが，簡単に算定できないので，章末表の体積係数を使用する。この場合の応力図の組合せは㉔に該当し，$K=5l/2$なので，曲げたわみは次式となる。

$$\delta_b = \int \frac{M\bar{M}}{EI}dx = \frac{1}{EI}KM\bar{M}$$
$$= \frac{1}{EI} \times \left(\frac{5l}{12}\right) \times \left(\frac{wl^2}{8}\right) \times \left(\frac{l}{4}\right)$$
$$= \frac{5wl^4}{384EI}$$

ⅱ) せん断力による鉛直変位

[数式解法]

① 実系のせん断応力は，図（b）のように，
$$Q_x = \frac{w(l-2x)}{2}$$

② 仮想系のせん断応力は，図（c）のように，左右で式が異なる。

（ⅰ）　$0 \leq x \leq \frac{l}{2}$　　$\bar{Q}_x = +\frac{1}{2}$

（ⅱ）　$\frac{l}{2} < x \leq l$　　$\bar{Q}_x = -\frac{1}{2}$

③ 仮想せん断力による仮想内力仕事は，次式で計算される。
$$(\delta_s =) \int \alpha \frac{Q\bar{Q}}{GA}dx$$
$$= \int_0^{\frac{l}{2}} \frac{\alpha\left(\frac{w(l-2x)}{2}\right)\left(\frac{1}{2}\right)}{GA}dx$$
$$+ \int_{\frac{l}{2}}^{l} \frac{\alpha\left(\frac{w(l-2x)}{2}\right)\left(-\frac{1}{2}\right)}{GA}dx$$
$$= \alpha\frac{w}{4GA}\int_0^{\frac{l}{2}}(l-2x)dx - \alpha\frac{w}{4GA}\int_{\frac{l}{2}}^{l}(l-2x)dx$$
$$= \alpha\frac{w}{4GA}[lx-x^2]_0^{l/2} - \alpha\frac{w}{4GA}[lx-x^2]_{l/2}^{l}$$
$$= \alpha\frac{wl^2}{4GA}\left[\left(\frac{1}{2}-\frac{1}{4}\right) - \left\{(1-1)-\left(\frac{1}{2}-\frac{1}{4}\right)\right\}\right]$$
$$= \alpha\frac{wl^2}{4GA}\left(\frac{1}{4}+\frac{1}{4}\right) = \alpha\frac{wl^2}{8GA}$$

[体積法]

図（e）のように三角柱の体積は［面積×高さ÷2］であり，左右対称を考慮して左半分を計算し，その値を2倍して求めることにすれば，せん断たわみは次式となる。
$$\delta_s = \int \alpha \frac{Q\bar{Q}}{GA}dx$$
$$= \alpha\frac{1}{GA}\left\{\left(\frac{wl}{2}\right)\times\left(\frac{1}{2}\right)\times\left(\frac{l}{2}\right)\div 2\right\}\times 2$$
$$= \alpha\frac{wl^2}{8GA}$$

あるいは，体積係数を使用するとすれば，次のように考える。応力図の組合せについて，左右半分に注目すれば，Mと$\bar{M}$とが入れ替わっているものの（体積は変わらず），⑦の状

[幾何学的表現]

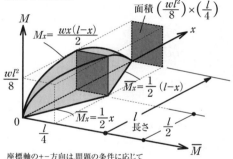

座標軸の＋－方向は，問題の条件に応じて適宜決めてかまわない

・体積＝｜面積×長さ÷(12/5)｜
$$= \left\{\left(\frac{wl^2}{8}\right)\times\left(\frac{l}{4}\right)\right\}\times l \div \frac{12}{5} = \frac{5wl^4}{384}$$

・体積係数$K=5l/12$　（章末表の㉔に該当）
$$KM\bar{M} = \left(\frac{5l}{12}\right)\times\left(\frac{wl^2}{8}\right)\times\left(\frac{l}{4}\right) = \frac{5wl^4}{384}$$

（d）体積法による仮想内力仕事（曲げ応力）

[幾何学的表現]

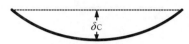

座標軸の＋－方向は，問題の条件に応じて適宜決めてかまわない

・三角柱の体積＝（面積×長さ÷2）
$$= \left\{\left(\frac{wl}{2}\right)\times\left(\frac{1}{2}\right)\times\frac{l}{2}\div 2\right\}\times 2 = \frac{wl^2}{8}$$

・体積係数$K=l/2$　（左右半分$l/2$が章末表の⑦に相当）
$$KM\bar{M} = \left\{\left(\frac{l/2}{2}\right)\times\left(\frac{wl}{2}\right)\times\left(\frac{1}{2}\right)\right\}\times 2 = \frac{wl^2}{8}$$

（e）体積法による仮想内力仕事（せん断応力）

C点（スパン中央）のたわみ：　$\delta_C = \delta_b + \delta_s$

曲げたわみ：　$\delta_b = \dfrac{5wl^4}{384EI}$

せん断たわみ：　$\delta_s = \alpha\dfrac{wl^2}{8GA}$

（f）スパン中央の鉛直方向のたわみ（計算結果）

例題図 5-6（その2）

態 ($K = l/2$) と同じであるので, M を Q に置き換えて, 左右それぞれについて $K = (l/2)/2$ とすれば, せん断たわみは次式のようになる。

$$\delta_s = \int \alpha \frac{Q\bar{Q}}{GA} dx = \alpha \frac{1}{GA} KM\bar{M}$$

$$= \alpha \frac{1}{GA} \left\{ \begin{array}{l} \left(\dfrac{l}{2}\right) \times \left(\dfrac{wl}{2}\right) \times \left(\dfrac{1}{2}\right) \\ + \left(\dfrac{l}{2}\right) \times \left(\dfrac{-wl}{2}\right) \times \left(\dfrac{-1}{2}\right) \end{array} \right\}$$

$$= \alpha \frac{wl^2}{8GA}$$

以上, 体積係数にこだわって説明したが, 幾何学的に求めるほうが簡単な場合には, 幾何学的な方法を採ればよい。

ⅱ) 軸方向力による鉛直変位

① 実系の軸方向応力は, 図 (b) のように 0 であり, したがって, $\delta_a = 0$。手順②③は省略。

ⅲ) 梁のスパン中央の鉛直変位は, 図 (d) に示すように, 次のようになる。

$$\sum (\overline{P_n}\delta) = (\bar{1} \cdot \delta)$$
$$= \delta = \int \frac{N\bar{N}}{EA} dx + \int \frac{M\bar{M}}{EI} dx + \int \alpha \frac{Q\bar{Q}}{GA} dx$$
$$= \delta_a + \delta_b + \delta_s$$
$$= 0 + \frac{5wl^4}{384EI} + \frac{\alpha wl^2}{8GA}$$
$$= \frac{5wl^4}{384EI} + \alpha \frac{wl^2}{8GA}$$

例題 5-7 例題図 5-7 (a) のような単純梁のスパン中央に集中荷重 P が作用する場合の, 梁スパン中央部の鉛直たわみを求めなさい。ただし, 梁の諸性能は部材で一定で, それぞれ EI, GA, EA とする。

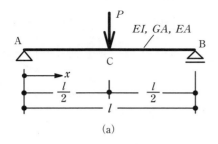

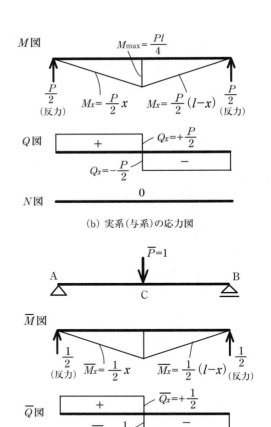

(b) 実系(与系)の応力図

(c) 鉛直方向の仮想外力と応力図

例題図 5-7 (その 1)

解答

本文で説明した手順に従って, 解く。

(1) 実系 (与系) の応力を求める。

与えられた条件における梁の応力図 (M図, Q図, N図) は, 図 (b) のようになる。

(2) 仮想荷重を作用させて, 仮想系の応力 ($\bar{M}, \bar{Q}, \bar{N}$) を求める。

1) 鉛直方向変位

鉛直変位については, 図 (c) のように, 注目点 (スパン中央) の鉛直方向に, 単独の仮想単位荷重 ($\bar{P} = 1$) を作用させ, 仮想の応力図 ($\bar{M}$図, $\bar{Q}$図, $\bar{N}$図) を求める。仮想荷重による応力図は, 図 (c) のようになる。

[数式解法]

ⅰ) 曲げ応力による鉛直変位

① 実系の曲げ応力は, 図 (b) のように, スパン中央部の左右で式が異なる。

(ⅰ) $0 \leq x \leq \dfrac{l}{2}$　　$M_x = \dfrac{P}{2} x$

（ⅱ） $\frac{l}{2} < x \leq l$　　$M_x = \frac{P}{2}(l-x)$

② 仮想系の曲げ応力も，図（c）のようにスパン中央部の左右で式が異なる。

（ⅰ） $0 \leq x \leq \frac{l}{2}$　　$\overline{M_x} = \frac{x}{2}$

（ⅱ） $\frac{l}{2} < x \leq l$　　$\overline{M_x} = \frac{1}{2}(l-x)$

③ 仮想荷重による仮想内力仕事より，曲げたわみは次式で計算される。

$$\delta_b = \int \frac{M\overline{M}}{EI} dx$$
$$= \int_0^{\frac{l}{2}} \frac{\left(\frac{P}{2}x\right)\left(\frac{x}{2}\right)}{EI} dx + \int_{\frac{l}{2}}^l \frac{\left\{\frac{P}{2}(l-x)\right\}\left\{\frac{1}{2}(l-x)\right\}}{EI} dx$$
$$= \frac{P}{4EI} \int_0^{\frac{l}{2}} x^2 dx + \frac{P}{4EI} \int_{\frac{l}{2}}^l (l-x)^2 dx$$
$$= \frac{P}{4EI}\left[\frac{x^3}{3}\right]_0^{\frac{l}{2}} + \frac{P}{4EI}\left[l^2 x - \frac{2lx^2}{2} + \frac{x^3}{3}\right]_{\frac{l}{2}}^l$$
$$= \frac{P}{4EI}\left(\frac{l^3}{24} - 0\right) + \frac{P}{4EI}\left\{\begin{array}{l}l^3 - l^3 + \frac{l^3}{3} \\ -\left(\frac{l^3}{2} - \frac{l^3}{4} + \frac{l^3}{24}\right)\end{array}\right\}$$
$$= \frac{Pl^3}{4EI}\left\{\frac{1}{24} + \frac{8}{24} - \left(\frac{12}{24} - \frac{6}{24} + \frac{1}{24}\right)\right\}$$
$$= \frac{Pl^3}{4EI} \times \frac{2}{24} = \frac{Pl^3}{48EI}$$

別の方法として，この骨組の形状と荷重条件は左右対称であるから，左側部分だけを計算して，その値を2倍しても同じである。

すなわち，

$$\delta_b = \int \frac{M\overline{M}}{EI} dx$$
$$= 2 \times \int_0^{\frac{l}{2}} \frac{\left(\frac{P}{2}x\right)\left(\frac{x}{2}\right)}{EI} dx$$
$$= 2 \times \frac{P}{4EI} \int_0^{\frac{l}{2}} x^2 dx = 2 \times \frac{P}{4EI}\left[\frac{x^3}{3}\right]_0^{\frac{l}{2}}$$
$$= 2 \times \frac{P}{4EI}\left(\frac{l^3}{24} - 0\right) = \frac{Pl^3}{48EI}$$

［体積法］

図（d）のように $M \times \overline{M}$ が形づくる立体は2つの四角錐で構成される形となる。その体積は［面積×長さ÷3］であるので，左右対称条件を考慮して計算すれば，曲げたわみは次式となる。

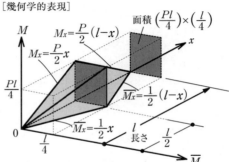

- 四角錐の体積=（面積×長さ÷3）
$$= \left\{\left(\frac{Pl}{4}\right) \times \left(\frac{l}{4}\right)\right\} \times l \div 3 = \frac{Pl^3}{48}$$

- 体積係数 $K = l/3$　（章末表の㉑に該当）
$$KM\overline{M} = \left(\frac{l}{3}\right) \times \left(\frac{Pl}{4}\right) \times \left(\frac{l}{4}\right) = \frac{Pl^3}{48}$$

（d）体積法による仮想内力仕事（曲げ応力）

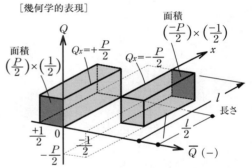

- 直方体の体積=（面積×長さ）
$$= \left\{\left(\frac{P}{2} \times \frac{1}{2}\right) \times \frac{l}{2}\right\} \times 2 = \frac{Pl}{4}$$

- 体積係数 $K = l/2$　（左右半分$l/2$が章末表の①に相当）
$$KM\overline{M} = \left\{\left(\frac{l}{2}\right) \times \left(\frac{P}{2}\right) \times \left(\frac{1}{2}\right)\right\} \times 2 = \frac{Pl}{4}$$

（e）体積法による仮想内力仕事（せん断応力）

例題図5-7（その2）

$$\delta_b = \int \frac{M\overline{M}}{EI} dx = \frac{1}{EI}\left[\left\{\left(\frac{Pl}{4}\right) \times \left(\frac{l}{4}\right)\right\} \times l \div 3\right]$$
$$= \frac{Pl^3}{48EI}$$

あるいは，体積係数を使用すれば，章末表の㉑に該当するので $K = l/3$ であり，曲げたわみは次式となる。

5　仮想仕事法による静定骨組の変形

$$\delta_b = \int \frac{M\bar{M}}{EI}dx = \frac{1}{EI}KM\bar{M}$$
$$= \frac{1}{EI} \times \left(\frac{l}{3}\right) \times \left(\frac{Pl}{4}\right) \times \left(\frac{l}{4}\right)$$
$$= \frac{Pl^3}{48EI}$$

ii) せん断力による鉛直変位
[数式解法]
① 実系のせん断応力は，図 (b) のように，左右で式が異なる。

（i） $0 \leq x \leq \frac{l}{2}$ $Q_x = +\frac{P}{2}$

（ii） $\frac{l}{2} < x \leq l$ $Q_x = -\frac{P}{2}$

② 仮想系のせん断応力についても，図 (c) のように，左右で式が異なる。

（i） $0 \leq x \leq \frac{l}{2}$ $Q_x = +\frac{1}{2}$

③ 仮想せん断力による仮想内力仕事より，せん断たわみは次式で計算される。

$$\delta_s = \int \alpha \frac{Q\bar{Q}}{GA}dx$$
$$= \int_0^{\frac{l}{2}} \frac{\alpha\left(\frac{P}{2}\right)\left(\frac{1}{2}\right)}{GA}dx + \int_{\frac{l}{2}}^{l} \frac{\alpha\left(-\frac{P}{2}\right)\left(-\frac{1}{2}\right)}{GA}dx$$
$$= \frac{\alpha P}{4GA}\int_0^{\frac{l}{2}}1 \cdot dx + \frac{\alpha P}{4GA}\int_{\frac{l}{2}}^{l}1 \cdot dx$$
$$= \frac{\alpha P}{4GA}[x]_0^{\frac{l}{2}} + \frac{\alpha P}{4GA}[x]_{\frac{l}{2}}^{l}$$
$$= \frac{\alpha Pl}{4GA}\left\{\left(\frac{1}{2}-0\right)+\left(1-\frac{1}{2}\right)\right\}$$
$$= \frac{\alpha Pl}{4GA}$$

[体積法]
図 (e) のような直方体の体積は［面積×高さ］であり，対称性を考慮して左半分の体積の2倍として計算すれば，せん断たわみは次式となる。

$$\delta_s = \int \alpha \frac{Q\bar{Q}}{GA}dx$$
$$= \alpha \frac{1}{GA}\left[\left\{\left(\frac{P}{2}\right) \times \left(\frac{1}{2}\right)\right\} \times \left(\frac{l}{2}\right)\right] \times 2\right]$$
$$= \frac{\alpha Pl}{4GA}$$

あるいは，体積係数を使用すれば，M を Q に読み替えて，左右1/2部分に分けて考えれば，左右それぞれ章末表の①に該当するので $K = l/2$ であり，したがって，せん断たわみは次のよう求められる。

$$\delta_s = \int \alpha \frac{Q\bar{Q}}{GA}dx = \frac{\alpha}{GA}KM\bar{M}$$
$$= \left\{\frac{\alpha}{GA} \times \left(\frac{1}{2}\right) \times \left(\frac{P}{2}\right) \times \left(\frac{1}{2}\right)\right\}$$
$$+ \left\{\frac{\alpha}{GA} \times \left(\frac{1}{2}\right) \times \left(\frac{-P}{2}\right) \times \left(\frac{-1}{2}\right)\right\}$$
$$= \frac{\alpha Pl}{4GA}$$

iii) 軸方向力による鉛直変位
軸方向応力は，実系・仮想系ともに 0，したがって，
$$\delta_a = 0$$

iii) 梁のスパン中央の鉛直変位についてまとめれば，次のようになる。
$$\sum(\overline{P_n}\delta) = (\overline{1}\cdot\delta)$$
$$= \delta = \int \frac{N\bar{N}}{AE}dx + \int \frac{M\bar{M}}{EI}dx + \int \alpha \frac{Q\bar{Q}}{GA}dx$$
$$= \delta_a + \delta_b + \delta_s$$
$$= 0 + \frac{Pl^3}{48EI} + \frac{\alpha Pl}{4GA}$$
$$= \frac{Pl^3}{48EI} + \frac{\alpha Pl}{4GA}$$

【例題5-8】 例題図5-8 (a) のような単純梁の任意の位置に集中荷重 P が作用する場合の，荷重点の鉛直たわみを求めなさい。ただし，梁の諸性能は部材で一定で，それぞれ EI，GA，EA とする。

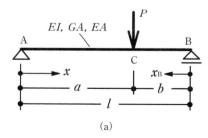

(a)

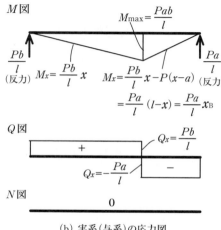

(b) 実系(与系)の応力図

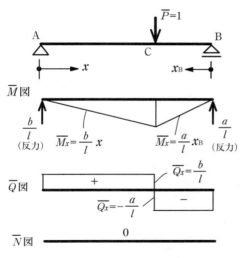

(c) 鉛直方向の仮想外力と応力図

例題図 5-8（その 1）

[解答]

本文で説明した手順に従って、解く。

(1) 実系（与系）の応力を求める。

与えられた条件における梁の応力図（M図, Q図, N図）は、図（b）のようになる。図中には、後の計算が簡単になるように、B点を原点とした位置 x_B によるモーメント式も示してある。

(2) 仮想荷重を作用させて、仮想系の応力（$\overline{M}, \overline{Q}, \overline{N}$）を求める。

1) 鉛直方向変位

鉛直変位については、図（c）のように、注目点（加力点）の鉛直方向に、単独の仮想単位荷重（$\overline{P}=1$）を作用させ、仮想の応力図（$\overline{M}$図, $\overline{Q}$図, $\overline{N}$図）を求める。仮想荷重による応力図は、図（c）のようになる。

ⅰ) 曲げモーメントによる鉛直変位

[数式解法]

① 実系のモーメントは、図（b）のように、加力点の左右で式が異なる。

(ⅰ) $0 \leq x \leq a$　　$M_x = \dfrac{Pb}{l} x$

(ⅱ) $a < x \leq l$　　$M_x = \dfrac{Pa}{l}(l-x)$

　　$0 < x_B \leq b$　　$M_x = \dfrac{Pa}{l} x_B$

② 仮想系のモーメントは、図（c）のようになる。

(ⅰ) $0 \leq x \leq a$　　$\overline{M_x} = \dfrac{b}{l} x$

(ⅱ) $a < x \leq l$　　$\overline{M_x} = \dfrac{a}{l}(l-x)$

　　$0 < x_B \leq b$　　$\overline{M_x} = \dfrac{a}{l} x_B$

③ 仮想荷重（モーメント）による仮想内部仕事の計算にあたっては、計算を簡単にするために、荷重の左側についてはA点からの距離 x で、右側についてはB点からの距離 x_B の式で計算することとすれば、曲げたわみは次式のようになる。

$$\delta_b = \int \dfrac{M\overline{M}}{EI} dx$$

$$= \int_0^a \dfrac{\left(\dfrac{Pb}{l} x\right)\left(\dfrac{b}{l} x\right)}{EI} dx + \int_0^b \dfrac{\left(\dfrac{Pa}{l} x_B\right)\left(\dfrac{a}{l} x_B\right)}{EI} dx_B$$

$$= \dfrac{Pb^2}{EIl^2} \int_0^a x^2 dx + \dfrac{Pa^2}{EIl^2} \int_0^b x_B^2 dx_B$$

$$= \dfrac{Pb^2}{EIl^2} \left[\dfrac{x^3}{3}\right]_0^a + \dfrac{Pa^2}{EIl^2} \left[\dfrac{x_B^3}{3}\right]_0^b$$

$$= \dfrac{Pb^2}{EIl^2} \left(\dfrac{a^3}{3} - 0\right) + \dfrac{Pa^2}{EIl^2} \left(\dfrac{b^3}{3} - 0\right)$$

$$= \dfrac{Pa^2 b^2}{3EIl^2}(a+b) = \dfrac{Pa^2 b^2}{3EIl}$$

[体積法]

図（d）のように $M \times \overline{M}$ が形づくる立体は2つの四角錐で構成される形となる。四角錐の体積は［面積×長さ÷3］であるので、曲げたわみは次式となる。

$$\delta_b = \int \dfrac{M\overline{M}}{EI} dx$$

$$= \dfrac{1}{EI} \left[\left\{\left(\dfrac{Pab}{l}\right) \times \left(\dfrac{ab}{l}\right) \times (a+b)\right\} \div 3\right]$$

$$= \dfrac{1}{EI} \times \dfrac{Pa^2 b^2 (a+b)}{3l^2}$$

$$= \dfrac{Pa^2 b^2}{3EIl}$$

あるいは、体積係数を使用すれば、章末表の㉒に該当するので $K = l/3$ であり、曲げたわみは次式となる。

$$\delta_b = \int \dfrac{M\overline{M}}{EI} dx = \dfrac{1}{EI} K M \overline{M}$$

$$= \dfrac{1}{EI} \times \left(\dfrac{l}{3}\right) \times \left(\dfrac{Pab}{l}\right) \times \left(\dfrac{ab}{l}\right)$$

$$= \dfrac{Pa^2 b^2}{3EIl}$$

ⅱ) せん断力による鉛直変位

[数式解法]

① 実系のせん断応力は、図（b）のように、次式となる。

(ⅰ) $0 \leq x \leq a$　　$Q_x = +\dfrac{Pb}{l}$

(ⅱ) $a < x \leq l$　　$Q_x = -\dfrac{Pa}{l}$

　　$0 < x_B \leq b$　　$Q_x = -\dfrac{Pa}{l}$　　（上式と同じ）

② 仮想系のせん断応力は、図（c）のように、次式となる。

(ⅰ) $0 \leq x \leq a$　　$\overline{Q_x} = +\dfrac{b}{l}$

[幾何学的表現]

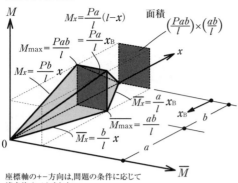

座標軸の+−方向は,問題の条件に応じて適宜決めてかまわない

・四角錐の体積=(面積×長さ÷3)
$$= \left\{\left(\frac{Pab}{l}\right)\times\left(\frac{ab}{l}\right)\right\}\times(a+b)\div 3 = \frac{Pa^2b^2(a+b)}{3l^2} = \frac{Pa^2b^2}{3l}$$

・体積係数 $K=l/3$ (章末表の㉒に該当)
$$KM\overline{M} = \left(\frac{l}{3}\right)\times\left(\frac{Pab}{l}\right)\times\left(\frac{ab}{l}\right) = \frac{Pa^2b^2}{3l}$$

(d) 体積法による仮想内力仕事(曲げ応力)

[幾何学的表現]

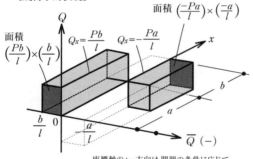

座標軸の+−方向は,問題の条件に応じて適宜決めてかまわない

・直方体の体積=(面積×長さ)
$$= \left\{\left(\frac{Pb}{l}\right)\times\left(\frac{b}{l}\right)\times a\right\} + \left\{\left(\frac{-Pa}{l}\right)\times\left(\frac{-a}{l}\right)\times b\right\}$$
$$= \frac{Pab}{l^2}(b+a) = \frac{Pab}{l}$$

・体積係数 $K=a$ または b
  (左右の各部分が章末表の①に相当)
$$KM\overline{M} = \left\{a\times\left(\frac{Pb}{l}\right)\times\left(\frac{b}{l}\right)\right\} + \left\{b\times\left(\frac{-Pa}{l}\right)\times\left(\frac{-a}{l}\right)\right\}$$
$$= \frac{Pab}{l^2}(b+a) = \frac{Pab}{l}$$

(e) 体積法による仮想内力仕事(せん断応力)

例題図 5-8 (その2)

(ii) $a<x\leq l$　　$Q_x = -\frac{a}{l}$

　　$0<x_B\leq b$　　$Q_x = -\frac{a}{l}$ (上式と同じ)

③ 仮想せん断力による仮想内力仕事より,せん断たわみは次式で計算される。

$$\delta_s = \int \alpha\frac{Q\overline{Q}}{GA}dx$$
$$= \int_0^a \frac{\alpha\left(\frac{Pb}{l}\right)\left(\frac{b}{l}\right)}{GA}dx + \int_0^b \frac{\alpha\left(-\frac{Pa}{l}\right)\left(-\frac{a}{l}\right)}{GA}dx_B$$
$$= \alpha\frac{Pb^2}{GAl^2}[x]_0^a + \alpha\frac{Pa^2}{GAl^2}[x_B]_0^b$$
$$= \alpha\frac{Pb^2}{GAl^2}(a-0) + \alpha\frac{Pa^2}{GAl^2}(b-0)$$
$$= \alpha\frac{Pab^2}{GAl^2} + \alpha\frac{Pa^2b}{GAl^2} = \alpha\frac{Pab}{GAl^2}(b+a)$$
$$= \alpha\frac{Pab}{GAl}$$

[体積法]

図 (e) のような直方体となり,体積は[面積×高さ]である。したがって,せん断たわみは次式となる。

$$\delta_s = \int \alpha\frac{Q\overline{Q}}{GA}dx$$
$$= \alpha\frac{1}{GA}\left[\begin{array}{l}\left\{\left(\frac{Pb}{l}\right)\times\left(\frac{b}{l}\right)\right\}\times a \\ +\left\{\left(\frac{-Pa}{l}\right)\times\left(\frac{-a}{l}\right)\right\}\times b\end{array}\right]$$
$$= \alpha\frac{1}{GA}\times\frac{Pab(a+b)}{l^2}$$
$$= \alpha\frac{Pab}{GAl}$$

あるいは,体積係数を使用すれば,M を Q に読み替えて,左右(a と b)部分に分けて考えれば,左右それぞれ章末表の①に該当するので $K=a$ または b であり,したがって,せん断たわみは次のよう求められる。

$$\delta_s = \int \alpha\frac{Q\overline{Q}}{GA}dx = \frac{\alpha}{GA}KM\overline{M}$$
$$= \alpha\frac{1}{GA}\left[\begin{array}{l}\left\{a\times\left(\frac{Pb}{l}\right)\times\left(\frac{b}{l}\right)\right\} \\ +\left\{b\times\left(\frac{-Pa}{l}\right)\times\left(\frac{-a}{l}\right)\right\}\end{array}\right]$$
$$= \alpha\frac{Pab}{GAl}$$

iii) 軸方向力による鉛直変位

① 実系の軸方向応力は,図 (b) のように 0 であり,したがって,$\delta_a = 0$。手順②③は省略。

iv) 荷重点Cの鉛直変位をまとめて表記すれば,次のようになる。

$$\sum(\overline{P_n}\delta) = (\overline{1}\cdot\delta)$$
$$= \delta = \int\frac{N\overline{N}}{EA}dx + \int\frac{M\overline{M}}{EI}dx + \int\alpha\frac{Q\overline{Q}}{GA}dx$$
$$= \delta_a + \delta_b + \delta_s$$
$$= \frac{Pa^2b^2}{3EIl} + \alpha\frac{Pab}{GAl}$$

例題 5-9 例題図 5-9(a)のような単純梁の支点 A にモーメント M が作用する場合の，C 点の鉛直たわみを求めなさい。ただし，梁の諸性能は部材で一定で，それぞれ EI, GA, EA とする。

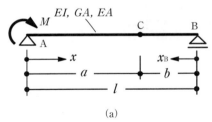

(a)

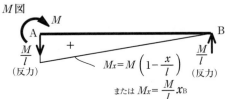

(b) 実系（与系）の応力図

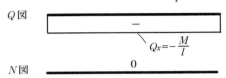

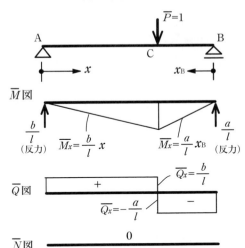

(c) C点の鉛直方向仮想外力と応力図

例題図 5-9（その 1）

解答

本文で説明した手順に従って，解く。

(1) 実系（与系）の応力を求める。

与えられた条件における梁の応力図（M図, Q図, N図）は，図（b）のようになる。

(2) 仮想荷重を作用させて，仮想系の応力（$\overline{M}$, $\overline{Q}$, $\overline{N}$）を求める。

C 点の鉛直変位については，図（c）のように，C 点の鉛直方向に，単独の仮想単位荷重（$\overline{P}=1$）を作用させ，仮想の応力図（$\overline{M}$図, $\overline{Q}$図, $\overline{N}$図）を求める。

i) 曲げモーメントによる鉛直変位

[数式解法]

① 実系のモーメントは，図（b）のようになる。計算を簡単にするために，A 点からの距離 x と B 点からの距離 x_B について示せば，次式のようになる。

(i) $0 \leq x \leq l$ $\quad M_x = M \times \left(1 - \dfrac{x}{l}\right)$

(ii) $0 \leq x_B \leq l$ $\quad M_x = \dfrac{M}{l} x_B$

② 仮想系のモーメントは，図（c）のようになり，次式となる。

(i) $0 \leq x \leq a$ $\quad \overline{M}_x = \dfrac{b}{l} x$

(ii) $0 \leq x_B \leq b$ $\quad \overline{M}_x = \dfrac{a}{l} x_B$

③ 仮想荷重による仮想内力仕事の関係により，C 点の曲げモーメントによる鉛直変位 δ_b は，次式のように計算される。

$$\delta_b = \int \dfrac{M \overline{M}}{EI} dx$$

$$= \int_0^a \dfrac{\left(M \times \left(1 - \dfrac{x}{l}\right)\right)\left(\dfrac{b}{l} x\right)}{EI} dx$$

$$+ \int_0^b \dfrac{\left(\dfrac{M}{l} x_B\right)\left(\dfrac{a}{l} x_B\right)}{EI} dx_B$$

$$= \dfrac{Mb}{EIl^2} \int_0^a (l-x)x\,dx + \dfrac{Ma}{EIl^2} \int_0^b x_B^2 \, dx_B$$

$$= \dfrac{Mb}{EIl^2} \left[\dfrac{lx^2}{2} - \dfrac{x^3}{3}\right]_0^a + \dfrac{Ma}{EIl^2} \left[\dfrac{x_B^3}{3}\right]_0^b$$

$$= \dfrac{Mb}{EIl^2} \left(\dfrac{la^2}{2} - \dfrac{a^3}{3}\right) + \dfrac{Ma}{EIl^2} \left(\dfrac{b^3}{3}\right)$$

$$= \dfrac{Mab}{EIl^2} \left(\dfrac{la}{2} - \dfrac{a^2}{3}\right) + \dfrac{Mab}{EIl^2} \left(\dfrac{b^2}{3}\right)$$

$$= \dfrac{Mab}{6EIl^2} (3la - 2(a^2 - b^2))$$

$$= \dfrac{Mab}{6EIl^2} (3la - 2(a+b)(a-b))$$

$$= \dfrac{Mabl}{6EIl^2} (3a - 2(a-b))$$

$$= \dfrac{Mab(a+2b)}{6EIl} \quad \text{または} \quad \dfrac{Mab(b+l)}{6EIl}$$

[体積法]

図（d）のように $M \times \overline{M}$ が形づくる立体は特殊な形となる。この形状の立体の体積を計算することは容易でないので，章末表を利用する。この立体のパターンは，表中⑬の応力図の組合せパターンが左右反転した形となっていることがわかる。したがって，図形全体を反転させて考えれば，形状係数

K の値は a と b を入れ替えた形の $K = b + l/6$ となる。

曲げ応力によるたわみは，次式となる。

$$\delta_b = \int \frac{M\bar{M}}{EI}dx = \frac{1}{EI}KM\bar{M}$$
$$= \frac{1}{EI} \times \left(\frac{(b+l)}{6}\right) \times (M) \times \left(\frac{ab}{l}\right)$$
$$= \frac{Mab(b+l)}{6EIl}$$

ii) せん断力による鉛直変位

[数式解法]

① 実系のせん断応力は，図 (b) のように，次式となる。

(ⅰ) $0 < x \leq l$　　$Q_x = -\dfrac{M}{l}$

(ⅱ) $0 < x_B \leq l$　　$Q_x = -\dfrac{M}{l}$（上式と同じ）

② 仮想系のせん断応力は，図 (c) のように，次式となる。

(ⅰ) $0 \leq x \leq a$　　$Q_x = +\dfrac{b}{l}$

(ⅱ) $0 < x_B \leq b$　　$Q_x = -\dfrac{a}{l}$

③ 仮想せん断力による仮想仕事の関係から，せん断力による鉛直変位 δ_s は，次式のように計算される。

$$\delta_s = \int \alpha \frac{Q\bar{Q}}{GA}dx$$
$$= \int_0^a \frac{\alpha\left(-\dfrac{M}{l}\right)\left(\dfrac{b}{l}\right)}{GA}dx$$
$$+ \int_0^b \frac{\alpha\left(-\dfrac{M}{l}\right)\left(-\dfrac{a}{l}\right)}{GA}dx_B$$
$$= \alpha\frac{Mb}{GAl^2}\int_0^a -1\cdot dx + \alpha\frac{Ma}{GAl^2}\int_0^b 1\cdot dx_B$$
$$= \alpha\frac{Mb}{GAl^2}[-x]_0^a + \alpha\frac{Ma}{GAl^2}[x_B]_0^b$$
$$= -\alpha\frac{Mab}{GAl^2} + \alpha\frac{Mab}{GAl^2}$$
$$= 0$$

すなわち，せん断応力による変形は生じないことになる。

[体積法]

図 (e) のように $M \times \bar{M}$ が形づくる立体は直方体となり，体積は［面積×高さ］である。せん断たわみは次式により計算され，結果0となる。

$$\delta_s = \int \alpha\frac{Q\bar{Q}}{GA}dx$$
$$= \alpha\frac{1}{GA}\left[\left\{\left(\frac{-M}{l}\right)\times\left(\frac{b}{l}\right)\times a\right\} + \left\{\left(\frac{-M}{l}\right)\times\left(\frac{-a}{l}\right)\times b\right\}\right]$$
$$= \alpha\frac{1}{GA}\left\{\frac{Mab(-1+1)}{l^2}\right\} = 0$$

iii) 軸方向力による鉛直変位

① 実系と仮想系の軸方向応力は，図 (b) と (c) のようにともに0であり，したがって，$\delta_a = 0$ 。手順②③は省略。

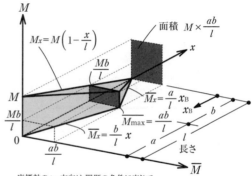

座標軸の+−方向は，問題の条件に応じて適宜決めてかまわない

・立体形状の体積＝（面積×長さ÷J）　ここで，$J = \dfrac{6b}{(a+2b)}$
$$= \left\{\left(\frac{Mb}{l}\right)\times\left(\frac{ab}{l}\right)\right\}\times l \div J = \frac{Mab(b+l)}{6l}$$

・体積係数 $K = (b+l)/6$　（章末表の⑬の反転形）
$$KM\bar{M} = \frac{(b+l)}{6}\times M\times\left(\frac{ab}{l}\right) = \frac{Mab(b+l)}{6l}$$

(d) 体積法による仮想内力仕事（曲げ応力）

[幾何学的表現]

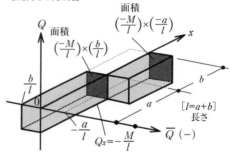

座標軸の+−方向は，問題の条件に応じて適宜決めてかまわない

・直方体の体積＝（面積×長さ）
$$= \left\{\left(\frac{-M}{l}\right)\times\left(\frac{b}{l}\right)\times a\right\} + \left\{\left(\frac{-M}{l}\right)\times\left(\frac{-a}{l}\right)\times b\right\}$$
$$= \frac{Mab}{l^2}(-1+1) = 0$$

・体積係数 $K = a$ または b
　　（左右の各部分が章末表の①に相当）
$$KM\bar{M} = \left\{a\times\left(\frac{-M}{l}\right)\times\left(\frac{b}{l}\right)\right\} + \left\{b\times\left(\frac{-M}{l}\right)\times\left(\frac{-a}{l}\right)\right\}$$
$$= \frac{Mab}{l^2}(-1+1) = 0$$

例題図 5-9（その 2）

iv) C点の鉛直変位をまとめて表現すれば，次のようになる。

$$\sum(\bar{P_n}\delta) = (\bar{1}\cdot\delta)$$
$$= \delta = \int\frac{N\bar{N}}{EA}dx + \int\frac{M\bar{M}}{EI}dx + \int\alpha\frac{Q\bar{Q}}{GA}dx$$
$$= \delta_a + \delta_b + \delta_s$$
$$= 0 + \frac{Mab(a+2b)}{6EIl} + 0$$
$$= \frac{Mab(a+2b)}{6EIl} \quad \text{または} \quad \frac{Mab(b+l)}{6EIl}$$

例題 5-10 例題図 5-10（a）のような等分布荷重を受ける単純梁（曲げ剛性 EI）の，支点 A のたわみ角（回転角）を求めなさい。

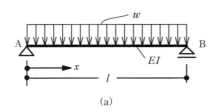

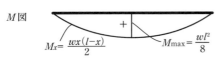

[幾何学的表現]

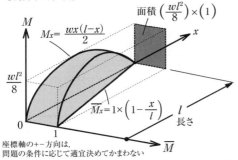

体積＝（面積×長さ÷3）＝$\left\{\left(\dfrac{wl^2}{8}\right)\times(1)\times l\div 3\right\}=\dfrac{wl^3}{24}$

・体積係数 $K=l/3$　（章末表の⑭に該当）

$$KM\overline{M}=\left(\dfrac{l}{3}\right)\times\left(\dfrac{wl^2}{8}\right)\times(+1)=\dfrac{wl^3}{24}$$

例題図 5-10

[解答]

各荷重条件の場合について，本文で説明した手順に従って解く。

本文において，たわみ角（回転角）は曲げ応力にだけ関係することを説明してある。したがって，具体的には，次の手順となる。

[数式解法]

① 実系（与系）の応力図（M図）を求める。実系の曲げモーメントは，次式となる。

$$M_x=\dfrac{wx(l-x)}{2}$$

② 注目点（支点 A）に，単独の仮想単位モーメント（$\overline{M}=1$）を作用させ，仮想の応力図（$\overline{M}$図）を求める。仮想系のモーメントは，次式となる。

$$\overline{M_x}=1\times\left(1-\dfrac{x}{l}\right)$$

③ たわみ角（回転角）を次式により求める。

$$\sum(\overline{M_n}\theta)=(\overline{1}\cdot\theta)=\int\dfrac{M\overline{M}}{EI}dx$$

$$\theta=\int\dfrac{M\overline{M}}{EI}dx=\int_0^l\dfrac{\left(\dfrac{wx(l-x)}{2}\right)\left(1-\dfrac{x}{l}\right)}{EI}dx$$

$$=\dfrac{w}{2EIl}\int_0^l x(l-x)^2 dx$$

$$=\dfrac{w}{2EIl}\left[\dfrac{l^2x^2}{2}-\dfrac{2lx^3}{3}+\dfrac{x^4}{4}\right]_0^l$$

$$=\dfrac{wl^4}{2EIl}\left(\dfrac{1}{2}-\dfrac{2}{3}+\dfrac{1}{4}\right)=\dfrac{wl^3}{24EI}$$

[体積法]

図（b）のように $M\times\overline{M}$ が形づくる立体の体積は［面積×長さ÷3］であるが，ここでは，章末表を利用して求める。

この立体は，章末表の⑭に該当するので，体積係数 $K=l/3$ であり，たわみ角は次式となる。

$$\theta=\int\dfrac{M\overline{M}}{EI}dx==\dfrac{1}{EI}KM\overline{M}$$

$$=\dfrac{1}{EI}\times\left\{\left(\dfrac{l}{3}\right)\times\left(\dfrac{wl^2}{8}\right)\times(1)\right\}$$

$$=\dfrac{wl^3}{24EI}$$

例題 5-11 例題図 5-11（a）のようにスパン中央部に集中荷重を受ける単純梁（曲げ剛性 EI）の，支点 A のたわみ角（回転角）を求めなさい。

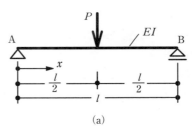

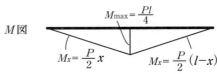

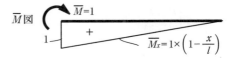

[幾何学的表現]

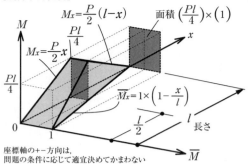

座標軸の+−方向は，問題の条件に応じて適宜決めてかまわない

体積 $=$ (面積×長さ÷4) $= \left\{\left(\dfrac{Pl}{4}\right) \times (1) \times l \div 4\right\} = \dfrac{Pl^2}{16}$

・体積係数 $K = l/4$ （章末表の⑫に該当）

$$KM\overline{M} = \left(\dfrac{l}{4}\right) \times \left(\dfrac{Pl}{4}\right) \times (1) = \dfrac{Pl^2}{16}$$

例題図 5-11

(解答)

本文で説明した手順に従って解く。たわみ角（回転角）は曲げ応力にだけ関係するので，次の手順となる。

[数式解法]

① 実系（与系）の応力図（M 図）を求める。実系の曲げモーメントは，次式となる。

(i) $0 \leq x \leq \dfrac{l}{2}$　　$M_x = \dfrac{P}{2}x$

(ii) $\dfrac{l}{2} < x \leq l$　　$M_x = \dfrac{P}{2}(l-x)$

② 注目点（支点 A）に，単独の仮想単位モーメント（$\overline{M} = 1$）を作用させ，仮想の応力図（$\overline{M}$ 図）を求める。仮想系のモーメントは，次式となる。

$$\overline{M_x} = 1 \times \left(1 - \dfrac{x}{l}\right)$$

③ たわみ角（回転角）を次式により求める。

$$\sum(\overline{M_n}\theta) = (\overline{1} \cdot \theta) = \int \dfrac{M\overline{M}}{EI}dx$$

$$\theta = \int \dfrac{M\overline{M}}{EI}dx$$

$$= \dfrac{P}{2EIl}\int_0^{l/2} x(l-x)dx + \dfrac{P}{2EIl}\int_{l/2}^{l}(l-x)^2 dx$$

$$= \dfrac{P}{2EIl}\left\{\left[\dfrac{lx^2}{2} - \dfrac{x^3}{3}\right]_0^{l/2} + \left[l^2 x - \dfrac{2lx^2}{2} + \dfrac{x^3}{3}\right]_{l/2}^{l}\right\}$$

$$= \dfrac{P}{2EIl}\left[\left\{\left(\dfrac{l^3}{8} - \dfrac{l^3}{24}\right) - (0-0)\right\} + \left\{\left(l^3 - l^3 + \dfrac{l^3}{3}\right) - \left(\dfrac{l^3}{2} - \dfrac{l^3}{4} + \dfrac{l^3}{24}\right)\right\}\right]$$

$$= \dfrac{Pl^3}{2EIl}\left\{\left(\dfrac{3}{24} - \dfrac{1}{24}\right) + \left(\dfrac{8}{24}\right) - \left(\dfrac{12}{24} - \dfrac{6}{24} + \dfrac{1}{24}\right)\right\}$$

$$= \dfrac{Pl^3}{2EIl} \times \dfrac{3}{24}$$

$$= \dfrac{Pl^2}{16EI}$$

[体積法]

図 (b) のように $M \times \overline{M}$ が形づくる立体の体積は[面積×長さ÷4]であるが，ここでは章末表の体積係数を利用して求める。この立体は，章末表の⑫に該当するので，体積係数 $K = l/4$ であり，たわみ角は次式により求められる。

$$\theta = \int \dfrac{M\overline{M}}{EI}dx = \dfrac{1}{EI}KM\overline{M}$$

$$= \dfrac{1}{EI} \times \left(\dfrac{l}{4}\right) \times \left(\dfrac{Pl}{4}\right) \times (1)$$

$$= \dfrac{Pl^2}{16EI}$$

(例題 5-12) 例題図 5-12 (a) のような材端 A にモーメント荷重 M が作用する単純梁（曲げ剛性 EI）の，支点 A および B のたわみ角（回転角）を求めなさい。

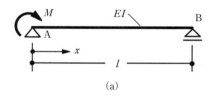

(a)

[I] 支点 A

M 図　　$M_x = M\left(1 - \dfrac{x}{l}\right)$

$\overline{M}$ 図　　$\overline{M} = 1$　　$\overline{M_x} = 1 \times \left(1 - \dfrac{x}{l}\right)$

[幾何学的表現]

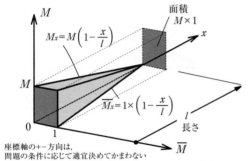

座標軸の+−方向は，問題の条件に応じて適宜決めてかまわない

・体積＝(面積×長さ÷3)＝$(M \times 1 \times l \div 3) = \dfrac{Ml}{3}$

・体積係数 $K = l/3$ （章末表の⑧の反転形）

$KM\overline{M} = \left(\dfrac{l}{3}\right) \times (+M) \times (1) = \dfrac{Ml}{3}$

(b)

例題図 5-12（その 1）

[解答]

本文で説明した手順に従って解く。たわみ角（回転角）は曲げ応力にだけ関係するので，次の手順となる。

(1) 支点 A のたわみ角 （図 (b) 参照）

[数式解法]

① 実系（与系）の応力図（M 図）を求める。実系の曲げモーメントは，次式となる。

$0 \leq x \leq l \qquad M_x = M \times \left(1 - \dfrac{x}{l}\right)$

② 注目点（支点 A）に，単独の仮想単位モーメント（$\overline{M} = 1$）を作用させ，仮想の応力図（$\overline{M}$ 図）を求める。仮想系のモーメントは，次式となる。

$0 \leq x \leq l \qquad \overline{M_x} = 1 \times \left(1 - \dfrac{x}{l}\right)$

③ たわみ角（回転角）を次式により求める。

$\sum (\overline{M_n} \theta) = (\overline{1} \cdot \theta) = \int \dfrac{M\overline{M}}{EI} dx$

$\theta = \int \dfrac{M\overline{M}}{EI} dx$

$= \int_0^l \dfrac{\left(M \times \left(1 - \dfrac{x}{l}\right)\right)\left(1 - \dfrac{x}{l}\right)}{EI} dx$

$= \dfrac{M}{EIl^2} \int_0^l (l-x)^2 dx$

$= \dfrac{M}{EIl^2} \left[l^2 x - \dfrac{2lx^2}{2} + \dfrac{x^3}{3}\right]_0^l$

$= \dfrac{M}{EIl^2} \left\{\left(l^3 - l^3 + \dfrac{l^3}{3}\right) - 0\right\}$

$= \dfrac{Ml}{3EI}$

[体積法]

図 (b) のように $M \times \overline{M}$ が形づくる立体の体積は [面積×長さ÷3] であるので，たわみ角は次のようになる。

$\theta = \int \dfrac{M\overline{M}}{EI} dx$

$= \dfrac{1}{EI}\{(M) \times (1) \times l \div 3\} = \dfrac{Ml}{3EI}$

あるいは，体積係数を使用すれば，章末表の⑧の反転形なので，$K = l/3$ として，次式で計算できる。

$\theta = \int \dfrac{M\overline{M}}{EI} dx = \dfrac{1}{EI} KM\overline{M}$

$= \dfrac{1}{EI} \times \left(\dfrac{l}{3}\right) \times (M) \times (1)$

$= \dfrac{Ml}{3EI}$

(2) 支点 B のたわみ角 （図 (c) 参照）

[数式解法]

① 実系のモーメントは，前項と同じ，次式となる。

$0 \leq x \leq l \qquad M_x = M \times \left(1 - \dfrac{x}{l}\right)$

② 注目点（支点 B）に，単独の仮想単位モーメント（$\overline{M} = 1$）を作用させ，仮想の応力図（$\overline{M}$ 図）を求める。仮想系のモーメントは，次式となる。

$0 \leq x \leq l \qquad \overline{M_x} = -\dfrac{x}{l}$

③ 仮想モーメントによる仮想仕事の関係から，たわみ角（回転角）は次のように計算される。

$(\overline{1} \cdot \theta_b) = \theta_b = \int \dfrac{M\overline{M}}{EI} dx$

$= \int_0^l \dfrac{\left(M \times \left(1 - \dfrac{x}{l}\right)\right)\left(-\dfrac{x}{l}\right)}{EI} dx$

$= \dfrac{-M}{EIl^2} \int_0^l (l-x)x \, dx$

$= \dfrac{-M}{EIl^2} \left[\dfrac{lx^2}{2} - \dfrac{x^3}{3}\right]_0^l$

$= \dfrac{-M}{EIl^2} \left\{\left(\dfrac{l^3}{2} - \dfrac{l^3}{3}\right) - 0\right\}$

$= \dfrac{-Ml}{6EI}$

[体積法]

図 (c) のように $M \times \overline{M}$ が形づくる立体の体積は [面積×長さ÷6] であるが，ここでは章末表の体積係数を利用して求める。

応力の組合せは章末表の⑨の左右反転形なので，$K = l/6$ であり，たわみ角は次式より求められる。

$\theta = \int \dfrac{M\overline{M}}{EI} dx = \dfrac{1}{EI} KM\overline{M}$

$= \dfrac{1}{EI} \times \left(\dfrac{l}{6}\right) \times (M) \times (-1) = \dfrac{-Ml}{6EI}$

5 仮想仕事法による静定骨組の変形 125

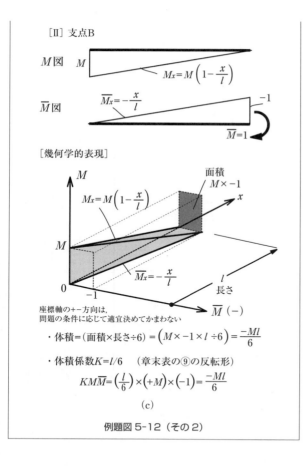

例題図5-12（その2）

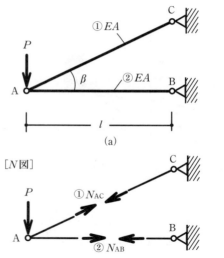

(a)

[N図]

$\Sigma Y=0 : N_{AC}\cdot\sin\beta - P = 0 \quad \therefore N_{AC}=P/\sin\beta$ ①
$\Sigma X=0 : N_{AC}\cdot\cos\beta + N_{AB}=0$
$\therefore N_{AB}=-N_{AC}\cdot\cos\beta=-(P/\sin\beta)\cdot\cos\beta$
$= -P/\tan\beta$ ②

(b) 実系（与系）の応力図

[$\overline{N}$図]

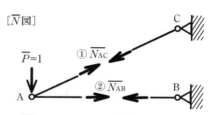

$\overline{N_{AC}}=1/\sin\beta$ ①, $\overline{N_{AB}}=-1/\tan\beta$ ②

(c) A点の鉛直方向仮想外力と応力図

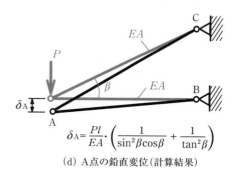

$\delta_A = \dfrac{Pl}{EA}\cdot\left(\dfrac{1}{\sin^2\beta\cos\beta}+\dfrac{1}{\tan^2\beta}\right)$

(d) A点の鉛直変位（計算結果）

部材	剛性 EA	部材長 l	実軸力 N	仮想軸力 $\overline{N}$	仮想仕事 $\dfrac{\overline{N}N}{EA}l$
① AC	$\dfrac{1}{EA}$	$\dfrac{l}{\cos\beta}$	$\dfrac{P}{\sin\beta}$	$\dfrac{1}{\sin\beta}$	$\dfrac{Pl}{EA}\cdot\dfrac{1}{\sin^2\beta\cos\beta}$
② AB	$\dfrac{1}{EA}$	l	$\dfrac{-P}{\tan\beta}$	$\dfrac{-1}{\tan\beta}$	$\dfrac{Pl}{EA}\cdot\dfrac{1}{\tan^2\beta}$

(e) 仮想内力仕事の計算表

図5-16 トラスの変位

（2） トラスのたわみ

図5-16（a）に示すようなトラスの先端に、鉛直方向の集中荷重が作用した場合を例として、トラス先端の鉛直方向たわみ（変位）を求める手順を説明する。

トラスの変形の算定手順は梁の場合と同様であるが、トラスの場合には応力は軸方向力だけであり、したがって、$\int \dfrac{M\overline{M}}{EI}dx=0$, $\int \alpha\dfrac{Q\overline{Q}}{GA}dx=0$ となることに特徴がある。

① 実系（与系）の応力を求める（『建築の力学Ⅰ』の「4 部材の応力」の「4-7 トラスの応力」において詳しく説明しているので、必要に応じて参照のこと）。

与えられた条件におけるトラスの応力図（N図）は、図（b）のようになる。

② 仮想荷重を作用させて、仮想系の軸方向応力（$\overline{N}$図）を求める。

トラス先端（注目点）の鉛直方向に、単独の仮想

単位荷重（$\overline{P} = 1$）を作用させて仮想軸方向応力（$\overline{N}$図）を求めれば，図（c）のようになる。

③ （5.17）式にもとづきトラス先端の鉛直変位を計算すれば，次のようになる。

$$\sum(\overline{P_n}\delta) = (\overline{1}\cdot\delta) = \delta = \sum\left(\int \frac{N\overline{N}}{EA}dx\right)$$

$$\delta = \sum\left(\int \frac{N\overline{N}}{EA}dx\right) = \sum\left(\frac{N\overline{N}}{EA}l\right)$$

$$= \frac{N_{AC}\cdot\overline{N_{AC}}}{EA}l_{AC} + \frac{N_{AB}\cdot\overline{N_{AB}}}{EA}l_{AB}$$

$$= \frac{\dfrac{P}{\sin\beta}\cdot\dfrac{1}{\sin\beta}}{EA}\cdot\frac{l}{\cos\beta} + \frac{\dfrac{-P}{\tan\beta}\cdot\dfrac{-1}{\tan\beta}}{EA}\cdot l$$

$$= \frac{Pl}{EA\sin^2\beta\cos\beta} + \frac{Pl}{EA\tan^2\beta}$$

$$= \frac{Pl}{EA}\cdot\left(\frac{1}{\sin^2\beta\cos\beta} + \frac{1}{\tan^2\beta}\right)$$

計算結果を図示すれば，図（d）のようになる（図は誇張して描いているが，実際は微小変位である）。

一般のトラスの場合には構成部材数が多くなるので，図表（e）に示すような仮想仕事（仮想内力仕事）の計算表を作成して行えば，もれなく計算できる。

例題5-13 例題図5-13（a）のような荷重状態のトラスの，スパン中央の節点Bの鉛直たわみを求めなさい。ただし，部材②と②'（合掌材）の軸剛性は $2EA$，その他の材（①，①'，③）の軸剛性は EA とする。

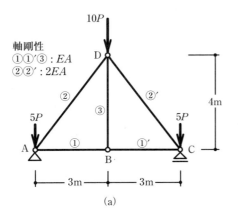

(a)

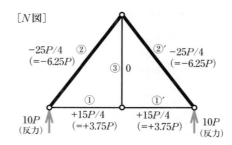

(b) 実系（与系）の応力図

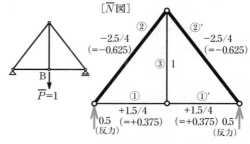

(c) B点の鉛直方向仮想外力と応力図

部材	剛性 EA	部材長 l	実軸力 N	仮想軸力 $\overline{N}$	仮想仕事 $\dfrac{\overline{N}N}{EA}l$
①	$\dfrac{1}{EA}$	3	$+\dfrac{15P}{4}$	$+\dfrac{1.5}{4}$	$67.5/16 \cdot \dfrac{P}{EA}$
①'					$67.5/16 \cdot \dfrac{P}{EA}$
②	$\dfrac{1}{2EA}$	5	$-\dfrac{25P}{4}$	$-\dfrac{2.5}{4}$	$312.5/32 \cdot \dfrac{P}{EA}$
②'					$312.5/32 \cdot \dfrac{P}{EA}$
③	$\dfrac{1}{EA}$	4	0	1	0
$\sum\left(\dfrac{\overline{N}N}{EA}l\right)$					$\dfrac{895}{32}\cdot\dfrac{P}{EA}$

$$\overline{1}\cdot\delta_B = \sum\left(\dfrac{\overline{N}N}{EA}l\right) = \dfrac{895}{32}\dfrac{P}{EA} \approx 27.969\dfrac{P}{EA}$$

(d) 仮想内力仕事の計算表

例題図5-13

解答

(1) 実系（与系）の応力を求める（『建築の力学Ⅰ』の「4部材の応力」の「4-7 トラスの応力」において詳しく説明しているので，必要に応じて参照のこと）。

与えられた条件におけるトラスの応力図（N図）は，図（b）のようになる。

(2) 仮想荷重を作用させて，仮想系の軸方向応力（$\overline{N}$図）を求める。

節点B（注目点）の鉛直方向に，単独の仮想単位荷重（$\overline{P} = 1$）を作用させて仮想軸方向応力（$\overline{N}$図）を求めれば，図（c）のようになる。

(3) （5.18）式にもとづき，図表（d）のように，節点Bの

鉛直変位を計算すれば，次のようになる。

$$\Sigma(\overline{P_n}\delta) = (\overline{1}\cdot\delta) = \delta = \Sigma\left(\int \frac{N\overline{N}}{EA}dx\right)$$

$$\delta = \Sigma\left(\int \frac{N\overline{N}}{EA}dx\right) = \Sigma\left(\frac{N\overline{N}}{EA}l\right)$$

$$= \left(\frac{1}{EA} \times 3 \times \frac{15P}{4} \times \frac{1.5}{4}\right) \times 2$$

$$\times \left(\frac{1}{EA} \times 5 \times \frac{-25P}{4} \times \frac{-2.5}{4}\right) \times 2$$

$$= \left(\frac{67.5P}{16EA}\right) \times 2 + \left(\frac{312.5P}{32EA}\right) \times 2 + 0$$

$$= \frac{895P}{32EA} \fallingdotseq 27.97\frac{P}{EA}$$

例題 5-14　例題図 5-14(a)のような荷重状態のトラスの，頂部の節点 D の水平たわみ（変位）を求めなさい。ただし，すべての部材のヤング係数は E であり，部材④と⑤（合掌材）の断面積は $2A$，その他の部材の断面積は A である。

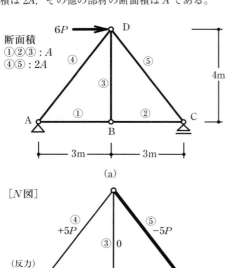

(a)

[N図]

(b) 実系（与系）の応力図

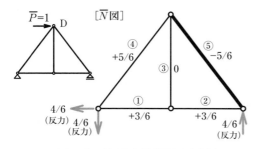

(c) D点の水平方向仮想外力と応力図

部材	剛性 EA	部材長 l	実軸力 N	仮想軸力 $\overline{N}$	仮想仕事 $\frac{\overline{N}N}{EA}l$
① ②	$\frac{1}{EA}$	3	$+3P$	$+\frac{3}{6}$	$27/6$ $27/6$ $\cdot\frac{P}{EA}$
③	$\frac{1}{EA}$	4	0	0	0
④	$\frac{1}{2EA}$	5	$+5P$	$+\frac{5}{6}$	$125/12 \cdot\frac{P}{EA}$
⑤	$\frac{1}{2EA}$	5	$-5P$	$-\frac{5}{6}$	$125/12 \cdot\frac{P}{EA}$
				$\Sigma\left(\frac{\overline{N}N}{EA}l\right)$	$\frac{358}{12}\cdot\frac{P}{EA}$

$$\overline{1}\cdot\delta_D = \Sigma\left(\frac{\overline{N}N}{EA}l\right) = \frac{358}{12}\frac{P}{EA} \fallingdotseq 29.833\frac{P}{EA}$$

(d) 仮想内力仕事の計算表

例題図 5-14

解答

(1) 実系（与系）の応力を求める。

与えられた条件におけるトラスの応力図（N 図）は図（b）のようになる。

(2) 仮想荷重を作用させて，仮想系の軸方向応力（$\overline{N}$ 図）を求める。

節点 D（注目点）の水平方向に，単独の仮想単位荷重（$\overline{P_n}=1$）を作用させて仮想軸方向応力（$\overline{N}$ 図）を求めれば，図（c）のようになる。

(3) (5.18) 式にもとづき，図（d）のように，仮想内力仕事の計算表を作成して，節点 D の水平たわみ（変位）を計算すれば，次のようになる。

$$\Sigma(\overline{P_n}\delta) = (\overline{1}\cdot\delta) = \delta = \Sigma\left(\int \frac{N\overline{N}}{EA}dx\right)$$

$$\delta = \Sigma\left(\int \frac{N\overline{N}}{EA}dx\right) = \Sigma\left(\frac{N\overline{N}}{EA}l\right)$$

$$= \left(\frac{27}{6}+\frac{27}{6}+0+\frac{125}{12}+\frac{125}{12}\right)\cdot\frac{P}{EA}$$

$$= \frac{358}{12}\cdot\frac{P}{EA} \fallingdotseq 29.83\frac{P}{EA}$$

なお，具体的な数値を代入してたわみ（変位）を計算するにあたっては，P，E，A，l の単位を統一して適用することが必要であることに留意してほしい。

例題 5-15　例題図 5-15（a）のように水平力が作用するトラスの，節点 E の水平たわみ（変位）を求めなさい。ただし，すべての部材の軸剛性 AE は同一であるとする。

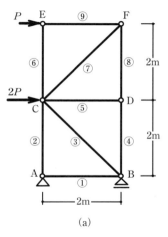

(a)

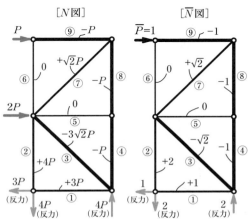

(b) 実系の応力図　　(c) 仮想外力と応力図

部材	剛性 EA	部材長 l	実軸力 N	仮想軸力 $\overline{N}$	仮想仕事 $\dfrac{\overline{N}N}{EA}l$
①		2	$+3P$	$+1$	6
②		2	$+4P$	$+2$	16
③		$2\sqrt{2}$	$-3\sqrt{2}P$	$-\sqrt{2}$	$12\sqrt{2}$
④		2	$-P$	-1	2
⑤	$\dfrac{1}{EA}$	2	0	0	0
⑥		2	0	0	0
⑦		$2\sqrt{2}$	$+\sqrt{2}P$	$+\sqrt{2}$	$4\sqrt{2}$
⑧		2	$-P$	-1	2
⑨		2	$-P$	-1	2
				$\sum\left(\dfrac{\overline{N}N}{EA}l\right)$	$(28+16\sqrt{2})\dfrac{P}{EA}$

$\overline{1}\cdot\delta_E = \sum\left(\dfrac{\overline{N}N}{EA}l\right) = (28+16\sqrt{2})\dfrac{P}{EA} \fallingdotseq 50.627\dfrac{P}{EA}$

(d) 仮想内力仕事の計算表

例題図 5-15

[解答]

(1) 実系（与系）の応力を求める。

与えられた条件におけるトラスの応力図（N 図）は、図 (b) のようになる。

(2) 仮想荷重を作用させて、仮想系の軸方向応力（$\overline{N}$ 図）を求める。

節点 E（注目点）の水平方向に、単独の仮想単位荷重（$\overline{P_n}$）$=1$）を作用させて仮想軸方向応力（$\overline{N}$ 図）を求めれば、図 (c) のようになる。

(3) (5.18) 式にもとづき、図表 (d) のように、仮想内力仕事の計算表を作成して、節点 E の水平たわみ（変位）を計算すれば、次のようになる。

$$\sum(\overline{P_n}\delta)=(\overline{1}\cdot\delta)=\delta=\sum\left(\int\dfrac{N\overline{N}}{EA}dx\right)$$

$$\delta=\sum\left(\int\dfrac{N\overline{N}}{EA}dx\right)=\sum\left(\dfrac{N\overline{N}}{EA}l\right)$$

$$=(6+16+12\sqrt{2}+2+0+0+4\sqrt{2}+2+2)\cdot\dfrac{P}{EA}$$

$$=(28+16\sqrt{2})\dfrac{P}{EA}\fallingdotseq 50.63\dfrac{P}{EA}$$

なお、具体的な数値を代入してたわみ（変位）を計算するにあたっては、P, E, A, l の単位を統一して適用することが必要であることに留意してほしい。

(3) 骨組のたわみ

骨組のたわみ（変形）の算定は、梁の場合と同様、注目点に仮想外力を作用させて仮想外力仕事をさせ、その仮想外力により骨組内部に発生する仮想内力仕事を算定することにより、注目点のたわみ（変位）を同定するものである。使用する式は、梁・トラスの場合と同様、(5.18) 式または (5.19) 式であり、その手順は変わらないが、骨組を構成する柱・梁それぞれの仮想内力仕事を合算して仮想内力仕事の総量を算定する必要がある。

ここでは、図 5-17 に示すような骨組（片持ちラー

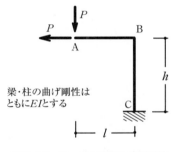

図 5-17　ラーメン系骨組（屈折柱）

メン系屈折柱：構成部材の）の先端Aに，鉛直方向と水平方向の集中荷重を作用させた場合を例として，加力点Aの（1）鉛直方向たわみ，（2）水平方向たわみおよび（3）たわみ角（回転角）を求める手順を説明する。通常，骨組のたわみ（変位）は曲げ応力によるたわみが卓越するので，一般的には曲げ応力によるたわみ（変位）だけを算定することが多い。したがって，ここでは曲げ応力によるたわみの算定手順についてだけ説明する。

(a) 鉛直方向たわみ

① 実系（与系）の応力を求める（『建築の力学Ⅰ』の「4 部材の応力」の「4-6 ラーメン系骨組の応力図」において詳しく説明しているので，必要に応じて参照のこと）。与条件における梁の応力図（M図）は，図5-18（a）左図のようになる。

② A点の鉛直方向に，単独の仮想単位荷重（$\overline{P}=1$）を作用させて，仮想系の応力図（$\overline{M}$図）を求めれば，図5-18（a）右図のようになる。

③ 骨組全体としての仮想内部仕事は，(5.18) 式にもとづき算定される各材の仮想内部仕事を合計することにより求める。その値にもとづき，仮想仕事の原理によりA点の鉛直方向たわみ（変位）を計算する。

［数式解法］

梁・柱の曲げ応力の式は，図5-18（b）に示すとおりであり，(5.18) 式により仮想内力仕事を計算する。

ⅰ) 梁AB

$$\int_0^l \frac{\overline{M}M}{EI} dx = \frac{1}{EI} \int_0^l (-Px)(-x) dx$$
$$= \frac{1}{EI} \int_0^l Px^2 dx = \frac{Pl^3}{3EI}$$

ⅱ) 柱BC

$$\int_0^h \frac{\overline{M}M}{EI} dx = \frac{1}{EI} \int_0^h (-Pl-Px)(-l) dx$$
$$= \frac{P}{EI} \int_0^h (l^2+lx) dx = \frac{P}{EI} \left[l^2 x + \frac{lx^2}{2} \right]_0^h$$
$$= \frac{Phl}{2EI}(2l+h)$$

したがって，曲げ応力によるA点の鉛直たわみ δ_V についてまとめれば，次のようになる。

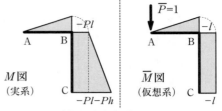

(a) 実系・仮想系のモーメント図

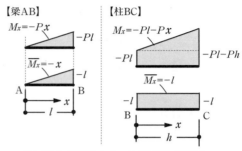

(b) 実系・仮想系のモーメント図（数式表現）

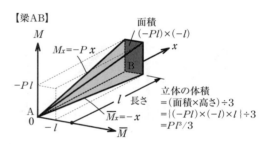

・体積係数 $K=l/3$ （章末表の⑧に該当）
$K M \overline{M} = (l/3) \times (-Pl) \times (-l) = Pl^3/3$

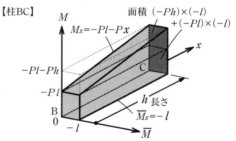

立体の体積 $= \{(-Pl) \times (-l) \times h\} + \{(-Ph) \times (-l) \times h \div 2\}$
$= Phl(2l+h)/2$

・体積係数 $K=h/2$
（章末表の⑥に該当：ただし，Mを(M_1+M_2), lをhとおく）
$K M \overline{M} = (h/2) \times (M_1+M_2) \times (-l)$
$= (h/2) \times (-Pl-Pl-Ph) \times (-l)$
$= Phl(2l+h)/2$

(c) 体積法による仮想内力仕事（曲げ応力）

図5-18 鉛直方向のたわみ

$$(\overline{1}\cdot\delta_V)=\delta_V=\Sigma\left(\int\frac{M\overline{M}}{EI}dx\right)$$

$$\delta_V=\frac{1}{EI}\int_0^l(-Px)(-x)dx$$
$$+\frac{1}{EI}\int_0^h(-Pl-Px)(-l)dx$$
$$=\frac{Pl^3}{3EI}+\frac{Phl}{2EI}(2l+h)$$

[体積法]

図（c）のように $M \sim \overline{M} \sim x$ 座標上の立体の体積を求めて，仮想内部仕事を計算すれば次のようになる。

$$\delta_V=\frac{1}{EI}\begin{bmatrix}\{(-Pl)\times -l\times l\div 3\}\\+\{(-Pl)\times -l\times h\}\\+\{(-Ph)\times -l\times h\div 2\}\end{bmatrix}$$
$$=\frac{1}{EI}\left\{\frac{Pl^3}{3}+\frac{Phl}{2EI}(2l+h)\right\}$$
$$=\frac{Pl^3}{3EI}+\frac{Phl}{2EI}(2l+h)$$

あるいは，体積係数を使用すれば各部材の係数は次のようになる。

梁は章末表の⑧に該当して $K=l/3$ である。柱は同⑥に該当し，$M=(M_1+M_2)$，l を h と読み替えれば $K=h/2$ である。したがって，鉛直方向の曲げたわみは次式で計算される。

$$\delta_V=\frac{1}{EI}(\text{梁の}KM\overline{M}+\text{柱の}KM\overline{M})$$
$$=\frac{1}{EI}\left\{\begin{array}{l}\frac{l}{3}\times(-Pl)\times(-l)\\+\frac{h}{2}\times(-Pl-Pl-Ph)\times(-l)\end{array}\right\}$$
$$=\frac{1}{EI}\left\{\frac{Pl^3}{3}+\frac{Phl}{2}(2l+h)\right\}$$
$$=\frac{Pl^3}{3EI}+\frac{Phl}{2EI}(2l+h)$$

(b) 水平方向たわみ

[数式解法]

① 実系（与系）の応力を求める。与条件における梁の応力図（M 図）は，図5-19（a）左図のようになる。

② A点の水平方向に，単独の仮想単位荷重（$\overline{P_n}=1$）を作用させて，仮想系の応力図（$\overline{M}$ 図）を求めれば，図5-19（a）右図のようになる。

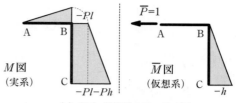

(a) 実系・仮想系のモーメント図

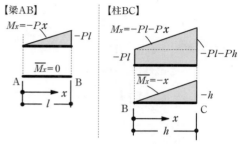

(b) 実系・仮想系のモーメント図（数式表現）

[幾何学的表現]

【梁AB】 $\overline{M_x}=0$ であるので，体積=0

【柱BC】

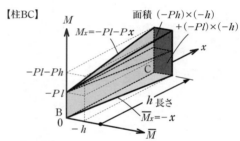

立体の体積
$=\{(-Pl)\times(-h)\times h\div 2\}+\{(-Ph)\times(-h)\times h\div 3\}$
$=Ph^2(l/2+h/3)$

・体積係数 $K=h/6$ （章末表の⑩に相当）
ただし，M を (M_1+2M_2)，l を h とおく
$KM\overline{M}=(h/6)\times(M_1+2M_2)\times(-h)$
$=(h/6)\times(-Pl-2Pl-2Ph)\times(-h)$
$=(h/6)\times(-3Pl-2Ph)\times(-h)$
$=Ph^2(l/2+h/3)$

(c) 体積法による仮想内力仕事（曲げ応力）

図5-19 垂直方向のたわみ

③ 骨組全体としての仮想内力仕事は，(5.17) 式にもとづき算定される各材の仮想内力仕事の合計値であり，その値にもとづき，仮想仕事の原理によりA点の水平方向たわみ（変位）を計算する。

[数式解法]

梁・柱の曲げ応力の式は，図5-19（b）に示すとおりであり，(5.17) 式により仮想内力仕事を計算する。

i）梁AB

$\overline{M}_x = 0$ より，積分値は0である。

ii）柱BC

$$\int_0^h \frac{\overline{M}M}{EI}dx = \frac{1}{EI}\int_0^h (-Pl-Px)(-x)dx$$

$$= \frac{P}{EI}\int_0^h (l+x)xdx = \frac{P}{EI}\left[\frac{lx^2}{2}+\frac{x^3}{3}\right]_0^h$$

$$= \frac{P}{EI}\left(\frac{lh^2}{2}+\frac{h^3}{3}\right) = \frac{Ph^2}{6EI}(3l+2h)$$

したがって，曲げ応力によるA点の水平たわみ δ_H についてまとめれば，次のようになる。

$$(\overline{1}\cdot\delta_\mathrm{H}) = \delta_\mathrm{H} = \Sigma\left(\int\frac{M\overline{M}}{EI}dx\right)$$

$$\delta_\mathrm{H} = \frac{1}{EI}\int_0^h (-Pl-Px)(-x)dx$$

$$= \frac{Ph^2}{6EI}(3l+2h)$$

［体積法］

図（c）のように $M\sim\overline{M}\sim x$ 座標上の立体の体積を求めて，仮想内力仕事を計算すれば次のようになる。

$$\delta_\mathrm{H} = \Sigma\left(\int\frac{M\overline{M}}{EI}dx\right)$$

$$\delta_\mathrm{H} = \frac{1}{EI}\begin{bmatrix}0+\{(-Pl)\times-h\times h\div 2\}\\+\{(-Ph)\times-h\times h\div 3\}\end{bmatrix}$$

$$= \frac{1}{EI}\left(\frac{Plh^2}{2}+\frac{Plh^2}{3}\right)$$

$$= \frac{Ph^2}{6EI}(3l+2h)$$

あるいは，体積係数を使用すれば各部材の係数は次のようになる。

梁については0である。柱は章末表の⑩に該当し，$M = (M_1 + 2M_2)$，l を h と読み替えれば $K = h/6$ である。したがって，水平方向の曲げたわみは次式で計算される。

$$\delta_\mathrm{V} = \frac{1}{EI}(梁のKM\overline{M}(=0+)柱のKM\overline{M})$$

$$= \frac{1}{EI}\left[\frac{h}{6}\times\{(-Pl)+2(-Pl-Ph)\}\times(-h)\right]$$

$$= \frac{1}{EI}\left\{\frac{h}{6}\times(-3Pl-2Ph)\times(-h)\right\}$$

$$= \frac{Ph^2}{6EI}(3l+2h)$$

（c）たわみ角（回転角）

① 実系（与系）の応力を求める。与条件における梁の応力図（M図）は，図5-20（a）左図のようになる。

② A点に，単独の仮想単位モーメント荷重（$\overline{M}=1$）を作用させて，仮想系の応力図（$\overline{M}$図）を求めれば，図5-20（a）右図のようになる。

③ 骨組全体としての仮想内力仕事は，(5.18) 式にもとづき算定される各材の仮想内力仕事を合計することにより求める。その値にもとづき，仮想仕事の原理によりA点のたわみ角（回転角）を計算する。

［数式解法］

梁・柱の曲げ応力の式は，図5-20（b）に示すとおりであり，(5.18) 式により仮想内力仕事を計算する。

i）梁AB

$$\int_0^l \frac{\overline{M}M}{EI}dx = \frac{1}{EI}\int_0^l (-Px)(1)dx$$

$$= \frac{-1}{EI}\int_0^l Pxdx = \frac{-Pl^2}{2EI}$$

ii）柱BC

$$\int_0^h \frac{\overline{M}M}{EI}dx = \frac{1}{EI}\int_0^h (-Pl-Px)(1)dx$$

$$= \frac{-P}{EI}\int_0^h (l+x)dx = \frac{-P}{EI}\left[lx+\frac{x^2}{2}\right]_0^h$$

$$= \frac{-P}{EI}\left(lh+\frac{h^2}{2}\right) = \frac{-Ph}{2EI}(2l+h)$$

したがって，曲げ応力によるA点のたわみ角 θ_A についてまとめれば，次のようになる。

$$(\overline{1}\cdot\theta_\mathrm{A}) = \theta_\mathrm{A} = \Sigma\left(\int\frac{M\overline{M}}{EI}dx\right)$$

$$\theta_\mathrm{A} = \frac{1}{EI}\int_0^l (-Px)(1)dx$$

$$+ \frac{1}{EI}\int_0^h (-Pl-Px)(1)dx$$

$$= -\left\{\frac{Pl^2}{2EI}+\frac{Ph}{2EI}(2l+h)\right\}$$

$$= -\frac{P}{2EI}\{l^2+h(2l+h)\}$$

$$= -\frac{P(l+h)^2}{2EI}$$

［体積法］

柱・梁それぞれについて，図（c）のように $M\sim$

132

$\overline{M} \sim x$ 座標上の立体の体積を求めれば、たわみ角は次のようになる。

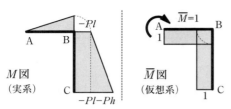

(a) 実系・仮想系のモーメント図

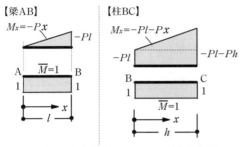

(b) 実系・仮想系のモーメント図（数式表現）

[幾何学的表現]

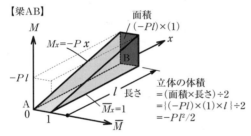

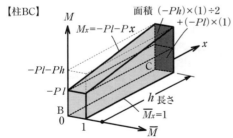

(c) 体積法による仮想内力仕事（曲げ応力）

図 5-20 水平方向のたわみ

$$(\overline{1} \cdot \theta_A) = \theta_A = \Sigma \left(\int \frac{M\overline{M}}{EI} dx \right)$$

$$\theta_A = \frac{1}{EI} \left\{ \begin{array}{l} \{(-Pl) \times 1 \times l \div 2\} \\ +\{(-Pl) \times 1 \times h\} \\ +\{(-Ph) \times 1 \times h \div 2\} \end{array} \right\}$$

$$= \frac{1}{EI} \left\{ -\frac{Pl^2}{2} - Phl - \frac{Ph^2}{2} \right\}$$

$$= -\frac{P}{2EI}(l^2 + 2hl + h^2)$$

$$= -\frac{P(l+h)^2}{2EI}$$

あるいは、体積係数を使用すれば次のようになる。

梁については、章末表の⑦に相当して $K = l/2$ である（M と $\overline{M}$ とが入れ替わっているが適用できる）。柱については同⑥に該当し、$M = (M_1 + M_2)$、l を h と読み替えれば $K = h/2$ である。したがって、たわみ角は次式で計算される。

$$\delta_V = \frac{1}{EI}(\text{梁の}KM\overline{M} + \text{柱の}KM\overline{M})$$

$$= \frac{1}{EI} \left\{ \begin{array}{l} \frac{l}{2} \times (-Pl) \times (+1) \\ +\frac{h}{2} \times (-Pl - Pl - Ph) \times (+1) \end{array} \right\}$$

$$= \frac{1}{EI} \left\{ -\frac{Pl^2}{2} - \frac{Phl}{2}(2l+h) \right\}$$

$$= -\frac{P}{2EI}\{l^2 + 2hl + h^2\}$$

$$= -\frac{P(l+h)^2}{2EI}$$

（例題 5-16） 例題図 5-16 (a) のような静定ラーメン（スパン l、高さ h、柱と梁の断面二次モーメントはそれぞれ I_1 と I_2、ヤング係数は E）の、スパン中央部 C 点に鉛直荷重 P が作用する場合の、曲げ応力による C 点の鉛直たわみを求めなさい。

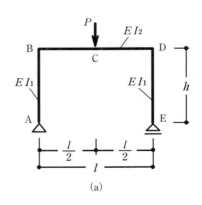

(a)

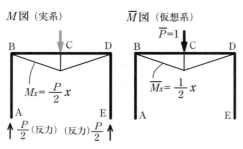

(b) 実系・仮想系のモーメント図

【柱AB】と【柱DE】　実応力,仮想応力ともに0

【梁BCD】

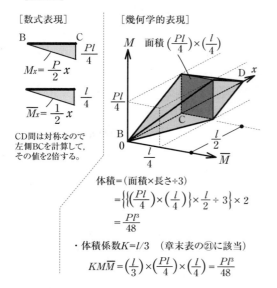

(c) 体積法による仮想内力仕事(曲げ応力)

例題図 5-16

[解答]

1) 実系(与系)の応力を求める。与条件における梁の応力図（M図）は,図(b)左図のようになる。
2) A点の鉛直方向に,単独の仮想単位荷重($\overline{P}=1$)を作用させて,仮想系の応力図（$\overline{M}$図）を求めれば,図(b)右図のようになる。
3) 骨組全体としての仮想内力仕事は,(5.17)式にもとづき算定される各材の仮想内力仕事を合計することにより求める。その値にもとづき,仮想仕事の原理によりC点の鉛直方向たわみ（変位）を計算する。

[数式解法]

図(b)からわかるとおり,柱には曲げ応力が生じない。梁の曲げ応力の式は,図(c)に示すとおりで,対称性を考慮して,(5.18)式により仮想内力仕事を計算し,次式により曲げ応力によるたわみδ_Vを求める。

$$(\overline{1}\cdot\delta_V)=\delta_V=\Sigma\left(\int\frac{M\overline{M}}{EI}dx\right)$$

$$\delta_V = 2\times\int_0^{\frac{l}{2}}\frac{\overline{M}M}{EI_2}dx$$
$$= 2\times\frac{1}{EI_2}\int_0^{\frac{l}{2}}\left(\frac{Px}{2}\right)\left(\frac{x}{2}\right)dx$$
$$= 2\times\frac{P}{4EI_2}\int_0^{\frac{l}{2}}x^2dx = \frac{Pl^3}{48EI_2}$$

[体積法]

図(c)のように$M\sim\overline{M}\sim x$座標上の立体の体積を求めて（仮想内力仕事を計算すれば）,鉛直たわみは次のようになる。

$$\delta_V = \frac{1}{EI_2}\left[\left\{\left(\frac{Pl}{4}\right)\times\frac{l}{4}\times\frac{l}{2}\div 3\right\}\times 2\right]$$
$$= \frac{Pl^3}{48EI_2}$$

例題 5-17　前問の例題図 5-16(a)のスパン中央部C点に鉛直荷重Pが作用する静定ラーメンの,曲げ応力によるローラー支点Eの水平方向たわみ（変位）を求めなさい。

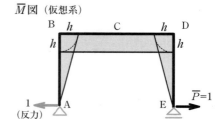

(a) 仮想系のモーメント図

【柱AB】と【柱DE】　実応力は0

【梁BCD】

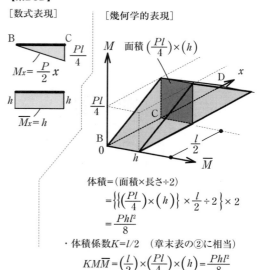

(b) 体積法による仮想内力仕事(曲げ応力)

例題図 5-17

【解答】
1) 実系（与系）の応力は，前問の例題図5-16左図と同じである。
2) E点の水平方向に，単独の仮想単位荷重（$\bar{P}=1$）を作用させて，仮想系の応力図（$\bar{M}$図）を求めれば，例題図5-17（a）のようになる。
3) 骨組全体としての仮想内力仕事は（5.17）式にもとづき算定し，その値にもとづき，仮想仕事の原理によりE点の水平方向たわみ（変位）を計算する。

[数式解法]

図（b）左のM図からわかるとおり，柱には曲げ応力が生じない。したがって，梁の仮想内力仕事だけを考えればよい。対称性を考慮して，梁の左半分について仮想内力仕事を計算し，それを2倍した値を梁全体の仕事と考えれば，曲げ応力によるE点の水平たわみδ_Hは次式により求められる。

$$(\bar{1}\cdot\delta_H)=\delta_H=\Sigma\left(\int\frac{M\bar{M}}{EI}dx\right)$$

$$\delta_H=2\times\int_0^{\frac{l}{2}}\frac{\bar{M}M}{EI_2}dx=2\times\frac{1}{EI_2}\int_0^{\frac{l}{2}}\left(\frac{Px}{2}\right)(h)dx$$

$$=2\times\frac{Ph}{2EI_2}\int_0^{\frac{l}{2}}xdx=\frac{Ph}{EI_2}\left[\frac{x^2}{2}\right]_0^{\frac{l}{2}}$$

$$=\frac{Phl^2}{8EI_2}$$

[体積法]

図（b）のように$M\sim\bar{M}\sim x$座標上の立体の体積を求めて，仮想内力仕事を計算すれば次のようになる。

$$\delta_H=\Sigma\left(\int\frac{M\bar{M}}{EI}dx\right)$$

$$=\frac{1}{EI_2}\left\{\left\{\left(\frac{Pl}{4}\right)\times h\times\frac{l}{2}\div 2\right\}\times 2\right\}$$

$$=\frac{Phl^2}{8EI_2}$$

あるいは，体積係数を使用すれば次のようになる。

梁については，章末表の②に相当して（正負は問わない）$k=l/2$である。したがって，水平方向たわみ（変位）は次式で計算される。

$$\delta_H=\frac{1}{EI}(梁のKM\bar{M}+柱のKM\bar{M}(=0))$$

$$=\frac{1}{EI_2}\left\{\frac{l}{2}\times\left(\frac{Pl}{4}\right)\times h\right\}$$

$$=\frac{Phl^2}{8EI_2}$$

例題5-18 例題図5-18（a）のような水平力Pが作用する静定ラーメンの，加力点Bの水平方向たわみ（変位）を求めなさい。

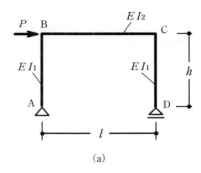

(a)

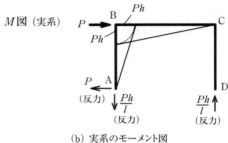

(b) 実系のモーメント図

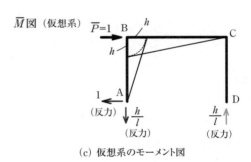

(c) 仮想系のモーメント図

【柱AB】

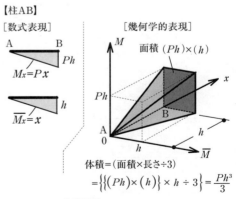

・体積係数$K=h/3$
　（章末表の⑧に該当，lをhとする）

$$KM\bar{M}=\left(\frac{l}{3}\right)\times(Ph)\times h=\frac{Ph^3}{3}$$

5 仮想仕事法による静定骨組の変形

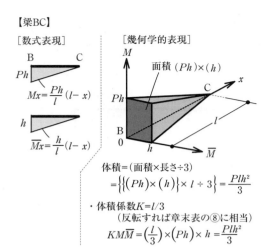

(d) 体積法による仮想内力仕事（曲げ応力）

例題図 5-18

(解答)
1) 実系（与系）の応力は，図 (b) のようになる。
2) B 点の水平方向に，単独の仮想単位荷重（$\bar{P} = 1$）を作用させて，仮想系の応力図（$\bar{M}$ 図）を求めれば，図 (c) のようになる。
3) 骨組全体としての仮想内力仕事を算定し，仮想仕事の原理（5.18）式により B 点の水平方向たわみ（変位）を計算する。

[数式解法]

柱・梁の各部材について，図 (d) の式を用いて，曲げ応力による B 点の水平たわみ δ_H を次式により求める。

$$(\bar{1} \cdot \delta_H) = \delta_H = \Sigma \left(\int \frac{M\bar{M}}{EI} dx \right)$$

$$\delta_H = \int_0^h \frac{(Px)(x)}{EI_1} dx \quad [柱AB]$$

$$+ \int_0^l \frac{\left\{ \left(\frac{Ph}{l}\right)(l-x) \cdot \left(\frac{h}{l}\right)(l-x) \right\}}{EI_2} dx \quad [梁BC]$$

$$+ \int_0^h \frac{0 \cdot 0}{EI_1} dx \quad [柱CD]$$

$$= \frac{P}{EI_1} \int_0^h x^2 dx + \frac{Ph^2}{EI_2 l^2} \int_0^l (l-x)^2 dx + 0$$

$$= \frac{P}{EI_1} \left[\frac{x^3}{3} \right]_0^h + \frac{Ph^2}{EI_2 l^2} \left[l^2 x - lx^2 + \frac{x^3}{3} \right]_0^l$$

$$= \frac{Ph^3}{3EI_1} + \frac{Plh^2}{3EI_2}$$

[体積法]

図 (d) 右図のように $M \sim \bar{M} \sim x$ 座標上の立体の体積を求めて，水平たわみ（変位）を計算すれば次のようになる。

$$\delta_H = \frac{1}{EI_1} \{(Ph) \times h \times h \div 3\}$$
$$+ \frac{1}{EI_2} \{(Ph) \times h \times l \div 3\}$$
$$= \frac{Ph^3}{3EI_1} + \frac{Plh^2}{3EI_2}$$

あるいは，体積係数を使用すれば次のようになる。

柱については章末表の⑧に該当し，l を h に読み替えれば $k = h/3$ である。梁については，章末表の⑧の反転形に相当し $k = l/3$ である。したがって，水平方向たわみ（変位）は次式で計算される。

$$\delta_H = \Sigma \left(\int \frac{M\bar{M}}{EI} dx \right) = \Sigma \left(\frac{KM\bar{M}}{EI} \right)$$

$$= \frac{1}{EI_1} \left\{ \frac{h}{3} \times (Ph) \times h \right\}$$

$$+ \frac{1}{EI_2} \left\{ \frac{l}{3} \times (Ph) \times h \right\}$$

$$= \frac{Ph^3}{3EI_1} + \frac{Plh^2}{3EI_2}$$

表5-1 体積法による積分の体積係数K一覧表

図中の[*]は,関数が2乗(x^2)式であることを示す。

応力図の組合せ	体積係数 K	応力図の組合せ	体積係数 K	応力図の組合せ	体積係数 K
①	l	⑨	$\dfrac{l}{6}$	⑰	$\dfrac{5l}{12}$
②	$\dfrac{l}{2}$	⑩	$\dfrac{l}{6}$ Mとして (M_1+2M_2) を用いる	⑱	$\dfrac{l}{4}$
③	$\dfrac{l}{3}$	⑪	$\dfrac{l}{6}$ Mとして $(-M_1+2M_2)$ を用いる	⑲	$\dfrac{l}{6}$ Mとして $(-M_1+M_2)$ を用いる
④	$\dfrac{l}{3}$	⑫	$\dfrac{l}{4}$	⑳	$\dfrac{l}{4}$ Mとして (M_1+M_2) を用いる
⑤	$\dfrac{l}{2}$	⑬	$\dfrac{(a+l)}{6}$	㉑	$\dfrac{l}{3}$
⑥	$\dfrac{l}{2}$ Mとして (M_1+M_2) を用いる	⑭	$\dfrac{l}{3}$	㉒	$\dfrac{l}{3}$
⑦	$\dfrac{l}{2}$	⑮	$\dfrac{l}{4}$	㉓	$\dfrac{4b^2-l^2}{12b}$
⑧	$\dfrac{l}{3}$	⑯	$\dfrac{l}{12}$	㉔	$\dfrac{5l}{12}$

1)応力の組合せが表中にないときは,数値解法で求める。 2)Mと$\overline{M}$が入れ代わっても,パターンが同じならば適用できる。

3)体積係数は$M\overline{M}$で表わしているが,せん断力$\overline{Q}Q$または軸方向力$\overline{N}N$と読み替えれば,せん断力や軸方向力の場合にも適用できる。

5 仮想仕事法による静定骨組の変形 137

6 不静定構造の解法種類と固定端モーメント

6-1 応力法と変形法

静定構造とは，力の釣合い式［$\Sigma X = 0$, $\Sigma Y = 0$, $\Sigma M = 0$ の3式，または一直線上にない3点（A, B, C）に関するモーメントが0（$\Sigma M_A = 0$, $\Sigma M_B = 0$, $\Sigma M_C = 0$）］だけで解くことのできる構造であり，その解法については『建築の力学 I』において説明している。また，力の釣合い式だけで解けない構造を不静定構造とよび，静定・不静定の判別には判別式（$m = n + s + r - 2k$）を用い，$m = 0$ の場合が静定，$m > 0$ の場合を不静定，m を不静定次数ということも説明している。不静定次数は，不静定構造を解くために必要な変形適合条件に関する式の数を表わすものである。

不静定構造を解くための条件式において，変形［変位，たわみ角（回転角）］条件に注目し，力［応力］を未知数とした方程式を立てて解く方法は応力法とよばれ，次のような解法がある。

・最小仕事法［カスチリアーノの定理］による解法
　（定理については本書4章で説明）
・仮想仕事の原理による解法（原理については本書5章で説明，解法例については10章で説明）
・その他の解法［3モーメント法，重心法など］
　（本書では説明しない）

これに対し，力の釣合い条件に注目し，変形を未知数とした方程式を立てて解く方法は変形法とよばれ，次のような解法がある。

・たわみ角法（本書7章で説明）
・固定モーメント法（本書8章で説明）
・その他の解法［2サイクル法，定点法など］（本書では説明しない）

なお，応力法・変形法の分類は選択する未知数の違いによるが，各解法手法には解法ごとに独特の仮定・手順があり，応力法・変形法としての統一的手順があるわけではない（各解法の解法手順を知っていれば，分類を知らなくても不都合はない）。

6-2 応力法による解法の原理

最も簡単な1本の梁（部材）で構成される骨組（構造）を例に，力（応力）を未知数とする解法＝応力法による解法原理を説明する。

図6-1に示すような1本の梁で構成される骨組の場合，支持条件により，静定構造から3次不静定構造まで，基本的に図①〜⑤の5種類の骨組が考えられる（支持条件が対称の場合を考えれば，種類は増える）。

静定構造としては，①片持ち梁と②単純梁，が考えられ，これらの静定構造のことを基本形（基本構）とよぶ。

図③一端固定・他端ローラー支持梁は1次不静定構造であり，基本形の片持ち梁の自由端をローラー支点に変えた骨組または基本形の単純梁のピン支点を固定支点に変えた骨組と考えることができる。この場合，支点反力の数が合計4であり，支点反力を求めるためには力の釣合い式（3つの式）のほかに未知数に関する条件式がさらに1（＝ 4 − 3）式が必要となる。不静定次数が支点反力に関する場合には（＝力の釣合い式だけでは支点反力を求められない構造），支点反力に関するという意味で［外的］をつけて区別することがあり，図③の場合には外的1次不静定構造とよぶことがある。なお，不静定次数が部材構成による場合には（＝力の釣合い式だけでは部材応力を求められない構造），［内的］をつけて内的不静定構造とよんで区別する。

また，発生する不静定力（力，モーメント）のことを，安定である基本形（静定骨組）に余計に付加される力・モーメントと考えて，余力とよぶ。

図④一端固定・他端ピン支持梁は2次不静定構造であり，図③一端固定・他端ローラー支持梁のローラー支点をピン支点に変えた骨組と考えることができる。この場合，支点反力の数が合計5であり，力の釣合い式のほかにさらに2（＝ 5 − 3）式が必要なので，外的2次不静定構造という。別の言い方をすれば，この骨組の余力は2つである。

図⑤両端固定梁は3次不静定構造であり，図④一端固定・他端ピン支持梁のピン支点を固定支点に変えた骨組と考えることができる。この場合，支点反力の数が合計6であり，力の釣合い式の他にさらに

①[片持ち梁]
　判別式：$m=n+s+r-2k=3+1+0-4=0$　∴ 静定

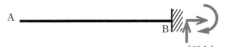

②[単純梁]
　判別式：$m=n+s+r-2k=3+1+0-4=0$　∴ 静定

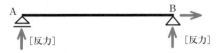

③[一端固定・他端ローラー支持梁]
　判別式：$m=n+s+r-2k=4+1+0-4=1$　∴ 1次不静定
　　　　　($n-3=1$　外的1次不静定)

④[一端固定・他端ピン支持梁]
　判別式：$m=n+s+r-2k=5+1+0-4=2$　∴ 2次不静定
　　　　　($n-3=2$　外的2次不静定)

⑤[両端固定梁]
　判別式：$m=n+s+r-2k=6+1+0-4=3$　∴ 3次不静定
　　　　　($n-3=3$　外的3次不静定)

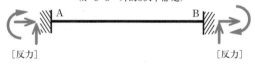

図6-1　1つの材で構成される骨組

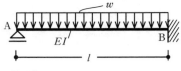

判別式：$m=n+s+r-2k=4+1+0-4=1$
∴ 1次不静定（外的）
(a) 一端固定・他端ローラー支持梁

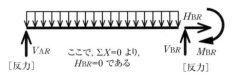

ここで，$\Sigma X=0$ より，
$H_{BR}=0$ である

[変形適合条件]　A点とB点の鉛直変位は0
　　　　　　　B点のたわみ角（回転角）は0

(b) 自由体（フリーボディ）図

① <片持ち梁＋余力(不静定力)>

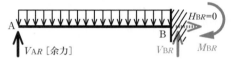

② <単純梁＋余力(不静定力)>

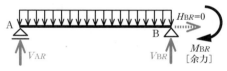

(c) 基本形と余力（不静定力）

図6-2　外的1次不静定梁

3（=6-3）式が必要なので，外的3次不静定構造という。別の言い方をすれば，この骨組の余力は3つである。

なお，1本の部材で構成される最も簡単な骨組の不静定次数は，両端固定梁における外的3次が最大である。

以下では，梁が鉛直方向等分布荷重を受ける場合の解法について，具体的に説明する。

(1) 解法例1　一端固定・他端ローラー支持梁

図6-2(a)に示すような一端固定・他端ローラー支持梁（＝外的1次不静定骨組）が，等分布荷重を受ける場合を考える。

この梁の自由体（フリーボディ）は図(b)のようになり，変形適合条件は，A点・B点の変位は0，B点は固定支点なのでたわみ角（回転角）は0である。この梁の基本形としては，図(c)のように①片持ち梁または②単純梁が考えられるが，基本形として①片持ち梁を選べば余力（不静定力）はA点の鉛直反力となり，②単純梁を選べば余力はB点のモーメント反力となる。

ここで，基本形として図6-3のように片持ち梁を採用すれば，等分布荷重（基本形）・集中荷重（余力）を受ける場合の自由端A点のたわみは，次式として表わされる（A点のたわみは，1章の弾性曲線式，2章のモールの定理，5章の仮想仕事法の各方法で求めているので参照のこと）。

1) 基本形（等分布荷重）

$$\delta_{Aw} = \frac{wl^4}{8EI}$$

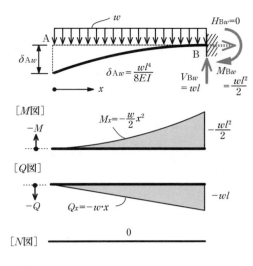

(a) 基本形の曲げたわみと応力図

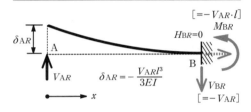

(b) 余力 V_{AR} による曲げたわみと応力図

A点は支点なので,A点の曲げたわみは0である。
∴ $\delta_{Aw} + \delta_{AR} = 0$

$$\frac{wl^4}{8EI} - \frac{V_{AR}l^3}{3EI} = 0 \quad ∴ V_{AR} = \frac{3wl}{8}$$

余力 V_{AR} に対するB点の反力は下図のようになる。

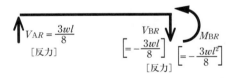

余力 V_{AR} による応力図は下図のようになる。

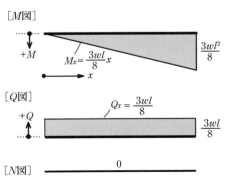

(c) 曲げたわみの変形適合条件

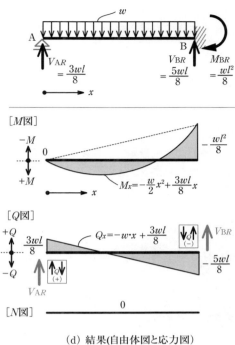

(d) 結果(自由体図と応力図)

図6-3 基本形を片持ち梁とした場合

2) 余力(鉛直集中荷重)

ローラー支点の鉛直反力を余力(不静定力) V_{AR} [未知数]として上向きに作用させれば,

$$\delta_{AR} = -\frac{V_{AR}l^3}{3EI}$$

3) 変形適合条件

A点はローラー支点なので,たわみ(鉛直変位)は0の条件より V_{AR} を同定する。

∴ $\delta_{Aw} + \delta_{AR} = 0$

$$\frac{wl^4}{8EI} - \frac{V_{AR}l^3}{3EI} = 0$$

∴ $V_{AR} = \frac{3wl}{8}$

余力による反力と応力図は,図(c)のようになる。
この解法では鉛直反力を未知数として方程式を立てたので,この解法は応力法に分類されることになる。

4) 結果

〈基本形〉と〈余力〉の力を合成すれば図(d)のような自由体図となり,部材の応力(M_x, Q_x, N_x)

6 不静定構造の解法種類と固定端モーメント 141

は力の釣合い式を立てて解けば，図のような応力図が求められる。または，〈基本形〉の応力図と〈余力〉の応力図を合成すれば求められる。なお，この応力図は，モーメントについては下方を正（＋），せん断力については上方を正（＋）とする座標（従前通りの座標）により描いてある。

(2) 解法例2 一端固定・他端ピン支持梁

図6-4（a）に示すような一端固定・他端ピン支持梁（＝外的2次不静定骨組）が，等分布荷重を受ける場合を例として考える。

この梁の自由体（フリーボディ）は図（b）のようになるが，水平方向の外力がないので梁両端における水平方向反力が0となるので，これを考慮すれば，自由体図は一端固定・他端ローラー支持梁と同じ条件となるので，鉛直方向等分布荷重だけを受けるこの例の結果は，図6-3の一端固定・他端ローラー支持梁と同じである。

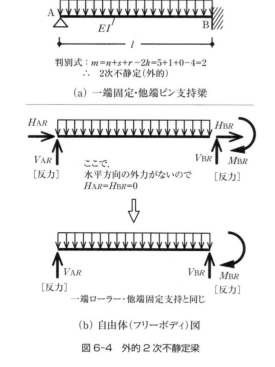

図6-4 外的2次不静定梁

(3) 解法例3 両端固定梁

図6-5（a）に示すような両端固定梁（＝外的3次不静定構造）が，等分布荷重を受ける場合を例として考える。

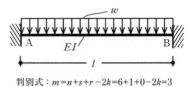

(a) 両端固定梁

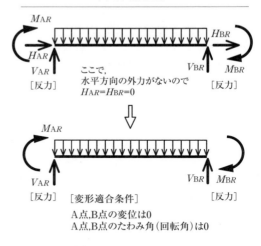

(b) 自由体（フリーボディ）図

① ＜片持ち梁＋余力（不静定力）＞

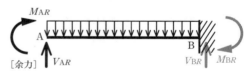

② ＜単純梁＋余力（不静定力）＞

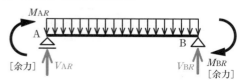

(c) 基本形と余力（不静定力）

図6-5 外的3次不静定梁

この梁の自由体（フリーボディ）は図（b）のようになるが，水平方向の外力がないので梁両端における水平方向反力が0となる。このことを考慮すれば，この梁の自由体（フリーボディ）は図（b）のようになり，変形適合条件は，A点・B点の変位は0，A点・B点ともに固定支点なのでたわみ角（回転角）は0である。この梁の基本形としては，図（c）のように①片持ち梁または②単純梁が考えられる。

基本形として①片持ち梁を選べば余力（不静定力）

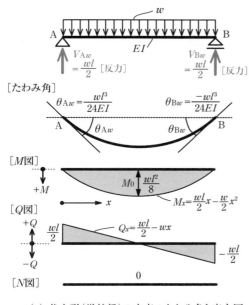

(a) 基本形（単純梁）の支点のたわみ角と応力図

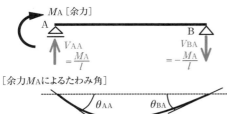

(b) 余力（M_A, M_B）によるたわみ角

A点・B点は固定支点なので、たわみ角はともに0である。

∴ A点：$\theta_{Aw} + \theta_{AA} + \theta_{AB} = 0$

$$\frac{wl^3}{24EI} + \frac{M_A l}{3EI} - \frac{M_B l}{6EI} = 0 \quad (6.1)$$

∴ B点：$\theta_{Bw} + \theta_{BA} + \theta_{BB} = 0$

$$\frac{-wl^3}{24EI} - \frac{M_A l}{6EI} + \frac{M_B l}{3EI} = 0 \quad (6.2)$$

(6.1), (6.2) 式より次の結果を得る

$$M_A = -\frac{wl^2}{12}, \quad M_B = -M_A = \frac{wl^2}{12}$$

(c) たわみ角の変形適合条件

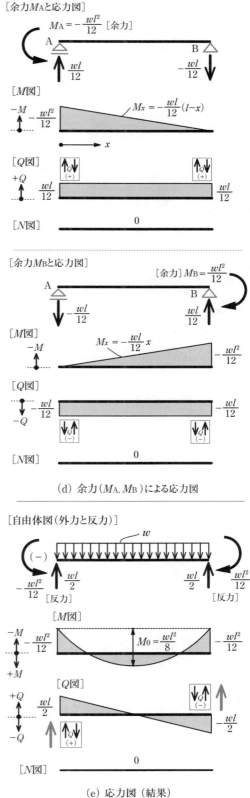

(d) 余力（M_A, M_B）による応力図

(e) 応力図（結果）

図 6-6　基本形を単純梁とした場合

6　不静定構造の解法種類と固定端モーメント　143

は A 点の鉛直反力とモーメント反力となり，②単純梁を選べば余力は A 点・B 点のモーメント反力となる。

ここでは，図 6-6 のように基本形として単純梁を採用し，A 点・B 点のモーメント反力を余力［未知数］として解く。

1）　基本形の両支点のたわみ角

単純梁が等分布荷重を受ける場合の各支点のたわみ角（回転角）は，次式となる（1 章の弾性曲線式，2 章のモールの定理，5 章の仮想仕事法の各方法で求めているので参照のこと）。

$$\theta_{Aw} = \frac{wl^3}{24EI}$$

$$\theta_{Bw} = -\frac{wl^3}{24EI}$$

2）　余力 M_A によるたわみ角

A 点に余力（不静定モーメント）M_A を時計回り（＋）に作用させた場合の各支点のたわみ角は，次式となる。

$$\theta_{AA} = \frac{M_A l}{3EI}$$

$$\theta_{BA} = -\frac{M_A l}{6EI}$$

3）　余力 M_B によるたわみ角

B 点に余力（不静定モーメント）M_B を時計回り（＋）に作用させた場合の各支点のたわみ角は，次式となる。

$$\theta_{AB} = -\frac{M_B l}{6EI}$$

$$\theta_{BB} = \frac{M_B l}{3EI}$$

4）　変形適合条件

A 点・B 点はともに固定支点なので，A 点・B 点のたわみ角はともに 0 である。すなわち，各支点のたわみ角の合計［ⅰ＋ⅱ＋ⅲ］は 0 として，余力を同定する。

A 点：$\theta_{Aw} + \theta_{AA} + \theta_{AB} = 0$

$$\frac{wl^3}{24EI} + \frac{M_A l}{3EI} - \frac{M_B l}{6EI} = 0 \qquad (6.1)$$

B 点：$\theta_{Bw} + \theta_{BA} + \theta_{BB} = 0$

$$\frac{-wl^3}{24EI} - \frac{M_A l}{6EI} + \frac{M_B l}{3EI} = 0 \qquad (6.2)$$

（6.1）式と（6.2）式より，余力 M_A と M_B は次のように求められる。

$$M_A = -\frac{wl^2}{12}$$

$$M_B = -M_A = \frac{wl^2}{12}$$

各余力による反力と応力図は，図（d）のようになる。

5）　結果［〈基本形〉＋〈余力〉］

〈基本形〉と〈余力〉の力を合成すれば図（e）のような自由体図となり，これを解けば応力図が求められる。または，〈基本形〉の応力図と〈余力〉の応力図を合成して求めてもよい。なお，この応力図は，モーメントについては下方を正（＋），せん断力については上方を正（＋）とする座標（従前通りの座標）により描いてある。

6-3　固定端モーメント

前節の解法では，静定梁〈基本形〉に対し材端の不静定力が増加すると考える手順で，両端固定梁までの解法を説明した。すなわち，最も固定度の少ない静定骨組を出発点として，材端の固定度が増す方向で考えたことになる。

これとは逆に，梁（部材）が両端固定支持された状態を出発点として，材端の固定度が減っていく方向で考えることもできる。この考え方は，本書「7 たわみ角法」と「8 固定モーメント法」で採用されるもので，部材端が固定状態にあること＝材端を固定するモーメント（力）が存在することを出発点として，力の釣合い条件に注目し，変形（たわみ角，変位）を未知数とした方程式を立てて解く変形法の基本となるものである。ただし，この解法では，部材に作用する荷重（中間荷重という）によって固定状態の材端に発生するモーメント（固定端モーメント）などがあらかじめ明らかになっていることが必要となる。通常，各種の鉛直荷重が作用した場合の固定端モーメント等は，応力法等により得られた結果を整理した形の表として与えられており，変形法ではその表を利用することになる。各種の荷重状態にお

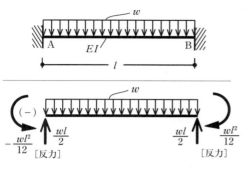

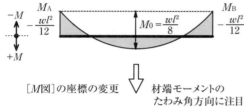

①[M図] 通常の座標系（下方を正，上方を負）
＜図は，断面中の引張応力を受ける側に描く＞

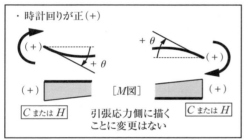

[M図]の座標の変更　　材端モーメントの
　　　　　　　　　　　たわみ角方向に注目

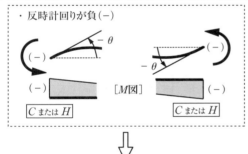

②[M図] 固定端モーメントCの表記

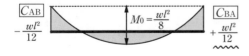

[Q図] 固定端せん断力Dの表記（通常通り）

図6-7　固定端モーメントの表記

ける固定端モーメント等については，両端固定梁の場合が表6-1に，一端固定・他端ピン（またはローラー）支持梁の場合が表6-2にそれぞれ示してある。

この表を使用するうえで注意すべきことは，固定端モーメントの表記において，これまでの座標系とは異なる定義がなされていることである。表6-1に示すような等分布荷重を受ける両端固定梁については，前節で解いたように図①[M図]に示す結果が得られている。M図は，部材断面中の引張応力を受ける側を表わすように描くこととしているので，梁の応力状態（絶対値と方向）は図形を一目すれば理解できる。この場合のモーメントの正負は，通常の座標系（下方を正，上方を負：『建築の力学 I 』から『建築の力学 II 』の6章のここまで用いてきた座標系）にもとづいて表記している。

柱や斜材のように部材が角度をもつ場合，『建築の力学 I 』の「4 部材の応力」で説明しているように，通常の座標系では対応が面倒であり，複雑な骨組になれば混乱を招く原因ともなる。これを回避するためには，M図の形はそのままに，モーメントの表記の定義を変更すれば対応できる。すなわち，材端モーメントのたわみ角の方向に着目し，時計回りを正（＋），反時計回りを負（−）と定義し，固定端モーメントとよぶこととする。この定義によれば，天地が逆（180度回転した状態）になっても，M図の形と正負は変化しない。通常の座標系での材端モーメントM_AとM_Bを，それぞれ固定端モーメントC_{AB}，C_{BA}と表記すれば，定義変更が明確になる。この定義変更により，図6-7の具体例では，負であったM_Bは，新しく定義されたC_{BA}では正となる。

両端固定梁の材端せん断力は，表6-1中ではD_{AB}，D_{BA}と表記されているが，正負は通常の座標系の場合と同じである。

同様に，一端固定・他端ピン支持材の場合には，表6-2中で固定端モーメントH_{AB}と，材端せん断力はV_{AB}，V_{BA}と表記されている。

表6-1　両端固定梁の固定端モーメント C と固定端せん断力 D

(1) 固定端モーメント C_{AB}, C_{BA}
　・時計回りが正 (+)

(2) 単純支持のときの
　　最大曲げモーメント M_0

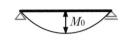

(3) 固定端せん断力 D_{AB}, D_{BA}

荷重状態	固定端モーメント C_{AB}	固定端モーメント C_{BA}	M_0	固定端せん断力 D_{AB}	固定端せん断力 D_{BA}	荷重総量
中央集中荷重 P、$l/2$+$l/2$	$-\dfrac{1}{8}Pl$	$-C_{AB}$ $\left[=+\dfrac{1}{8}Pl\right]$	$\dfrac{1}{4}Pl$	$+\dfrac{1}{2}P$	$-D_{AB}$ $\left[=-\dfrac{1}{2}P\right]$	P
3等分点 2荷重 P, P	$-\dfrac{2}{9}Pl$	$-C_{AB}$	$\dfrac{1}{3}Pl$	$+P$	$-D_{AB}$	$2P$
両端から a の 2荷重 P, P	$-\dfrac{a(l-a)}{l}P$	$-C_{AB}$	aP	$+P$	$-D_{AB}$	$2P$
4等分点 3荷重 P, P, P	$-\dfrac{5}{16}Pl$	$-C_{AB}$	$\dfrac{1}{2}Pl$	$+\dfrac{3}{2}P$	$-D_{AB}$	$3P$
任意位置集中荷重 P (a, b)	$-\dfrac{ab^2}{l^2}P$	$+\dfrac{a^2b}{l^2}P$	$\dfrac{ab}{l}P$	$D_{AB}: +\dfrac{b(l^2+ab-a^2)}{l^3}P$ $D_{BA}: -\dfrac{a(l^2+ab-b^2)}{l^3}P$		P
等分布荷重 w	$-\dfrac{1}{12}wl^2$	$-C_{AB}$	$\dfrac{1}{8}wl^2$	$+\dfrac{1}{2}wl$	$-D_{AB}$	wl
中央部等分布 w (幅 $2a$)	$-\dfrac{a(3l^2-4a^2)}{12l}w$	$-C_{AB}$	$\dfrac{a(l-a)}{2}w$	$+aw$	$-D_{AB}$	$2aw$
両端部等分布 w (幅 a ずつ)	$-\dfrac{a^2(3l-2a)}{6l}w$	$-C_{AB}$	$\dfrac{(l-4a)^2}{8}w$	$+aw$	$-D_{AB}$	$2aw$
三角形分布荷重 w	$-\dfrac{1}{30}wl^2$	$+\dfrac{1}{20}wl^2$ $(-1.5C_{AB})$	$\dfrac{\sqrt{3}}{27}wl^2$ $(0.06415wl^2)$	$+\dfrac{3}{20}wl$	$-\dfrac{7}{20}wl$	$\dfrac{1}{2}wl$
中央山形分布 w	$-\dfrac{5}{96}wl^2$	$-C_{AB}$	$\dfrac{1}{12}wl^2$	$+\dfrac{1}{4}wl$	$-D_{AB}$	$\dfrac{1}{2}wl$
二つ山分布 w	$-\dfrac{17}{384}wl^2$	$-C_{AB}$	$\dfrac{1}{16}wl^2$	$+\dfrac{1}{4}wl$	$-D_{AB}$	$\dfrac{1}{2}wl$

表6-1（つづき）

荷 重 状 態	固定端モーメント		M_0	固定端せん断力		荷重総量
	C_{AB}	C_{BA}		D_{AB}	D_{BA}	
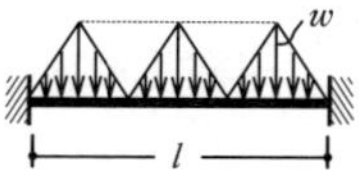	$-\dfrac{37}{864}wl^2$ $(-0.04282wl^2)$	$-C_{AB}$ $(0.04282wl^2)$	$\dfrac{7}{108}wl^2$	$+\dfrac{1}{4}wl$	$-D_{AB}$	$\dfrac{1}{2}wl$
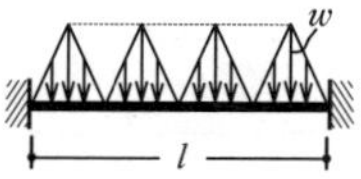	$-\dfrac{65}{1536}wl^2$ $(-0.04232wl^2)$	$-C_{AB}$	$\dfrac{1}{16}wl^2$	$+\dfrac{1}{4}wl$	$-D_{AB}$	$\dfrac{1}{2}wl$
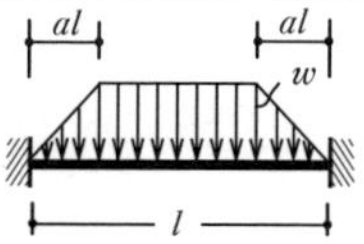	$-\dfrac{(l^3-2a^2l+a^3)}{12l}w$	$-C_{AB}$	$-\dfrac{(3l^2-4a^2)}{24}w$	$+\dfrac{(l-a)}{2}w$	$-D_{AB}$	$(l-a)w$
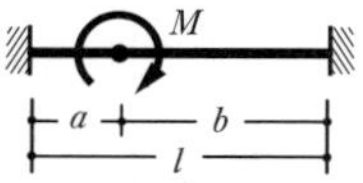	$\dfrac{-b(l-3a)}{l^2}M$	$\dfrac{-a(l-3b)}{l^2}M$	$a>\dfrac{l}{2}:\dfrac{a}{l}M$ $a<\dfrac{l}{2}:\dfrac{b}{l}M$	D_{AB},D_{BA} ともに： $-\dfrac{6ab}{l^3}M$		—

6　不静定構造の解法種類と固定端モーメント　147

表 6-2　一端固定・他端ピン梁の固定端モーメント H と材端せん断力 V

(1) 固定端モーメント H_{AB}
　・時計回りが正(+)

(2) 材端せん断力 V_{AB}, V_{BA}

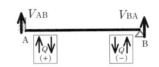

(3) 単純支持のときの
　最大曲げモーメント M_0

・両端固定梁の場合と同じ
　表6-1の M_0 値を参照

荷重状態	固定端モーメント H_{AB}	材端せん断力 V_{AB}	材端せん断力 V_{BA}	荷重状態	固定端モーメント H_{AB}	材端せん断力 V_{AB}	材端せん断力 V_{BA}
A ─ P(l/2) ─ B	$-\dfrac{3}{16}Pl$	$+\dfrac{11}{16}P$	$-\dfrac{5}{16}P$	三角分布 w	$-\dfrac{7}{120}wl^2$ *	$+\dfrac{9}{40}wl$	$-\dfrac{11}{40}wl$
P,P (l/3間隔)	$-\dfrac{1}{3}Pl$	$+\dfrac{4}{3}P$	$-\dfrac{2}{3}P$	対称三角 w	$-\dfrac{5}{64}wl^2$	$+\dfrac{21}{64}wl$	$-\dfrac{11}{64}wl$
P,P (両端から a)	$-\dfrac{3a(l-a)}{2l}P$	V_{AB}: $+\dfrac{(2l^2+3al-3a^2)}{2l^2}P$ V_{BA}: $-\dfrac{(2l^2-3al+3a^2)}{2l^2}P$		二山三角	$-\dfrac{17}{256}wl^2$	$+\dfrac{81}{256}wl$	$-\dfrac{47}{256}wl$
P,P,P (l/4間隔)	$-\dfrac{15}{32}Pl$	$+\dfrac{63}{32}P$	$-\dfrac{33}{32}P$	三山三角	$-\dfrac{37}{576}wl^2$	$+\dfrac{181}{576}wl$	$-\dfrac{107}{576}wl$
P (位置 a,b)	$-\dfrac{ab(l+b)}{2l^2}P$ *	V_{AB}: $+\dfrac{b(2l^2+al+ab)}{2l^3}P$ V_{BA}: $+\dfrac{a(2l^2-bl-b^2)}{2l^3}P$		四山三角	$-\dfrac{65}{1024}wl^2$	$+\dfrac{321}{1024}wl$	$-\dfrac{191}{1024}wl$
等分布 w	$-\dfrac{1}{8}wl^2$	$+\dfrac{5}{8}wl$	$-\dfrac{3}{8}wl$	台形分布 (al, al)	$-\dfrac{(l^3-2a^2l+a^3)}{8l}w$	V_{AB}: $+\dfrac{(5l^3-4al^2-2a^2l-a^3)}{8l^2}w$ V_{BA}: $-\dfrac{(3l^3-4al^2-2a^2l-a^3)}{8l^2}w$	
中央分布 w (幅 $2a$)	$-\dfrac{a(3l^2-4a^2)}{8l}w$	V_{AB}: $+\dfrac{a(11l^2-4a^2)}{8l^2}w$ V_{BA}: $-\dfrac{a(5l^2+4a^2)}{8l^2}w$		モーメント M (位置 a,b)	$+\dfrac{(l^2-3b^2)}{2l^2}M$	V_{AB}, V_{BA} ともに: $-\dfrac{3(l^2-b^2)}{2l^3}M$	
両端分布 w (幅 a)	$-\dfrac{a^2(3l-2a)}{4l}w$	V_{AB}: $+\dfrac{a(4l^2+3al-2a^2)}{4l^2}w$ V_{BA}: $-\dfrac{a(4l^2-3al+2a^2)}{4l^2}w$					

i) 両端固定梁の C と一端固定・他端ピンの H との関係
　同じ荷重状態の場合, C と H の間には次の関係がある.
　　$H_{AB} = C_{AB} - 0.5 C_{BA}$, $H_{BA} = C_{BA} - 0.5 C_{AB}$
　荷重状態が対称の場合には, $C_{BA} = -C_{AB}$ なので, 次の関係がある.
　　$H_{AB} = 1.5 C_{AB}$, $H_{BA} = 1.5 C_{BA}$
　＊荷重状態が非対称(＊表記)の場合には, 上式は成立しない.

ii) 一端固定・他端ピンの位置が逆の場合の H と V
　モーメントの回転方向が変わるので[表の値]の正負を変えて読む.
　　$H_{BA} = -[H_{AB}]$, $V_{BA} = -[V_{AB}]$, $V_{AB} = -[V_{BA}]$

例)

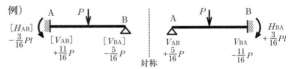

7 たわみ角法

不静定構造物の応力を算定する場合，力の釣合い条件式だけでは求められず，不静定次数に応じた条件式を用意する必要があることは6章で説明している。たわみ角法（撓角法：とうかくほう）は変形法に分類される解法手法で，部材の材端モーメントとたわみ（撓み）角の関係に注目し，部材端の変形を未知数として解く手法であり，イリノイ大学のW.M.Wilson教授らが考案した解析手法である（1918年11月論文発表）。コンピュータのなかった時代においては，たわみ角法は手計算により建物の挙動を正確に把握できる有用な解析方法であった。現在では，コンピュータを利用した剛性マトリックス法（Stiffness Matrix Method）あるいは有限要素法（FEM：Finite Element Method）が主流であるが，その解析仮定はたわみ角法の解析仮定を踏襲して発展させたものである。

7-1 たわみ角法の基本仮定

たわみ角法では，直線状の等質等断面の線材から構成された平面ラーメンの微小変形の範囲を対象とし，重ね合わせの原理が成立することを前提に，図7-1のような仮定が用いられている。

(1) 線材仮定（図7-1（a）参照）

対象とする構造物は，線材から構成される骨組とみなせるものとする。線材とは構造物の構成部材をモデル化する際に，断面に対し材長が大きく，部材断面の図心（軸心，中立軸線）をもって直線または曲線とみなせる部材のことである。また，部材断面は一様で，部材の途中で変化しないものとする。すなわち，ヤング係数Eと断面2次モーメントIは1つの部材において1種類とし，部材断面が変化する場合には部材断面が変化する位置に節点を設けて別部材とする。なお，実際の構造では，断面に対し材長が短い部材（deep beam）もあるので，線材仮定の適用には注意が必要である。

(2) 剛節仮定と節点モーメント（図7-1（b）参照）

部材は相互に剛に接合されている＝剛節と仮定する。剛な接合とは，変形後も部材の中立軸線相互の

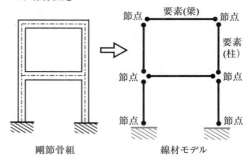

(a) 骨組の線材モデル化

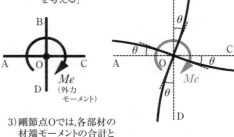

(b) 剛節仮定と部材のたわみ角

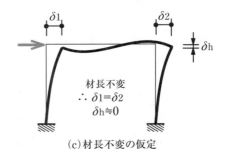

(c) 材長不変の仮定

図7-1 たわみ角法の基本仮定

接合角度に変化がない接合のことをいう。剛節と仮定することにより，1つの節点に複数の部材が取り付いていても，その節点に取り付く部材の材端変位とたわみ角（回転角）の値は等しく，1つの節点には1つの変位とたわみ角を仮定すればよいことになる。なお，注目する節点に関係するモーメントのことを節点モーメントとよぶが，節点モーメントは釣り合っていること（$\Sigma M = 0$）が必要である。

(3) 考慮する変形と材長不変の仮定（図7-1（c）参照）

実際の構造物に外力が作用すると，構成部材に曲げモーメント，軸方向力，せん断力が作用し，部材には曲げ変形，軸方向変形，せん断変形が生じる。通常の構造物で線材仮定を適用できる部材は，曲げ変形が他の変形に比較して卓越するため，たわみ角法においては曲げ変形のみを考慮して，他の変形を無視することとしている。図（c）の場合，左右の柱頭の水平変位δは同じ（梁材の軸方向力による伸縮はない）で，柱についても材の伸縮はないと仮定する。このため，軸方向力だけが生じると仮定するトラス構造については，たわみ角法は適用できない。なお，コンピュータによる解析で用いられる剛性マトリックス法は，たわみ角法の解析仮定をもとに，曲げモーメント，軸方向力，せん断力による変形を考慮できるようにしたものである。

7-2 たわみ角法で使用される用語と定義の概説

たわみ角法で使用される用語について，まとめて概説しておく。詳しくは，以降の各項目で解説する。

(1) 材端モーメント

たわみ角法は，骨組を柱・梁の各要素に分解して単純梁と仮定し，その部材の両端の節点に作用する力とその力によって生じる変位との関係式を求めるものである。対象とする単純梁と仮定した部材の両端に作用するモーメントを材端モーメントとよぶ（梁ABに対し，左端のモーメントを，M_{AB}右端のモーメントをM_{BA}と表わす）（図7-2（a）参照）。このモーメントは，骨組に外力が作用した結果として各要素の材端に生じたものであり，ここで注意すべき点は符号の正負で，両端ともに時計回りのモー

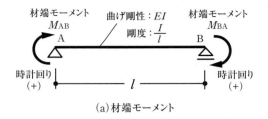

(a) 材端モーメント

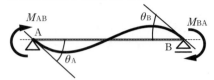

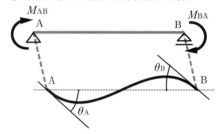

(b) 部材角の生じない場合の材端のたわみ角

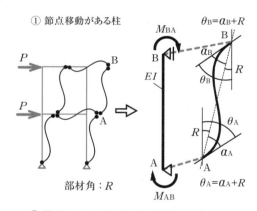

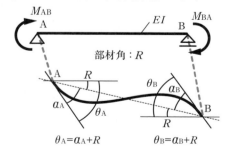

(c) 部材角が生じる場合の材端の回転角

図7-2　たわみ角法の概説

メントを正（＋）とする。

(2) **たわみ角**（図7-2（b）参照）

たわみ角θは，材端モーメントにより生じる材端の回転角（材端回転角：元の部材軸となす角度）である。①節点が移動しない場合のたわみ角（θ_Aとθ_B）と，②節点変位が生じても部材が平行移動する場合（例：均等ラーメン）のたわみ角は同じである。

(3) **部材角**（図7-2（c）参照）

ラーメン骨組に水平力が作用する場合，骨組の節点は移動し，柱には傾きが生じる。傾いた柱の両節点がなす角度［＝両節点の相対移動量を材長で割った（除した）値］を，部材角といいRで表わす（図(c)①）。梁については，柱の長さ（部材長，高さ）が等しい均等ラーメンの場合には，節点の移動があっても梁部材は平行移動するだけで，梁部材には部材角は生じない（図（b）②）。柱の長さが異なるラーメンや山形ラーメンのような異形ラーメンとよばれる架構の場合には，水平力を受けて節点が移動する際に，変形適合条件から部材は平行移動できず，梁部材に傾き（部材角）が生じることになる（図（c）②）。なお，本書「3 直角変位図による骨組の変形」では，異形ラーメンの節点の移動条件＝変形適合条件と各部材間の部材角の関係の求め方について説明している。

(4) **中間荷重と固定端モーメント**（図7-3参照）

単純支持された各要素に中間荷重が作用するとき（図7-3の①），

1) 材端（節点）にはたわみ角（γ_A, γ_B）が生じるが，節点のモーメントは0である。
2) ここで，材端に架空の曲げモーメントを与え，中間荷重によって発生する材端のたわみ角の大きさと関連づけることを考える。

すなわち，中間荷重により生じるたわみ角と同じ大きさで，回転方向の異なる架空の材端モーメント（回転拘束曲げモーメント）を考える。中間荷重によるたわみ角と同じ大きさで，回転方向の異なる架空の材端モーメント（回転拘束曲げモーメント）を作用させるということは，中間荷重が作用してもたわみ角が生じない＝たわみ角が0＝材端固定支持した状態（固定端）と同値である。中間荷重を受ける

① 中間荷重を受ける単純梁

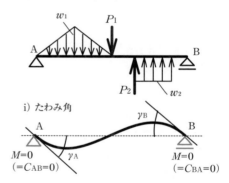

単純梁の両端には，たわみ角が生じる(回転する)が，材の両端(節点)のモーメントは，ともに0。

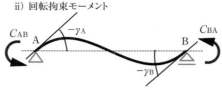

材の両端(節点)の逆回転のたわみ角

② 中間荷重を受ける両端固定梁

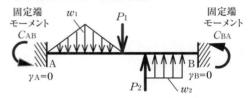

材の両端を固定すると(両端固定梁)，材端のたわみ角は発生しない＝たわみ角γ_Aとγ_Bはともに0。
代わりに，材の両端には，回転を拘束するモーメント（固定端モーメント）C_{AB}とC_{BA}が発生すると考える。

③ 固定端モーメントの例（中央集中荷重の場合）

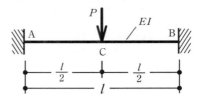

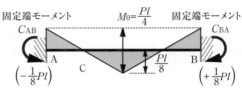

中間荷重によるたわみ角

図7-3 中間荷重と固定端モーメント

部材が固定支持された場合に発生する材端の回転拘束曲げモーメントを考えることにより，中間荷重により発生する単純梁の材端のたわみ角を，回転拘束曲げモーメント（外力曲げモーメント）と関連づけて表現できることになる。

単純梁に中間荷重が作用した場合に発生するたわみ角を0とする＝固定支持するために必要な回転拘束曲げモーメントのことを固定端モーメントとよび，Cで表わす（梁ABに対し，左端の固定端モーメントをC_{AB} 右端の固定端モーメントをC_{BA}と表わす）（図②）。両端固定梁（両端が固定支持された梁）の固定端モーメントについては，本書「6 不静定骨組の解法原理」で説明し，各種の中間荷重の場合の固定端モーメントについて表6-1として掲げている。（図③）のような両端固定梁に中央集中荷重が作用する場合，A端とB端の固定端モーメントはそれぞれ$C_{AB} = -Pl/8$, $C_{BA} = -Pl/8$であることは，表6-1を参照すればわかる。また，図①のように複数の中間荷重が作用する場合には，表を参考にそれぞれの荷重に対応する固定端モーメントを加算すれば求めることができる。表6-1は代表的な中間荷重の状態を網羅しているが，表にない中間荷重の場合には，6章で説明している誘導過程に従って算定することになる。

（5） 剛 度

剛度Kは部材長に対する断面2次モーメントの比で，部材の曲げにくさを表わす係数である。断面2次モーメントIで長さlの部材ABの剛度K_{AB}は，$K_{AB} = I_{AB}/l$と定義される。たとえば，部材の断面2次モーメント（I）が同じで部材長（l）が半分の場合，部材の剛度は2倍となる。

（6） 剛 比

任意の部材の剛度を基準として，各部材の剛度の比を表わす係数である。剛度K_{AB}の部材の剛比k_{AB}は，基準剛度をK_0（任意に決定）とすれば，$k_{AB} = K_{AB}/K_0$と定義される。これにより，複数の部材から構成される骨組について手計算を行う際の煩雑さが軽減される。

7-3 たわみ角法の基本式

たわみ角法における基本式は，単純梁の両材端に作用するモーメントと，それによって生じる各材端のたわみ角の関係を表わす式である。以下では，与条件に従って式を誘導していくが，静定梁の変形・回転角の求め方については本書「1 弾性曲線式による静定梁のたわみ」および「2 モールの定理による静定梁のたわみ」において詳しく説明しているので，本章ではその結果を引用する形で説明を進める。不明な点は，1章または2章を参照してほしい。

（1） 単純梁に作用する材端モーメント（モーメント外力）

図7-4 (a) のように，単純梁（一端ピン，他端ローラー支持された梁）の左端Aに，材端モーメント（モーメント外力）M_{AB}が作用した場合の両端のたわみ角は，微分方程式やモールの定理により，次のように算定される。

$$\theta_A = +\frac{M_{AB}l}{3EI}, \quad \theta_B = -\frac{M_{AB}l}{6EI} \tag{7.1}$$

図 (b) のように，右端Bに，材端モーメント（モーメント外力）M_{BA}が作用した場合の両端のたわみ角は，微分方程式やモールの定理により，次のように算定される。

$$\theta_A = -\frac{M_{BA}l}{6EI}, \quad \theta_B = +\frac{M_{BA}l}{3EI} \tag{7.2}$$

図 (c) のように，両端に，材端モーメントM_{AB}とM_{BA}が同時に作用した場合の両端のたわみ角は，図 (a) と図 (b) が加算された状態であるので，たわみ角は (7.1) 式と (7.2) 式を加算して，次のように算定される。

$$\theta_A = +\frac{M_{AB}l}{3EI} - \frac{M_{BA}l}{6EI} = \frac{l}{6EI}(2M_{AB} - M_{BA})$$

$$\tag{7.3}$$

$$\theta_B = -\frac{M_{AB}l}{6EI} + \frac{M_{BA}l}{3EI} = \frac{l}{6EI}(2M_{BA} - M_{AB})$$

$$\tag{7.4}$$

上式は，回転角（たわみ角＋部材角）の式として表現されているが，これを材端モーメントの式として表現するために，たとえば $[(7.3) \times 2 + (7.4)]$，$[(7.3) + (7.4) \times 2]$ として計算し，剛度 $K = I/l$ とおけば，次式を得る。

$$M_{AB} = \frac{2EI}{l}(2\theta_A + \theta_B) = 2E\left(\frac{I}{l}\right)(2\theta_A + \theta_B)$$
$$= 2EK(2\theta_A + \theta_B) \quad (7.5)$$

$$M_{BA} = \frac{2EI}{l}(2\theta_B + \theta_A) = 2E\left(\frac{I}{l}\right)(2\theta_B + \theta_A)$$
$$= 2EK(2\theta_B + \theta_A) \quad (7.6)$$

(2) 節点が移動し部材角 R が生じた場合の回転角

図7-5のような材端モーメントを受ける単純梁が移動して傾斜している状態を考える。梁の傾斜角＝部材角を R とすれば，節点における材のたわみ角は，部材角と接線角の和として表わすことができる。この場合，単純支持支点の回転は自由であり，部材角が生じても曲げモーメントは発生しないので，材端モーメントの大きさに変化はない。したがって，図7-5のような状態における材端のたわみ角 θ_A と θ_B は，材端モーメントによる接線角（α_A と α_B）と部材角 R の和となり，次式のように算定される。

$$\theta_A = \alpha_A + R = +\frac{M_{AB}l}{3EI} - \frac{M_{BA}l}{6EI} + R$$
$$= \frac{l}{6EI}(2M_{AB} - M_{BA}) + R \quad (7.7)$$

$$\theta_B = \alpha_B + R = -\frac{M_{AB}l}{6EI} + \frac{M_{BA}l}{3EI} + R$$
$$= \frac{l}{6EI}(2M_{BA} - M_{AB}) + R \quad (7.8)$$

上式は，たわみ角（接線角＋部材角）の式として表現されているが，これを材端モーメントの式として表現するために，たとえば[(7.7)×2＋(7.8)]，[(7.7)＋(7.8)×2]として計算し，剛度 $K = I/l$ とおけば，次式を得る。

$$M_{AB} = \frac{2EI}{l}(2\theta_A + \theta_B - 3R)$$
$$= 2E\left(\frac{I}{l}\right)(2\theta_A + \theta_B - 3R)$$
$$= 2EK(2\theta_A + \theta_B - 3R) \quad (7.9)$$

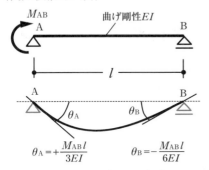

(a) A端にモーメントが作用した場合のたわみ角

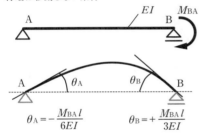

(b) B端にモーメントが作用した場合のたわみ角

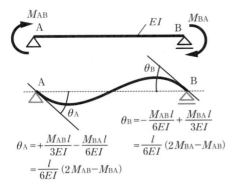

◎ $M_{AB} = \dfrac{2EI}{l}(2\theta_A+\theta_B) = 2EK(2\theta_A+\theta_B)$

◎ $M_{BA} = \dfrac{2EI}{l}(\theta_A+2\theta_B) = 2EK(\theta_A+2\theta_B)$

注）節点が平行移動した場合も同じ

(c) 両端にモーメントが作用した場合のたわみ角

図7-4 材端モーメントとたわみ角

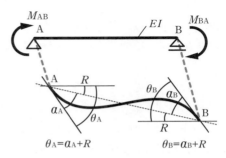

$\theta_A = \alpha_A + R$ $\qquad$ $\theta_B = \alpha_B + R$

$\theta_A = +\dfrac{M_{AB}l}{3EI} - \dfrac{M_{BA}l}{6EI} + R,\quad \theta_B = -\dfrac{M_{AB}l}{6EI} + \dfrac{M_{BA}l}{3EI} + R$

◎ $M_{AB} = \dfrac{2EI}{l}(2\theta_A+\theta_B-3R) = 2EK(2\theta_A+\theta_B-3R)$

◎ $M_{BA} = \dfrac{2EI}{l}(\theta_A+2\theta_B-3R) = 2EK(\theta_A+2\theta_B-3R)$

図7-5 節点移動により部材角が生じた場合

7 たわみ角法

$$M_{BA} = \frac{2EI}{l}(\theta_A + 2\theta_B - 3R)$$
$$= 2E\left(\frac{I}{l}\right)(\theta_A + 2\theta_B - 3R)$$
$$= 2EK(\theta_A + 2\theta_B - 3R) \quad (7.10)$$

なお，節点が平行移動した場合の材端モーメントを受ける材のたわみ角は，節点移動のない場合と同じ（(7.3)〜(7.4)式）となることに留意してほしい。

(3) 中間荷重が作用した場合のたわみ角

単純梁に中間荷重が作用するとき，節点のモーメントは 0 であり，材端（節点）にはたわみ角（回転角：γ_A, γ_B）が生じることは，前項「7-2 (4) 中間荷重と固定端モーメント」で概説した。また，中間荷重により発生するたわみ角（γ_A, γ_B）の大きさを，材端に作用する回転モーメント（固定端モーメント）の大きさで表現することを意図したものであることも概説した。

図 7-6 のように，中間荷重により材端にたわみ角（γ_A, γ_B）が生じた状態は，材端に回転モーメント（C_{AB}, C_{BA}）が作用して生じたと考えてみれば，この場合のたわみ角と回転モーメントの関係は，図 7-4 の場合と同じなので，M を C，θ を γ と置換すれば，次式を得る。

$$\gamma_A = +\frac{C_{AB}l}{3EI} - \frac{C_{BA}l}{6EI} = \frac{l}{6EI}(2C_{AB} - C_{BA}) \quad (7.11)$$

$$\gamma_B = -\frac{C_{AB}l}{6EI} + \frac{C_{BA}l}{3EI} = \frac{l}{6EI}(2C_{BA} - C_{AB}) \quad (7.12)$$

回転モーメント：$C_{AB} = 2EK(2\gamma_A + \gamma_B)$ (7.13)

回転モーメント：$C_{BA} = 2EK(\gamma_A + 2\gamma_B)$ (7.14)

この回転モーメント＝固定端モーメント（C_{AB} と C_{BA}）の大きさは，中間荷重によるたわみ角（γ_A, γ_B）が 0 となる条件（両端固定条件）を与えることにより，特定できる。中間荷重によるたわみ角を表現するための固定端モーメントは，外力である材端モーメント（M_{AB} と M_{BA}）と部材角（R）に関係しないので，梁の中間荷重の条件が与えられれば，その値が確定できる。なお，固定端モーメントは回転角を打ち消す方向に作用させるので，(7.13) と (7.14) に負号をつけたものとなる。すなわち，

固定端モーメント：$C_{AB} = -2EK(2\gamma_A + \gamma_B)$
(7.15)

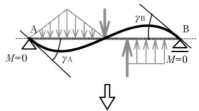

材端のたわみ角（γ_A, γ_B）は，材端に作用する回転モーメントにより生じると考える。

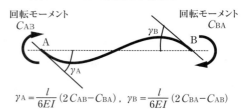

$\gamma_A = \frac{l}{6EI}(2C_{AB} - C_{BA})$, $\gamma_B = \frac{l}{6EI}(2C_{BA} - C_{AB})$

回転モーメント $C_{AB} = \frac{2EI}{l}(2\gamma_A + \gamma_B) = 2EK(2\gamma_A + \gamma_B)$
$C_{BA} = \frac{2EI}{l}(\gamma_A + 2\gamma_B) = 2EK(\gamma_A + 2\gamma_B)$

回転モーメントの大きさは，材端のたわみ角（γ_A, γ_B）が 0 となる条件（両端固定条件）を与えて特定する。両端固定の条件で特定される回転拘束モーメント（C_{AB}, C_{BA}）のことを，固定端モーメントとよぶ。

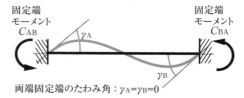

両端固定端のたわみ角：$\gamma_A = \gamma_B = 0$

◎ 固定端モーメント
$C_{AB} = -2EK(2\gamma_A + \gamma_B)$, $C_{BA} = -2EK(\gamma_A + 2\gamma_B)$

図 7-6 中間荷重によるたわみ角とモーメント

固定端モーメント：$C_{BA} = -2EK(\gamma_A + 2\gamma_B)$
(7.16)

(4) たわみ角法の基本式

図 7-7 のように，材端モーメントと中間荷重を受け，節点移動により部材角が発生した場合の，材端の全たわみ角 θ は「材端モーメントによるたわみ角（α_A, α_B）」「部材角 R」「中間荷重によるたわみ角（γ_A, γ_B）」の和となる。これを式で表わせば，前項までにおいて説明した手順より，次式を得る。

$$\theta_A = \alpha_A + R + \gamma_A = \frac{l}{6EI}(2M_{AB} - M_{BA}) + R + \gamma_A$$
$$= \frac{1}{6EK}(2M_{AB} - M_{BA}) + R + \gamma_A \quad (7.17)$$

$$\theta_B = \alpha_B + R + \gamma_A = \frac{l}{6EI}(2M_{BA} - M_{AB}) + R + \gamma_B$$
$$= \frac{1}{6EK}(2M_{BA} - M_{AB}) + R + \gamma_B \quad (7.18)$$

上式は，材端の回転角の式として表現されているが，これを材端モーメントの式として表現するために，[(7.17)×2 + (7.18)] として計算すれば，次式を得る。

$$2\theta_A + \theta_B = \frac{M_{AB}}{2EK} + 3R + 2\gamma_A + \gamma_B$$
$$\therefore M_{AB} = 2EK(2\theta_A + \theta_B - 3R) - 2EK(2\gamma_A + \gamma_B)$$

(7.15) 式より，$-2EK(2\gamma_A + \gamma_B) = C_{AB}$

$$\therefore M_{AB} = 2EK(2\theta_A + \theta_B - 3R) + C_{AB} \quad (7.19)$$

同様に，[(7.17) + (7.18)×2] として計算すれば，次式を得る。

$$\theta_A + 2\theta_B = \frac{M_{BA}}{2EK} + 3R + \gamma_A + 2\gamma_B$$
$$\therefore M_{BA} = 2EK(2\theta_B + \theta_A - 3R) - 2EK(\gamma_A + 2\gamma_B)$$

(7.16) 式より，$-2EK(\gamma_A + 2\gamma_B) = C_{BA}$

$$\therefore M_{BA} = 2EK(\theta_A + 2\theta_B - 3R) + C_{BA} \quad (7.20)$$

誘導された (7.19) 式と (7.20) 式が，たわみ角法の基本式である。

さて，複数の曲げ性能の異なる部材から構成される骨組を取り扱う場合，複数部材の単位統一と式表現の簡潔化を目的に，標準剛度 K_0（任意の部材剛度）との比＝剛比 k の定義を導入し（$k = K/K_0$），回転角・部材角の項を係数化した形（$2EK_0\theta_A = \phi_A$, $2EK_0\theta_B = \phi_B$, $-6EK_0R = \psi$: 単位は曲げモーメントと同じ）に展開した式をたわみ角法の基本式とすることも多い。

すなわち，

$$M_{AB} = 2EK(2\theta_A + \theta_B - 3R) + C_{AB}$$
$$= 2EkK_0(2\theta_A + \theta_B - 3R) + C_{AB}$$
$$= k(2EK_0 \times 2\theta_A + 2EK_0 \times \theta_B - 2EK_0 \times 3R) + C_{AB}$$
$$= k(2 \times 2EK_0\theta_A + 2EK_0\theta_B - 6EK_0R) + C_{AB}$$
$$= k(2\phi_A + \phi_B + \psi) + C_{AB} \quad (7.21)$$

同様に展開すれば，次式を得る。

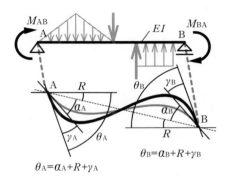

図 7-7 たわみ角法と基本式

$$M_{BA} = k(\phi_A + 2\phi_B + \psi) + C_{BA} \quad (7.22)$$

(7.19) 式～(7.22) 式を一括表記すれば，次のようになる。

$$M_{AB} = 2EK(2\theta_A + \theta_B - 3R) + C_{AB} \quad (7.19)$$
$$M_{BA} = 2EK(\theta_A + 2\theta_B - 3R) + C_{BA} \quad (7.20)$$

ただし，

M_{AB}, M_{BA}：両端の材端モーメント
E：ヤング係数
θ_A, θ_B：両端のたわみ角
R：部材角
C_{AB}, C_{BA}：両端の固定端モーメント

$$M_{AB} = k(2\phi_A + \phi_B + \psi) + C_{AB} \quad (7.21)$$
$$M_{BA} = k(\phi_A + 2\phi_B + \psi) + C_{BA} \quad (7.22)$$

ただし，

$\phi_A = 2EK_0\theta_A, \quad \phi_B = 2EK_0\theta_B$
$\psi = 2EK_0(-3R) = -6EK_0R$

7 たわみ角法 155

$$k = \left(\frac{I}{l}\right)\left(\frac{1}{K_0}\right) : 剛比（標準部材の剛度との比）$$

$$K_0 = \left(\frac{I_0}{l_0}\right) : 標準部材の剛度$$

I：断面二次モーメント

l：部材長（スパン）

なお，ϕ（ギリシャ文字のファイ）は，φとも表記される。φはψ（プサイ）と類似しているので要注意。

7-4　たわみ角法による骨組応力の計算手順

たわみ角法により，骨組の応力を求める手順をまとめておけば，次のとおりである。

手順1）　たわみ角法の基本式による定式化

骨組を柱・梁などの要素に分割し，分割した各要素について，たわみ角法の基本式により，材端モーメントとたわみ角との関係を定式化する。

手順2）　釣合い条件式の作成

各要素の節点または節点間の変形条件を考慮した釣合い条件式を作成する。

ⅰ）　境界条件（材端の支持条件，材間の連続条件等）

ⅱ）　節点方程式（節点における力の釣合い条件式$\Sigma M = 0$：節点に作用する外力モーメントと，節点に結合された各要素の材端モーメントの釣合い（図7-2（b）参照））

ⅲ）　層方程式（ラーメン等の骨組の各層の層せん断力の釣合い：曲げモーメントとせん断力との関係を利用）

手順3）　各要素の節点の変形（回転角）の同定

得られた釣合い条件式を解き，各要素の節点の変形（回転角）を同定する。

手順4）　材端モーメントの同定

同定した節点の変形（回転角）から，各要素の材端モーメントを同定する。

手順5）　各要素の応力を同定し，骨組としての応力図を描く。

得られた各要素の材端モーメントと中間荷重を考慮して，各要素の応力（曲げモーメント・せん断力・軸方向力）を求める＝応力図を描く。

ここでは，特定された各部材の両端の材端モーメント（M_{AB}とM_{BA}）と中間荷重にもとづき，部材の中間部分の応力分布（曲げモーメント図，せん断

図）を決定する方法について，説明しておく。

（a）　材端モーメントだけを受ける部材の応力図
（図7-8参照）

たわみ角法では，たわみ角を同定することにより，各部材の両端の材端モーメント（M_{AB}，M_{BA}）が特定される。部材の材端にモーメント外力が作用した場合の応力図は，静定問題として『建築の力学Ⅰ』の「4　部材の応力」で自由体図を用いて解く方法を説明しているが，その結果は図7-8（a）左端M_{AB}の場合または図（b）右端M_{BA}の場合のようになる。

中間荷重のない状態で，両端に同時に材端モーメント（M_{AB}, M_{BA}）が作用した場合の応力図は，図（c）のように図（a）と図（b）を合成した形となる。これが材端モーメントだけを受ける部材の応力図の基本形であり，次のような性質をもつ。

ⅰ）　反力（R_{AB}，R_{BA}）の大きさは，次式となる。

$$R_{AB} = R_1 + R_2 = \frac{M_{AB}}{l} + \frac{M_{BA}}{l}$$

$$= \frac{(M_{AB} + M_{BA})}{l} = -R_{BA}$$

単純にいえば，反力の大きさは，材端モーメントの和を材長lで割った（除した）値で，反力の方向によって正負符号を判断すれば求められる。式に頼らず，直感的に作図できるようになることが望ましい。

ⅱ）　曲げモーメント図（M図）については，これを式で表わせば，次式となる。

$$M_x = M_{AB} - R_{AB} x = M_{AB} - (R_1 + R_2)x$$

$$= M_{AB} - \frac{(M_{AB} + M_{BA})}{l}x$$

単純にいえば，各材端モーメント（M_{AB}とM_{BA}）の大きさを各材端にとり，それを結ぶ直線を引けば，部材のモーメント図（M図）が求められる。式に頼らず，直感的に作図できるようになることが望ましい。

ⅲ）　せん断力は曲げモーメントの変化割合（＝傾き）なので（せん断力Qと曲げモーメントMとの関係については，『建築の力学Ⅰ』の「7　部材の断面に生じる応力」で説明している），次式が成立する。これを式で表わせば，次式となる。

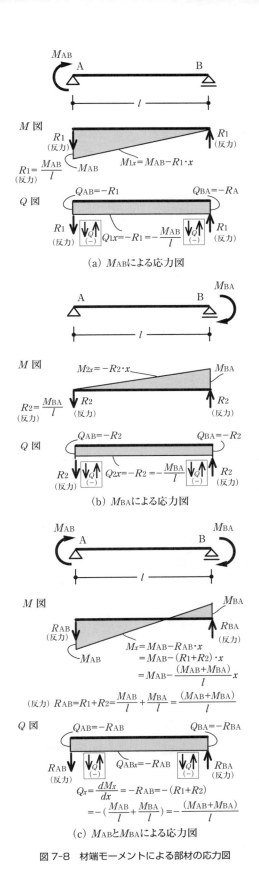

図7-8 材端モーメントによる部材の応力図

$$Q_x = \frac{dM_x}{dx} = -R_{AB} = -(R_1 + R_2)$$
$$= -\frac{(M_{AB} + M_{BA})}{l}$$

単純にいえば，材端モーメント（M_{AB} と M_{BA}）の和（符号を考えれば差）を材長（区間長）で割れば求めることができる。これについても，式に頼らず，直感的に作図できるようになることが望ましい。

両端に材端モーメントだけが作用した場合の応力図（M 図，Q 図）は，材端モーメントが決まれば，材全体の応力状態が決定される。応力図の形は数式で算定されるが，わが国では，M 図（下方向が +）と Q 図（上方向が +）とでは座標の正負方向が異なることから，実況をイメージせずに数式だけに頼るのは混乱の元となりやすい。材端モーメントの作用（回転）方向と材の変形（材が凸になる側が断面の引張側＝モーメント図を描く側）をイメージして，直感的にグラフとしてのモーメント図を描き，反力を決定し，直感的にせん断力図を描くことができるようになるのが望ましい。せん断力については，静定構造物の応力図を描くときに用いた方法と同様，自由体図におけるせん断応力（一対の力）を考えて，その応力の左側または右側の片方の力を外力と同様に扱って釣合い条件を立てて，応力の大きさと方向を同定する。この場合，部材の材端の左右では，仮定する力の方向が逆になり，これにせん断力の正負方向が組み合わさると，せん断力の大きさはともかく，その正負方向についての判断に迷う人も少なくない。数式に頼らずに，直感的に応力図を描けるようになるためには，検討する節点と部材の材端の左右位置関係，材端のせん断力の正負方向を意識して，判断できることが必要である。本章では，繁雑になることを厭わず，Q 図中にせん断応力の正負方向をマーク（□ 囲み）として示している。たとえば，図7-8（a）材端モーメント M_{AB} による Q 図中には，せん断応力の正負方向がマークとして示してある。この部材には，すでに計算したように，全長にわたって負（−）方向のせん断力が作用することがわかっている。同図をみれば，部材の左端の鉛直反力 R_1 の方向（下向き）と負のせん断応力の左側の力（一対の力のうちの左側の力：応力マークの左側の力）

の方向（下向き）とが一致していることがわかる。また，部材の右端の鉛直反力 R_1 の方向（上向き）と負のせん断応力の右側の力（一対の力のうちの右側の力：応力マークの右側の力）の方向（上向き）とが一致していることがわかる。

以上のことから，検討する節点に関する鉛直反力の方向と材端せん断力の符号の関係を理解していれば，鉛直反力と材端せん断力のいずれか一方が判明した時点で，残りの片方を同定できることになる。

なお，梁のように材が水平の場合，Q 図の符号は上方向を＋とした座標軸にもとづいて算定し，＋の場合には材の上側に描くことを原則としている。しかしながら，柱のように鉛直の部材が存在するラーメン構造で多層・多スパンの場合には，単純な水平材での原則どおりに描けないことが発生する（たとえば，柱の左右どちらを＋として描くかという問題）。

実は，構造設計上必要な情報は，せん断応力に関しては符号を含む大きさが重要で，符号と大きさが正しく表記されていれば，描く位置（側）は問題とはならない。軸方向力に関しても，せん断応力と同様，大きさと符号（引張，圧縮）が重要であるが，描く位置（側）は問題とはならない。唯一描く位置（側）が問題となる応力は，曲げモーメントである。わが国においては，曲げモーメントよって部材断面に発生する引張応力の側（引張側）を表示することが一般的である（国によっては圧縮側に表示）。鉄筋コンクリート部材について考えれば，断面に配置された鉄筋のうち，鉄筋が引張力を受ける側を表記することを意味する。逆に言えば，M 図における描画位置は，引張力に弱いコンクリートを補強するために配置すべき鉄筋の位置（側）についての重要な情報を表示することになる。したがって，M 図における表示位置（側）を間違えることは許されないこととなる。

(b) 中間荷重が対称形の場合の応力図（図7-9参照）

中間荷重を受ける単純支持された部材は静定構造であり，その応力図の求め方については，『建築の力学Ⅰ』の「4 部材の応力」において自由体図を用いて解く方法を説明している。典型的な荷重状態の応力図については，『建築の力学Ⅰ』の表4-2や

表4-3に示してあるので，それを利用すればよい。また，結果だけを知るためには，本書の「6 不静定骨組の解法原理」の表6-1を利用してもよい。

材端モーメントと中間荷重を同時に受ける部材の応力図は，材端モーメントによる応力と中間荷重による応力を合成（加算）することにより求められる。図7-9は，中間荷重としてスパン中央に集中荷重が作用した状態に，材端モーメントが作用している例である。中間荷重によるモーメント図は左右対称形となる例である。

合成された M 図をみればわかるとおり，材端モーメントの左右の差による傾斜に応じて，中間荷重による M 図をあたかも回転させて合成した形となる。

部材に発生する最大曲げモーメント M_0 については，中間荷重が対称形の両端固定梁では固定端モーメントの大きさも対象となり（表6-1中の固定端モーメントが $C_{BA} = -C_{AB}$ の場合），一般的に，部材の最大曲げモーメント M_0 は部材中央に生じると考えられるので，M_{AB} と M_{BA} を結ぶ直線の中央位置のモーメントに M_0 を加算すれば，求めることができる。すなわち，次式で求められる。

$$M_C = \frac{M_{AB} - M_{BA}}{2} + M_0$$

Q 図（せん断力図）についても，M 図の場合と同様，両端に材端モーメントが作用する場合と中間荷重を受ける場合とを合成すれば求められる。材端のせん断力の大きさは，次式で求められる。

$$Q_{AB} = R_0 - R_{AB} = \frac{P}{2} + \frac{M_{AB} + M_{BA}}{l}$$

$$Q_{BA} = R_0 + R_{BA} = \frac{P}{2} - \frac{M_{AB} + M_{BA}}{l}$$

合成された Q 図をみればわかるとおり，中間荷重を受ける場合の Q 図は，左右の材端モーメントにより生じる反力の大きさに応じて，上下方向に平行移動した形となる。また，材端のせん断力は合成された反力に関連づけられることもわかる。

ここで，材端のせん断力と鉛直反力の関係について，再度確認しておく。

中間荷重によるせん断力は［Q 図の i) 参照］，中間荷重の作用点を境にせん断力の符号が異なり，左側が正（＋），右側が負（－）である。材の左端

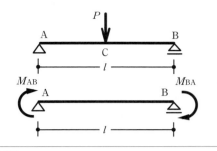

M 図

i) 中間荷重による*M*図

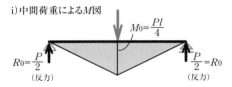

ii) 材端モーメントによる*M*図

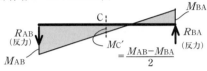

iii) 合成した*M*図［ⅰ)＋ⅱ)］

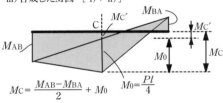

$M_C = \dfrac{M_{AB}-M_{BA}}{2} + M_0$ $M_0 = \dfrac{Pl}{4}$

Q 図

i) 対称の中間荷重による*Q*図

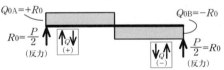

ii) 材端モーメントによる*Q*図

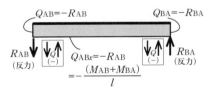

iii) 合成した*Q*図［ⅰ)＋ⅱ)］

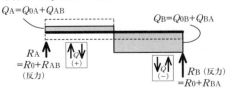

図7-9 中間荷重が対称形の場合の応力図

のせん断力は正で，応力としての一対の力のうちの左側の力（応力マークの左側の力）は上向きであり，材の左端の鉛直反力 R_0 も上向きで，方向が一致していることが確認できる。材の右端のせん断力は負で，応力としての一対の力のうちの右側の力（応力マークの右側の力）は上向きであり，材の右端の鉛直反力 R_0 も上向きで，方向が一致していることが確認できる。

つぎに，材端モーメントによるせん断力は全長にわたって負（−）で［*Q*図のⅱ）参照］，部材の左端の鉛直反力 R_1 方向（下向き）と負のせん断応力の左側の力の方向（下向き）とが一致していることが確認できる。また，部材の右端の鉛直反力 R_1 の方向（上向き）と負のせん断応力の右側の力の方向（上向き）とが一致していることが確認できる。

同様に，ⅰ）とⅱ）が合成された場合［*Q*図のⅲ）参照］でも，同様のことが確認できる。

以上，鉛直反力の方向と材端のせん断力の符号の関係を理解していれば，鉛直反力と材端せん断力のいずれか一方が判明した時点で，残りの片方を同定できることを確認した。

(c) 中間荷重が非対称の場合の応力図

図7-10(a)は，複数の非対称形の中間荷重を受ける単純梁の応力図を，模式的に描いたものである。この状態の梁が，材端モーメントを同時に受ける場合が図(b)の状態で，その応力図は，個々の荷重条件の応力が複合したものであることから，個々の荷重条件の応力図を合成（加算）することにより求められる。ただし，中間荷重が非対称の場合には，部材に生じる最大モーメント M_{max} の大きさと発生位置は，個々の中間荷重により発生する最大曲げモーメント M_0 を単純に加算したものとはならない。部材に生じる最大モーメント M_{max} の発生位置は，『建築の力学Ⅰ』の「4 部材の応力」で説明しているように，合成されたせん断力 $Q_x = 0$ となる点である。複数の荷重が作用する場合，最大モーメント M_{max} の発生位置と大きさを精確に求めるためには繁雑な計算が必要になることも多い。このため，通常の構造設計では，表などを利用して最大応力を大きめに類推して適用する（安全側に見積もる）ことも行われる。

7 たわみ角法 159

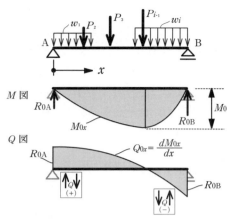

(a) 非対称の中間荷重を受ける単純梁の応力図

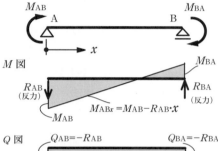

(b) 材端モーメントを受ける単純梁の応力図

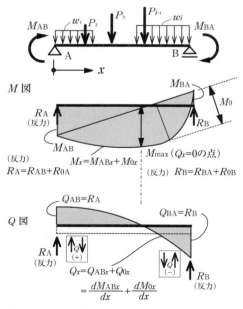

(c) 非対称中間荷重と材端モーメントとを受ける場合

図7-10　非対称の中間荷重を受ける場合

7-5　節点移動のない梁の計算手順

節点移動のない骨組の場合について，たわみ角法による解法手順を具体的に説明する。

(1)　両端固定梁

図7-11のような中央集中荷重を受ける両端固定梁の場合について，たわみ角法による解法手順を説明する。

手順1)　たわみ角法の基本式による定式化

梁（AB）に関する基本式は，いうまでもなく，次式となる。

$$M_{AB} = 2EK(2\theta_A + \theta_B - 3R) + C_{AB} \tag{7.19}$$

$$M_{BA} = 2EK(\theta_A + 2\theta_B - 3R) + C_{BA} \tag{7.20}$$

手順2)　釣合い条件式の作成

ⅰ)　境界条件

節点AとBはともに固定端

∴　$\theta_A = 0, \quad \theta_B = 0$

節点の移動はない＝部材角は発生しない

∴　$R = 0$

手順3)　各要素の節点の変形（回転角）の同定

中間荷重として集中荷重が作用しているので回転角が発生。

固定端モーメントは，図7-3または図6-1のようになる。

$$C_{AB} = -\frac{1}{8}Pl, \quad C_{BA} = -C_{AB} = \frac{1}{8}Pl$$

単純支持状態に中間荷重が作用した場合の最大モーメントは次式となる。

$$M_0 = \frac{1}{4}Pl$$

手順4)　材端モーメントの同定

上記の条件より，材端モーメントを同定する。

$$M_{AB} = 2EK(0+0-0) + C_{AB} \tag{7.19}'$$

∴　$M_{AB} = +C_{AB}\left(= -\dfrac{1}{8}Pl\right)$

$$M_{BA} = 2EK(0+0-0) + C_{BA} \tag{7.20}'$$

∴　$M_{BA} = +C_{BA}\left(= \dfrac{1}{8}Pl\right)$

手順5)　各要素の応力を同定し，骨組としての応力図を描く。

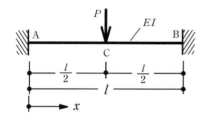

手順1)

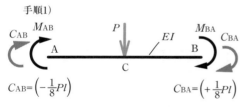

$C_{AB} = \left(-\dfrac{1}{8}Pl\right)$ 　　　 $C_{BA} = \left(+\dfrac{1}{8}Pl\right)$

手順2) 　$\theta_A = 0$ 　$\theta_B = 0$ 　たわみ角なし＝固定端
　　　　$R = 0$ 　節点移動なし

手順3),手順4)

$M_{AB} = 2EK\,(0+0-0) + C_{AB} = \left(-\dfrac{1}{8}Pl\right)$

$M_{BA} = 2EK\,(0+0-0) + C_{BA} = \left(+\dfrac{1}{8}Pl\right)$

手順5) 　M 図

i) 中間荷重によるM図

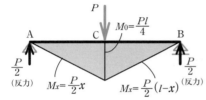

ii) 材端モーメントによるM図

＜解答＞M図：i)＋ii)

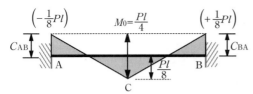

手順5) 　Q 図

i) 中間荷重によるQ図

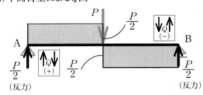

ii) 材端モーメントによるQ図

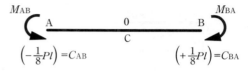

＜解答＞ Q図：i)＋ii) 　または，$Q_x = \dfrac{dM_x}{dx}$

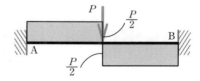

図 7-11 　解法例（両端固定梁）

M図：骨組としてのM図（曲げモーメント図）は，i）単純支持状態に中間荷重が作用した場合のM図＝M_0図と，ii）材端モーメントが作用した場合のM図を合成したものとなる。

Q図：骨組としてのQ図（せん断力図）は，i）単純支持状態に中間荷重が作用した場合のQ図＝Q_0図と，ii）材端モーメントが作用した場合のQ図を合成すれば求められる。または，『建築の力学Ⅰ』の「7　部材の断面に生じる応力」で説明しているように，次式のような，曲げモーメントM_xとせん断力Q_xとの関係式から求めることもできる。

$$Q_x = \dfrac{dM_x}{dx} = \dfrac{d}{dx}\left(\dfrac{Px}{2}+0\right) = \dfrac{P}{2} \qquad \left(0 \le x \le \dfrac{l}{2}\right)$$

$$Q_x = \dfrac{dM_x}{dx} = \dfrac{d}{dx}\left\{\dfrac{P}{2}(l-x)+0\right\} = -\dfrac{P}{2} \quad \left(\dfrac{l}{2} \le x \le l\right)$$

N図については，部材に平行な力は作用しておらず，軸方向力は発生しないので省略する。

(2) 一端固定・他端ピン支持梁

図 7-12 のような等分布荷重を受ける一端固定・他端ピン支持された梁の場合について，たわみ角法による解法手順を説明する。

手順1) 　たわみ角法の基本式による定式化

ここでは，次式を用いることとする。

$$M_{AB} = k(2\phi_A + \phi_B + \psi) + C_{AB} \tag{7.21}$$

$$M_{BA} = k(\phi_A + 2\phi_B + \psi) + C_{BA} \tag{7.22}$$

ただし，

$$\phi_A = 2EK_0\theta_A, \quad \phi_B = 2EK_0\theta_B$$

$$\psi = 2EK_0(-3R) = -6EK_0 R$$

7 　たわみ角法

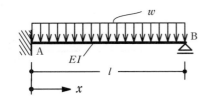

手順1)

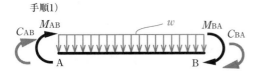

手順2)　　$\theta_A = 0$：たわみ角なし＝固定端　∴ $\phi_A = 0$
　　　　　$R = 0$：節点移動なし　∴ $\psi = 0$

手順3)
i)　$C_{AB} = -\dfrac{1}{12}wl^2$,　$C_{BA} = -C_{AB} = \dfrac{1}{12}wl^2$,　$M_0 = \dfrac{1}{8}wl^2$

ii)　$M_{BA} = 0$

手順4)
$$M_{AB} = k\ (0 + \phi_B + 0)\ + C_{AB}$$
$$M_{BA} = k\ (0 + 2\phi_B + 0)\ + C_{BA}$$
$$\therefore M_{AB} = -\dfrac{C_{BA}}{2} + C_{AB} = -\dfrac{1}{8}wl^2$$
$$M_{BA} = 0$$

手順5)　　M図
i) 中間荷重によるM図　（単純支持状態）

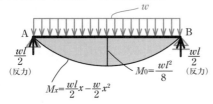

ii) 材端モーメントによるM図

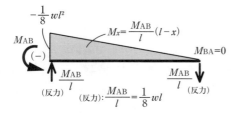

<解答>M図：i)+ii)

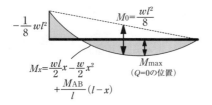

手順5)　Q図
i) 中間荷重によるQ図

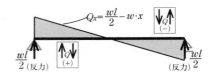

ii) 材端モーメントによるQ図

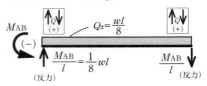

<解答> Q図：i)+ii)　または，$Q_x = \dfrac{dM_x}{dx}$

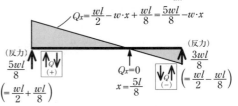

図7-12　解法例（一端固定・他端ピン支持梁）

手順2)　釣合い条件式の作成

ⅰ）境界条件

　節点Aは固定端：$\theta_A = 0$　∴　$\phi_A = 0$

　節点Bはローラー支点：$\theta_B \neq 0$　∴　$\phi_B \neq 0$

　節点移動はない（部材角は発生しない）：$R = 0$

　　∴　$\psi = 0$

手順3)　各要素の節点の変形（回転角）の同定

ⅰ）中間荷重として等分布荷重が作用しているので，回転が生じる。

固定端モーメントの大きさは，表6-1より次の値である。

$$C_{AB} = -\dfrac{1}{12}wl^2,\quad C_{BA} = \dfrac{1}{12}wl^2$$

また，中間荷重として等分布荷重が作用する単純梁の場合の最大モーメントM_0は，同表より次の値である。

$$M_0 = \dfrac{1}{8}wl^2$$

ⅱ）B端の曲げモーメントは，ローラー支持で外力モーメントが作用していないので，0である。

　　∴　$M_{BA} = 0$

手順4) 材端モーメントの同定

手順2) と 3) の条件より，次の関係を得る。

$$M_{AB} = k(0 + \phi_B + 0) + C_{AB} \quad (7.21)'$$

$$\therefore M_{AB} = k\phi_B + C_{AB} \quad (a)$$

$$M_{BA} = k(0 + 2\phi_B + 0) + C_{BA} \quad (7.22)'$$

$$\therefore 0 = 2k\phi_B + C_{BA} \quad (b)$$

(b) 式より

$$\phi_B = -\frac{C_{BA}}{2k}$$

これを (a) 式に代入すれば，

$$M_{AB} = k \times \left(-\frac{C_{BA}}{2k}\right) + C_{AB} = -\frac{C_{BA}}{2} + C_{AB}$$

$$= -\frac{1}{2} \times \frac{1}{12}wl^2 + \left(-\frac{1}{12}wl^2\right)$$

$$= -\frac{3}{24}wl^2 = -\frac{1}{8}wl^2$$

手順5) 各要素の応力を同定し，骨組としての応力図を描く。

M 図：骨組としての M 図（曲げモーメント図）は，ⅰ) 単純支持状態に中間荷重が作用した場合の M 図 = M_0 図と，ⅱ) 材端モーメントが作用した場合の M 図を合成したものとなる。式で表わせば次式である。

$$M_x = \frac{wl}{2}x - \frac{w}{2}x^2 - \frac{M_{AB}}{l}(l-x)$$

$$= \frac{wl}{2}x - \frac{w}{2}x^2 - \frac{wl}{8}(l-x)$$

最大曲げモーメント M_{max} は，$Q_x = 0$ の位置 $x = 5l/8$ で生じ，その値は $9wl^2/128$ である。

Q 図：骨組としての Q 図（せん断力図）は，ⅰ) 単純支持状態に中間荷重が作用した場合の Q 図 = Q_0 図と，ⅱ) 材端モーメントが作用した場合の Q 図を合成すれば求められる。または，『建築の力学Ⅰ』の「7 部材の断面に生じる応力」で説明しているように，次式のような，曲げモーメント M_x とせん断力 Q_x との関係式から求めることもできる。

$$Q_x = \frac{dM_x}{dx} = \frac{wl}{2} - wx + \frac{wl}{8} = \frac{5wl}{8} - wx$$

N 図については，部材に平行な力は作用しておらず，軸方向力は発生しないので省略する。

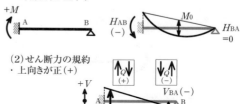

表 6-2 一端固定・他端ピン梁の固定端モーメント H と固定端せん断力 V

図 7-13 表 6-2 の抜粋

[別解] 表 6-2 を使用する方法

ここまでは，たわみ角法の基本式により解いてきたが，一端固定・他端ピン支持梁の場合には，6 章で説明している「表 6-2 一端固定・他端ピン梁の固定端モーメント H と固定端せん断力 V」を用いて，簡便に解くことができる。

図 7-13 には，表 6-2 の等分布荷重状態の場合が抜粋してある。表によれば，M_{AB} と両端のせん断力の大きさ（V_{AB}, V_{BC}）を，計算せずに知ることができる。

(3) 連続梁

図 7-14 のような等分布荷重を受ける連続梁について，たわみ角法による解法手順を説明する。

この例では，部材の特性が剛比 k で表現されており，荷重・部材長が具体的な数字として与えられている。

手順1)，2) たわみ角法の基本式による定式化

ここでは，(7.21) 式と (7.22) 式を用いることとする。

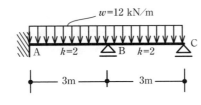

手順1),手順2),手順3)

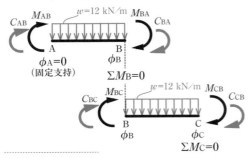

手順3)（図省略）

手順4) 材端モーメント, M図, Q図

i) 材端モーメントとM図

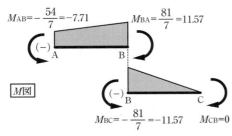

ii) 上のM図に基づき求めたQ図

$$Q_{AB} = -R_{AB} = -\frac{(M_{AB}+M_{BA})}{l}$$
$$= -\frac{(-7.71+11.57)}{3} = -1.29$$

$$Q_{BC} = -R_{BC} = -\frac{(M_{BC}+M_{CB})}{l}$$
$$= -\frac{(-11.57+0)}{3} = 3.86$$

手順4)' 中間荷重によるM図とQ図

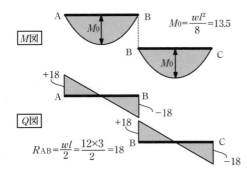

$$M_0 = \frac{wl^2}{8} = 13.5$$

$$R_{AB} = \frac{wl}{2} = \frac{12 \times 3}{2} = 18$$

手順5) 応力図を描く（各部材）

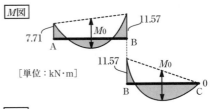

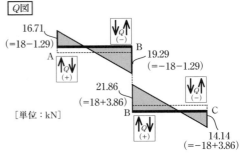

完成した応力図

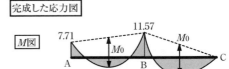

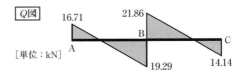

反力

i) 材端せん断力に対応する反力

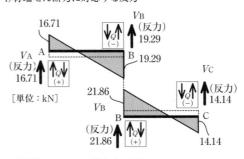

ii) 材端モーメントに対応する反力

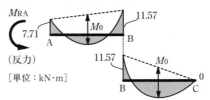

図7-14 解法例（連続梁）（その1）

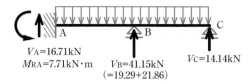

V_A=16.71kN
M_{RA}=7.71kN·m
V_B=41.15kN
(=19.29+21.86)
V_C=14.14kN

図 7-14 解法例（連続梁）（その 2）

部材 AB：基本式に境界条件と中間荷重の条件を代入する。

$$M_{AB} = k(2\phi_A + \phi_B + \psi) + C_{AB} \quad (7.21)$$
$$M_{BA} = k(\phi_A + 2\phi_B + \psi) + C_{BA} \quad (7.22)$$

ⅰ）境界条件

節点 A は固定端：$\theta_A = 0$ ∴ $\phi_A = 0$

節点 B はローラー支点：$\theta_B \neq 0$ ∴ $\phi_B \neq 0$

節点移動はない（部材角は発生しない）：$R = 0$

∴ $\psi = 0$

ⅱ）固定端モーメント

等分布荷重であるので，表 6-1 などにより，次式を得る。

$$C_{AB} = -\frac{wl^2}{12} = -\frac{12 \times 3^2}{12} = -9 \text{ kN·m}$$
$$C_{BA} = -C_{AB} = 9 \text{ kN·m}$$

したがって，材端モーメントは次式となる。

$$M_{AB} = 2(0 + \phi_B + 0) + C_{AB} = 2\phi_B + C_{AB} \quad (7.21)''$$
∴ $M_{AB} = 2(\phi_B) + C_{AB} = 2\phi_B - 9 \quad$ (a)
$$M_{BA} = 2(0 + 2\phi_B + 0) + C_{BA} \quad (7.22)'$$
∴ $M_{BA} = 2(2\phi_B) + C_{BA} = 4\phi_B + 9 \quad$ (b)

部材 BC：同様に，基本式に境界条件と中間荷重の条件を代入する。

ⅰ）境界条件

節点 B はローラー支点：$\theta_B \neq 0$ ∴ $\phi_B \neq 0$

節点 C はローラー支点：$\theta_C \neq 0$ ∴ $\phi_C \neq 0$

節点移動はない（部材角は発生しない）：$R = 0$

∴ $\psi = 0$

ⅱ）固定端モーメント

等分布荷重であるので，表 6-1 などにより，次式を得る。

$$C_{BC} = -\frac{wl^2}{12} = -\frac{12 \times 3^2}{12} = -9 \text{ kN·m}$$
$$C_{CB} = -C_{BC} = 9 \text{ kN·m}$$

したがって，材端モーメントは次式となる。

$$M_{BC} = 2(2\phi_B + \phi_C + 0) + C_{BC} \quad (7.21)''$$
∴ $M_{BC} = 4\phi_B + 2\phi_C - 9 \quad$ (c)
$$M_{CB} = 2(\phi_B + 2\phi_C + 0) + C_{CB} \quad (7.22)''$$
∴ $M_{CB} = 2\phi_B + 4\phi_C + 9 \quad$ (d)

手順 3） 各要素の節点の変形（回転角）の同定

ⅰ）B 節点のモーメントの釣合いを考えれば（＝ B 節点の節点方程式），$\Sigma M_B = 0$ である。

$\Sigma M_B = 0 : M_{BA} + M_{BC} = 0$

(b) + (c) = 0 : $(4\phi_B + 9) + (4\phi_B + 2\phi_C - 9) = 0$

∴ $8\phi_B + 2\phi_C = 0 \quad$ (e)

ⅱ）C 節点の曲げモーメントは（＝ C 節点の節点方程式），ローラー支持で外力モーメントが作用していないので，0 である。

(d) 式より $(2\phi_B + 4\phi_C + 9) = 0 \quad$ (f)

(e) × 2 − (f)：

$$14\phi_B - 9 = 0 \quad ∴ \phi_B = \frac{9}{14} = 0.643$$

これを（e）式に代入すれば，

$$\phi_C = -4\phi_B = -4 \times \frac{9}{14} = -\frac{18}{7} = -2.571$$

以上，各節点のたわみ角 $\phi_A \sim \phi_C$ が同定されたことになる。

手順 4） 材端モーメントの同定

たわみ角が求まれば，(a) ～ (d) 式より，材端モーメントが算定できる。

(a) 式：$M_{AB} = 2\phi_B - 9 = 2 \times \frac{9}{14} - 9$
$$= -\frac{54}{7} = -7.712 \text{ kN·m}$$

(b) 式：$M_{BA} = 4\phi_B + 9 = 4 \times \frac{9}{14} + 9$
$$= \frac{81}{7} = 11.571 \text{ kN·m}$$

(c) 式：$M_{BC} = 4\phi_B + 2\phi_C - 9$
$$= 4 \times \left(\frac{9}{14}\right) + 2 \times \left(-\frac{18}{7}\right) - 9$$
$$= -\frac{81}{7} = -11.571 \text{ kN·m}(= -M_{BA})$$

(d) 式：(f) 式より
$$M_{CB} = 2\phi_B + 4\phi_C + 9 = 0$$

図中の手順 4）として，材端モーメントの結果と，それによる M 図が示してある。加えて，その材端

モーメントと M 図にもとづき，次式で算定したせん断力と Q 図も併せて示してある。

$$Q_{AB} = -\frac{M_{AB}+M_{BA}}{l} = -\frac{-7.71+11.57}{3} = -1.29$$

$$Q_{BC} = -\frac{M_{BC}+M_{CB}}{l} = -\frac{-11.57+0}{3} = 3.86$$

手順 4)′　中間荷重による応力図

図中の手順 4)′ として，単純梁に等分布荷重が作用した場合の M 図と Q 図が示してある（『建築の力学Ⅰ』の表 4-3 参照）。スパン中央のモーメント $M_0 (= M_{\max})$ と端部のせん断力等は，次式で計算される。

$$M_0 = \frac{wl^2}{8} = \frac{12\times3^2}{8} = 13.5$$

$$Q_{AB} = \frac{wl}{2} = \frac{12\times3}{2} = 18 \quad (=-Q_{BA})$$

$$Q_{BC} = \frac{wl}{2} = \frac{12\times3}{2} = 18 \quad (=-Q_{CB})$$

手順 5)　各要素の応力を同定し，骨組としての応力図を描く。

M 図：骨組としての M 図（曲げモーメント図）は，ⅰ）材端モーメントが作用した場合の M 図と，ⅱ）単純支持状態に中間荷重が作用した場合の M 図＝M_0 図を合成したものとなる。

式は省略するが，材端モーメントの左右の差による傾斜に応じて，中間荷重による M 図をあたかも回転させて合成した形となる。

Q 図：骨組としての Q 図は，M 図の場合と同様，ⅰ）材端モーメントが作用した場合の Q 図と，ⅱ）単純支持状態に中間荷重が作用した場合の Q 図を合成したものとなる。

式は省略するが，中間荷重を受ける場合の Q 図を，左右の材端モーメントにより生じる反力の大きさに応じて，上下方向に平行移動した形となる。

反力：せん断力が同定されたので，材に対する鉛直反力を求めておく。鉛直反力と材端せん断力との関係については，「7-4　たわみ角法による骨組応力の計算手順」において詳しく説明したように，鉛直反力と材端せん断力のいずれか一方が判明した時点で，残りの片方を同定できる。この問題では，連続梁を構成する 2 本の梁のそれぞれのせん断応力が得られているので，各梁部分の鉛直反力を合成すれば，骨組全体としての鉛直反力を同定できる。支点 B については，左右の梁の材端せん断力に対し反力が発生するので（各反力の上下の方向に注意する），その合計が反力になる。また，固定端の曲げモーメント反力については，M 図の材端モーメントに関連づけられる。以上のことより，骨組の各支点の反力が図に示すように同定できる。

N 図については，部材に平行な力は作用しておらず，軸方向力は発生しないので省略する。

7-6　節点移動のない骨組の計算手順

図 7-15 に示すような梁と柱で構成される骨組について，たわみ角法による解法手順を説明する。この骨組は，節点 A と C が固定端なので移動できず，節点 B についても図からわかるように可動できないので，節点移動のない骨組である。

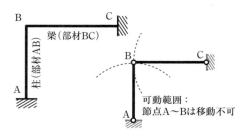

図 7-15　梁・柱による骨組

(1)　外力モーメントを受ける場合

図 7-16 に示すような骨組について，節点 B に外力としてのモーメントが作用する場合について解く。

手順 1)　たわみ角法の基本式による定式化

柱（部材 AB）：

基本式として，次式を用いる。

$$M_{AB} = k(2\phi_A + \phi_B + \psi) + C_{AB} \quad (7.21)$$

$$M_{BA} = k(\phi_A + 2\phi_B + \psi) + C_{BA} \quad (7.22)$$

ⅰ）境界条件

節点 A は固定端：$\theta_A = 0$　∴　$\phi_A = 0$

節点 B は回転可能：$\theta_B \neq 0$　∴　$\phi_B \neq 0$

節点移動はない（部材角は発生しない）：$R = 0$

∴　$\psi = 0$

ⅱ）固定端モーメント

中間荷重がないので固定端モーメントはない。

∴　$C_{AB} = 0,\quad C_{BA} = 0$

したがって，材端モーメントは次式となる。

$$M_{AB} = 2(0+\phi_B+0)+0$$

$$\therefore \quad M_{AB} = 2\phi_B \tag{a}$$

$$M_{BA} = 2(0+2\phi_B+0)+0$$

$$\therefore \quad M_{BA} = 4\phi_B \tag{b}$$

梁（部材 BC）：

柱と同様に，基本式に境界条件と中間荷重の条件を代入する。

ⅰ）境界条件

節点 B は回転可能：$\theta_B \neq 0$　$\therefore$　$\phi_B \neq 0$

節点 C は固定端：$\theta_C = 0$　$\therefore$　$\phi_C = 0$

節点移動はない：部材角は発生しない $R = 0$

$\therefore$　$\psi = 0$

ⅱ）固定端モーメント

中間荷重がないので固定端モーメントはない。

$\therefore$　$C_{BC} = 0$,　$C_{CB} = 0$

したがって，材端モーメントは次式となる。

$$M_{BC} = 1(2\phi_B+0+0)+0$$

$$\therefore \quad M_{BC} = 1(2\phi_B) = 2\phi_B \tag{c}$$

$$M_{CB} = 1(\phi_B+0+0)+0$$

$$\therefore \quad M_{CB} = 1(\phi_B) = \phi_B \tag{d}$$

手順2）　釣合い条件式の作成

節点方程式：「7-1　たわみ角法の基本仮定」（2）剛節仮定と節点モーメント（図7-1（b）参照）で説明しているとおり，その節点に関係するモーメントのことを節点モーメントとよび，1つの節点に複数の部材が取り付いている場合，節点モーメントは釣り合っていること（$\Sigma M = 0$）が必要である。

節点 B には外力モーメント M_e と材端モーメント M_{BA}，M_{BC} が関係しており，B 節点でのモーメントの釣合いを考えれば，$\Sigma M_B = 0$ が成立しなければならない。すなわち，

$$M_{BA} + M_{BC} = M_e \tag{e}'$$

または

$$-M_e + M_{BA} + M_{BC} = 0 \tag{e}$$

手順3）　各要素の節点の変形（たわみ角）の同定

（b），（c），（e）式より

$$-(180) + M_{BA} + M_{BC}$$

$$= -180 + 4\phi_B + 2\phi_B = 0$$

$$\therefore \quad \phi_B = \frac{180}{6} = 30$$

手順4）　材端モーメントおよび材端せん断力の同定

材端モーメントは（a）～（d）式より求められる。

（a）式：$M_{AB} = 2\phi_B = 60 \ \text{kN·m}$

（b）式：$M_{BA} = 4\phi_B = 120 \ \text{kN·m}$

（c）式：$M_{BC} = 2\phi_B = 60 \ \text{kN·m}$

（d）式：$M_{CB} = \phi_B = 30 \ \text{kN·m}$

材端せん断力については，せん断力は曲げモーメントの変化割合（＝傾き）であることから，材端モーメントの和（符号を考えれば差）を材長（区間長）で割れば求めることができる。

$$Q_{AB} = -\frac{(M_{AB} + M_{BA})}{l} = -\frac{60+120}{3} = -60 \ \text{kN}$$

$$Q_{BC} = -\frac{(M_{BC} + M_{CB})}{l} = -\frac{60+120}{3} = -60 \ \text{kN}$$

手順5）　各要素の応力を同定し，骨組としての応力図を描く。

両端に材端モーメントだけが作用した場合の応力図（M 図，Q 図）は，材端モーメントが決まれば，材全体の応力状態が決定される。

M 図：各材端モーメントの大きさを各材端にとり，それを結ぶ直線を引けば，部材のモーメント図（M 図）が求められる。材端モーメントの回転方向と材の変形（材が凸になる側が断面の引張側＝モーメント図を描く側）をイメージして，モーメント図を描く。

Q 図：せん断力は曲げモーメントの変化割合（＝傾き）であり，材端のせん断応力の大きさは求められているので，これにもとづき図示すればよい。

これらをまとめて描けば，M 図と Q 図は完成する。

なお，外力モーメントを受ける節点 B のモーメントは，柱と梁でモーメントの方向が逆になっている。モーメントの作用点において不連続になるのがモーメント荷重の特徴であり，作図上のチェックポイントである。

N 図については，柱・梁部材に発生するせん断力と軸方向力の関係を利用して作図する。ラーメン系骨組の節点におけるせん断力と軸方向力との関係については，『建築の力学Ⅰ』の「4-6　ラーメン系骨組の応力図　（3）ラーメン系骨組の自由体図の特徴」において説明している。すなわち，再掲した図のように，部材の節点において，梁のせん断力 Q_x は柱

7　たわみ角法　167

の軸方向力 N_y となり，梁の軸方向力 N_x は柱のせん断力 Q_y となることである。このことは，梁のせん断力あるいは柱のせん断力が明らかになれば，節点を介して，柱の軸方向力あるいは柱の軸方向力が同定できることを意味している。

具体的には，節点における力の釣合い式を用いて同定する。柱 AB の B 節点のせん断力 Q_{BA} は -60 で（部材端を反時計回りに回転させる方向の一対の力：マーク参照），この力と梁 BC の軸方向力 N_{BC} が釣り合う必要があるので，$\Sigma X = 0$ として解き，軸方向応力としての符号を考えれば，軸方向力 N_{BC} は 60 の圧縮（－）と同定される。つぎに，梁 BC の B 節点のせん断力 Q_{BC} は -22.5（部材端を反時計回りに回転させる方向の一対の力：マーク参照）で，この力と柱 AB の軸方向力 N_{BA} が釣り合う必要があるので，$\Sigma Y = 0$ として解き，軸方向応力とし

ての符号を考えれば，軸方向力 N_{BA} は 22.5 の引張（＋）と同定される。各部材の軸方向力を図示すれば，N 図が完成する。

さて，ここまでの説明では骨組の固定支点の反力について議論していない。これは，たわみ角法が部

手順3)（図省略）
手順4) 材端モーメント，M 図，Q 図

柱（部材AB）

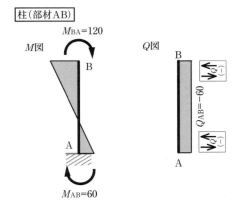

梁（部材BC）

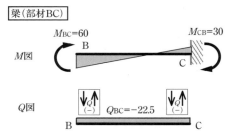

完成したM図とQ図

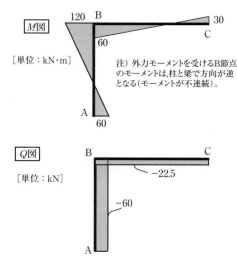

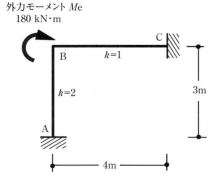

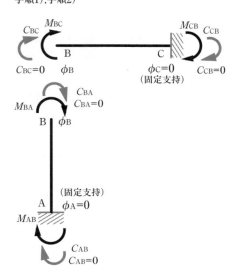

図 7-16 外力モーメントを受ける骨組の例（その 1）

材の材端モーメントに注目して解く方法なので、固定支点の反力の影響も材端モーメント・中間荷重・固定端モーメントとして処理されるためである。固定支点の反力は、部材の支持端の応力と関連づけられるので、応力図を読み解けば求められる。すなわち、材端モーメントがモーメント反力に、軸方向力が鉛直反力に、せん断力が水平反力に、それぞれ関連するので、回転方向・荷重方向を勘案すれば、固定支点の反力を同定することができる。この問題の固定支点反力は、図示したようになる。

(2) 中間荷重を受ける場合

図 7-17 に示すような骨組について、梁（部材 BC）に等分布荷重が作用する場合について解く。

手順 1) たわみ角法の基本式による定式化

柱（部材 AB）：

基本式として、次式を用いる。

$$M_{AB} = k(2\phi_A + \phi_B + \psi) + C_{AB} \quad (7.21)$$
$$M_{BA} = k(\phi_A + 2\phi_B + \psi) + C_{BA} \quad (7.22)$$

ⅰ) 境界条件

節点 A は固定端： $\theta_A = 0$ ∴ $\phi_A = 0$

節点 B は回転可能： $\theta_B \neq 0$ ∴ $\phi_B \neq 0$

節点移動はない（部材角は発生しない）：$R = 0$

∴ $\psi = 0$

ⅱ) 固定端モーメント

中間荷重がないので固定端モーメントはない。

∴ $C_{AB} = 0$, $C_{BA} = 0$

したがって、材端モーメントは次式となる。

$M_{AB} = 1(0 + \phi_B + 0) + 0$

∴ $M_{AB} = \phi_B$ （a）

$M_{BA} = 1(0 + 2\phi_B + 0) + 0$

∴ $M_{BA} = 2\phi_B$ （b）

梁（部材 BC）：

柱と同様に、基本式に境界条件と中間荷重の条件を代入する。

ⅰ) 境界条件

節点 B は回転可能： $\theta_B \neq 0$ ∴ $\phi_B \neq 0$

節点 C は固定端： $\theta_C = 0$ ∴ $\phi_C = 0$

節点移動はない（部材角は発生しない）：$R = 0$

∴ $\psi = 0$

ⅱ) 固定端モーメント

等分布荷重が作用する場合の固定端モーメントは、表 6-1 より、次の値である。

$$C_{AB} = -\frac{1}{12}wl^2 = -\frac{10 \times 4^2}{12} = -13.33$$
$$C_{BA} = -C_{AB} = 13.33$$

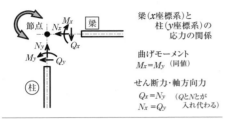

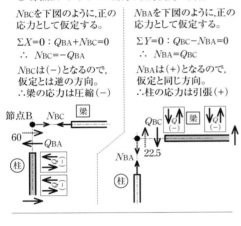

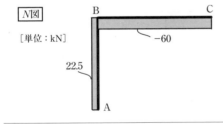

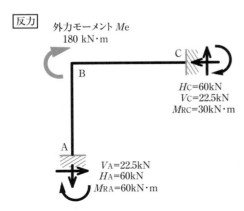

図 7-16 外力モーメントを受ける骨組の例（その 2）

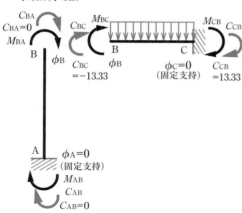

手順1),手順2)

手順3)(図省略)

手順4) 材端モーメント,M図,Q図

柱(部材AB)

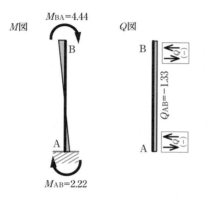

梁(部材BC)

i) 中間荷重によるM_0図,Q_0図　(単純支持状態)

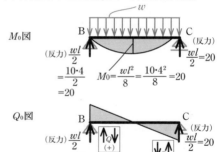

ii) i)+材端モーメントによるM図,Q図

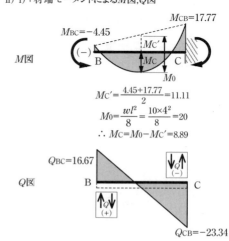

完成した応力図

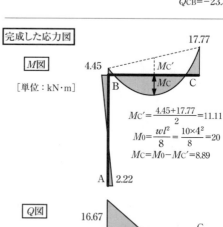

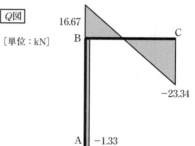

図 7-17　中間荷重を受ける骨組の例 (その1)

◎ 節点Bにおけるせん断力と軸方向力の関係

$\Sigma X = 0 : Q_{BA} + N_{BC} = 0$
$\therefore N_{BC} = -Q_{BA}$
N_{BC}の応力は圧縮 (−)

$\Sigma Y = 0 : Q_{BC} + N_{BA} = 0$
$\therefore N_{BA} = -Q_{BC}$
N_{BA}の応力は圧縮 (−)

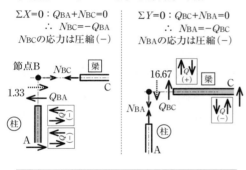

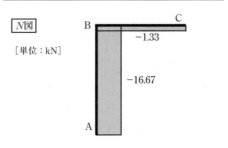

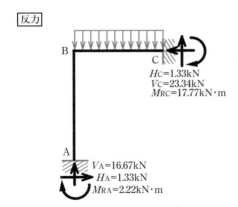

図7-17 中間荷重を受ける骨組の例（その2）

なお，最大モーメント M_0 は，同表より次の値である。

$$M_0 = \frac{1}{8}wl^2 = \frac{10 \times 4^2}{8} = 20$$

したがって，材端モーメントは次式となる。

$M_{BC} = 2(2\phi_B + 0 + 0) - 13.33$

$\therefore M_{BC} = 4\phi_B - 13.33$ 　　(c)

$M_{CB} = 2(\phi_B + 0 + 0) + 13.33$

$\therefore M_{CB} = 2\phi_B + 13.33$ 　　(d)

手順2) 釣合い条件式の作成

手順3) 各要素の節点の変形（たわみ角）の同定

節点方程式：節点Bでのモーメントの釣合いを考え，$\Sigma M_B = 0$ として解けば，たわみ角を同定できる。すなわち，

$$M_{BA} + M_{BC} = 0 \quad [(b)+(c)]$$

$\therefore 2\phi_B + 4\phi_B - 13.33 = 0$

$\therefore \phi_B = \dfrac{13.3}{6} = 2.22$

手順4) 材端モーメントおよび材端せん断力の同定

材端モーメントは (a) 〜 (d) 式より，次のように求められる。

(a) 式：$M_{AB} = \phi_B = 2.22$ kN·m
(b) 式：$M_{BA} = 2\phi_B = 4.44$ kN·m
(c) 式：$M_{BC} = 4\phi_B - 13.33 = 8.88 - 13.33$
　　　　　　　　$= -4.45$ kN·m
(d) 式：$M_{CB} = 2\phi_B + 13.33 = 17.77$ kN·m

手順5) 各要素の応力を同定し，骨組としての応力図を描く。

柱（部材AB）：中間荷重はない

M図：中間荷重がないので，得られた材端モーメントの大きさを各材端にとり，それを結ぶ直線を引けば，部材のモーメント図（M図）が求められる。

Q図：せん断力は曲げモーメントの変化割合（＝傾き）であり，材端モーメントの和（符号を考えれば差）を材長（区間長）で割れば求めることができる。

$$Q_{AB} = -\frac{(M_{AB} + M_{BA})}{l} = -\frac{2.22 + 4.44}{5} = -1.33 \text{ kN}$$

梁（部材BC）：中間荷重がある

M図：i）材端モーメントだけが作用した場合のM図と，ii）単純支持状態に中間荷重が作用した場合のM図＝M_0図を合成したものとなる。前項で得られた材端モーメントは固定端モーメントも考慮した結果であるので，材端モーメントの左右の差による傾斜に応じて，中間荷重による単純梁のM_0図をあたかも回転させるように合成した形とし，材端モーメントの大きさを記せばよい。

Q図：Q図は，i）材端モーメントだけが作用した場合のQ図と，ii）単純支持状態に中間荷重が作用した場合のQ_0図を合成したものとなる。材端せん断力は反力と関係づけられるので，次式で計算できる。

$$Q_{BC} = -\frac{M_{BC} + M_{CB}}{l} + \frac{wl}{2}$$
$$= -\frac{-4.45 + 17.77}{4} + \frac{10 \times 4}{2} = 16.67$$

$$Q_{CB} = -\frac{M_{BC} + M_{CB}}{L} - \frac{wL}{2}$$
$$= -\frac{-4.45 + 17.77}{4} - \frac{10 \times 4}{2} = -23.34$$

中間荷重を受ける場合の Q_0 図を，左右の材端モーメントにより生じる反力の大きさに応じて，上下方向に平行移動した形とし，要所の大きさを記せばよい。

柱と梁の応力図をまとめて描けば，M 図と Q 図は完成する。

N 図については，節点における力の釣合い＝柱・梁部材に発生するせん断力と軸方向力の釣合いを考えて求める。節点 B におけるせん断力（図 Q）に注目すれば，図のように，柱 AB の B 節点のせん断力 Q_{BA} は -1.33 で（部材端を反時計回りに回転させる方向の一対の力：マーク参照）で，この力と梁 BC の軸方向力 N_{BC} が釣り合う必要があるので，$\Sigma X = 0$ として解き，軸方向応力としての符号を考えれば，軸方向力 N_{BC} は 1.33 の圧縮（−）と同定される。つぎに，梁 BC の B 節点のせん断力 Q_{BC} は $+16.67$（部材端を時計回りに回転させる方向の一対の力：マーク参照）で，この力と柱 AB の軸方向力 N_{BA} が釣り合う必要があるので，$\Sigma Y = 0$ として解き，応力の符号を考えれば，軸方向力 N_{BA} は 16.67 の圧縮（−）と同定される。各部材の軸方向力を図示すれば，N 図が完成する。

この問題の，固定支点の反力は，部材の支持端の応力と関連づけられるので，応力図を読み解けば求められる。すなわち，材端のモーメントがモーメント反力に，軸方向力が鉛直反力に，せん断力が水平反力に，それぞれ関連するので，回転方向・荷重方向を勘案すれば，固定支点の反力を同定することができる。この問題の固定支点反力を図示しておく。

7-7 節点移動のある骨組の計算手順

図 7-18（a）に示すような水平力を受ける 1 層 1 スパンの骨組について，たわみ角法による解法手順を説明する。

まず，部材角について検討しておく。図（b）左のように水平力が作用した場合，梁に伸縮がなければ，節点 B と C は高さが同じなので，水平方向に δ（同量）変位する。この傾斜角が部材角 R で，柱 AB と柱 CD に部材角 $R = \delta/h$ が生じることがわかる。梁 BC は水平に移動するだけで，傾斜が生じない＝部材角が 0 であることは，直感的に理解できるが，正確を期するためには直角変位図で確認する必要がある。直角変位図については本書 3 章で詳しく説明してあるが，図（b）右はこの例について描いた直角変位図である。この図は，柱 AB の回転角を 1（すなわち，$\theta_{AB} = 1$）とした場合の各部材の回転角（部材角）を表わしたもので，同図より，梁 BC の回転角は 0（すなわち，$\theta_{BC} = 0$），柱 CD の回転角は 1（すなわち，$\theta_{CD} = 1$）であることがわかる。

なお，同一層内の柱の高さが等しいラーメン構造のことを均等ラーメンとよぶことがあるが，均等ラーメンの同一層内の柱の部材角は同一である（等しい）。

手順に従って解くことにする。

手順 1） たわみ角法の基本式による定式化

部材 AB（柱）：

基本式として，次式を用いる。
$$M_{AB} = k(2\phi_A + \phi_B + \psi) + C_{AB} \tag{7.21}$$
$$M_{BA} = k(\phi_A + 2\phi_B + \psi) + C_{BA} \tag{7.22}$$

ⅰ）境界条件

節点 A は固定端：$\theta_A = 0$　∴　$\phi_A = 0$

節点 B は回転可能：$\theta_B \neq 0$　∴　$\phi_B \neq 0$

部材角を ψ とおけば，
$$\psi = 2EK_0(-3R) = -6EK_0 R$$

ⅱ）固定端モーメント

中間荷重がないので固定端モーメントはない。

∴　$C_{AB} = 0$，　$C_{BA} = 0$

したがって，材端モーメントは次式となる。
$$M_{AB} = k(2\phi_A + \phi_B + \psi) + C_{AB}$$
$$= (0 + \phi_B + \psi) + 0$$
$$\therefore \quad M_{AB} = \phi_B + \psi \tag{a}$$
$$M_{BA} = k(\phi_A + 2\phi_B + \psi) + C_{BA}$$
$$= 1(0 + 2\phi_B + \psi) + 0$$
$$\therefore \quad M_{BA} = 2\phi_B + \psi \tag{b}$$

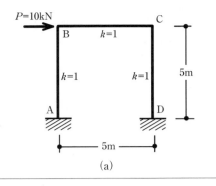

(a)

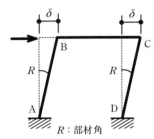

(b) 部材角の検討

手順1),手順2)

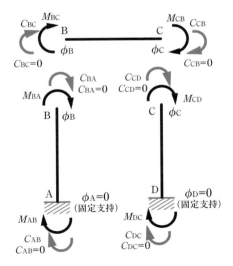

(c) 境界条件

*M*図,*Q*図の模式図とせん断力

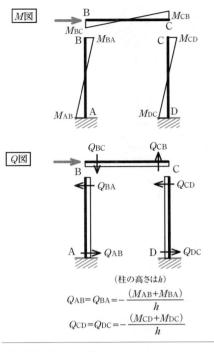

$Q_{AB} = Q_{BA} = -\dfrac{(M_{AB}+M_{BA})}{h}$

$Q_{CD} = Q_{DC} = -\dfrac{(M_{CD}+M_{DC})}{h}$

◎ 1層骨組の層方程式

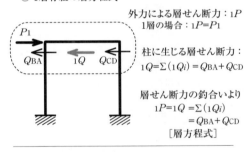

外力による層せん断力：$_1P$
1層の場合：$_1P = P_1$

柱に生じる層せん断力：
$_1Q = \Sigma(_1Q_i) = Q_{BA} + Q_{CD}$

層せん断力の釣合いより
$_1P = _1Q = \Sigma(_1Q_i)$
$= Q_{BA} + Q_{CD}$
［層方程式］

◎ 多層骨組の層方程式

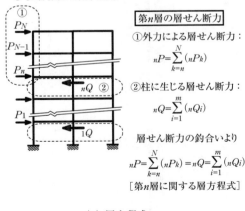

第*n*層の層せん断力

①外力による層せん断力：
$_nP = \sum_{k=n}^{N}(_nP_k)$

②柱に生じる層せん断力：
$_nQ = \sum_{i=1}^{m}(_nQ_i)$

層せん断力の釣合いより
$_nP = \sum_{k=n}^{N}(_nP_k) = _nQ = \sum_{i=1}^{m}(_nQ_i)$

［第*n*層に関する層方程式］

(d) 層方程式

図7-18 節点移動のある骨組の例（その1）

7 たわみ角法 173

手順4) 材端モーメント, M図, Q図

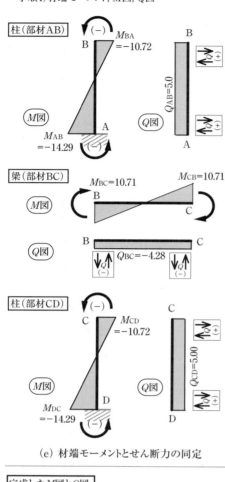

(e) 材端モーメントとせん断力の同定

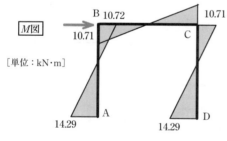

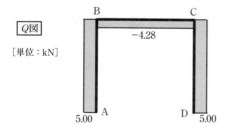

(f) 完成したM図とQ図

◎節点Bにおけるせん断応力と軸方向応力の関係

$\Sigma X=0 : P+N_{BC}-Q_{BA}=0$
$N_{BC}=-P+Q_{BA}=-10+5=-5$
　　N_{BC}の応力は圧縮$(-)$

$\Sigma Y=0 : -Q_{BC}+N_{BA}=0$
　　∴ $N_{BA}=Q_{BC}$
　　N_{BA}の応力は引張$(+)$

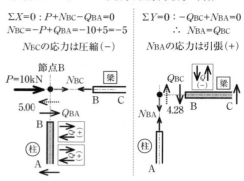

◎節点Cにおけるせん断力と軸方向力の関係

$\Sigma X=0 : Q_{CB}+N_{CD}=0$
　　∴ $N_{CD}=-Q_{CB}$
　　N_{CD}の応力は圧縮$(-)$

$\Sigma Y=0 : -Q_{CD}-N_{CB}=0$
　　∴ $N_{CB}=-Q_{CD}$
　　N_{CB}の応力は圧縮$(-)$

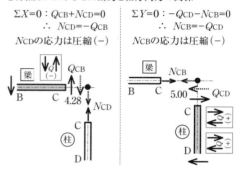

(g) 節点での力の釣合い

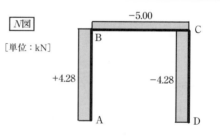

(h) N図の作成

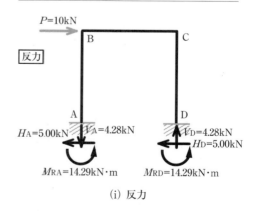

(i) 反力

図 7-18　節点移動のある骨組の例 (その2)

部材 BC（梁）：

同様の手順で，材端モーメントの式を求める。

ⅰ）境界条件

節点 B は回転可能：$\theta_B \neq 0$ ∴ $\phi_B \neq 0$

節点 C は回転可能：$\theta_C \neq 0$ ∴ $\phi_C \neq 0$

部材角はない：$R = 0$ ∴ $\psi = 0$

ⅱ）固定端モーメント

中間荷重がないので固定端モーメントはない。

∴ $C_{BC} = 0$, $C_{CB} = 0$

したがって，材端モーメントは次式となる。

$$M_{BC} = k(2\phi_B + \phi_C + \psi) + C_{BC}$$
$$= 1(2\phi_B + \phi_C + 0) + 0$$

∴ $M_{BC} = 2\phi_B + \phi_C$ （c）

$$M_{CB} = k(\phi_B + 2\phi_C + \psi) + C_{BA}$$
$$= 1(\phi_B + 2\phi_C + 0) + 0$$

∴ $M_{CB} = \phi_B + 2\phi_C$ （d）

部材 CD（柱）：

同様の手順で，材端モーメントの式を求める。

ⅰ）境界条件

節点 C は回転可能：$\theta_C \neq 0$ ∴ $\phi_C \neq 0$

節点 D は固定端：$\theta_D = 0$ ∴ $\phi_D = 0$

部材角を ψ とおけば，

$$\psi = 2EK_0(-3R) = -6EK_0 R$$

ⅱ）固定端モーメント

中間荷重がないので固定端モーメントはない。

∴ $C_{CD} = 0$, $C_{DC} = 0$

したがって，材端モーメントは次式となる。

$$M_{CD} = k(2\phi_C + \phi_D + \psi) + C_{CD}$$
$$= 1(2\phi_C + 0 + \psi) + 0$$

∴ $M_{CD} = 2\phi_C + \psi$ （e）

$$M_{DC} = k(\phi_C + 2\phi_D + \psi) + C_{DC}$$
$$= 1(\phi_C + 0 + \psi) + 0$$

∴ $M_{DC} = \phi_C + \psi$ （f）

手順 2）釣合い条件式の作成

ⅰ）節点方程式

B 節点：B 節点でのモーメントの釣合いを考えれば，$\Sigma M_B = 0$ すなわち，

$$M_{BA} + M_{BC} = 0 \quad [(b) + (c) = 0]$$
$$M_{BA} + M_{BC} = (2\phi_B + \psi) + (2\phi_B + \phi_C) = 0$$

∴ $4\phi_B + \phi_C + \psi = 0$ （g）

C 節点：C 節点でのモーメントの釣合いを考えれ

ば，$\Sigma M_C = 0$ すなわち，

$$M_{CB} + M_{CD} = 0 \quad [(d) + (e) = 0]$$
$$M_{CB} + M_{DC} = (\phi_B + 2\phi_C) + (2\phi_C + \psi) = 0$$

∴ $\phi_B + 4\phi_C + \psi = 0$ （h）

ⅱ）層方程式

未知数は ϕ_B，ϕ_C，ψ の 3 つに対し，節点方程式は（g）式と（h）式の 2 つなので，式が 1 つ足りず，このままでは解くことができない。ここで，水平力を受ける骨組の柱に注目し，柱の曲げモーメントとせん断力との関係を利用して，各層の層せん断力の釣合いを考え，層方程式とよばれる方程式を導入する。

ⓐ 前 提

ラーメンに水平力が作用した場合，M 図と Q 図は図（d）のような形となることが知られている。この場合の，各柱に作用するせん断力 Q は，曲げモーメントとの関係から次式で計算できることはすでに説明してある。

$$Q = -\frac{M_{柱上} + M_{柱下}}{h}$$

ⓑ 層せん断力と層方程式

この問題の場合，層数は 1 で柱は 2 本であり，層せん断力（層としてのせん断力）は柱 2 本のせん断力の合計である。水平力による層せん断力と柱に生じるせん断力（層せん断力）は釣り合う必要があるので，次式が成り立ち，これがこの骨組の層方程式である。すなわち，

$$\Sigma X = 0 : {}_1P - \Sigma_1 Q_k = 0$$

∴ $\displaystyle {}_1P = \sum_{k=1}^{2} {}_1Q_k$

ここで，図のような層数が N の多層骨組の第 n 層の層方程式について考える。

第 n 層に作用する層せん断力は，第 n 層より上の層に作用する水平力が累積した大きさになり，この累積した水平力と第 n 層の柱に発生するせん断力が釣り合うことになる。

すなわち，層数 N の多層骨組の第 n 層に関する層方程式は，次式で表わされる。

$$_nP = \sum_{k=n}^{N}\left({}_nP_k\right) = {}_nQ = \sum_{i=1}^{m}\left({}_nQ_i\right)$$

ここで，

$_nP$：第 n 層に作用する層せん断力

$\sum_{k=n}^{N}\left(_nP_k\right)$：第 n 層までの累加水平力

$_nQ$：第 n 層の柱に生じるせん断力の合計

$\sum_{i=1}^{m}\left(_nQ_i\right)$：第 n 層の柱（総本数 m）のせん断力の合計

なお，層数が N の多層骨組の層方程式の総数は N 個である。

ⓒ　例題への適用

本題に戻って，1層1スパンの問題の層方程式を求める。

ここでは，柱頭のせん断力を考えることとする（記号の問題で，柱頭でも柱脚でも式は同じ）。

柱頭のせん断力は次式で表わされる。

(a) 式と (b) 式を代入すれば，

$$Q_{BA}=-\frac{\left(M_{AB}+M_{BA}\right)}{h}=-\frac{\left\{\left(\phi_B+\psi\right)+\left(2\phi_B+\psi\right)\right\}}{h}$$
$$=-\frac{\left(3\phi_B+2\psi\right)}{h}$$

(e) 式と (f) 式を代入すれば，

$$Q_{CD}=-\frac{\left(M_{CD}+M_{DC}\right)}{h}=-\frac{\left\{\left(2\phi_C+\psi\right)+\left(\phi_C+\psi\right)\right\}}{h}$$
$$=-\frac{\left(3\phi_C+2\psi\right)}{h}$$

したがって，層方程式は次式となる。

$$P_1=Q_{BA}+Q_{CD}$$

$$\therefore\quad P_1=-\frac{\left(3\phi_B+2\psi\right)}{h}-\frac{\left(3\phi_C+2\psi\right)}{h}$$

$$\therefore\quad 3\phi_B+3\phi_C+4\psi=-50 \tag{i}$$

手順3)　各要素の節点の変形（回転角）の同定

これで，未知数3に関する方程式を3個得たので，多元一次方程式として解けばよい。

(g) 式：$4\phi_B+\phi_C+\psi=0$

(h) 式：$\phi_B+4\phi_C+\psi=0$

(i) 式：$3\phi_B+3\phi_C+4\psi=-50$

以下により，未知数を求める。

(g)$-$(h)：$3\phi_B-3\phi_C=0$

$\therefore\quad \phi_B=\phi_C$

なお，上の関係式は，次節「7-8　対称条件を満足する場合の解法」で説明する対称条件を考慮すれば，式を立てずに得られる。

この関係を代入して解き進める。たとえば，［(i)$-(6/5)\times$(h)］とすれば，

$$2.8\psi=-50\qquad\therefore\quad\psi=-17.86$$

これを (h) 式に代入すれば，

$$5\phi_B-17.86=0$$

$$\therefore\quad\phi_B=3.57$$

$$\therefore\quad\phi_C=\phi_B=3.57$$

以上により，未知数が求められた。

手順4)　材端モーメントの同定（図 (e) 参照）

前項で得た回転角（たわみ角と部材角）を (a) ～ (f) 式に代入して，各材端モーメントを同定する（単位は kN·m）。求められた材端モーメントにもとづき，各部材のせん断力（単位は kN）を求められる。

以下では，部材ごとに M 図と Q 図を検討し，その後に N 図を作成する。

柱 AB：

材端モーメントとせん断力を求める。

(a) 式：$M_{AB}=\phi_B+\psi=-14.29$

(b) 式：$M_{BA}=2\phi_B+\psi=-10.72$

$$Q_{AB}=-\frac{M_{AB}+M_{BA}}{l}=-\frac{-14.28-10.72}{5}=5.00$$

梁 BC：

材端モーメントとせん断力を求める。

(c) 式：$M_{BC}=2\phi_B+\phi_C=10.71$

(d) 式：$M_{CB}=\phi_B+2\phi_C=10.71$

$$Q_{BC}=-\frac{M_{BC}+M_{CB}}{L}=-\frac{10.71+10.71}{5}=-4.28$$

柱 CD：

材端モーメントとせん断力を求める。

(e) 式：$M_{CD}=2\phi_C+\psi=-10.72$

(f) 式：$M_{DC}=\phi_C+\psi=-14.29$

$$Q_{CD}=-\frac{M_{CD}+M_{DC}}{l}=-\frac{-10.72-14.28}{5}=5.00$$

以上により，各部材の材端モーメントとせん断力が求められた。

手順5)　各要素の応力を同定し，骨組としての応力図を描く。

柱と梁の応力図をまとめて描けば，M 図と Q 図は完成する（図 (f) 参照）。

N 図については，各節点に注目し，柱・梁部材に

発生するせん断力と軸方向力の釣合いを考えて求める。

まず，節点 B について検討する。

図（g）上左のように，柱 AB の B 節点のせん断力 Q_{BA} ＝ ＋5.00 で（部材を時計回りに回転させる方向の一対の力），梁 BC にはこの力とは逆方向の力 Q_{BA}' ＝ － 5.00 が作用することになる。節点 B には水平力 $P = 10\ \text{kN}$ が作用しているので，これらの 3 力が釣り合う必要がある。したがって，

$$\Sigma X = 0 : P + (N_{BA} + Q_{BA}') = 0$$

∴ $10 + (N_{BA} - 5) = 0$

∴ $N_{BA} = -5$（圧縮 －）

図（g）上右のように，梁 BC の B 節点のせん断力 Q_{BA} は －4.28 で（部材を反時計回りに回転させる方向の一対の力），この力に対し柱 AB の軸方向力 N_{BA} が釣り合うので，$\Sigma Y = 0$ より，軸方向力 N_{BA} は 4.28 で引張（＋）となる。

つぎに，節点 C について検討する。

図（g）下左のように，梁 BC の C 節点のせん断力 Q_{BC} は － 4.28 で（部材を反時計回りに回転させる方向の一対の力），この力に柱 CD の軸方向力 N_{CD} が釣り合うので，$\Sigma X = 0$ より，軸方向力 N_{CD} は 4.28 で圧縮（－）となる。梁の軸方向力 N_{CB} は，すでに節点 B に対する検討で同定されているが，確認のために同様な手順で N_{CB} を算定しておく。柱 CD の C 節点のせん断力 Q_{CD} は ＋5.00 で（部材を時計回りに回転させる方向の一対の力）で，この力に対し梁 BC の軸方向力 N_{CB} が釣り合うので，$\Sigma Y = 0$ より，軸方向力 N_{BC} は 5.00 で圧縮（－）となる。梁 BC の軸方向力は，節点 B で求めた値と同値（$N_{BA} = -5.00 = N_{CB}$）であることが確認できる。

以上の結果にもとづいて各部材の軸方向力を図示すれば，図（h）のように N 図が完成する。

骨組の固定支点の反力は，部材の支持端の応力と関連づけられるので，応力図を読み解けば求められる。すなわち，材端のモーメントがモーメント反力に，軸方向力が鉛直反力に，せん断力が水平反力に，それぞれ関連するので，回転方向・荷重方向を勘案すれば，固定支点の反力を同定することができる。得られた支点反力を図（i）に示しておく。

7-8 対称条件を満足する場合の解法

たわみ角法において，部材構成や荷重が対称であるなど特別な条件にある骨組については，その変形特性を考慮することにより未知数を減らすことができる。大容量のパソコンが手軽に使用できる現代においては，未知数を減らす意義が認識されることは少ないが，手計算の時代においては，未知数を減じて解析効率を高めることが応力解析の要であったといえる。未知数を減じるためには，骨組の変形特性について精通することが必要であり，骨組の変形特性をアナログ的にとらえる感性が必要とされる。構造設計においては，パソコンによるデジタル思考が一般的な時代であっても，骨組全体をアナログ思考でとらえることが必要不可欠と考えられる。この項では，未知数を減らすうえで前提となる骨組の変形特性とその利用方法について説明する。

(1) 奇数スパンの場合の変形 （図 7-19 参照）

1) 図 7-19 （a）上の図のような柱の剛比 k_{C1} が同じ 1 スパンの骨組が，対称な鉛直荷重を受ける場合，骨組は梁スパンの中央を対称軸として対称の変形が，節点には逆対称のたわみ角が生じる。すなわち，節点 B のたわみ角 θ_B と節点 B' のたわみ角 θ_B' は大きさが等しく，方向が逆の関係になる。式で表わせば，$\theta_B' = -\theta_B$ である。この関係を用いれば，未知数を 1 つ減らすことができる。また，節点 A と A' は固定端であるので，たわみ角は生じないので，$\theta_A = -\theta_A' = 0$ である（固定端でなければ $\theta_A = -\theta_A' \neq 0$）。これらの関係を用いれば，未知数が合計 2 つ減る（半減）ことになる。

つぎに，同じ骨組について，下の図のように節点 B に水平力が作用した場合，この骨組には逆対称の変形が，節点には対称のたわみ角が生じる。すなわち，節点 B のたわみ角 θ_B とたわみ角 B' のたわみ角 θ_B' の大きさと方向が等しい関係があり，これを式で表わせば，$\theta_B' = -\theta_B$ である。この関係を用いれば，未知数を 1 つ減らすことができる。さらに，固定端にはたわみ角は生じないので（固定端でなければ $\theta_A = -\theta_A' \neq 0$），これらの関係を考慮すれば，未知数が合計 2 つ減る（半減）ことになる。

2) 図 7-19 （b）のような，剛比が異なる 2 種類の柱と 2 種類の梁で構成される 3 スパンの骨組を考

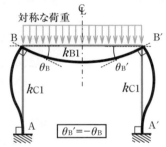

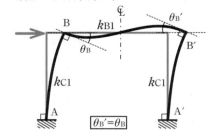

(a) 1スパンの骨組（例）

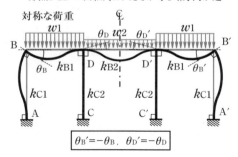

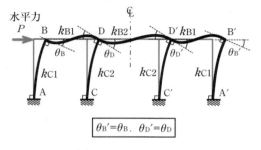

(b) 3スパンの骨組（例）

図 7-19 奇数スパンの場合の変形

える。この骨組は，剛比が異なる部材で構成されているが，中央部スパン（k_{B2}）の中央を対称軸として考えれば，骨組全体として対称条件を満足する構成となっている。すなわち，図（b）の上の図のように，大きさの異なる2種類の鉛直荷重が作用する場合であっても，鉛直荷重配置は中央部スパン（k_{B2}）を対称軸として，対称条件を満足している。したがって，骨組には対称の変形が，節点のたわみ角には逆対称のたわみ角が生じる。すなわち，①節点Bのたわみ角 θ_B と節点B'のたわみ角 θ_B' は大きさが等しく方向が逆（$\theta_B' = -\theta_B$），②節点Dのたわみ角 θ_D と節点D'のたわみ角 θ_D' は大きさが等しく方向が逆（$\theta_D' = -\theta_D$）である。この関係を用いれば，未知数を2つ減らすことができる。また，節点A，A'，C，C'は固定端であるので，たわみ角は生じないので，$\theta_A = -\theta_A' = \theta_C = -\theta_C' = 0$ である（固定端でなければ $\theta_A = -\theta_A' \neq 0$，$\theta_C = -\theta_C' \neq 0$）。これらの関係を用いれば，未知数が合計4つ減る（半減）ことになる。

つぎに，図（b）の下の図のように，この骨組の節点Bに水平力が作用する場合，この骨組には逆対称の変形が，節点には対称のたわみ角が生じる。すなわち，①節点Bのたわみ角 θ_B と節点B'のたわみ角 θ_B' は等しく（$\theta_B' = \theta_B$），②節点Dのたわみ角 θ_D と節点D'のたわみ角 θ_D' についても等しい（$\theta_D' = \theta_D$）。さらに，固定端にはたわみ角は生じないので $\theta_A = \theta_A' = \theta_C = \theta_C' = 0$（固定端でなければ $\theta_A = \theta_A' \neq 0$，$\theta_C = \theta_C' \neq 0$）。これらの関係を用いれば，未知数が合計4つ減る（半減）ことになる。

(2) 偶数スパンの場合の変形（図 7-20 参照）

1） 図 7-20 上の図のような，中通り柱位置を対称軸とした2スパンの骨組が，対称な鉛直荷重を受ける場合，奇数スパンの場合と同様，骨組には対称の変形が，節点には逆対称のたわみ角が生じる。すなわち，節点Bのたわみ角 θ_B と節点B'のたわみ角 θ_B' は大きさが等しく，方向が逆の関係になる（$\theta_B' = -\theta_B$）。また，節点Dについては，左右の梁が同条件なのでたわみ角は打ち消し合い，$\theta_D = 0$ となる（骨組全体として対称条件を満足したうえで，左右の荷重条件が異なる場合には $\theta_D' = -\theta_D$）。また，節点AとA'およびCは固定端であるのでたわみ角

は生じず，$\theta_A = \theta_A' = 0$（固定端でなければ $\theta_A = -\theta_A' \neq 0$），$\theta_C = 0$ である。これらの関係を用いれば，未知数を減らすことができる。

2) 図 7-20 下の図のように，この骨組の B 節点に水平力が作用する場合，鉛直荷重の場合とは逆に，この骨組には逆対称の変形が，節点には対称のたわみ角が生じる。すなわち，①節点 B のたわみ角 θ_B と節点 B′ のたわみ角 $\theta_{B'}$ は等しく（$\theta_B = \theta_{B'}$），②節点 D のたわみ角 θ_D と節点 D′ のたわみ角 $\theta_{D'}$ についても，剛節の仮定より，等しい（$\theta_D = \theta_{D'}$）。また，節点 A と A′ および C は固定端であるので，たわみ角は生じず，$\theta_A = \theta_A' = 0$，$\theta_C = 0$ である。これらの関係を用いれば，未知数を減らすことができる。

なお，偶数スパンの場合には，たとえば，骨組を対称軸で真っ二つに分離して，対称軸上にある柱（真っ二つに分離された）の剛比を 1/2 として，分離された左右いずれかの骨組について解いた後，その結果を合成する，などの工夫をすることもある。このような工夫は，手計算の繁雑さを避けるための手段であり，骨組の変形をアナログ的にとらえる感性を磨いた結果である。構造設計においては骨組の変形をアナログ的にとらえる感性が重要であり，結果をコンピュータにより得たとしても，骨組の変形をアナログ的に想像するトレーニングをして欲しいものである。

7-9 マトリックス演算による解法

前節までにおいて，不静定問題の解法のひとつであるたわみ角法の基礎理論と，簡単な骨組を例として，その解法手順についての説明を行っている。たわみ角法は，力の釣合い条件式だけでは解けない不静定構造を解くために，節点のたわみ角と材端モーメントとに注目し，未知数の数と同じ方程式を立て，その連立多元一次方程式を解くことによって未知数を求めるという解法手法である。たわみ角法においては，骨組がすこし複雑な形状となって部材数・節点数が増えることに伴い未知数の量も増えることにより，たわみ角法の基本式にもとづき連立多元一次方程式を誘導しても，その方程式を手計算で解くことが困難になる。パソコンがなかった時代では，連立多元一次方程式を手計算で解く方法（反復繰り返し計算，iteration，イテラチオン）が工夫されていた。しかし，現在では，パソコンの表計算ソフト（Excelなど）を利用すれば連立多元一次方程式を簡単に解くことができるので，たわみ角法の基本式にもとづき方程式を誘導さえできれば，昔のような繁雑な計算で苦労しないですむようになってきている。本節では，たわみ角法の基本式のマトリックス（行列）表現，マトリックス表現された連立多元一次方程式の誘導，その方程式を表計算ソフトにより解く方法について説明する。なお，最近では，マトリックス（matrix）をマトリクスと表記することも多いようである。

7-9-1 たわみ角法基本式のマトリックス表現

たわみ角法の基本式は，「7-3 たわみ角法の基本式」において誘導してあるが，図 7-21（a）のように節点を i と j と表現して再掲すれば，（7.21）式と（7.22）式で表わされる。

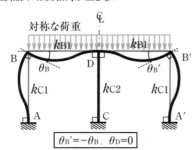

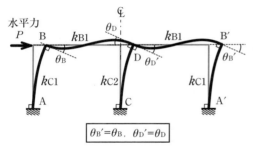

図 7-20　偶数スパンの場合の変形

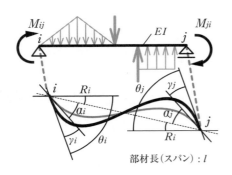

(a) たわみ角法の基本式

$$\begin{Bmatrix} M_{ij} \\ M_{ji} \end{Bmatrix} = k_i \begin{bmatrix} 2 & 1 & 1 \\ 1 & 2 & 1 \end{bmatrix} \begin{Bmatrix} \phi_i \\ \phi_j \\ \psi_i \end{Bmatrix} + \begin{Bmatrix} C_{ij} \\ C_{ji} \end{Bmatrix}$$

(b) マトリックス表示

図7-21 基本式のマトリックス表示

$$M_{ij} = k_i(2\phi_i + \phi_j + \psi_i) + C_{ij} \quad (7.21)$$
$$M_{ji} = k_i(\phi_i + 2\phi_j + \psi_i) + C_{ji} \quad (7.22)$$

ただし，

M_{ij}, M_{ji}：両端の材端モーメント

k_i：剛比 $(= K/K_0)$（標準部材の剛度との比）

$\quad K$：部材の剛度 $(= I_i/l_i)$

$\quad K_0$：標準部材の剛度 $(= I_0/l_0)$

$\phi_i = 2EK_0\theta_i$
$\phi_j = 2EK_0\theta_j$
$\psi_i = 2EK_0(-3R) = -6EK_0 R_i$

$\quad E$：ヤング係数

θ_i, θ_j：両端のたわみ角

R_i：部材角（部材 $i-j$）

C_{ij}, C_{ji}：両端の固定端モーメント

これをマトリックス表示すれば，次のように表現される。

$$\begin{Bmatrix} M_{ij} \\ M_{ji} \end{Bmatrix} = k_i \begin{bmatrix} 2 & 1 & 1 \\ 1 & 2 & 1 \end{bmatrix} \begin{Bmatrix} \phi_i \\ \phi_j \\ \psi_i \end{Bmatrix} + \begin{Bmatrix} C_{ij} \\ C_{ji} \end{Bmatrix} \quad (7.23)$$

7-9-2 マトリックスを用いる解法の計算手順

マトリックスを用いる場合であっても，たわみ角法による骨組応力の解法手順は，基本的に変わらない。すなわち，未知数を含む関係式をマトリックス表現して，マトリックス演算を利用して未知数を同定するだけのことであり，たわみ角法の理論が変わるわけではない。骨組の応力を求める手順をまとめておけば，次のとおりである。

手順1）　たわみ角法の基本式による定式化

骨組を柱・梁などの要素に分割し，分割した各要素について，たわみ角法の基本式により，材端モーメントとたわみ角との関係を定式化する。梁端部曲げモーメントと回転角，たわみ角を各部材ごとにマトリックス表示する。マトリックス演算を行うために，各部材の式を合成して一括表示した全体剛性マトリックスを作成する。

手順2）　釣合い条件式の作成

未知数の数に対応する式を得るために，各要素の節点または節点間の変形条件を考慮した釣合い条件式を導入し，マトリックス表示する。

ⅰ）　境界条件（材端の支持条件，材間の連続条件等）

ⅱ）　節点方程式（節点における力の釣合い条件式 $\Sigma M = 0$：節点に作用する外力モーメントと，節点に結合された各要素の材端モーメントの釣合い）

ⅲ）　層方程式（ラーメンなどの骨組の各層の層せん断力の釣合い：曲げモーメントとせん断力との関係を利用）

手順3）　各要素の節点の変形（回転角）の同定

得られた釣合い条件式をマトリックス演算を利用して解き，各要素の節点の変形（たわみ角，部材角）を同定する。なお，マトリックス演算の基礎事項とExcelによる演算手順の概要については，章末に＜参考＞として掲げてあるので，必要に応じて参照

して欲しい。

手順4）　材端モーメントの同定

同定した節点の変形（回転角）から，各要素の材端モーメントをマトリックス演算を利用して同定する。

手順5）　各要素の応力を同定し，骨組としての応力図を描く。

得られた各要素の材端モーメントと中間荷重を考慮して，各要素の応力（曲げモーメント・せん断力・軸方向力）を求める＝応力図を描く。

7-9-3　節点移動のない骨組の解法例

（1）　解法例1　鉛直荷重を受ける屈折骨組

図7-22（a）に示す骨組（図7-17と同じ）について，マトリックス演算を用いて解くこととする。

手順1）　たわみ角法の基本式による定式化

ⅰ）　各部材要素のマトリックス表示

各要素の条件を考慮して，(7.23) 式によりマトリックス表示する。

柱部材AB：

節点が移動しない骨組なので，$R = 0$

$\therefore \quad \psi = 0$

中間荷重がないので，固定端モーメント$C = 0$

マトリックス表示すれば，

$$\begin{Bmatrix} M_{AB} \\ M_{BA} \end{Bmatrix} = 1 \begin{bmatrix} 2 & 1 \\ 1 & 2 \end{bmatrix} \begin{Bmatrix} \phi_A \\ \phi_B \end{Bmatrix} + \begin{Bmatrix} 0 \\ 0 \end{Bmatrix} \quad \text{(a.1)}$$

回転角を含む項を左側に，それ以外を右側に移項する。

$$\begin{bmatrix} 2 & 1 \\ 1 & 2 \end{bmatrix} \begin{Bmatrix} \phi_A \\ \phi_B \end{Bmatrix} = \begin{Bmatrix} M_{AB} - 0 \\ M_{BA} - 0 \end{Bmatrix} = \begin{Bmatrix} M_{AB} \\ M_{BA} \end{Bmatrix} \quad \text{(a.2)}$$

梁部材BC：

節点が移動しない骨組なので，$R = 0$

$\therefore \quad \psi = 0$

等分布荷重wが作用しているので，固定端モーメントは

$$C_{BC} = -\frac{10 \times 4^2}{12} = -13.3 \qquad C_{CB} = \frac{10 \times 4^2}{12} = 13.3$$

マトリックス表示すれば，

$$\begin{Bmatrix} M_{BC} \\ M_{CB} \end{Bmatrix} = 2 \begin{bmatrix} 2 & 1 \\ 1 & 2 \end{bmatrix} \begin{Bmatrix} \phi_B \\ \phi_C \end{Bmatrix} + \begin{Bmatrix} -13.3 \\ 13.3 \end{Bmatrix} \quad \text{(b.1)}$$

回転角を含む項を左側に，それ以外を右側に移項する。

$$\begin{bmatrix} 4 & 2 \\ 2 & 4 \end{bmatrix} \begin{Bmatrix} \phi_B \\ \phi_C \end{Bmatrix} = \begin{Bmatrix} M_{BC} + 13.3 \\ M_{CB} - 13.3 \end{Bmatrix} \quad \text{(b.2)}$$

ⅱ）　全体剛性マトリックスの作成

マトリックス演算を行うために，各部材の（a.2）式と（b.2）式を合成して，一括表示した全体剛性マトリックスを作成する。

未知数（節点角）はϕ_A，ϕ_B，ϕ_Cの3つであり，図（b）のように，それぞれの未知数に対応する場所に数値を足し合わせて全体剛性マトリックスを作成する。

整理すると全体マトリックス方程式は以下のようになる。

$$\begin{bmatrix} 2 & 1 & 0 \\ 1 & 6 & 2 \\ 0 & 2 & 4 \end{bmatrix} \begin{Bmatrix} \phi_A \\ \phi_B \\ \phi_C \end{Bmatrix} = \begin{Bmatrix} M_{AB} \\ M_{BA} + M_{BC} + 13.3 \\ M_{CB} - 13.3 \end{Bmatrix} \quad \text{(c)}$$

手順2）　釣合い条件式の作成

ⅰ）　境界条件

固定支点である節点AとCの回転角は0

$\therefore \quad \phi_A = \phi_C = 0$

ⅱ）　節点方程式

節点Bにおいて$\Sigma M_B = 0$，すなわち，

$M_{BA} + M_{BC} = 0$

以上の条件を式に代入すれば，次式となる。

$$\begin{bmatrix} 2 & 1 & 0 \\ 1 & 6 & 2 \\ 0 & 2 & 4 \end{bmatrix} \begin{Bmatrix} 0 \\ \phi_B \\ 0 \end{Bmatrix} = \begin{Bmatrix} M_{AB} \\ 13.3 \\ M_{CB} - 13.3 \end{Bmatrix} \quad \text{(d)}$$

手順3）　各要素の節点の変形（回転角）の同定

得られた釣合い条件式をマトリックス演算を利用して解き，各要素の節点の変形（たわみ角，部材角）を同定する。

（d）式のうち，0である項（ϕ_Aとϕ_C）は演算すると0になるのでϕ_Aとϕ_Cに関わる行と列を図（c）のように除外すれば，未知の項はϕ_Bだけとなる。言い方を変えれば，未知の項に関わる行と列を抜き出せば，次のようになる。

$$\begin{bmatrix} 6 \end{bmatrix} \begin{Bmatrix} \phi_B \end{Bmatrix} = \begin{Bmatrix} 13.33 \end{Bmatrix}$$

この場合，未知の項はϕ_Bだけであるので，逆行列を求めるまでもなく，ϕ_Bを求めることができる。すなわち，

$6\phi_B = 13.33 \qquad \therefore \quad \phi_B = 2.22$

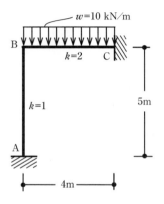

(a) 節点移動のない骨組（例）

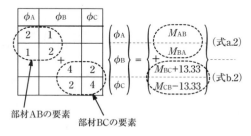

(b) 全体剛性マトリックスと釣合い式

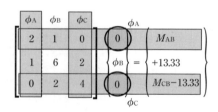

(c) 境界条件等を考慮した釣合い式

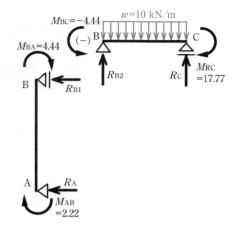

(d) 単純梁と考えた場合の力の釣合い

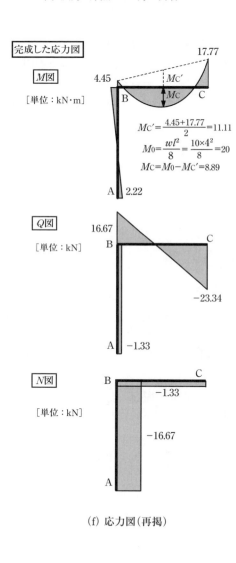

(e) 反力と節点Bでの力の釣合い

(f) 応力図（再掲）

図7-22　マトリックス演算による解法例1（節点移動のない骨組1）

手順4）　材端モーメントの同定

同定した節点の変形（回転角）から，各要素の材端モーメントをマトリックス演算を利用して同定する（章末の＜参考＞を参照）。

（a.1）式：

$$\begin{Bmatrix} M_{AB} \\ M_{BA} \end{Bmatrix} = \begin{bmatrix} 2 & 1 \\ 1 & 2 \end{bmatrix}\begin{Bmatrix} \phi_A \\ \phi_B \end{Bmatrix} + \begin{Bmatrix} 0 \\ 0 \end{Bmatrix} = \begin{bmatrix} 2 & 1 \\ 1 & 2 \end{bmatrix}\begin{Bmatrix} 0 \\ 2.22 \end{Bmatrix} = \begin{Bmatrix} 2.22 \\ 4.45 \end{Bmatrix}$$

（b.1）式：

$$\begin{Bmatrix} M_{BC} \\ M_{CB} \end{Bmatrix} = 2\begin{bmatrix} 2 & 1 \\ 1 & 2 \end{bmatrix}\begin{Bmatrix} 2.22 \\ 0 \end{Bmatrix} + \begin{Bmatrix} -13.33 \\ 13.33 \end{Bmatrix} = \begin{Bmatrix} 8.80 - 13.33 \\ 4.45 + 13.33 \end{Bmatrix}$$

$$= \begin{Bmatrix} -4.45 \\ 17.77 \end{Bmatrix}$$

材端モーメントは上式を読み解けば，次のようになる。

（a.1）式より： $M_{AB} = 2.22$ kN·m,
$\qquad\qquad M_{BA} = 4.45$ kN·m

（b.1）式より： $M_{BC} = -4.45$ kN·m,
$\qquad\qquad M_{CB} = 77$ kN·m

手順5）　各要素の応力を同定し，骨組としての応力図を描く。

得られた各要素の材端モーメントと中間荷重を考慮して，各要素の応力（曲げモーメント・せん断力・軸方向力）を求める＝応力図を描くことは，図7-17において説明してあるので，ここでは手順の概略だけを説明し，応力図は図（f）として再掲しておく。

曲げモーメント：

中間荷重がない場合は材端モーメントを直線で結べば M 図は描ける。中間荷重のある場合には，単純梁の M 図と材端モーメントにより描かれる M 図を合成した形で描けばよい。梁中央部モーメント M_C は，単純梁としたときの中央部曲げモーメント M_0 と両端部材モーメントによるものを合成すれば求められる。すなわち，

$$M_C = M_0 - \frac{M_{BC} + M_{CB}}{2} = \frac{10 \times 4^2}{8} - \frac{4.45 + 17.77}{2}$$
$$= 8.95 \text{ kN·m}$$

せん断力：

ここでは，図7-17とは異なる方法でせん断力を求めることとする。すなわち，図（d）に示すように部材を単純梁とし，同定された材端モーメントをその方向（時計回り＋・反時計回り－）に注意して作用させて，単純梁としての反力を求めてせん断力を同定する方法とする。

部材 AB 材（柱）：

$$\Sigma M_A = 0 ; 2.22 + 4.44 - 5 \times R_{B1} = 0$$

$$\therefore \quad R_{B1} = \frac{(2.22 + 4.44)}{5} = 1.33$$

$$\Sigma Y = 0 ; R_A + R_{B1} = 0$$

$$\therefore \quad R_A = -R_{B1} = -1.33 \text{ kN}$$

部材 BC（梁）：

$$\Sigma M_B = 0 ; -4.44 + 17.77 - 4 \times R_C$$
$$+ (10 \times 4) \times 2 = 0$$

$$\therefore \quad R_C = \frac{(-4.44 + 17.77)}{4} = 23.33$$

$$\Sigma Y = 0 ; R_{B2} + R_C - 10 \times 4 = 0$$

$$\therefore \quad R_{B2} = 40 - 23.33 = 16.67 \text{ kN}$$

得られた結果の符号（＋，－）は仮定した反力の方向に関するものなので，それを考慮すれば，反力は図（e）のようになり，これにもとづけば，各反力に対応する各材端せん断応力の大きさと符号を同定できる。

軸方向力：

軸方向力は，図7-17と同様，節点部分の力の釣合い（$\Sigma X = 0$ と $\Sigma Y = 0$）から求める。節点に作用する力として考える場合は，図（e）のようにせん断応力の左右一方（片割れ）を考えることになる。破線矢印で示す節点に作用する力に関する釣合いを考えれば，軸方向力は次のようになる。

$$\Sigma X_B = 0 ; 1.3 + N(梁) = 0$$
$$\therefore \quad N(梁) = -1.33 \text{ kN}$$
$$\Sigma Y_B = 0 ; -16.7 - N(柱) = 0$$
$$\therefore \quad N(柱) = -16.67 \text{ kN}$$

（2）　解法例2　鉛直荷重を受ける2層1スパン骨組

図7-23（a）のような，梁に等分布荷重を受ける2層1スパンの骨組について，マトリックス演算を用いて解く。

この骨組は，梁・柱ともに剛比 $k = 1$ で荷重も対称であるので，7-8で説明したように対称性を利用すれば未知数を減少させることができるが，ここで

7　たわみ角法　183

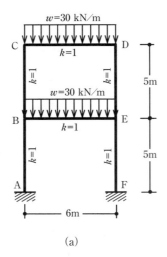

(a)

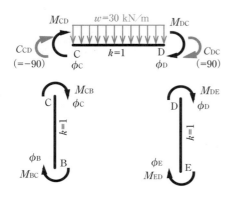

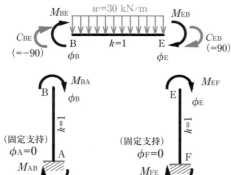

$$\begin{Bmatrix} M_{ij} \\ M_{ji} \end{Bmatrix} = k \begin{bmatrix} 2 & 1 & 1 \\ 1 & 2 & 1 \end{bmatrix} \begin{Bmatrix} \phi_i \\ \phi_j \\ \psi \end{Bmatrix} + \begin{Bmatrix} C_{ij} \\ C_{ji} \end{Bmatrix}$$

(b) 各要素についての基本式と境界条件

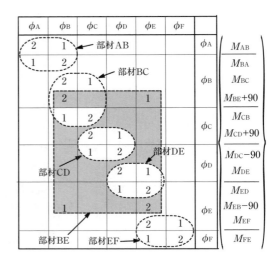

(c) 全体剛性マトリックスと釣合い式

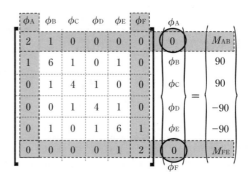

(d) 未知数項の選択

図7-23 マトリックス演算による解法例2(節点移動のない骨組2)(その1)

は対称性を利用しないで解くこととする。

手順1) たわみ角法の基本式による定式化

i) 各部材要素のマトリックス表示

各要素の条件を考慮して(図(b)参照),(7.23)式によりマトリックス表示すれば次のとおりである。なお,節点移動がないので,全部材について $\psi = 0$ である。

柱部材 AB: $\begin{Bmatrix} M_{AB} \\ M_{BA} \end{Bmatrix} = k \begin{bmatrix} 2 & 1 \\ 1 & 2 \end{bmatrix} \begin{Bmatrix} \phi_A \\ \phi_B \end{Bmatrix}$

柱部材 BC: $\begin{Bmatrix} M_{BC} \\ M_{CB} \end{Bmatrix} = k \begin{bmatrix} 2 & 1 \\ 1 & 2 \end{bmatrix} \begin{Bmatrix} \phi_B \\ \phi_C \end{Bmatrix}$

柱部材 DE: $\begin{Bmatrix} M_{DE} \\ M_{ED} \end{Bmatrix} = k \begin{bmatrix} 2 & 1 \\ 1 & 2 \end{bmatrix} \begin{Bmatrix} \phi_D \\ \phi_E \end{Bmatrix}$

柱部材 EF: $\begin{Bmatrix} M_{EF} \\ M_{FE} \end{Bmatrix} = k \begin{bmatrix} 2 & 1 \\ 1 & 2 \end{bmatrix} \begin{Bmatrix} \phi_E \\ \phi_F \end{Bmatrix}$

梁に作用する中間荷重（等分布荷重）による固定端モーメントは，

$$C_{ij} = -\frac{30 \times 6^2}{12} = -90 \qquad C_{ij} = \frac{30 \times 6^2}{12} = 90$$

梁部材 CD：$\begin{Bmatrix} M_{CD} \\ M_{DC} \end{Bmatrix} = k \begin{bmatrix} 2 & 1 \\ 1 & 2 \end{bmatrix} \begin{Bmatrix} \phi_C \\ \phi_D \end{Bmatrix} + \begin{Bmatrix} -90 \\ 90 \end{Bmatrix}$

梁部材 BE：$\begin{Bmatrix} M_{BE} \\ M_{EB} \end{Bmatrix} = k \begin{bmatrix} 2 & 1 \\ 1 & 2 \end{bmatrix} \begin{Bmatrix} \phi_B \\ \phi_E \end{Bmatrix} + \begin{Bmatrix} -90 \\ 90 \end{Bmatrix}$

回転角を含む項を左側に，それ以外を右側に移項する。

柱部材 AB：$k \begin{bmatrix} 2 & 1 \\ 1 & 2 \end{bmatrix} \begin{Bmatrix} \phi_A \\ \phi_B \end{Bmatrix} = \begin{Bmatrix} M_{AB} \\ M_{BA} \end{Bmatrix}$

柱部材 BC：$k \begin{bmatrix} 2 & 1 \\ 1 & 2 \end{bmatrix} \begin{Bmatrix} \phi_B \\ \phi_C \end{Bmatrix} = \begin{Bmatrix} M_{BC} \\ M_{CB} \end{Bmatrix}$

柱部材 DE：$k \begin{bmatrix} 2 & 1 \\ 1 & 2 \end{bmatrix} \begin{Bmatrix} \phi_D \\ \phi_E \end{Bmatrix} = \begin{Bmatrix} M_{DE} \\ M_{ED} \end{Bmatrix}$

柱部材 EF：$k \begin{bmatrix} 2 & 1 \\ 1 & 2 \end{bmatrix} \begin{Bmatrix} \phi_E \\ \phi_F \end{Bmatrix} = \begin{Bmatrix} M_{EF} \\ M_{FE} \end{Bmatrix}$

梁部材 CD：$k \begin{bmatrix} 2 & 1 \\ 1 & 2 \end{bmatrix} \begin{Bmatrix} \phi_C \\ \phi_D \end{Bmatrix} = \begin{Bmatrix} M_{CD} \\ M_{DC} \end{Bmatrix} + \begin{Bmatrix} 90 \\ -90 \end{Bmatrix}$

梁部材 BE：$k \begin{bmatrix} 2 & 1 \\ 1 & 2 \end{bmatrix} \begin{Bmatrix} \phi_B \\ \phi_E \end{Bmatrix} = \begin{Bmatrix} M_{BE} \\ M_{EB} \end{Bmatrix} + \begin{Bmatrix} 90 \\ -90 \end{Bmatrix}$

ⅱ）　全体剛性マトリックスの作成

マトリックス演算を行うために，各部材の式を合成して，一括表示した全体剛性マトリックスを作成する。たわみ角は $\phi_A \sim \phi_F$ の6個であるので，剛性マトリックスの大きさは 6×6 となる。各部材の剛比（この問題では，全部材について $k = 1$）を考慮して，図（c）のように，それぞれのたわみ角等に対応する場所に数値を足し合わせる。

整理すれば，次式となる。

$$\begin{bmatrix} 2 & 1 & 0 & 0 & 0 & 0 \\ 1 & 6 & 1 & 0 & 1 & 0 \\ 0 & 1 & 4 & 1 & 0 & 0 \\ 0 & 0 & 1 & 4 & 1 & 0 \\ 0 & 1 & 0 & 1 & 6 & 1 \\ 0 & 0 & 0 & 0 & 1 & 2 \end{bmatrix} \begin{Bmatrix} \phi_A \\ \phi_B \\ \phi_C \\ \phi_D \\ \phi_E \\ \phi_F \end{Bmatrix} = \begin{Bmatrix} M_{AB} \\ M_{BA} + M_{BC} + M_{BE} + 90 \\ M_{CB} + M_{CD} + 90 \\ M_{DC} - 90 + M_{DE} \\ M_{ED} + M_{EF} + M_{EB} - 90 \\ M_{FE} \end{Bmatrix}$$

（a）

手順2）　釣合い条件式の作成

ⅰ）　境界条件

固定支点である節点 A と F の回転角は0

∴　$\phi_A = \phi_F = 0$

ⅱ）　節点方程式の導入

節点方程式は，節点 B，C，D，E の4節点について立てられる。

節点 B（ϕ_B）：$\Sigma M_B = 0$ より
$$M_{BA} + M_{BC} + M_{BE} = 0$$

節点 C（ϕ_C）：$\Sigma M_C = 0$ より　$M_{CB} + M_{CD} = 0$

節点 D（ϕ_D）：$\Sigma M_D = 0$ より　$M_{DC} + M_{DE} = 0$

節点 E（ϕ_E）：$\Sigma M_E = 0$ より
$$M_{DE} + M_{EF} + M_{EB} = 0$$

以上の条件を，（a）式に代入すれば，次式となる。

$$\begin{bmatrix} 2 & 1 & 0 & 0 & 0 & 0 \\ 1 & 6 & 1 & 0 & 1 & 0 \\ 0 & 1 & 4 & 1 & 0 & 0 \\ 0 & 0 & 1 & 4 & 1 & 0 \\ 0 & 1 & 0 & 1 & 6 & 1 \\ 0 & 0 & 0 & 0 & 1 & 2 \end{bmatrix} \begin{Bmatrix} 0 \\ \phi_B \\ \phi_C \\ \phi_D \\ \phi_E \\ 0 \end{Bmatrix} = \begin{Bmatrix} M_{AB} \\ 90 \\ 90 \\ -90 \\ -90 \\ M_{FE} \end{Bmatrix}$$

（b）

手順3）　各要素の節点の変形（回転角）の同定

得られた釣合い条件式（b）を，マトリックス演算を利用して解き，各要素の節点の変形（たわみ角，部材角）を同定する。

（b）式のうち，0である項（ϕ_A と ϕ_F）については演算すると0になるので，ϕ_A と ϕ_F に関わる行と列を図（d）のように除外すれば，未知の項だけが残る。言い方を変えれば，未知の項である ϕ_B，ϕ_C，ϕ_D，ϕ_E に関わる行と列を抜き出せば，次のようになる。

$$\begin{bmatrix} 6 & 1 & 0 & 1 \\ 1 & 4 & 1 & 0 \\ 0 & 1 & 4 & 1 \\ 1 & 0 & 1 & 6 \end{bmatrix} \begin{Bmatrix} \phi_B \\ \phi_C \\ \phi_D \\ \phi_E \end{Bmatrix} = \begin{Bmatrix} 90 \\ 90 \\ -90 \\ -90 \end{Bmatrix}$$

（c）

逆行列を乗ずれば，次式となる。

$$\begin{Bmatrix} \phi_B \\ \phi_C \\ \phi_D \\ \phi_E \end{Bmatrix} = \begin{bmatrix} 6 & 1 & 0 & 1 \\ 1 & 4 & 1 & 0 \\ 0 & 1 & 4 & 1 \\ 1 & 0 & 1 & 6 \end{bmatrix}^{-1} \begin{Bmatrix} 90 \\ 90 \\ -90 \\ -90 \end{Bmatrix}$$

（d）

Excel を使用して逆行列を求めると（具体的な手順については，章末＜参考＞を参照），次のように求められる。

7　たわみ角法　185

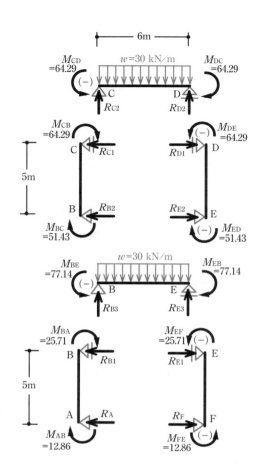

(e) 単純梁と考えた場合の力の釣合い

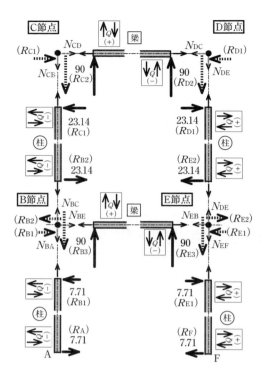

(f) 反力と節点での力の釣合い

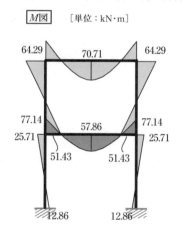

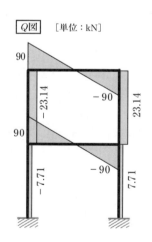

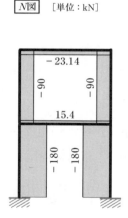

(g) 応力図

図 7-23 マトリックス演算による解法例 2（節点移動のない骨組 2）（その 2）

$$\begin{bmatrix} 6 & 1 & 0 & 1 \\ 1 & 4 & 1 & 0 \\ 0 & 1 & 4 & 1 \\ 1 & 0 & 1 & 6 \end{bmatrix}^{-1} = \begin{bmatrix} 0.181 & -0.050 & 0.021 & -0.034 \\ -0.050 & 0.282 & -0.076 & 0.021 \\ 0.021 & -0.076 & 0.282 & -0.050 \\ -0.034 & 0.021 & -0.050 & 0.181 \end{bmatrix}$$

(e)

(e) 式を (d) 式に代入して，マトリックス演算をすれば，次のような解を得る。

$$\begin{Bmatrix} \phi_B \\ \phi_C \\ \phi_E \\ \phi_F \end{Bmatrix} = \begin{bmatrix} 6 & 1 & 0 & 1 \\ 1 & 4 & 1 & 0 \\ 0 & 1 & 4 & 1 \\ 1 & 0 & 1 & 6 \end{bmatrix}^{-1} \begin{Bmatrix} 90 \\ 90 \\ -90 \\ -90 \end{Bmatrix}$$

$$= \begin{bmatrix} 0.181 & -0.050 & 0.021 & -0.034 \\ -0.050 & 0.282 & -0.076 & 0.021 \\ 0.021 & -0.076 & 0.282 & -0.050 \\ -0.034 & 0.021 & -0.050 & 0.181 \end{bmatrix} \begin{Bmatrix} 90 \\ 90 \\ -90 \\ -90 \end{Bmatrix}$$

$$= \begin{Bmatrix} 12.86 \\ 25.71 \\ -25.71 \\ -12.86 \end{Bmatrix} \tag{f}$$

手順 4） 材端モーメントの同定。

同定した節点のたわみ角（回転角）から，各要素の材端モーメントをマトリックス演算により同定する。

本節の頭書の基本式より，各部材の材端モーメントを求める。

柱部材 AB：

$$\begin{Bmatrix} M_{AB} \\ M_{BA} \end{Bmatrix} = \begin{bmatrix} 2 & 1 \\ 1 & 2 \end{bmatrix} \begin{Bmatrix} \phi_A \\ \phi_B \end{Bmatrix} = \begin{bmatrix} 2 & 1 \\ 1 & 2 \end{bmatrix} \begin{Bmatrix} 0 \\ 12.86 \end{Bmatrix} = \begin{Bmatrix} 12.86 \\ 25.71 \end{Bmatrix}$$

柱部材 BC：

$$\begin{Bmatrix} M_{BC} \\ M_{CB} \end{Bmatrix} = \begin{bmatrix} 2 & 1 \\ 1 & 2 \end{bmatrix} \begin{Bmatrix} \phi_B \\ \phi_C \end{Bmatrix} = \begin{bmatrix} 2 & 1 \\ 1 & 2 \end{bmatrix} \begin{Bmatrix} 12.86 \\ 25.71 \end{Bmatrix} = \begin{Bmatrix} 51.43 \\ 64.29 \end{Bmatrix}$$

柱部材 DE：

$$\begin{Bmatrix} M_{DE} \\ M_{ED} \end{Bmatrix} = \begin{bmatrix} 2 & 1 \\ 1 & 2 \end{bmatrix} \begin{Bmatrix} \phi_D \\ \phi_E \end{Bmatrix} = \begin{bmatrix} 2 & 1 \\ 1 & 2 \end{bmatrix} \begin{Bmatrix} -25.71 \\ -12.86 \end{Bmatrix} = \begin{Bmatrix} -64.29 \\ -51.43 \end{Bmatrix}$$

柱部材 EF：

$$\begin{Bmatrix} M_{EF} \\ M_{FE} \end{Bmatrix} = \begin{bmatrix} 2 & 1 \\ 1 & 2 \end{bmatrix} \begin{Bmatrix} \phi_E \\ \phi_F \end{Bmatrix} = \begin{bmatrix} 2 & 1 \\ 1 & 2 \end{bmatrix} \begin{Bmatrix} -12.86 \\ 0 \end{Bmatrix} = \begin{Bmatrix} -25.71 \\ -12.86 \end{Bmatrix}$$

梁部材 CD：

$$\begin{Bmatrix} M_{CD} \\ M_{DC} \end{Bmatrix} = \begin{bmatrix} 2 & 1 \\ 1 & 2 \end{bmatrix} \begin{Bmatrix} \phi_C \\ \phi_D \end{Bmatrix} + \begin{Bmatrix} -90 \\ 90 \end{Bmatrix}$$

$$= \begin{bmatrix} 2 & 1 \\ 1 & 2 \end{bmatrix} \begin{Bmatrix} 25.71 \\ -25.71 \end{Bmatrix} + \begin{Bmatrix} -90 \\ 90 \end{Bmatrix} = \begin{Bmatrix} -64.29 \\ 64.29 \end{Bmatrix}$$

梁部材 BE：

$$\begin{Bmatrix} M_{BE} \\ M_{EB} \end{Bmatrix} = \begin{bmatrix} 2 & 1 \\ 1 & 2 \end{bmatrix} \begin{Bmatrix} \phi_B \\ \phi_E \end{Bmatrix} + \begin{Bmatrix} -90 \\ 90 \end{Bmatrix}$$

$$= \begin{bmatrix} 2 & 1 \\ 1 & 2 \end{bmatrix} \begin{Bmatrix} 12.86 \\ -12.86 \end{Bmatrix} + \begin{Bmatrix} -90 \\ 90 \end{Bmatrix} = \begin{Bmatrix} -77.14 \\ 77.14 \end{Bmatrix}$$

手順 5） 各要素の応力を同定し，骨組としての応力図を描く。

得られた各要素の材端モーメントと中間荷重を考慮して，各要素の応力（曲げモーメント・せん断力・軸方向力）を求める＝応力図を描くことはすでに説明してあるので，ここでは手順の概略だけを説明する。

曲げモーメント：

図（e）のように，各部材を単純支持部材（単純梁）として，手順4）で得られた材端モーメントを作用させ，中間荷重によるモーメントと合成して，M 図を描く。梁部材 BE のスパン中央部のモーメント $_{BE}M_C$ は，単純梁とした時の中央部曲げモーメント M_0 と両端の材端モーメントを考慮して，次のように求められる。

$$_{BE}M_C = {}_{BE}M_0 - \frac{M_{BE} - M_{EB}}{2}$$

$$= \frac{30 \times 6^2}{8} - \frac{77.14 + 77.14}{2} = 57.86$$

同様に梁部材 CD の中央部のモーメント $_{CD}M_C$ は

$$_{CD}M_C = {}_{CD}M_0 - \frac{M_{CD} - M_{DC}}{2}$$

$$= \frac{30 \times 6^2}{8} - \frac{64.29 + 64.29}{2} = 70.71$$

完成した M 図は，図（g）のようになる。

せん断力：

材端せん断力は，図（f）に示すように，材端モーメントを受ける単純梁の反力（R）として，力の釣合い式により求める。

柱部材 AB：

$$\Sigma M_A = 0 \; ; \; 12.86 + 25.71 - 5 \times R_{B1} = 0$$

$$\therefore \; R_{B1} = 7.71$$

$$\Sigma Y = 0 \; ; \; R_A + R_{B1} = 0$$

$$\therefore \; R_A = -R_{B1} = -7.71 \quad （仮程方向とは逆）$$

柱部材 BC：

$$\Sigma M_B = 0 \; ; \; 51.43 + 64.29 - 5 \times R_{C1} = 0$$

$$\therefore \; R_{C1} = 23.14$$

$$\Sigma Y = 0 \; ; \; R_{B2} + R_{C1} = 0$$

$$\therefore \; R_{B2} = -R_{C1} = -23.14 \quad （仮程方向とは逆）$$

梁部材 CD：

$$\Sigma M_C = 0 \; ; \; -62.29 + 64.29 + (30 \times 6) \times \left(\frac{6}{2} \right)$$
$$- 6 \times R_{D2} = 0$$

$$\therefore \; R_{D2} = 90$$

$\Sigma Y = 0$；$R_{C2} + R_{D2} - (30 \times 6) = 0$

$\therefore$ $R_{C2} = -R_{D2} + (30 \times 6) = 90$

柱部材 DE：

$\Sigma M_D = 0$；$-64.29 - 51.43 - 5 \times R_{E2} = 0$

$\therefore$ $R_{E2} = -23.14$

$\Sigma Y = 0$；$R_{D1} + R_{E2} = 0$

$\therefore$ $R_{D1} = -R_{E2} = 23.14$

梁部材 BE：

$\Sigma M_B = 0$；$-77.14 + 77.14 + (30 \times 6) \times \left(\dfrac{6}{2}\right)$

$\qquad - 6 \times R_{E3} = 0$

$\therefore$ $R_{E3} = 90$

$\Sigma Y = 0$；$R_{B3} + R_{E3} - (30 \times 6) = 0$

$\therefore$ $R_{B3} = -R_{E3} + (30 \times 6) = 90$

柱部材 EF：

$\Sigma M_E = 0$；$-25.71 - 12.86 - 5 \times R_F = 0$

$\therefore$ $R_F = -7.71$

$\Sigma Y = 0$；$R_{E1} + R_F = 0$

$\therefore$ $R_{E1} = -R_F = 7.71$

得られた反力の符号（＋，－）は仮定した反力の方向に関するものなので（たとえば，反力を左方向に仮定して値が負－となったときは，反力は右方向），それを考慮して各反力を同定する。各材端せん断応力の大きさと符号は，図（f）に示したように，反力の方向と材端せん断応力の左右位置より判断して（マークが参考になる）同定する。

せん断力図（Q図）は図（g）のようになる。

軸方向力：

軸方向力は，節点部分の反力との力の釣合い条件（$\Sigma X = 0$ と $\Sigma Y = 0$）により求める。図（f）中に示すように，破線矢印で示す節点に作用する力に関し，軸方向応力 N を＋（引張）と仮定して釣合いを考えれば，軸方向力は次のように求められる。

節点 C：

$\Sigma X_C = 0$；$23.14 + N_{CD}[梁] = 0$，

$\therefore$ $N_{CD} = -23.14$（圧縮）

$\Sigma Y_C = 0$；$-90 - N_{CB}[柱] = 0$，

$\therefore$ $N_{CB} = -90$（圧縮）

節点 B：

$\Sigma X_B = 0$；$23.14 - N_{BE}[梁] - 7.71 = 0$，

$\therefore$ $N_{BE} = 15.43$（引張）

$\Sigma Y_B = 0$；$-90 + N_{BC}[柱] - N_{BA}[柱] = 0$，

$N_{BC} = N_{CB}$ であるので，$N_{BC} = -90$

$\therefore$ $N_{BA} = -90 + N_{BC}[柱] = -90 - 90$

$\qquad\qquad = -180$（圧縮）

同様に，節点 D と E についても求めれば次のようになる。

節点 D：$N_{DC} = -23.14$（圧縮），$N_{DE} = -90$（圧縮）

節点 E：$N_{EB} = 15.43$（引張），$N_{EF} = -180$（圧縮）

なお，対称性を考慮すれば，計算するまでもなく求められる。

軸方向力図（N図）は，図（g）のようになる。

7-9-4　節点移動のある骨組の解法

節点移動がある場合も解法手順はこれまでと同じであるが，未知数として部材角が生じるので，節点方程式に加えて層方程式を導入する必要がある。

（1）　解法例1　水平力を受ける1層1スパン骨組

図7-24（a）に示すような水平力を受ける1層1スパンの骨組（図7-18と同じ）について，マトリックスを用いた解法手順を説明する。なお，この問題も前節同様，対称性を利用すれば未知数を減らせるが，ここでは利用しないものとする。

手順1）　たわみ角法の基本式による定式化

ⅰ）　各部材要素のマトリックス表示

まず，部材角について検討しておく。図7-18で説明したとおり，水平力が作用した場合，柱 AB と柱 CD には同量の部材角 R が生じるが，梁 BC には部材角は生じない。また，全部材ともに中間荷重による固定端モーメントはない。

各要素の条件を考慮して，(7.23) 式によりマトリックス表示すれば，次のようになる。

$$\begin{Bmatrix} M_{ij} \\ M_{ji} \end{Bmatrix} = k_i \begin{bmatrix} 2 & 1 & 1 \\ 1 & 2 & 1 \end{bmatrix} \begin{Bmatrix} \phi_i \\ \phi_i \\ \psi_i \end{Bmatrix} + \begin{Bmatrix} C_{ij} \\ C_{ji} \end{Bmatrix} \qquad (7.23)$$

上式の k_i を k，ψ_i を ψ と置けば，各部材についての基本式は次のように表わせる。

柱部材 AB：$\begin{Bmatrix} M_{AB} \\ M_{BA} \end{Bmatrix} = k \begin{bmatrix} 2 & 1 & 1 \\ 1 & 2 & 1 \end{bmatrix} \begin{Bmatrix} \phi_A \\ \phi_B \\ \psi \end{Bmatrix}$

梁部材 BC：$\begin{Bmatrix} M_{BC} \\ M_{CB} \end{Bmatrix} = k \begin{bmatrix} 2 & 1 \\ 1 & 2 \end{bmatrix} \begin{Bmatrix} \phi_B \\ \phi_C \end{Bmatrix}$

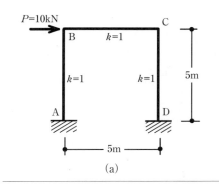

(a)

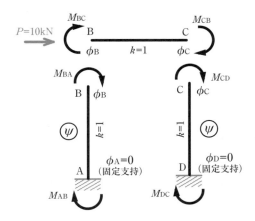

(b) 各要素についての基本式と境界条件

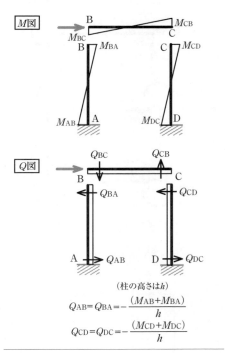

(c) 全体剛性マトリックスと釣合い式

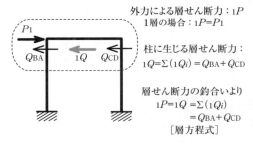

(d) 層方程式
(図7-18(d)を再掲)

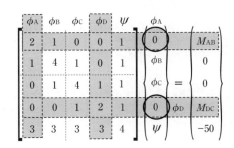

(e) 未知数項の選択

図7-24 節点移動のある骨組の例（その1）

7 たわみ角法

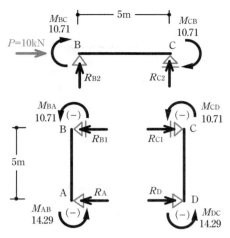

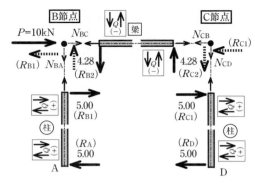

(f) 単純梁と考えた場合の力の釣合い

(g) 反力と節点での力の釣合い

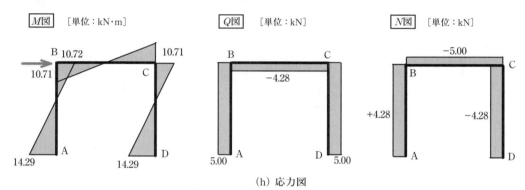

(h) 応力図

図 7-24 節点移動のある骨組の例（その2）

柱部材 CD：$\begin{Bmatrix} M_{CD} \\ M_{DC} \end{Bmatrix} = k \begin{bmatrix} 2 & 1 & 1 \\ 1 & 2 & 1 \end{bmatrix} \begin{Bmatrix} \phi_C \\ \phi_D \\ \psi \end{Bmatrix}$

梁・柱の剛比 $k = 1$ を代入し，回転角を含む項を左側に，それ以外を右側に移項する。

$\begin{bmatrix} 2 & 1 & 1 \\ 1 & 2 & 1 \end{bmatrix} \begin{Bmatrix} \phi_A \\ \phi_B \\ \psi \end{Bmatrix} = \begin{Bmatrix} M_{AB} \\ M_{BA} \end{Bmatrix}$

$\begin{bmatrix} 2 & 1 \\ 1 & 2 \end{bmatrix} \begin{Bmatrix} \phi_B \\ \phi_C \end{Bmatrix} = \begin{Bmatrix} M_{BC} \\ M_{CB} \end{Bmatrix}$

$\begin{bmatrix} 2 & 1 & 1 \\ 1 & 2 & 1 \end{bmatrix} \begin{Bmatrix} \phi_C \\ \phi_D \\ \psi \end{Bmatrix} = \begin{Bmatrix} M_{CD} \\ M_{DC} \end{Bmatrix}$

ⅱ）全体剛性マトリックスの作成

マトリックス演算を行うために，各部材の式を合成して，一括表示した全体剛性マトリックスを作成する。

a）未知数は，$\phi_A, \phi_B, \phi_C, \phi_D, \psi$ の5つであり，図(c)のように，それぞれの未知数に対応する場所に数値を足し合わせて全体剛性マトリックスを作成する。マトリックスの大きさは，未知数が計5つあるので5×5となる。

整理すると全体マトリックス方程式は以下のようになるが，この時点では ψ の項は未定である。

$\begin{bmatrix} 2 & 1 & 0 & 0 & 1 \\ 1 & 4 & 1 & 0 & 1 \\ 0 & 1 & 4 & 1 & 1 \\ 0 & 0 & 1 & 2 & 1 \end{bmatrix} \begin{Bmatrix} \phi_A \\ \phi_B \\ \phi_C \\ \phi_D \\ \psi \end{Bmatrix} = \begin{Bmatrix} M_{AB} \\ M_{BA} + M_{BC} \\ M_{CB} + M_{CD} \\ M_{DC} \end{Bmatrix}$

手順2）釣合い条件式の作成

ⅰ）境界条件

固定支点である節点 A と D の回転角は 0

∴ $\phi_A = \phi_D = 0$

ⅱ）節点方程式

節点方程式は節点 B, C, において $\Sigma M_B = 0$, $\Sigma M_C = 0$ である。

これらの条件を代入すると，次式となるが，この時点でもψの項は未定である。

$$\begin{bmatrix} 2 & 1 & 0 & 0 & 1 \\ 1 & 4 & 1 & 0 & 1 \\ 0 & 1 & 4 & 1 & 1 \\ 0 & 0 & 1 & 2 & 1 \end{bmatrix}\begin{Bmatrix} 0 \\ \phi_B \\ \phi_C \\ 0 \\ \psi \end{Bmatrix} = \begin{Bmatrix} M_{AB} \\ 0 \\ 0 \\ M_{DC} \end{Bmatrix}$$

iii） 層方程式

層方程式は，水平力を受ける骨組の柱に注目し，柱の曲げモーメントとせん断力との関係を利用して，各層の層せん断力の釣合いを考えた方程式である。詳しくは本書7-7節で説明しているので，本節では説明は省略するが，図7-18（d）層方程式は再掲しておく。

この問題の場合，層数は1で柱は2本であり，層せん断力（層としてのせん断力）は柱2本のせん断力の合計である。

水平力による層せん断力と柱に生じるせん断力（層せん断力）は釣り合う必要があるので，次式が成り立ち，これがこの骨組の層方程式である。すなわち，

$$_1P = \sum_{i=1}^{2} {}_1Q_i = Q_{BA} + Q_{CD}$$

ここで，

$$Q_{BA} = -\frac{M_{BA} + M_{AB}}{h}$$

$$Q_{CD} = -\frac{M_{CD} + M_{DC}}{h}$$

$$\therefore \quad P = -\left(\frac{M_{AB} + M_{BA}}{h}\right) - \left(\frac{M_{CD} + M_{DC}}{h}\right)$$

上式を展開すると，

$$(M_{AB} + M_{BA}) + (M_{CD} + M_{DC}) = -Ph$$

これに，基本式（7.21）式と（7.22）式の関係を代入すると，次の式となる。

$$k_{AB}(2\phi_A + \phi_B + \psi + \phi_A + 2\phi_B + \psi)$$
$$+ k_{CD}(2\phi_C + \phi_D + \psi + \phi_C + 2\phi_D + \psi) = -Ph$$
$$k_{AB}(3\phi_A + 3\phi_B + 2\psi) + k_{CD}(3\phi_C + 3\phi_D + 2\psi) = -Ph$$

このことから，n層における材端モーメントだけを受ける（中間荷重を受けない）柱1本当たりのせん断力 ${}_nQ_i$ は，回転角ϕと部材角ψの関数として次のような一般式として表現できることがわかる。

$$_nQ_i = -\frac{M_{ij} + M_{ji}}{{}_nh} = -\frac{k_i(3\phi_i + 3\phi_j + 2{}_n\psi_i)}{{}_nh}$$

さて，本題に戻り，

$$k_{AB} = k_{CD} = k, \quad {}_{nn}\psi_i = \psi$$

とおけば，層方程式は次のようになる。

$$k(3\phi_A + 3\phi_B + 3\phi_C + 3\phi_D + 4\psi) = -Ph$$

ここで，$k=1$，$-Ph = -10 \times 5 = -50$ として行列の第5行に代入すれば，次式となる。

$$\begin{bmatrix} 2 & 1 & 0 & 0 & 1 \\ 1 & 4 & 1 & 0 & 1 \\ 0 & 1 & 4 & 1 & 1 \\ 0 & 0 & 1 & 2 & 1 \\ 3 & 3 & 3 & 3 & 4 \end{bmatrix}\begin{Bmatrix} 0 \\ \phi_B \\ \phi_C \\ 0 \\ \psi \end{Bmatrix} = \begin{Bmatrix} M_{AB} \\ 0 \\ 0 \\ M_{DC} \\ -50 \end{Bmatrix}$$

これが，この問題の方程式のマトリックス表現である。

手順3） 各要素の節点の変形（回転角）の同定

得られた釣合い条件式を，マトリックス演算を利用して解き，各要素の節点の変形（たわみ角，部材角）を同定する。

式のうち，0である項（ϕ_Aとϕ_D）については演算すると0になるので，ϕ_Aとϕ_Dに関わる行と列を図（e）のように除外すれば，未知の項だけが残る。言い方を変えれば，未知の項であるϕ_B，ϕ_C，ψに関わる行と列を抜き出せば，次のようになる。

$$\begin{bmatrix} 4 & 1 & 1 \\ 1 & 4 & 1 \\ 3 & 3 & 4 \end{bmatrix}\begin{Bmatrix} \phi_B \\ \phi_C \\ \psi \end{Bmatrix} = \begin{Bmatrix} 0 \\ 0 \\ -50 \end{Bmatrix}$$

マトリックス演算によれば，未知数は次式により求められる。

$$\begin{Bmatrix} \phi_B \\ \phi_C \\ \psi \end{Bmatrix} = \begin{bmatrix} 4 & 1 & 1 \\ 1 & 4 & 1 \\ 3 & 3 & 4 \end{bmatrix}^{-1}\begin{Bmatrix} 0 \\ 0 \\ -50 \end{Bmatrix}$$

逆行列は Excel を利用して求めれば，次のようになる。

$$\begin{bmatrix} 4 & 1 & 1 \\ 1 & 4 & 1 \\ 3 & 3 & 4 \end{bmatrix}^{-1} = \begin{bmatrix} 0.310 & -0.024 & -0.071 \\ -0.024 & 0.310 & -0.071 \\ -0.214 & -0.214 & 0.357 \end{bmatrix}$$

したがって，マトリックス演算により，未知数は次のように同定される。

7　たわみ角法　191

$$\begin{Bmatrix} \phi_B \\ \phi_C \\ \psi \end{Bmatrix} = \begin{bmatrix} 4 & 1 & 1 \\ 1 & 4 & 1 \\ 3 & 3 & 4 \end{bmatrix}^{-1} \begin{Bmatrix} 0 \\ 0 \\ -50 \end{Bmatrix}$$

$$= \begin{bmatrix} 0.310 & -0.024 & -0.071 \\ -0.024 & 0.310 & -0.071 \\ -0.214 & -0.214 & 0.357 \end{bmatrix} \begin{Bmatrix} 0 \\ 0 \\ -50 \end{Bmatrix} = \begin{Bmatrix} 3.57 \\ 3.57 \\ -17.86 \end{Bmatrix}$$

手順 4）　材端モーメントの同定

　未知の回転角と部材角が求められたので，この結果を各部材ごとの基本式に代入すれば，各節点のモーメントは次のように得られる。

柱部材 AB：

$$\begin{Bmatrix} M_{AB} \\ M_{BA} \end{Bmatrix} = k \begin{bmatrix} 2 & 1 & 1 \\ 1 & 2 & 1 \end{bmatrix} \begin{Bmatrix} 0 \\ 3.57 \\ -17.86 \end{Bmatrix} + \begin{Bmatrix} 0 \\ 0 \end{Bmatrix} = \begin{Bmatrix} -14.29 \\ -10.71 \end{Bmatrix}$$

梁部材 BC：$\begin{Bmatrix} M_{BC} \\ M_{CB} \end{Bmatrix} = k \begin{bmatrix} 2 & 1 \\ 1 & 2 \end{bmatrix} \begin{Bmatrix} 3.57 \\ 3.57 \end{Bmatrix} = \begin{Bmatrix} 10.71 \\ 10.71 \end{Bmatrix}$

柱部材 CD：$\begin{Bmatrix} M_{CD} \\ M_{DC} \end{Bmatrix} = k \begin{bmatrix} 2 & 1 & 1 \\ 1 & 2 & 1 \end{bmatrix} \begin{Bmatrix} 3.57 \\ 0 \\ -17.86 \end{Bmatrix} = \begin{Bmatrix} -10.71 \\ -14.29 \end{Bmatrix}$

手順 5）　各要素の応力を同定し，骨組としての応力図を描く。

曲げモーメント：

　図（f）のように，各部材を単純支持部材（単純梁）として，手順 4）で得られた材端モーメントを作用させて（中間荷重によるモーメントはない），M 図を描く。中間荷重によるモーメントはないので，各材端モーメントの大きさをとり，直線で結べばよい（図（h）参照）。

せん断力：

　材端せん断力は，単純支持部材の反力に対応させて求める。具体的には，図（f）のように材端モーメントをその向きに注意して作用させ，同図のように反力を仮定して力の釣合い式により求める。符号は，仮定した方向に対する正負を意味するものであることに注意。

柱部材 AB：

$$\Sigma M_A = 0 ; -14.29 - 10.71 - 5 \times R_{B1} = 0$$

$$\therefore \quad R_{B1} = -5.00$$

$$\Sigma Y = 0 ; R_A + R_{B1} = 0$$

$$\therefore \quad R_A = -R_{B1} = 5.00$$

梁部材 BC：

$$\Sigma M_B = 0 ; 10.71 + 10.71 - 5 \times R_{C2} = 0$$

$$\therefore \quad R_{C2} = 4.28$$

$$\Sigma Y = 0 ; R_{B2} + R_{C2} = 0$$

$$\therefore \quad R_{B2} = -R_{C2} = -4.28$$

柱部材 CD：

$$\Sigma M_C = 0 ; -14.29 - 10.71 - 5 \times R_D = 0$$

$$\therefore \quad R_D = -5.00$$

$$\Sigma Y = 0 ; R_D + R_{C1} = 0$$

$$\therefore \quad R_{C1} = -R_D = 5.00$$

　得られた反力の符号（＋，－）は仮定した反力の方向に関するものなので（たとえば，反力を左方向に仮定して値が負－となったときは，反力は右方向），それを考慮して各反力に対応する各材端せん断応力の大きさと符号（マーク参照）を同定する。

　せん断力図（Q 図）は図（h）のようになる。

軸方向力：

　軸方向力は，節点部分の反力との力の釣合い条件（$\Sigma X = 0$ と $\Sigma Y = 0$）により求める。図（g）中に示すように，軸方向応力 N を ＋（引張）と仮定して釣合いを考えれば，軸方向力は次のように求められる。

　B 節点での釣合い：（節点 B における外力も含んだ釣合いを考える）

$$\Sigma X_B = 0 ; 10 = (-N_{BC}[梁] - 5[R_{B1}])$$

$$\therefore \quad N_{BC} = -5.0 （圧縮）$$

$$\Sigma Y_B = 0 ; 4.28 - N_{BA}[柱] = 0,$$

$$\therefore \quad N_{BA} = 4.28 （引張）$$

　C 節点での釣合い：

$$\Sigma X_C = 0 ; N_{CB}[梁] + 5[R_{C1}] = 0$$

$$\therefore \quad N_{CB} = -5.0 （圧縮）$$

$$\Sigma Y_C = 0 ; 4.28 + N_{CD}[柱] = 0,$$

$$\therefore \quad N_{CD} = -4.28 （圧縮）$$

　軸方向力図（N 図）は図（h）のようになる。

（2）　解法例 2　水平力を受ける 2 層 2 スパン骨組

　図 7-25（a）に示すような 2 層 1 スパンの骨組（図 7-23 とは梁の剛比が異なる）が水平力を受ける場合について，マトリックスを用いた解法手順を説明する。なお，この問題は対称性を利用すれば未知数を減らせるが，ここでは利用しないものとする。

手順 1）　たわみ角法の基本式による定式化

ⅰ）　各部材要素のマトリックス表示

　この骨組に水平力が作用すると，各層の柱には部材角が生じるので，1階の部材角をψ_1，2階の部材角をψ_2とする。また，全部材について中間荷重による固定端モーメントが発生しないこと，梁と柱の剛比も考慮して，各部材の基本式をマトリックス表示すると次のようになる（図 (b) 参照）。

柱部材 AB：$\begin{Bmatrix} M_{AB} \\ M_{BA} \end{Bmatrix} = \begin{bmatrix} 2 & 1 & 1 \\ 1 & 2 & 1 \end{bmatrix} \begin{Bmatrix} \phi_A \\ \phi_B \\ \psi_1 \end{Bmatrix}$

柱部材 BC：$\begin{Bmatrix} M_{BC} \\ M_{CB} \end{Bmatrix} = \begin{bmatrix} 2 & 1 & 1 \\ 1 & 2 & 1 \end{bmatrix} \begin{Bmatrix} \phi_B \\ \phi_C \\ \psi_2 \end{Bmatrix}$

梁部材 CD：$\begin{Bmatrix} M_{CD} \\ M_{DC} \end{Bmatrix} = 2\begin{bmatrix} 2 & 1 \\ 1 & 2 \end{bmatrix} \begin{Bmatrix} \phi_C \\ \phi_D \end{Bmatrix} = \begin{bmatrix} 4 & 2 \\ 2 & 4 \end{bmatrix} \begin{Bmatrix} \phi_C \\ \phi_D \end{Bmatrix}$

柱部材 DE：$\begin{Bmatrix} M_{DE} \\ M_{ED} \end{Bmatrix} = \begin{bmatrix} 2 & 1 & 1 \\ 1 & 2 & 1 \end{bmatrix} \begin{Bmatrix} \phi_D \\ \phi_E \\ \psi_2 \end{Bmatrix}$

柱部材 EF：$\begin{Bmatrix} M_{EF} \\ M_{FE} \end{Bmatrix} = \begin{bmatrix} 2 & 1 & 1 \\ 1 & 2 & 1 \end{bmatrix} \begin{Bmatrix} \phi_E \\ \phi_F \\ \psi_1 \end{Bmatrix}$

梁部材 BE：$\begin{Bmatrix} M_{BE} \\ M_{EB} \end{Bmatrix} = 2\begin{bmatrix} 2 & 1 \\ 1 & 2 \end{bmatrix} \begin{Bmatrix} \phi_B \\ \phi_E \end{Bmatrix} = \begin{bmatrix} 4 & 2 \\ 2 & 4 \end{bmatrix} \begin{Bmatrix} \phi_B \\ \phi_E \end{Bmatrix}$

　回転角を含む項を左側に，それ以外を右側に移項する。

柱部材 AB：$\begin{bmatrix} 2 & 1 & 1 \\ 1 & 2 & 1 \end{bmatrix} \begin{Bmatrix} \phi_A \\ \phi_B \\ \psi_1 \end{Bmatrix} = \begin{Bmatrix} M_{AB} \\ M_{BA} \end{Bmatrix}$

柱部材 BC：$\begin{bmatrix} 2 & 1 & 1 \\ 1 & 2 & 1 \end{bmatrix} \begin{Bmatrix} \phi_B \\ \phi_C \\ \psi_2 \end{Bmatrix} = \begin{Bmatrix} M_{BC} \\ M_{CB} \end{Bmatrix}$

梁部材 CD：$\begin{bmatrix} 4 & 2 \\ 2 & 4 \end{bmatrix} \begin{Bmatrix} \phi_C \\ \phi_D \end{Bmatrix} = \begin{Bmatrix} M_{CD} \\ M_{DC} \end{Bmatrix}$

柱部材 DE：$\begin{bmatrix} 2 & 1 & 1 \\ 1 & 2 & 1 \end{bmatrix} \begin{Bmatrix} \phi_D \\ \phi_E \\ \psi_2 \end{Bmatrix} = \begin{Bmatrix} M_{DE} \\ M_{ED} \end{Bmatrix}$

柱部材 EF：$\begin{bmatrix} 2 & 1 & 1 \\ 1 & 2 & 1 \end{bmatrix} \begin{Bmatrix} \phi_E \\ \phi_F \\ \psi_1 \end{Bmatrix} = \begin{Bmatrix} M_{EF} \\ M_{FE} \end{Bmatrix}$

梁部材 BE：$\begin{bmatrix} 4 & 2 \\ 2 & 4 \end{bmatrix} \begin{Bmatrix} \phi_B \\ \phi_E \end{Bmatrix} = \begin{Bmatrix} M_{BE} \\ M_{EB} \end{Bmatrix}$

ⅱ）　全体剛性マトリックスの作成

　節点の回転角$\phi_A \sim \phi_F$は6つ，柱の部材角はψ_1とψ_2の2つがあるので，剛性マトリックスの大きさは8×8となる。

　図 (c) のように，これらの条件を代入して整理すれば次式となるが，この時点ではψの項は未定である。

$$\begin{bmatrix} 2 & 1 & 0 & 0 & 0 & 0 & 1 & 0 \\ 1 & 8 & 1 & 0 & 2 & 0 & 1 & 1 \\ 0 & 1 & 6 & 2 & 0 & 0 & 0 & 1 \\ 0 & 0 & 2 & 6 & 1 & 0 & 0 & 1 \\ 0 & 2 & 0 & 1 & 8 & 1 & 1 & 1 \\ 0 & 0 & 0 & 0 & 1 & 2 & 1 & 0 \end{bmatrix} \begin{Bmatrix} \phi_A \\ \phi_B \\ \phi_C \\ \phi_D \\ \phi_E \\ \phi_F \\ \psi_1 \\ \psi_2 \end{Bmatrix} = \begin{Bmatrix} M_{AB} \\ M_{BA} + M_{BC} + M_{BE} \\ M_{CB} + M_{CD} \\ M_{DC} + M_{DE} \\ M_{ED} + M_{EF} + M_{EB} \\ M_{FE} \end{Bmatrix}$$

$$(a)$$

手順 2）　釣合い条件式の作成

ⅰ）　境界条件

　固定支点である節点 A と C の回転角は 0

　∴　$\phi_A = \phi_C = 0$

ⅱ）　節点方程式の導入

　節点方程式は，節点 B，C，D，E の4節点について立てられる。回転角が生じる節点（B〜E）では，力は釣り合うことが必要なので，次式が成立する。

節点 B（ϕ_B）：$\Sigma M_B = 0$ より

　　　$M_{BA} + M_{BC} + M_{BE} = 0$

節点 C（ϕ_C）：$\Sigma M_C = 0$ より

　　　$M_{CB} + M_{CD} = 0$

節点 D（ϕ_D）：$\Sigma M_D = 0$ より

　　　$M_{DC} + M_{DE} = 0$

節点 E（ϕ_E）：$\Sigma M_E = 0$ より

　　　$M_{DE} + M_{EF} + M_{EB} = 0$

　以上の条件を，(a) 式に代入すれば，次式となる。

$$\begin{bmatrix} 2 & 1 & 0 & 0 & 0 & 0 & 1 & 0 \\ 1 & 8 & 1 & 0 & 2 & 0 & 1 & 1 \\ 0 & 1 & 6 & 2 & 0 & 0 & 0 & 1 \\ 0 & 0 & 2 & 6 & 1 & 0 & 0 & 1 \\ 0 & 2 & 0 & 1 & 8 & 1 & 1 & 1 \\ 0 & 0 & 0 & 0 & 1 & 2 & 1 & 0 \end{bmatrix} \begin{Bmatrix} 0 \\ \phi_B \\ \phi_C \\ \phi_D \\ \phi_E \\ 0 \\ \psi_1 \\ \psi_2 \end{Bmatrix} = \begin{Bmatrix} M_{AB} \\ 0 \\ 0 \\ 0 \\ 0 \\ M_{FE} \end{Bmatrix} \quad (b)$$

7　たわみ角法　193

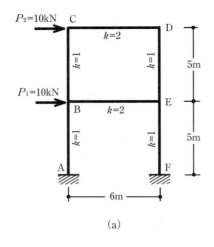

(a)

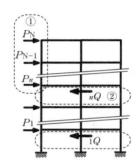

(b) 各要素についての基本式と境界条件

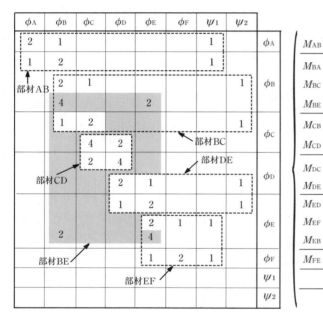

(c) 全体剛性マトリックスと釣合い式

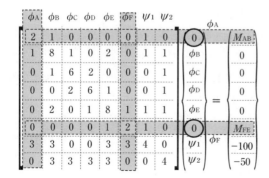

(e) 未知数項の選択

(d) 多層骨組の層方程式

第 n 層の層せん断力

① 外力による層せん断力：$\displaystyle {}_nP=\sum_{k=n}^{N}({}_nP_k)$

② 柱に生じる層せん断力：$\displaystyle {}_nQ=\sum_{i=1}^{m}({}_nQ_i)$

層せん断力の釣合いより

$$\displaystyle {}_nP=\sum_{k=n}^{N}({}_nP_k)={}_nQ=\sum_{i=1}^{m}({}_nQ_i)$$

［第 n 層に関する層方程式］

図 7-25　2 層 1 スパン骨組の解法例（節点移動のある骨組 2）（その 1）

iii) 層方程式

層数 N の多層骨組の第 n 層に関する層方程式が次式で表わされることは，すでに説明してある（同図 (d) 参照）。

$$
{}_nP = \sum_{k=n}^{N}\left({}_nP_k\right) = {}_nQ = \sum_{i=1}^{m}\left({}_nQ_i\right)
$$

ここで，

$\qquad {}_nP$：第 n 層に作用する層せん断力

$\qquad \displaystyle\sum_{k=n}^{N}\left({}_nP_k\right)$：第 n 層までの累加水平力

$\qquad {}_nQ$：第 n 層の柱に生じるせん断力の合計

$\qquad \displaystyle\sum_{i=1}^{m}\left({}_nQ_i\right)$：第 n 層の柱（総本数 m）のせん断力の合計

また，中間荷重を受けない柱のせん断力は，次式で表現できることも説明した。

$$
{}_nQ_i = -\frac{M_{ij}+M_{ji}}{{}_nh} = -\frac{k_i\left(3\phi_i+3\phi_j+2{}_n\psi_i\right)}{{}_nh}
$$

各層について，水平力と柱に生じるせん断力との釣合いを考える。

第 2 層：

第 2 層におけるせん断力の釣合いから，

$$
{}_2P = {}_2Q_{BC} + {}_2Q_{DE}
$$

$$
\therefore\quad {}_2P = -\frac{M_{BC}+M_{CB}}{{}_2h} - \frac{M_{DE}+M_{ED}}{{}_2h}
$$

$$
\therefore\quad \left(M_{BC}+M_{CB}\right)+\left(M_{DE}+M_{ED}\right) = -{}_2P_2h
$$

$$
\therefore\quad k_{BC}\left(3\phi_B+3\phi_C+2{}_2\psi\right)+k_{DE}\left(3\phi_D+3\phi_E+2{}_2\psi\right)
$$
$$
= -{}_2P_2h
$$

$$
\therefore\quad \left(3\phi_B+3\phi_C+3\phi_D+3\phi_E+4{}_2\psi\right) = -{}_2P_2h
$$
$$
= -10\times5 = -50
$$

第 1 層：

同様に，1 層においては，第 1 層のせん断力は水平力

$$
{}_2P + {}_1P = {}_1Q_{AB} + {}_1Q_{EF}
$$

$$
\therefore\quad {}_2P + {}_1P = -\frac{M_{AB}+M_{BA}}{{}_1h} - \frac{M_{EF}+M_{FE}}{{}_1h}
$$

$$
\therefore\quad \left(M_{BC}+M_{CB}\right)+\left(M_{DE}+M_{ED}\right) = -\left({}_2P+{}_1P\right){}_1h
$$

$$
\therefore\quad k_{AB}\left(3\phi_A+3\phi_B+2{}_1\psi\right)+k_{EF}\left(3\phi_E+3\phi_F+2{}_1\psi\right)
$$

$$
= -\left({}_2P+{}_1P\right){}_1h
$$

$$
\therefore\quad \left(3\phi_A+3\phi_B+3\phi_E+3\phi_F+4{}_1\psi\right) = -(10+10)\times5
$$
$$
= -100
$$

得られた層方程式を，${}_1\psi = \psi_1$，${}_2\psi = \psi_2$ として (b) 式の左辺のマトリックスの 7 行目と 8 行目に代入すれば，次式となる。

$$
\begin{bmatrix}
2 & 1 & 0 & 0 & 0 & 0 & 1 & 0 \\
1 & 8 & 1 & 0 & 2 & 0 & 1 & 1 \\
0 & 1 & 6 & 2 & 0 & 0 & 0 & 1 \\
0 & 0 & 2 & 6 & 1 & 0 & 0 & 1 \\
0 & 2 & 0 & 1 & 8 & 1 & 1 & 1 \\
0 & 0 & 0 & 0 & 1 & 2 & 1 & 0 \\
3 & 3 & 0 & 0 & 3 & 3 & 4 & 0 \\
0 & 3 & 3 & 3 & 3 & 0 & 0 & 4
\end{bmatrix}
\begin{Bmatrix}
0 \\ \phi_B \\ \phi_C \\ \phi_D \\ \phi_E \\ 0 \\ \psi_1 \\ \psi_2
\end{Bmatrix}
=
\begin{Bmatrix}
M_{AB} \\ 0 \\ 0 \\ 0 \\ 0 \\ M_{FE} \\ -100 \\ -50
\end{Bmatrix}
\quad\text{(c)}
$$

これが，この問題の方程式のマトリックス表現である。

手順 3)　各要素の節点の変形（回転角）の同定

得られた釣合い条件式を，マトリックス演算を利用して解き，各要素の節点の変形（たわみ角，部材角）を同定する。

式のうち，節点角が 0 である ϕ_A と ϕ_F に関わる行と列を図 (e) のように除外すれば，未知の項だけが残る。言い方を変えれば，未知の項である ϕ_B, ϕ_C, ϕ_D, ϕ_E, ψ_1, ψ_2 に関わる行と列を抜き出せば，次のようになる。

$$
\begin{bmatrix}
8 & 1 & 0 & 2 & 1 & 1 \\
1 & 6 & 2 & 0 & 0 & 1 \\
0 & 2 & 6 & 1 & 0 & 1 \\
2 & 0 & 1 & 8 & 1 & 1 \\
3 & 0 & 0 & 3 & 4 & 0 \\
3 & 3 & 3 & 3 & 0 & 4
\end{bmatrix}
\begin{Bmatrix}
\phi_B \\ \phi_C \\ \phi_D \\ \phi_E \\ \psi_1 \\ \psi_2
\end{Bmatrix}
=
\begin{Bmatrix}
0 \\ 0 \\ 0 \\ 0 \\ -100 \\ -50
\end{Bmatrix}
$$

マトリックス演算によれば，未知数は次式により求められる。

$$
\begin{Bmatrix}
\phi_B \\ \phi_C \\ \phi_D \\ \phi_E \\ \psi_1 \\ \psi_2
\end{Bmatrix}
=
\begin{bmatrix}
8 & 1 & 0 & 2 & 1 & 1 \\
1 & 6 & 2 & 0 & 0 & 1 \\
0 & 2 & 6 & 1 & 0 & 1 \\
2 & 0 & 1 & 8 & 1 & 1 \\
3 & 0 & 0 & 3 & 4 & 0 \\
3 & 3 & 3 & 3 & 0 & 4
\end{bmatrix}^{-1}
\begin{bmatrix}
0 \\ 0 \\ 0 \\ 0 \\ -100 \\ -50
\end{bmatrix}
$$

Excel を使用して逆行列を求めると，未知数は次のように同定される。

7　たわみ角法　195

$$\begin{Bmatrix} \phi_B \\ \phi_C \\ \phi_D \\ \phi_E \\ \psi_1 \\ \psi_2 \end{Bmatrix} = \begin{bmatrix} 8 & 1 & 0 & 2 & 1 & 1 \\ 1 & 6 & 2 & 0 & 0 & 1 \\ 0 & 2 & 6 & 1 & 0 & 1 \\ 2 & 0 & 1 & 8 & 1 & 1 \\ 3 & 0 & 0 & 3 & 4 & 0 \\ 3 & 3 & 3 & 3 & 0 & 4 \end{bmatrix}^{-1} \begin{Bmatrix} 0 \\ 0 \\ 0 \\ 0 \\ -100 \\ -50 \end{Bmatrix} = \begin{Bmatrix} 5.52 \\ 2.35 \\ 2.35 \\ 5.52 \\ -33.29 \\ -24.31 \end{Bmatrix}$$

手順4）　材端モーメントの同定

同定した節点の回転角と部材角により，各部材要素の材端モーメントをマトリックス演算により同定する。

本節の頭書の基本式より，各部材の材端モーメントを求める。

柱部材 AB：$\begin{Bmatrix} M_{AB} \\ M_{BA} \end{Bmatrix} = \begin{bmatrix} 2 & 1 & 1 \\ 1 & 2 & 1 \end{bmatrix} \begin{Bmatrix} 0 \\ 5.52 \\ -33.29 \end{Bmatrix} = \begin{Bmatrix} -27.76 \\ -22.24 \end{Bmatrix}$

柱部材 BC：$\begin{Bmatrix} M_{BC} \\ M_{CB} \end{Bmatrix} = \begin{bmatrix} 2 & 1 & 1 \\ 1 & 2 & 1 \end{bmatrix} \begin{Bmatrix} 5.52 \\ 2.35 \\ -24.31 \end{Bmatrix} = \begin{Bmatrix} -10.91 \\ -14.09 \end{Bmatrix}$

柱部材 DE：$\begin{Bmatrix} M_{DE} \\ M_{ED} \end{Bmatrix} = \begin{bmatrix} 2 & 1 & 1 \\ 1 & 2 & 1 \end{bmatrix} \begin{Bmatrix} 2.35 \\ 5.52 \\ -24.31 \end{Bmatrix} = \begin{Bmatrix} -14.09 \\ -10.91 \end{Bmatrix}$

柱部材 EF：$\begin{Bmatrix} M_{EF} \\ M_{FE} \end{Bmatrix} = \begin{bmatrix} 2 & 1 & 1 \\ 1 & 2 & 1 \end{bmatrix} \begin{Bmatrix} 5.52 \\ 0 \\ -33.29 \end{Bmatrix} = \begin{Bmatrix} -22.24 \\ -27.76 \end{Bmatrix}$

梁部材 CD：$\begin{Bmatrix} M_{CD} \\ M_{DC} \end{Bmatrix} = \begin{bmatrix} 4 & 2 \\ 2 & 4 \end{bmatrix} \begin{Bmatrix} 2.35 \\ 2.35 \end{Bmatrix} = \begin{Bmatrix} 14.09 \\ 14.09 \end{Bmatrix}$

梁部材 BE：$\begin{Bmatrix} M_{BE} \\ M_{EB} \end{Bmatrix} = \begin{bmatrix} 4 & 2 \\ 2 & 4 \end{bmatrix} \begin{Bmatrix} 5.52 \\ 5.52 \end{Bmatrix} = \begin{Bmatrix} 33.15 \\ 33.15 \end{Bmatrix}$

手順5）　各要素の応力を同定し，骨組としての応力図を描く。

得られた各要素の材端モーメントを考慮して，各要素の応力（曲げモーメント・せん断力・軸方向力）を求める＝応力図を描くことはすでに説明してあるので，ここでは手順の概略だけを説明する。

曲げモーメント：

図（f）のように，手順4）で得られた材端モーメントを作用させて，各部材を単純支持部材（単純梁）として，M 図を描く。この問題では中間荷重がないので，各材端モーメントの大きさをとり，直線で結べばよい。完成した M 図は図（h）のようになる。

せん断力：

材端せん断力は，単純支持部材の反力に対応させて求める。具体的には，図（f）のように材端モーメントをその向きに注意して作用させ，同図のように反力を仮定して力の釣合い式により求める。

柱部材 AB：
$$\Sigma M_A = 0 ; \ -22.24 - 27.76 - 5 \times R_{B1} = 0$$
$$\therefore \ R_{B1} = 10.0$$
$$\Sigma Y = 0 ; R_A + R_{B1} = 0$$
$$\therefore \ R_A = -R_{B1} = -10.0$$

ここでの符号は，仮定した反力方向の正負であり，R_A は仮定した方向とは逆であることを示す。

得られた反力は図（g）に示すようになり，せん断応力としての正負はこの状態を見て判断する。すなわち，部材 AB の節点 A での材端せん断力（Q_{AB}）は正（＋）10 kN，節点 B での材端せん断力（Q_{BA}）も正（＋）10 kN である。

梁部材 BE：
$$\Sigma M_B = 0 ; 33.15 + 33.15 - 6 \times R_{E3} = 0$$
$$\therefore \ R_{E3} = 11.05$$
$$\Sigma Y = 0 ; R_{B3} + R_{E3} = 0$$
$$\therefore \ R_{B3} = -R_{E3} = -11.05 \ （下向き）$$

得られた反力は図（g）に示すようになり，この状態を見て判断すれば，部材 BE の節点 B での材端せん断力（Q_{BE}）は負（－）11.05 kN，節点 E での材端せん断力（Q_{EB}）も負（－）10 kN となる。

残りの部材については計算過程を省略するが，以下同様に，図（f）のように反力を仮定して釣合い式を解き，図（g）のように得られた反力の状況をからせん断力の正負と大きさを同定して，図（h）のようにせん断力図（Q 図）を描けばよい。

軸方向力：

軸方向力は，節点部分の反力との力の釣合い条件（$\Sigma X = 0$ と $\Sigma Y = 0$）により求める。図（g）中に示すように，破線矢印で示す節点に作用する力に関し，軸方向応力 N を＋（引張）と仮定して釣合いを考えれば，軸方向力は次のように求められる。

節点 C：
$$\Sigma X_C = 0 ; P_2 = (5 - N_{CD})$$
$$\therefore \ N_{CD}［梁］= -5.0 \ （圧縮）$$
$$\Sigma Y_C = 0 ; N_{CB} - 4.70 = 0$$

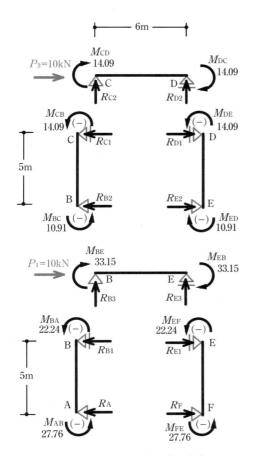

(f) 単純梁と考えた場合の力の釣合い

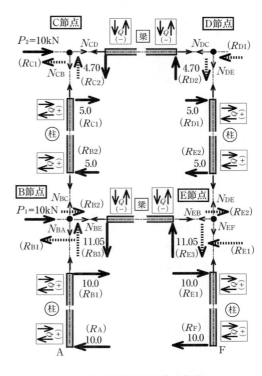

(g) 反力と節点での力の釣合い

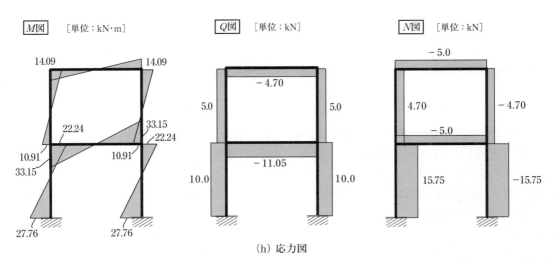

(h) 応力図

図 7-25 2層1スパン骨組の解法例（節点移動のある骨組2）（その2）

∴ N_{CB} [柱]=4.70（引張）

節点 B：

$\Sigma X_B = 0$；$P_1 = (-5.0 [R_{B2}] - N_{BE} + 10 [R_{B1}])$

∴ $N_{BE} = -5.0$（圧縮）

$\Sigma Y_B = 0$；$-N_{BC}$ [柱]$+N_{BA}$ [柱]

$-11.05 [R_{B3}] = 0$

$N_{BC} = N_{CB}$ （=4.70）なので，$N_{BC} = 4.70$

∴ N_{BA} [柱]$= 11.05 + 4.70 N_{BC} = 15.75$（引張）

同様に，節点 D と E についても求めれば次のようになる。

節点 D：

N_{DC}[梁]$= -5.0$（圧縮），

∴ N_{DE}[柱]$= -4.70$（圧縮）

節点 E：

N_{EB}[梁]$= -5.0$（圧縮），

∴ N_{EF}[柱]$= -15.75$（圧縮）

完成した応力図は，図（h）に示すとおりである。

なお，応力の描く位置については，曲げモーメントでは描く位置（断面の引張側）と大きさが重要であるが，せん断力と軸方向力では符号と大きさが重要で描く位置にはこだわらないことは，すでに説明している。

（3） 解法例３ 非対称荷重を受ける骨組

図 7-26（a）のような非対称な鉛直荷重を受ける１層１スパン骨組について解く。このような荷重状況では，骨組は図（b）にイメージとして示すような水平方向の変形が生じることが直感的に予想される。直感に頼らず，各部材に発生する部材角を調べるために＜基本側＞を利用した直角変位図を描いてみると，左右の柱には同量の部材角が発生し，梁については部材角が生じないことが明らかになる。このことを勘案しつつ，手順に従い解くこととする。

手順 1）　たわみ角法の基本式による定式化

ⅰ）　各部材要素のマトリックス表示

図（c）のように各部材ごとの条件を考慮して，次に示す（7.23）式により，基本式をマトリックス表示する。

$$
\begin{Bmatrix} M_{ij} \\ M_{ji} \end{Bmatrix} = k_i \begin{bmatrix} 2 & 1 & 1 \\ 1 & 2 & 1 \end{bmatrix} \begin{Bmatrix} \phi_i \\ \phi_j \\ \psi_i \end{Bmatrix} + \begin{Bmatrix} C_{ij} \\ C_{ji} \end{Bmatrix} \tag{7.23}
$$

上式中の k_i を k，ψ_i を ψ とおけば，各部材について

ての基本式は次のように表わせる。

柱部材 AB：部材角は ψ，中間荷重がないので固定端モーメントは 0，$k = 1$

$$
∴ \begin{Bmatrix} M_{AB} \\ M_{BA} \end{Bmatrix} = \begin{bmatrix} 2 & 1 & 1 \\ 1 & 2 & 1 \end{bmatrix} \begin{Bmatrix} \phi_A \\ \phi_B \\ \psi \end{Bmatrix} + \begin{Bmatrix} 0 \\ 0 \end{Bmatrix}
$$

梁部材 BC：部材角は 0，$k = 2$。固定端モーメントは図（d）の表 6-1 の抜粋にもとづき計算すれば，次のとおりである。

$$
C_{BC} = \frac{-Pab^2}{l^2} = \frac{-9 \times 3 \times 6^2}{9^2} = -12
$$

$$
C_{CB} = \frac{Pa^2 b}{l^2} = \frac{9 \times 3^2 \times 6}{9^2} = 6
$$

$$
∴ \begin{Bmatrix} M_{BC} \\ M_{CB} \end{Bmatrix} = 2 \begin{bmatrix} 2 & 1 \\ 1 & 2 \end{bmatrix} \begin{Bmatrix} \phi_B \\ \phi_C \end{Bmatrix} + \begin{Bmatrix} -12 \\ 6 \end{Bmatrix}
$$

柱部材 CD：部材角は ψ，中間荷重がないので固定端モーメントは 0，$k = 1$

$$
∴ \begin{Bmatrix} M_{CD} \\ M_{DC} \end{Bmatrix} = \begin{bmatrix} 2 & 1 & 1 \\ 1 & 2 & 1 \end{bmatrix} \begin{Bmatrix} \phi_C \\ \phi_D \\ \psi \end{Bmatrix} + \begin{Bmatrix} 0 \\ 0 \end{Bmatrix}
$$

回転角を含む項を左側に，それ以外を右側に移行すれば，各式は次のようになる。

$$
\begin{bmatrix} 2 & 1 & 1 \\ 1 & 2 & 1 \end{bmatrix} \begin{Bmatrix} \phi_A \\ \phi_B \\ \psi \end{Bmatrix} = \begin{Bmatrix} M_{AB} \\ M_{BA} \end{Bmatrix}
$$

$$
\begin{bmatrix} 4 & 2 \\ 2 & 4 \end{bmatrix} \begin{Bmatrix} \phi_B \\ \phi_C \end{Bmatrix} + \begin{Bmatrix} -12 \\ 6 \end{Bmatrix} = \begin{Bmatrix} M_{BC} \\ M_{CB} \end{Bmatrix}
$$

$$
\begin{bmatrix} 2 & 1 & 1 \\ 1 & 2 & 1 \end{bmatrix} \begin{Bmatrix} \phi_C \\ \phi_D \\ \psi \end{Bmatrix} = \begin{Bmatrix} M_{CD} \\ M_{DC} \end{Bmatrix}
$$

ⅱ）　全体剛性マトリックスの作成

マトリックス演算を行うために，各部材の式を合成して，一括表示した全体剛性マトリックスを作成する。

全未知数は，ϕ_A，ϕ_B，ϕ_C，ϕ_D，ψ の５つなので，マトリックスは５行×５列となる。

図（e）のように，それぞれの未知数に対応する場所に数値を足し合わせて全体剛性マトリックスを作成する。

整理すると全体マトリックス方程式は以下のようになるが，この時点では ψ の項は未定である。

198

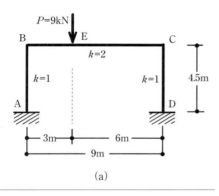

(a)

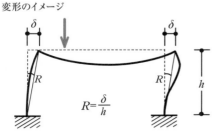

直角変位図の作図(<基本側>を利用した作図)
($\theta_{AB}=1=R$ として描いた図)

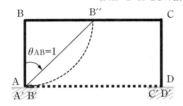

① A点を極として、$\theta=1$ だけ回転させる。
② B点の直角変位点B'はA点と同位置となる。
③ B'点をとおり、BCに平行な線(破線)を引く。
④ D点は移動できないので、C点の直角変位点はCD線上にある。
⑤ C'点は破線とCD線の交点となる。
⑥ 直角変位点間の長さを測り、各部材の部材角を計算する。

$$\theta_{AB} = 1 - \frac{A'B'}{AB} = 1 - 0 = 1 \ (=R)$$

$$\theta_{BC} = 1 - \frac{B'C'}{BC} = 1 - 1 = 0$$

$$\theta_{CD} = 1 - \frac{C'D'}{CD} = 1 - 0 = 1 \ (=R)$$

(b) 変形のイメージと部材角

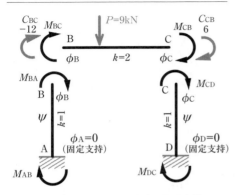

(c) 各要素についての基本式と境界条件

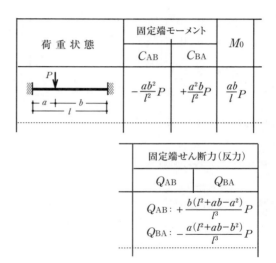

(d) 固定端モーメント等の値

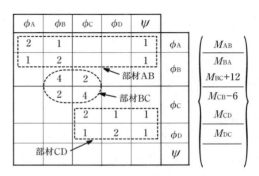

(e) 全体剛性マトリックスと釣合い式

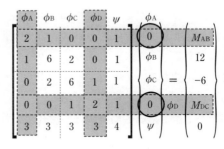

(f) 未知数項の選択

図 7-26 非対称荷重を受ける骨組の例(その1)

7 たわみ角法 199

$$\begin{bmatrix} 2 & 1 & 0 & 0 & 1 \\ 1 & 6 & 2 & 0 & 1 \\ 0 & 2 & 6 & 1 & 1 \\ 0 & 0 & 1 & 2 & 1 \end{bmatrix} \begin{Bmatrix} \phi_A \\ \phi_B \\ \phi_C \\ \phi_D \\ \psi \end{Bmatrix} = \begin{Bmatrix} M_{AB} \\ M_{BA} + M_{BC} + 12 \\ M_{CB} + M_{CD} - 6 \\ M_{DC} \end{Bmatrix}$$

手順2）　釣合い条件式の作成

ⅰ）　境界条件

固定支点である節点 A と D の回転角は 0

∴　$\phi_A = \phi_D = 0$

ⅱ）　節点方程式

節点方程式は節点 B, C, において $\Sigma M_B = 0$（$M_{BA} + M_{BC} = 0$），$\Sigma M_C = 0$（$M_{CB} + M_{CD} = 0$）である。

これらの条件を代入すると，次式となるが，この時点でも ψ の項は未定である。

$$\begin{bmatrix} 2 & 1 & 0 & 0 & 1 \\ 1 & 6 & 2 & 0 & 1 \\ 0 & 2 & 6 & 1 & 1 \\ 0 & 0 & 1 & 2 & 1 \end{bmatrix} \begin{Bmatrix} 0 \\ \phi_B \\ \phi_C \\ 0 \\ \psi \end{Bmatrix} = \begin{Bmatrix} M_{AB} \\ 12 \\ -6 \\ M_{DC} \end{Bmatrix} \qquad \text{(a)}$$

ⅲ）　層方程式

層方程式は，水平力を受ける骨組の柱に注目し，柱の曲げモーメントとせん断力との関係を利用して，各層の層せん断力の釣合いを考える方程式であることは，すでに説明してある。

この問題の場合，層数は 1 で柱は 2 本であり，層せん断力（層としてのせん断力）は柱 2 本のせん断力の合計である。

骨組が安定であるためには，層に作用するせん断力が釣り合っていることが必要である。

水平力が作用している場合には，次式が成り立つ必要があることはすでに説明してある。

$$_1P = \sum_{i=1}^{2} {_1Q_i} = Q_{BA} + Q_{CD}$$

上の関係は，水平力が作用しない（$_1P = 0$）場合にも成立しなければならない。すなわち，

$$_1P = 0 = \sum_{i=1}^{2} {_1Q_i} = Q_{BA} + Q_{CD}$$

また，n 層における材端モーメントだけを受ける（中間荷重を受けない）柱 1 本当たりのせん断力 $_nQ_i$ は，回転角と部材角の関数として次のような一般式として表現できることも，すでに説明してある。

$$\boxed{_nQ_i = -\frac{M_{ij} + M_{ji}}{_nh} = -\frac{k_i\left(3\phi_i + 3\phi_j + 2\,_n\psi_i\right)}{_nh}}$$

層せん断力の釣合い条件式に上式を適用して，$n = 1$，$_nh = h$，$_n\psi_i = \psi$ として展開すれば，次のようになる。

$$Q_{BA} + Q_{CD} = 0$$

$$-\frac{k_{BA}\left(3\phi_A + 3\phi_B + 2\psi\right)}{h} - \frac{k_{CD}\left(3\phi_C + 3\phi_D + 2\psi\right)}{h} = 0$$

$k_{AB} = k_{CD} = 1$ であるので，

$$3\phi_A + 3\phi_B + 3\phi_C + 3\phi_D + 4\psi = 0$$

これがこの骨組の層方程式である。

これを（a）式の左マトリックスの第 5 行に代入すれば次式となり，これがこの問題の方程式のマトリックス表現である。

$$\begin{bmatrix} 2 & 1 & 0 & 0 & 1 \\ 1 & 6 & 2 & 0 & 1 \\ 0 & 2 & 6 & 1 & 1 \\ 0 & 0 & 1 & 2 & 1 \\ 3 & 3 & 3 & 3 & 4 \end{bmatrix} \begin{Bmatrix} 0 \\ \phi_B \\ \phi_C \\ 0 \\ \psi \end{Bmatrix} = \begin{Bmatrix} M_{AB} \\ 12 \\ -6 \\ M_{DC} \\ 0 \end{Bmatrix} \qquad \text{(b)}$$

手順3）　各要素の節点の変形（回転角）の同定

得られた釣合い条件式を，マトリックス演算を利用して解き，各要素の節点の変形（たわみ角，部材角）を同定する。

式のうち，演算すると 0 になる項（ϕ_A と ϕ_D）について図（f）のように除外すれば，未知の項を集約できる。言い方を変えれば，未知の項である ϕ_B, ϕ_C, ψ に関わる行と列を抜き出せば，次のようになる。

$$\begin{bmatrix} 6 & 2 & 1 \\ 2 & 6 & 1 \\ 3 & 3 & 4 \end{bmatrix} \begin{Bmatrix} \phi_B \\ \phi_C \\ \psi \end{Bmatrix} = \begin{Bmatrix} 12 \\ -6 \\ 0 \end{Bmatrix}$$

マトリックス演算によれば，未知数は次のように求められる（逆行列は Excel を利用して求める）。

$$\begin{Bmatrix} \phi_B \\ \phi_C \\ \psi \end{Bmatrix} = k \begin{bmatrix} 6 & 2 & 1 \\ 2 & 6 & 1 \\ 3 & 3 & 4 \end{bmatrix}^{-1} \begin{Bmatrix} 12 \\ -6 \\ 0 \end{Bmatrix}$$

$$= \begin{bmatrix} 0.202 & -0.048 & -0.038 \\ -0.048 & 0.202 & -0.038 \\ -0.115 & -0.115 & 0.308 \end{bmatrix} \begin{Bmatrix} 12 \\ -6 \\ 0 \end{Bmatrix} = \begin{Bmatrix} 2.71 \\ -1.79 \\ -0.69 \end{Bmatrix}$$

手順4）　材端モーメントの同定

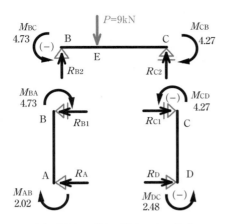

(g) 単純梁と考えた場合の力の釣合い

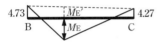

$M_0 = \dfrac{ab}{l}P = \dfrac{3 \times 6}{9} \times 9 = 18.0$　　$M_E' = 4.73 - \dfrac{4.73 - 4.27}{9} \times 3 = 4.58$

∴ $M_E = M_0 - M_E' = 13.42$

(h) 中間荷重のある部材BCのM図

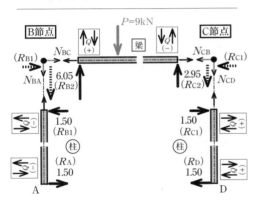

(i) 反力と節点での力の釣合い

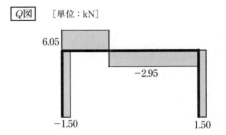

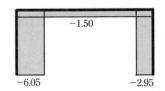

(j) 応力図

図 7-26　非対称荷重を受ける骨組の例 (その2)

　未知の回転角と部材角が求められたので，この結果を各部材ごとの基本式に代入すれば，各節点のモーメントは次のように得られる。

柱部材 AB：$\begin{Bmatrix} M_{AB} \\ M_{BA} \end{Bmatrix} = \begin{bmatrix} 2 & 1 & 1 \\ 1 & 2 & 1 \end{bmatrix} \begin{Bmatrix} 0 \\ 2.71 \\ -0.69 \end{Bmatrix} = \begin{Bmatrix} 2.02 \\ 4.73 \end{Bmatrix}$

梁部材 BC：
$\begin{Bmatrix} M_{BC} \\ M_{CB} \end{Bmatrix} = 2\begin{bmatrix} 2 & 1 \\ 1 & 2 \end{bmatrix} \begin{Bmatrix} 2.71 \\ -1.79 \end{Bmatrix} + \begin{Bmatrix} -12 \\ 6 \end{Bmatrix} = \begin{Bmatrix} -4.73 \\ 4.27 \end{Bmatrix}$

柱部材 CD：$\begin{Bmatrix} M_{CD} \\ M_{DC} \end{Bmatrix} = \begin{bmatrix} 2 & 1 & 1 \\ 1 & 2 & 1 \end{bmatrix} \begin{Bmatrix} -1.79 \\ 0 \\ -0.69 \end{Bmatrix} = \begin{Bmatrix} -4.27 \\ -2.48 \end{Bmatrix}$

手順5)　各要素の応力を同定し，骨組としての応力図を描く。

　得られた各要素の材端モーメントを考慮して，各要素の応力（曲げモーメント・せん断力・軸方向力）を求める＝応力図を描くことはすでに説明してあるので，ここでは手順の概略だけを説明する。

曲げモーメント：

　図 (g) のように，各部材を単純支持部材（単純梁）として，手順4) で得られた材端モーメントを作用させ，中間荷重がある部材についてはそのモーメントと合成して，M 図を描く。

2本の柱には中間荷重がないので，各材端モーメントの大きさをとり，直線で結べばよい。

梁 BC の荷重点 E のモーメント M_E は，単純梁としたときの荷重点の曲げモーメント M_0（表6-1参照）と両端部材モーメントによるものを合成すれば求められる。すなわち，図 (h) のようになる。

完成した M 図は図 (j) のようになる。

せん断力：

材端せん断力は，単純支持部材の反力に対応させて求める。具体的には，図 (g) のように材端モーメントをその向きに注意して作用させ，同図のように反力を仮定して力の釣合い式により求める。

せん断力を求めるためには右図に示すように部材を単純梁とし，両端部に求められた端部モーメントをその向きに注意して作用させ，釣合い式から求める。

柱部材 AB：

$$\Sigma M_A = 0 ; 2.02 + 4.73 - 4.5 \times R_{B1} = 0$$

$$\therefore \quad R_{B1} = 1.50$$

$$\Sigma Y = 0 ; R_A + R_{B1} = 0$$

$$\therefore \quad R_A = -R_{B1} = -1.50$$

梁部材 BC：

$$\Sigma M_B = 0 ; -4.73 + 4.27 + 9 \times 3 - 9$$
$$\times R_{C2} = 0$$

$$\therefore \quad R_{C2} = 2.95$$

$$\Sigma Y = 0 ; R_{B2} - 9 + R_{C2} = 0$$

$$\therefore \quad R_{B2} = 9 - R_{C2} = 9 - 2.95 = 6.05$$

柱部材 CD：

$$\Sigma M_C = 0 ; -4.27 - 2.48 - 4.5 \times R_D = 0$$

$$\therefore \quad R_D = -1.5$$

$$\Sigma Y = 0 ; R_{C1} + R_D = 0$$

$$\therefore \quad R_{C1} = -R_D = 1.5$$

ここでの符号は，仮定した反力方向の正負であり，負（−）は仮定した方向とは逆であることを意味する。

得られた反力は図 (i) に示すようになり，せん断応力の大きさと正負はこの状態を見て同定する。

完成した Q 図は図 (j) のようになる。

軸方向力：

軸方向力は，節点部分の反力との力の釣合い条件（$\Sigma X = 0$ と $\Sigma Y = 0$）により求める。図 (i) 中に示す

ように，軸方向応力 N を ＋（引張）と仮定して釣合いを考えれば，軸方向力は次のように求められる。

節点 B：

$$\Sigma X_B = 0 ; -1.5 [R_{B1}] - N_{BC} [梁] = 0$$

$$\therefore \quad N_{BC} [梁] = -1.5 （圧縮）$$

$$\Sigma Y_B = 0 ; 6.05 + N_{BA} [柱] = 0$$

$$\therefore \quad N_{BA} [柱] = -6.05 （圧縮）$$

節点 C：

$$\Sigma X_C = 0 ; 1.5 [R_{C1}] + N_{CB} [梁] = 0$$

$$\therefore \quad N_{CB} [梁] = -1.50 （圧縮）$$

$$\Sigma Y_C = 0 ; 2.95 [R_{C2}] + N_{CD} = 0$$

$$\therefore \quad N_{CD} [柱] = -2.95 （圧縮）$$

完成した応力図は，図 (j) に示すとおりである。

なお，応力の描く位置については，曲げモーメントでは描く位置（断面の引張側）と大きさが重要であるが，せん断力と軸方向力では符号と大きさが重要で描く位置にはこだわらないことは，すでに説明している。

7-9-5　異形ラーメンの解法

同じ一層内の柱の高さが等しく梁が直交する形に配置される均等ラーメン骨組では，同一層内の柱の部材角は等しく，梁には部材角が生じないことを，前節までの例題を通してすでに説明している。一方，同一層内で柱の高さが異なる場合や部材が斜交して配置されるラーメンは，柱・梁などの構成部材に生じる部材角が同一ではないことから，均等ラーメンに対して異形ラーメンとよんで区別している。

異形ラーメンの解法においては，個々の柱・梁の部材角を特定することが必要であるが，それらを特定できれば後の取扱いは均等ラーメンの場合と同じである。すなわち，均等ラーメンの場合であっても適用する基本式中には部材角の項が入っており，均等ラーメンの場合には，判明している①梁には部材角がない，②同一層内の柱の部材角は同一という既知の条件を利用しているだけのことである。

安定な骨組においては骨組の変形は無原則とはなりえず，幾何学的な条件の下，その変形が確定する。均等ラーメンにおける①と②の条件は，幾何学的条件から導かれるが，直感的にわかることが多い。しかし，異形ラーメンの場合には，直感でわかる場合

もあるが，原則として直角変位図を描いて幾何学的な変形条件を調べることになる。直角変位図については，本書「3 骨組の変形（直角変位図）」で詳しく説明しているが，たわみ角法における適用例は，以下の具体的な問題をとおして説明する。

（1） 解法例1 鉛直荷重を受ける場合

図7-27（a）のような柱の高さが異なる1層1スパン骨組が梁の中央部に鉛直集中荷重を受ける場合について解く。

このような荷重状況では，骨組は図（b）にイメージとして示すような水平方向の変形が生じるが，梁材の伸縮がないとすれば，左右の柱には同量の変位 δ が生じることを直感的に予想できれば，両柱の部材角には次の関係があることを予想できる。

$$\delta = R_1 h_1 = R_2 h_2$$

$$\therefore \quad R_2 = \frac{h_1}{h_2} R_1 = \frac{4}{8} R_1 = 0.5 R_1$$

$$\therefore \quad \psi_2 = 0.5 \psi_1$$

直感に頼らない場合には，直角変位図を描いて両柱の部材角の関係を調べればよい。図（b）には，＜基本側＞を利用した直角変位図＝柱材 AB の部材角 θ を $\theta = 1$ とした場合の直角変位図が示してあるが，上記の関係のほか，梁には部材角が生じないことも確認できる。この関係を勘案して，手順に従い問題を解くことにする。

手順1）　たわみ角法の基本式による定式化

ⅰ）　各部材要素のマトリックス表示

図（c）のように各部材ごとの条件を考慮して，次に示す（7.23）式により，基本式をマトリックス表示する。

$$\begin{Bmatrix} M_{ij} \\ M_{ji} \end{Bmatrix} = k_i \begin{bmatrix} 2 & 1 & 1 \\ 1 & 2 & 1 \end{bmatrix} \begin{Bmatrix} \phi_i \\ \phi_i \\ \psi_i \end{Bmatrix} + \begin{Bmatrix} C_{ij} \\ C_{ji} \end{Bmatrix} \qquad (7.23)$$

柱部材 AB：部材角は ψ_1，中間荷重がないので固定端モーメントは0，$k = 2$

$$\begin{Bmatrix} M_{AB} \\ M_{BA} \end{Bmatrix} = 2 \begin{bmatrix} 2 & 1 & 1 \\ 1 & 2 & 1 \end{bmatrix} \begin{Bmatrix} \phi_A \\ \phi_B \\ \psi_1 \end{Bmatrix} + \begin{Bmatrix} 0 \\ 0 \end{Bmatrix}$$

梁部材 BC：部材角は0，$k = 1$。固定端モーメントは表6-1にもとづき計算すれば，次のとおりである。

$$C_{BC} = \frac{-Pl}{8} = \frac{-8 \times 6}{8} = -6$$

$$C_{CB} = \frac{Pl}{8} = \frac{8 \times 6}{8} = 6$$

したがって，

$$\begin{Bmatrix} M_{BC} \\ M_{CB} \end{Bmatrix} = \begin{bmatrix} 2 & 1 \\ 1 & 2 \end{bmatrix} \begin{Bmatrix} \phi_B \\ \phi_C \end{Bmatrix} + \begin{Bmatrix} -6 \\ 6 \end{Bmatrix}$$

柱部材 CD：部材角は ψ_2，中間荷重がないので固定端モーメントは0，$k = 1$

$$\begin{Bmatrix} M_{CD} \\ M_{DC} \end{Bmatrix} = \begin{bmatrix} 2 & 1 & 1 \\ 1 & 2 & 1 \end{bmatrix} \begin{Bmatrix} \phi_C \\ \phi_D \\ \psi_2 \end{Bmatrix} + \begin{Bmatrix} 0 \\ 0 \end{Bmatrix}$$

回転角を含む項を左側に，それ以外を右側に移行すれば，各式は次のようになる。

$$\begin{bmatrix} 4 & 2 & 2 \\ 2 & 4 & 2 \end{bmatrix} \begin{Bmatrix} \phi_A \\ \phi_B \\ \psi_1 \end{Bmatrix} = \begin{Bmatrix} M_{AB} \\ M_{BA} \end{Bmatrix}$$

$$\begin{bmatrix} 2 & 1 \\ 1 & 2 \end{bmatrix} \begin{Bmatrix} \phi_B \\ \phi_C \end{Bmatrix} + \begin{Bmatrix} -6 \\ 6 \end{Bmatrix} = \begin{Bmatrix} M_{BC} \\ M_{CB} \end{Bmatrix} - \begin{Bmatrix} -6 \\ 6 \end{Bmatrix} = \begin{Bmatrix} M_{BC} + 6 \\ M_{CB} - 6 \end{Bmatrix}$$

$$\begin{bmatrix} 2 & 1 & 1 \\ 1 & 2 & 1 \end{bmatrix} \begin{Bmatrix} \phi_C \\ \phi_D \\ \psi_2 \end{Bmatrix} = \begin{Bmatrix} M_{CD} \\ M_{DC} \end{Bmatrix}$$

ここで，$\psi_2 = 0.5 \psi_1$ であることから，上式は次のように表わせる。

$$\begin{bmatrix} 2 & 1 & 1 \\ 1 & 2 & 1 \end{bmatrix} \begin{Bmatrix} \phi_C \\ \phi_D \\ \psi_2 \end{Bmatrix} = \begin{bmatrix} 2 & 1 & 0.5 \\ 1 & 2 & 0.5 \end{bmatrix} \begin{Bmatrix} \phi_C \\ \phi_D \\ \psi_1 \end{Bmatrix} \begin{Bmatrix} M_{CD} \\ M_{DC} \end{Bmatrix}$$

ⅱ）　全体剛性マトリックスの作成

マトリックス演算を行うために，各部材の式を合成して，一括表示した全体剛性マトリックスを作成する。全未知数は，ϕ_A, ϕ_B, ϕ_C, ϕ_D, ψ_1 の5つなので，マトリックスは5行×5列となる。

図（d）のように，それぞれの未知数に対応する場所に数値を足し合わせて全体剛性マトリックスを作成する。

整理すると全体マトリックス方程式は以下のようになるが，この時点では ψ の項は未定である。

$$\begin{bmatrix} 4 & 2 & 0 & 0 & 2 \\ 2 & 6 & 1 & 0 & 2 \\ 0 & 1 & 4 & 1 & 0.5 \\ 0 & 0 & 1 & 2 & 0.5 \end{bmatrix} \begin{Bmatrix} \phi_A \\ \phi_B \\ \phi_C \\ \phi_D \\ \psi \end{Bmatrix} = \begin{Bmatrix} M_{AB} \\ M_{BA} + M_{BC} + 6 \\ M_{CB} + M_{CD} - 6 \\ M_{DC} \end{Bmatrix}$$

7　たわみ角法　203

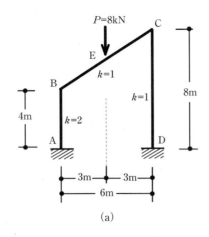

(a)

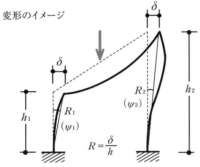

(b) 変形のイメージと部材角

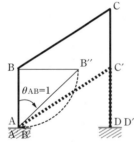

$\theta_{AB} = 1 - \dfrac{A'B'}{AB} = 1 - \dfrac{0}{AB} = 1 \quad (\psi)$

$\theta_{BC} = 1 - \dfrac{B'C'}{BC} = 1 - 1 = 0 \quad (\psi_{BC}=0)$

$\theta_{CD} = 1 - \dfrac{C'D'}{CD} = 1 - \dfrac{4}{8} = 0.5 \quad (\psi_{CD}=0.5\psi)$

◎作図手順
① A点を極として, $\theta=1$ だけ回転させる。
② B点の直角変位点B'はA点と同位置となる。
③ B'点をとおり, BCに平行な線(破線)を引く。
④ D点は移動しないので, C点の直角変位点はCD線上にある。
⑤ C'点は破線とCD線の交点となる。
⑥ 直角変位点間の長さを測り, 各部材の部材角を計算する。

直角変位図の作図(＜基本側＞を利用した作図)
($\theta_{AB}=1=R$ として描いた図)

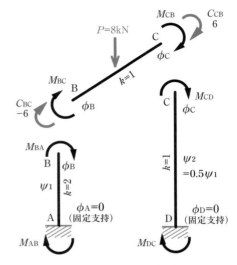

(c) 各要素についての基本式と境界条件

	ϕ_A	ϕ_B	ϕ_C	ϕ_D	ψ_1		
	4	2			2	ϕ_A	M_{AB}
	2	4			2	ϕ_B	M_{BA}
		2	1				$M_{BC}+6$
		1	2				$M_{CB}-6$
			2	1	0.5		M_{CD}
			1	2	0.5	ϕ_D	M_{DC}
						ψ_1	

(d) 全体剛性マトリックスと釣合い式

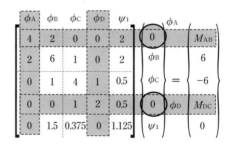

(e) 未知数項の選択

図 7-27 鉛直荷重を受ける異形ラーメンの例 (その1)

手順2）　釣合い条件式の作成

ⅰ）　境界条件

　　固定支点である節点 A と D の回転角は 0

　　∴　$\phi_A = \phi_D = 0$

ⅱ）　節点方程式

　　節点方程式は節点 B, C, において

　　$\Sigma M_B = 0 : M_{BA} + M_{BC} = 0,$

　　$\Sigma M_C = 0 : M_{CB} + M_{CD} = 0$

である。

　　これらの条件を代入すると，次式となるが，この時点でも ψ の項は未定である。

$$\begin{bmatrix} 4 & 2 & 0 & 0 & 2 \\ 2 & 6 & 1 & 0 & 2 \\ 0 & 1 & 4 & 1 & 0.5 \\ 0 & 0 & 1 & 2 & 0.5 \end{bmatrix} \begin{Bmatrix} 0 \\ \phi_B \\ \phi_C \\ 0 \\ \psi_1 \end{Bmatrix} = \begin{Bmatrix} M_{AB} \\ 6 \\ -6 \\ M_{DC} \end{Bmatrix} \quad (a)$$

ⅲ）　層方程式

　　層方程式は，水平力を受ける骨組の柱に注目し，柱の曲げモーメントとせん断力との関係を利用して，各層の層せん断力の釣合いを考える方程式であることは，すでに説明してある。

　　この問題の場合，水平力は作用していないので，次式が成立することが必要である。

$$_1P = 0 = \sum_{i=1}^{2} {}_1Q_i = Q_{BA} + Q_{CD}$$

　　また，n 層における材端モーメントだけを受ける（中間荷重を受けない）柱1本当たりのせん断力 $_nQ_i$ は，回転角と部材角の関数として次のような一般式として表現できることも，すでに説明してある。

$$_nQ_i = -\frac{M_{ij} + M_{ji}}{_nh} = -\frac{k_i\left(3\phi_i + 3\phi_j + 2{_n\psi_i}\right)}{_nh}$$

　　上式を用い，$\phi_A = \phi_B = 0$，$\psi_2 = 0.5\psi_1$ であることなどを代入すれば，

$$\frac{(M_{AB} + M_{BA})}{h_1} + \frac{(M_{CD} + M_{DC})}{h_2} = 0$$

$$\frac{(6\phi_B + 4\psi_1)}{4} + \frac{(3\phi_C + \psi_1)}{8} = 0$$

$$1.5\phi_B + 0.375\phi_C + 1.125\psi_1 = 0$$

これがこの骨組の層方程式である。

　　この式を（a）式の左辺のマトリックスの第5行

に挿入した次式が，この問題の方程式のマトリックス表現である。

$$\begin{bmatrix} 4 & 2 & 0 & 0 & 2 \\ 2 & 6 & 1 & 0 & 2 \\ 0 & 1 & 4 & 1 & 0.5 \\ 0 & 0 & 1 & 2 & 0.5 \\ 0 & 1.5 & 0.375 & 0 & 1.125 \end{bmatrix} \begin{Bmatrix} 0 \\ \phi_B \\ \phi_C \\ 0 \\ \psi_1 \end{Bmatrix} = \begin{Bmatrix} M_{AB} \\ 6 \\ -6 \\ M_{DC} \\ 0 \end{Bmatrix}$$

$$(b)$$

　　なお，この問題では2本の柱材が鉛直（斜めでない）で，柱材のせん断応力は水平方向の力となるので，異形ラーメンでありながら均等ラーメンの場合と同様，単純に層せん断力との釣合い条件式を適用できる。部材のせん断応力は材軸に対し直角に作用するので，部材が斜めの異形ラーメンの場合には，層せん断力に対して部材のせん断応力の水平分力を考えることが必要となる。一般的に，角度をもつ部材のせん断応力の水平分力を求めることは繁雑なので，層方程式に代えて，「直角変位図を利用した仮想仕事式」を用いる。この方法については，後の（3）項において説明する。

手順3）　各要素の節点の変形（回転角）の同定

　　得られた釣合い条件式を，マトリックス演算を利用して解き，各要素の節点の変形（たわみ角，部材角）を同定する。

　　（b）式のうち，演算すると0になる項（ϕ_A と ϕ_D）について図（e）のように除外すれば，未知の項を集約できる。言い方を変えれば，未知の項である ϕ_B, ϕ_C, ψ に関わる行と列を抜き出せば，次のようになる。

$$\begin{bmatrix} 6 & 1 & 2 \\ 1 & 4 & 0.5 \\ 1.5 & 0.375 & 1.125 \end{bmatrix} \begin{Bmatrix} \phi_B \\ \phi_C \\ \psi_1 \end{Bmatrix} = \begin{Bmatrix} 6 \\ -6 \\ 0 \end{Bmatrix}$$

　　マトリックス演算によれば，未知数は次のように求められる（逆行列は Excel を利用して求める）。

$$\begin{Bmatrix} \phi_B \\ \phi_C \\ \psi_1 \end{Bmatrix} = \begin{bmatrix} 6 & 1 & 2 \\ 1 & 4 & 0.5 \\ 1.5 & 0.375 & 1.125 \end{bmatrix}^{-1} \begin{Bmatrix} 6 \\ -6 \\ 0 \end{Bmatrix}$$

$$= \begin{bmatrix} 0.303 & -0.026 & -0.526 \\ -0.026 & 0.263 & -0.070 \\ -0.395 & -0.053 & 1.614 \end{bmatrix} \begin{Bmatrix} 6 \\ -6 \\ 0 \end{Bmatrix} = \begin{Bmatrix} 1.974 \\ -1.737 \\ -2.053 \end{Bmatrix}$$

$$(c)$$

7　たわみ角法　205

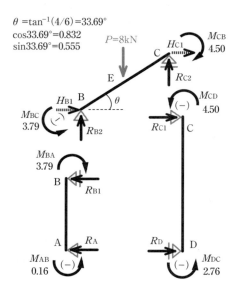

(f) 単純梁と考えた場合の力の釣合い

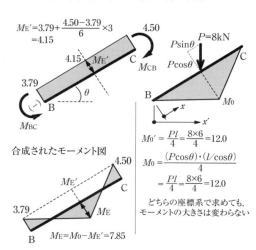

(g) 中間荷重のある部材BCのM図

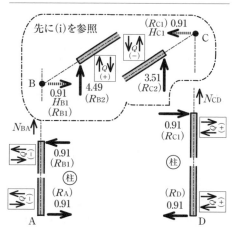

(h) 反力と節点での力の釣合い

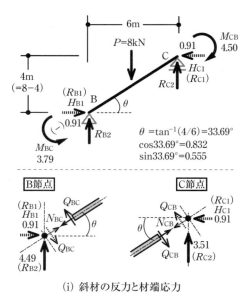

(i) 斜材の反力と材端応力

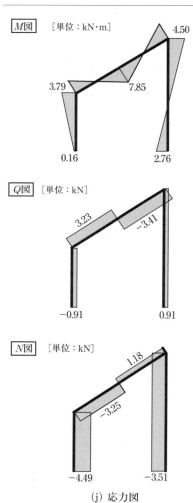

(j) 応力図

図 7-27　鉛直荷重を受ける異形ラーメンの例（その2）

手順4)　材端モーメントの同定

　未知の回転角と部材角が求められたので，この結果を各部材ごとの基本式に代入すれば，各節点のモーメントは次のように得られる。

柱部材AB：

$$\begin{Bmatrix} M_{AB} \\ M_{BA} \end{Bmatrix} = 2 \begin{bmatrix} 2 & 1 & 1 \\ 1 & 2 & 1 \end{bmatrix} \begin{Bmatrix} 0 \\ 1.974 \\ -2.053 \end{Bmatrix} = \begin{Bmatrix} -0.16 \\ 3.79 \end{Bmatrix}$$

梁部材BC：

$$\begin{Bmatrix} M_{BC} \\ M_{CB} \end{Bmatrix} = \begin{bmatrix} 2 & 1 \\ 1 & 2 \end{bmatrix} \begin{Bmatrix} 1.974 \\ -1.737 \end{Bmatrix} + \begin{Bmatrix} -6 \\ 6 \end{Bmatrix} = \begin{Bmatrix} -3.79 \\ 4.50 \end{Bmatrix}$$

柱部材CD：

$$\begin{Bmatrix} M_{CD} \\ M_{DC} \end{Bmatrix} = \begin{bmatrix} 2 & 1 & 1 \\ 1 & 2 & 1 \end{bmatrix} \begin{Bmatrix} -1.737 \\ 0 \\ -1.025 \end{Bmatrix} = \begin{Bmatrix} -4.50 \\ -2.76 \end{Bmatrix}$$

手順5)　各要素の応力を同定し，骨組としての応力図を描く。

　得られた各要素の材端モーメントを考慮して，各要素の応力（曲げモーメント・せん断力・軸方向力）を求める＝応力図を描くことはすでに説明してあるので，ここでは手順の概略と斜材の取扱いについて説明する。

曲げモーメント：

　基本的に，図（f）のように，各部材を単純支持部材（単純梁）として，手順4）で得られた材端モーメントを作用させ，中間荷重がある部材についてはそのモーメントと合成して，M図を描く。

　2本の柱には中間荷重がないので，各材端モーメントの大きさをとり，直線で結べばよい。

　梁BCの荷重点EのモーメントM_Eは，単純梁としたときの荷重点の曲げモーメントM_0（表6-1参照）と両端部材モーメントによるものを合成すれば，図（g）のようになる。モーメントの場合には，材軸（x：局所座標）方向と座標軸（x'）方向のいずれの軸を考えて算定しても，同値となる（せん断力・軸方向力では同値とはならない）。

　完成したM図は図（j）のようになる。

せん断力：

　材端せん断力は，基本的に，単純支持部材の反力に対応させて求める。ただし，斜材の場合には別の取扱いが必要となる。

　柱の場合には，図（h）のように反力を仮定し，均等ラーメンと同様に，材端モーメントをその向きに注意して作用させて，力の釣合い式により求める。すなわち，

柱部材AB：

$$\Sigma M_A = 0 ; \ -0.16 + 3.79 - 4 \times R_{B1} = 0$$

$$\therefore \ R_{B1} = 0.91$$

$$\Sigma Y = 0 ; \ R_A + R_{B1} = 0$$

$$\therefore \ R_A = -R_{B1} = -0.91$$

柱部材CD：

$$\Sigma M_C = 0 ; \ -4.50 - 2.76 - 8 \times R_D = 0$$

$$\therefore \ R_D = -0.91$$

$$\Sigma Y = 0 ; \ R_{C1} + R_D = 0$$

$$\therefore \ R_{C1} = -R_D = 0.91$$

　柱材の反力は図（h）に示すようになり，せん断応力の大きさと正負はこの状態を見て同定する。

梁部材BC：

　斜材である梁部材BCの材端（節点）には，鉛直反力（R_{B2}, R_{C2}）と水平反力（H_{B2}, H_{C2}）が生じる（ピン支持状態）ので，まず，これらの力を確定する必要がある。柱部材の材端せん断力（R_{B1}, R_{C1}）は確定しているので，斜め梁の水平反力（H_{B1}, H_{C1}）はおのずと確定する。これらの結果を踏まえて，斜め梁に作用する力を整理して表わせば図（i）上の図のようになる。この状態において不明な斜め梁の端部の鉛直反力（R_{B2}, R_{C2}）を，力の釣合い式により求める。

$$\Sigma M_B = 0 ; \ -3.79 + 4.50 + 8 \times 3 - 0.91 \times 4 - 6 \times R_{C2} = 0$$

$$\therefore \ R_{C2} = 3.51$$

$$\Sigma Y = 0 ; \ R_{B2} - 8 + R_{C2} = 0$$

$$\therefore \ R_{B2} = 8 - R_{C2} = 4.49$$

　部材のせん断応力は部材軸に対し直交する断面に発生するので，節点に作用する鉛直・水平方向反力の部材の軸方向分力に変換して，それらの力の釣合いを考えなければならない。

　節点B端（梁の左端）のせん断応力は，同図の下左のような部材応力仮定（正＋）を設け，座標上方向を正（＋）として材軸についての釣合いを考えれば，次のようになる。

$$-Q_{BC} + R_{B2}\cos\theta - H_{B1}\sin\theta = 0$$

$$\therefore \quad Q_{BC} = R_{B2}\cos\theta - R_{B1}\sin\theta$$
$$= 4.49\cos33.7° - 0.91\times\sin33.7°$$
$$= 3.74 - 0.51 = 3.23$$

節点 C 端（梁の右端）のせん断応力は，同図下右のような応力仮定を設ければ，次のようになる。

$$Q_{CB} + R_{C2}\cos\theta + H_{C1}\sin\theta = 0$$
$$\therefore \quad Q_{CB} = -R_{C2}\cos\theta - H_{C1}\sin\theta$$
$$= -3.51\cos33.7° - 0.91\sin33.7°$$
$$= -2.92 - 0.51 = -3.41$$

完成した Q 図は図 (j) のようになる。

軸方向力：

節点に作用する軸方向力は，節点部分の材端せん断力（反力）との力の釣合い条件（$\Sigma X = 0$ と $\Sigma Y = 0$）により求める。

斜材については，節点に作用する鉛直・水平方向反力の部材の軸方向分力に変換して，釣合いを考える必要がある。

まず，前項に引き続き，斜め梁 BC の軸方向力を求めることから始める。

梁部材 BC：

図 (i) 下の状態について，釣合い式を立てて求める。

節点 B 端（梁の左端）の軸方向力 N_{BC} は，次のようになる。

$$N_{BC} + H_{B1}\cos\theta + R_{B2}\sin\theta = 0$$
$$\therefore \quad N_{BC} = -H_{B1}\cos\theta - R_{B2}\sin\theta$$
$$= -0.91\cos33.7° - 4.49\sin33.7°$$
$$= -0.76 - 2.49 = -3.25 \quad （圧縮）$$

節点 C 端（梁の右端）の軸方向力 N_{CB} は，次のようになる。

$$-N_{CB} + R_{C2}\sin\theta - H_{C1}\cos\theta = 0$$
$$\therefore \quad N_{CB} = R_{C2}\sin\theta - H_{C1}\cos\theta$$
$$= 3.51\sin33.7° - 0.91\cos33.7°$$
$$= 1.94 - 0.76 = 1.18 \quad （引張）$$

柱部材 AB：

軸方向力は，図 (h) に示すように，節点 B における鉛直方向の力の釣合いを考えれば，次のように求められる。

$$\Sigma Y_B = 0 : 4.49 \ [R_{B2}] + N_{BA} \ [柱] = 0$$
$$\therefore \quad N_{BA} = -4.49 \quad （圧縮）$$

柱部材 CD：

同様に，節点 C における鉛直方向の力の釣合いを考えれば，次のように求められる。

$$\Sigma Y_C = 0 : 3.51 \ [R_{C2}] + N_{CD} \ [柱] = 0$$
$$\therefore \quad N_{CD} = -3.51 \quad （圧縮）$$

完成した応力図は，図 (j) に示すとおりである。なお，応力の描く位置については，曲げモーメントでは描く位置（断面の引張側）と大きさが重要であるが，せん断力と軸方向力では符号と大きさが重要で描く位置はどちらでもよいことは，すでに説明している。

(2) 解法例 2 水平荷重を受ける場合

図 7-28 (a) に示すように，前項と同じ骨組（柱の高さが異なる 1 層 1 スパン骨組）に水平荷重 10 kN が作用する場合について解く。

この骨組については，2 本の柱には部材角が生じて，左右の柱の部材角（R_1 と R_2）の間には $R_2 = 0.5R_1$ の関係があること，屋根梁（斜め梁）には部材角が生じないことが，前項の直角変位図により明らかになっている。このことを勘案しつつ，手順に従い問題を解くことにする。

手順 1) たわみ角法の基本式による定式化

ⅰ） 各部材要素のマトリックス表示

図 (b) のように各部材ごとの条件を考慮して，次に示す (7.23) 式により，基本式をマトリックス表示する。

$$\begin{Bmatrix} M_{ij} \\ M_{ji} \end{Bmatrix} = k_i \begin{bmatrix} 2 & 1 & 1 \\ 1 & 2 & 1 \end{bmatrix} \begin{Bmatrix} \phi_i \\ \phi_i \\ \psi_i \end{Bmatrix} + \begin{Bmatrix} C_{ij} \\ C_{ji} \end{Bmatrix} \qquad (7.23)$$

柱部材 AB：部材角は ψ_1，中間荷重がないので固定端モーメントは 0，$k = 2$

$$\begin{Bmatrix} M_{AB} \\ M_{BA} \end{Bmatrix} = 2 \begin{bmatrix} 2 & 1 & 1 \\ 1 & 2 & 1 \end{bmatrix} \begin{Bmatrix} \phi_A \\ \phi_B \\ \psi_1 \end{Bmatrix} + \begin{Bmatrix} 0 \\ 0 \end{Bmatrix}$$

梁部材 BC：部材角は 0，$k = 1$。固定端モーメントも 0

（B–C 材）；

$$\begin{Bmatrix} M_{BC} \\ M_{CB} \end{Bmatrix} = \begin{bmatrix} 2 & 1 \\ 1 & 2 \end{bmatrix} \begin{Bmatrix} \phi_B \\ \phi_C \end{Bmatrix}$$

柱部材 CD：部材角は $\psi_2 = 0.5\psi_1$，中間荷重がないので固定端モーメントは 0，$k = 1$

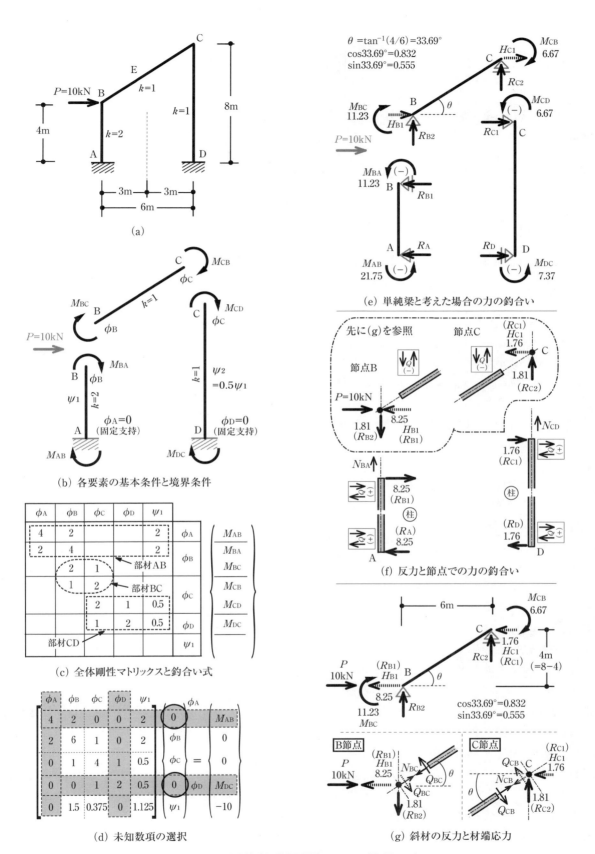

図 7-28 水平荷重を受ける異形ラーメンの例（その 1）

（C–D 材）：

$$\begin{Bmatrix} M_{CD} \\ M_{DC} \end{Bmatrix} = \begin{bmatrix} 2 & 1 & 1 \\ 1 & 2 & 1 \end{bmatrix} \begin{Bmatrix} \phi_C \\ \phi_D \\ \psi_2 \end{Bmatrix} + \begin{Bmatrix} 0 \\ 0 \end{Bmatrix} = \begin{bmatrix} 2 & 1 & 1 \\ 1 & 2 & 0.5 \end{bmatrix} \begin{Bmatrix} \phi_C \\ \phi_D \\ \psi_1 \end{Bmatrix}$$

回転角を含む項を左側に，それ以外を右側に移項する。

$$\begin{bmatrix} 4 & 2 & 2 \\ 2 & 4 & 2 \end{bmatrix} \begin{Bmatrix} \phi_A \\ \phi_B \\ \psi_1 \end{Bmatrix} = \begin{Bmatrix} M_{AB} \\ M_{BA} \end{Bmatrix},$$

$$\begin{bmatrix} 2 & 1 \\ 1 & 2 \end{bmatrix} \begin{Bmatrix} \phi_B \\ \phi_C \end{Bmatrix} = \begin{Bmatrix} M_{BC} \\ M_{CB} \end{Bmatrix},$$

$$\begin{bmatrix} 2 & 1 & 1 \\ 1 & 2 & 1 \end{bmatrix} \begin{Bmatrix} \phi_C \\ \phi_D \\ \psi_2 \end{Bmatrix} = \begin{bmatrix} 2 & 1 & 0.5 \\ 1 & 2 & 0.5 \end{bmatrix} \begin{Bmatrix} \phi_C \\ \phi_D \\ \psi_1 \end{Bmatrix} \begin{Bmatrix} M_{CD} \\ M_{DC} \end{Bmatrix}$$

ⅱ）　全体剛性マトリックスの作成

マトリックス演算を行うために，各部材の式を合成して，一括表示した全体剛性マトリックスを作成する。全未知数は，ϕ_A，ϕ_B，ϕ_C，ϕ_D，ψ_1 の 5 つなので，マトリックスは 5 行 × 5 列となる。

図（d）のように，それぞれの未知数に対応する場所に数値を足し合わせて全体剛性マトリックスを作成する。

整理すると全体マトリックス方程式は以下のようになるが，この時点では ψ_1 の項は未定である。

$$\begin{bmatrix} 4 & 2 & 0 & 0 & 2 \\ 2 & 6 & 1 & 0 & 2 \\ 0 & 1 & 4 & 1 & 0.5 \\ 0 & 0 & 1 & 2 & 0.5 \end{bmatrix} \begin{Bmatrix} \phi_A \\ \phi_B \\ \phi_C \\ \phi_D \\ \psi_1 \end{Bmatrix} = \begin{Bmatrix} M_{AB} \\ M_{BA} + M_{BC} \\ M_{CB} + M_{CD} \\ M_{DC} \end{Bmatrix}$$

手順 2）　釣合い条件式の作成

ⅰ）　境界条件

固定支点である節点 A と D の回転角は 0

∴　$\phi_A = \phi_D = 0$

ⅱ）　節点方程式

節点方程式は節点 B，C，において

$\Sigma M_B = 0：M_{BA} + M_{BC} = 0$，

$\Sigma M_C = 0：M_{CB} + M_{CD} = 0$

である。

これらの条件を代入すると，次式となるが，この時点でも ψ_1 の項は未定である。

$$\begin{bmatrix} 4 & 2 & 0 & 0 & 2 \\ 2 & 6 & 1 & 0 & 2 \\ 0 & 1 & 4 & 1 & 0.5 \\ 0 & 0 & 1 & 2 & 0.5 \end{bmatrix} \begin{Bmatrix} 0 \\ \phi_B \\ \phi_C \\ 0 \\ \psi_1 \end{Bmatrix} = \begin{Bmatrix} M_{AB} \\ 0 \\ 0 \\ M_{DC} \end{Bmatrix} \qquad (a)$$

ⅲ）　層方程式

この問題の場合，水平荷重が作用しているので，次式が成立することが必要である。

$$_1P = \sum_{i=1}^{2} {}_1Q_i = Q_{BA} + Q_{CD}$$

$$_nQ_i = -\frac{M_{ij} + M_{ji}}{{}_nh} = -\frac{k_i(3\phi_i + 3\phi_j + 2{}_n\psi_i)}{{}_nh}$$

上式を用い，$\phi_A = \phi_D = 0$，$\psi_2 = 0.5\psi_1$ であることなどを代入すれば，下記の層方程式を得る。

$$_1P = -10 = Q_{BA} + Q_{CD}$$

$$-10 = \left(\frac{M_{AB} + M_{BA}}{h_1}\right) + \left(\frac{M_{CD} + M_{DC}}{h_2}\right)$$

$$\frac{(6\phi_B + 4\psi_1)}{4} + \frac{(3\phi_C + \psi_1)}{8} = 1.5\phi_B + 0.375\phi_C + 1.125\psi_1$$
$$= -10$$

この式を（a）式の左辺のマトリックスの第 5 行に挿入した次式が，この問題の方程式のマトリックス表現である。

$$\begin{bmatrix} 4 & 2 & 0 & 0 & 2 \\ 2 & 6 & 1 & 0 & 2 \\ 0 & 1 & 4 & 1 & 0.5 \\ 0 & 0 & 1 & 2 & 0.5 \\ 0 & 1.5 & 0.375 & 0 & 1.125 \end{bmatrix} \begin{Bmatrix} 0 \\ \phi_B \\ \phi_C \\ 0 \\ \psi_1 \end{Bmatrix} = \begin{Bmatrix} M_{AB} \\ 0 \\ 0 \\ M_{DC} \\ -10 \end{Bmatrix} \quad (b)$$

このマトリックスの左辺の行列は前項で誘導したものと同じであり，左辺の行列が骨組の構成（形状）に依存して決まること，右辺の行列が荷重条件に依存して決まることがわかる。

手順 3）　各要素の節点の変形（回転角）の同定

得られた釣合い条件式を，マトリックス演算を利用して解き，各要素の節点の変形（たわみ角，部材角）を同定する。

（b）式のうち，演算すると 0 になる項（ϕ_A と ϕ_D）について図（d）のように除外すれば，未知の項を集約できる。言い方を変えれば，未知の項である ϕ_B，ϕ_C，ψ_1 に関わる行と列を抜き出せば，次のようになる。

210

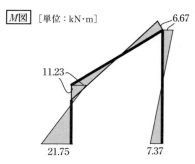

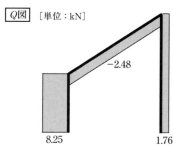

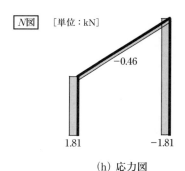

(h) 応力図

図 7-28 水平荷重を受ける異形ラーメンの例（その 2）

$$\begin{bmatrix} 6 & 1 & 2 \\ 1 & 4 & 0.5 \\ 1.5 & 0.375 & 1.125 \end{bmatrix} \begin{Bmatrix} \phi_B \\ \phi_C \\ \psi_1 \end{Bmatrix} = \begin{Bmatrix} 0 \\ 0 \\ -10 \end{Bmatrix}$$

マトリックス演算によれば，未知数は次のように求められる（逆行列は Excel を利用して求める）。

$$\begin{Bmatrix} \phi_B \\ \phi_C \\ \psi_1 \end{Bmatrix} = \begin{bmatrix} 6 & 1 & 2 \\ 1 & 4 & 0.5 \\ 1.5 & 0.375 & 1.125 \end{bmatrix}^{-1} \begin{Bmatrix} 0 \\ 0 \\ -10 \end{Bmatrix}$$

$$= \begin{bmatrix} 0.303 & -0.026 & -0.526 \\ -0.026 & 0.263 & -0.070 \\ -0.395 & -0.053 & 1.614 \end{bmatrix} \begin{Bmatrix} 0 \\ 0 \\ -10 \end{Bmatrix} = \begin{Bmatrix} 5.26 \\ 0.70 \\ -16.14 \end{Bmatrix}$$

(c)

手順 4） 材端モーメントの同定

未知の回転角と部材角が求められたので，この結果を各部材ごとの基本式に代入すれば，各材の材端モーメントは次のように計算できる。

柱部材 AB：

$$\begin{Bmatrix} M_{AB} \\ M_{BA} \end{Bmatrix} = 2 \begin{bmatrix} 2 & 1 & 1 \\ 1 & 2 & 1 \end{bmatrix} \begin{Bmatrix} 0 \\ 5.26 \\ -16.14 \end{Bmatrix} = \begin{Bmatrix} -21.75 \\ -11.23 \end{Bmatrix}$$

梁部材 BC：

$$\begin{Bmatrix} M_{BC} \\ M_{CB} \end{Bmatrix} = \begin{bmatrix} 2 & 1 \\ 1 & 2 \end{bmatrix} \begin{Bmatrix} 5.26 \\ 0.70 \end{Bmatrix} = \begin{Bmatrix} 11.23 \\ 6.67 \end{Bmatrix}$$

柱部材 CD：

$$\begin{Bmatrix} M_{CD} \\ M_{DC} \end{Bmatrix} = \begin{bmatrix} 2 & 1 & 1 \\ 1 & 2 & 1 \end{bmatrix} \begin{Bmatrix} 0.70 \\ 0 \\ -8.07 \end{Bmatrix} = \begin{Bmatrix} -6.67 \\ -7.37 \end{Bmatrix}$$

手順 5） 各要素の応力を同定し，骨組としての応力図を描く。

得られた各要素の材端モーメントを考慮して，各要素の応力（曲げモーメント・せん断力・軸方向力）を求めて応力図を描くことはすでに説明してあるので，ここでは手順の概略だけを説明する。

曲げモーメント：

図 (e) のように，各部材を単純支持部材（単純梁）として，手順 4）で得られた材端モーメントを作用させて，M 図を描く。この場合には，すべての部材について中間荷重がないので，各材端モーメントの大きさをとり，直線で結べばよい。

完成した M 図は図 (h) のようになる。

せん断力：

材端せん断力は，基本的に，単純支持部材の反力に対応させて求める。具体的には，図 (e) のように反力を仮定し，材端モーメントをその向きに注意して作用させ，力の釣合い式により求める。

柱部材 AB：

$\Sigma M_A = 0 ; -21.75 - 11.23 - 4 \times R_{B1} = 0$

∴ $R_{B1} = -8.25$ （仮定方向と逆）

$\Sigma Y = 0 ; R_A + R_{B1} = 0$

∴ $R_A = -R_{B1} = 8.25$

柱部材 CD：

$\Sigma M_C = 0 ; -6.67 - 7.37 - 8 \times R_D = 0$

∴ $R_D = -1.76$ （仮定方向と逆）

$\Sigma Y = 0 ; R_{C1} + R_D = 0$

∴ $R_{C1} = -R_D = 1.76$

柱材の反力は図 (f) のようになり，せん断応力

の大きさと正負はこの状態を見て同定する。

梁部材 BC：

前節で説明したように，斜材である梁部材 BC の材端（節点）には，鉛直反力（R_{B2}，R_{C2}）と水平反力（H_{B2}，H_{C2}）が生じる（ピン支持状態）。柱部材の材端せん断力（R_{B1}，R_{C1}）により，斜め梁の水平反力（H_{B1}，H_{C1}）はおのずと確定する。これらの結果を踏まえて，斜め梁に作用する力を整理して表わせば図（g）上の図のようになるので，斜め梁の端部の鉛直反力（R_{B2}，R_{C2}）を，力の釣合い式により求める。

$$\Sigma M_B = 0 ; 11.23 + 6.67 - 1.76 \times 4 - 6$$
$$\times R_{C2} = 0$$
$$\therefore \quad R_{C2} = 1.81$$
$$\Sigma Y = 0 ; R_{B2} + R_{C2} = 0$$
$$\therefore \quad R_{B2} = -R_{C2} = -1.81 \quad (仮定方向と逆)$$

部材のせん断応力は部材軸に対し直交する断面に発生するので，材軸に合わせて力の釣合いを考える。

節点 B 端（梁の左端）のせん断応力は，同図の下左のような応力仮定を設ければ，次のようになる。

$$-Q_{BC} - R_{B2}\cos\theta + H_{B1}\sin\theta - P\sin\theta = 0$$
$$\therefore \quad Q_{BC} = -R_{B2}\cos\theta + (H_{B1} - P)\sin\theta$$
$$= -1.81\cos 33.69° + (8.25 - 10)\sin 33.69°$$
$$= -1.81 \times 0.832 - 1.75 \times 0.555$$
$$= -1.51 - 0.97 = -2.48$$

節点 C 端（梁の右端）のせん断応力は，同図下右のような応力仮定を設ければ，次のようになる。

$$Q_{CB} + R_{C2}\cos\theta + H_{C1}\sin\theta = 0$$
$$\therefore \quad Q_{CB} = -1.81\cos 33.69° - 1.76\sin 33.69°$$
$$= -2.48$$

軸方向力：

節点に作用する軸方向力は，節点部分の材端せん断力（反力）との力の釣合い条件（$\Sigma X = 0$ と $\Sigma Y = 0$）により求める。

斜材については，部材軸に関する釣合いを考える必要がある。

まず，前項に引き続き，斜め梁 BC の軸方向力を求めることから始める。

梁部材 BC：

図（g）下の状態について，釣合い式を立てて求める。

節点 B 端（梁の左端）の軸方向力 N_{BC} は，次のようになる。

$$N_{BC} - R_{B2}\sin\theta - H_{B1}\cos\theta + P\cos\theta = 0$$
$$\therefore \quad N_{BC} = 1.81\sin\theta + (8.25 - 10)\cos\theta$$
$$= 1.81 \times 0.555 - 1.75 \times 0.832$$
$$= 1.00 - 1.46 = -0.46 \quad (圧縮)$$

節点 C 端（梁の右端）の軸方向力 N_{CB} は，次のようになる。

$$-N_{CB} + R_{C2}\sin\theta - H_{C1}\cos\theta = 0$$
$$\therefore \quad N_{CB} = 1.81\sin\theta - 1.76\cos\theta$$
$$= 1.81 \times 0.555 - 1.76 \times 0.832$$
$$= 1.00 - 1.46 = -0.46 \quad (圧縮)$$

柱部材 AB：

軸方向力は，図（f）のように，節点 B における鉛直方向の力の釣合いを考えれば，次のようになる。

$$\Sigma Y_B = 0 : -R_{B2} - N_{BA} [柱] = 0$$
$$\therefore \quad N_{BA} = -R_{B2} = -(-1.81) = 1.81 \quad (引張)$$

柱部材 CD：

同様に，節点 C における鉛直方向の力の釣合いを考えれば，次のようになる。

$$\Sigma Y_C = 0 : -R_{C2} - N_{CD} [柱] = 0$$
$$\therefore \quad N_{CD} = -R_{C2} = -1.81 \quad (圧縮)$$

完成した応力図は，図（h）に示すとおりである。なお，応力の描く位置については，曲げモーメントでは描く位置（断面の引張側）と大きさが重要であるが，せん断力と軸方向力では符号と大きさが重要で描く位置はどちらでもよいことは，すでに説明している。

（3）　直角変位図を利用した仮想仕事式

たわみ角法では，部材角が生じる均等ラーメン構造の骨組については，節点方程式に加えて層方程式（層せん断力の釣合い式）を立てて解くことが一般的である。しかし，異形ラーメン骨組のように斜材が混在する骨組では，部材軸に直交するせん断応力の水平分力を算定することが必要であり，繁雑な計算が必要となることが多い。異形ラーメン骨組では，繁雑な計算を必要とする層方程式に代えて，直角変位図を利用した仮想仕事式による方程式を用いることが一般的である。

直角変位図は，骨組の変形特性を幾何学的な変形条件に着目して，各構成部材（要素）の変形性状を

図解により部材間の変形比として同定する手法である。一方，仮想仕事法については本書5章で説明しているが，「仮想仕事の原理」=「力が釣合い状態にある系においては，任意の方向に仮想変位を与えても，その仮想仕事は0である」ことを利用する解析手法である。「直角変位図を利用した仮想仕事式」は，直角変位図により得られる各部材間の変形比を利用して各部材に仮想変位を与え，仮想仕事の原理を適用して，未知数を同定しようとする方法である。

(a) たわみ角法の基本式と仮想仕事

図7-29（a）（図5-4再掲）に示すように，外力Pと変位δによる仕事（$P\delta$）と，外力モーメントMと回転角θによる仕事（$M\theta$）とは等しいことは，本書5章で説明している。

図(b)は，外力・外力モーメントを受けて移動・変形して釣合い状態にある骨組を構成する部材IJ（節点iとj）に注目した図である。各材の材端モーメントは，骨組に作用する外力・外力モーメントにより各部材に発生する外力モーメントであると考えることができる。外力・外力モーメントが作用する骨組が釣合い状態にあるとき，骨組に作用する外力・外力モーメントと各部材に発生する材端モーメントは，骨組（系）全体として釣り合っており，その合力は0である（$\Sigma X=0, \Sigma Y=0, \Sigma M=0$）。

釣合い状態にある系のなした実仕事を式として表現すれば，次のようになる。

骨組に作用する外力による仕事の総量は，
$$\Sigma(P_n\delta_n)+\Sigma(M_n\theta_n)$$

骨組構成部材の材端モーメントによる仕事の総量は，
$$\Sigma\{(M_{ij}\theta_i)+(M_{ji}\theta_j)\}$$

骨組（系）全体として釣合いがとれているので，次式が成立する。

$$\Sigma(P_n\delta_n)+\Sigma(M_n\theta_n)+\Sigma\{(M_{ij}\theta_i)+(M_{ji}\theta_j)\}=0$$

この釣合い状態ある系に，「仮想仕事の原理」=「力が釣合い状態にある系においては，任意の方向に仮想変位を与えても，その仮想仕事は0である」ことを適用して，この系に，図のような部材に仮想の部材角$\overline{R_i}$が生じるような仮想変位を与えて，仮想の仕事をさせることを考える。部材に仮想の部材角を

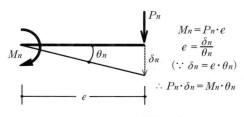

(a) モーメントによる外力仕事

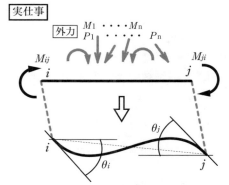

外力による仕事：$\Sigma(P_n\cdot\delta_n)+\Sigma(M_n\cdot\theta_n)$
部材の仕事：$(M_{ij}\cdot\theta_i)+(M_{ji}\cdot\theta_j)$

仮想仕事

仮想の部材角$\overline{R_i}$を与えるとそれに伴う変位・回転角も生じる

外力による仮想仕事：$\Sigma(P_n\cdot\overline{\delta_n})+\Sigma(M_n\cdot\overline{\theta_n})$

部材の仮想仕事：$(M_{ij}\cdot\overline{R_i})+(M_{ji}\cdot\overline{R_i})$
$=(M_{ij}+M_{ji})\cdot\overline{R_i}$

◎ 釣合い状態にある力の仮想仕事の総和は0
$\Sigma(P_n\cdot\overline{\delta_n})+\Sigma(M_n\cdot\overline{\theta_n})+(M_{ij}+M_{ji})\cdot\overline{R_i}=0$

◎ 仮想仕事の一般式（部材が複数の場合）
$\Sigma(P_n\cdot\overline{\delta_n})+\Sigma(M_n\cdot\overline{\theta_n})+\Sigma\{(M_{ij}+M_{ji})\cdot\overline{R_i}\}=0$

(b) 仮想変位・回転による仮想仕事

部材の仮想仕事
$\Sigma\{(M_{ij}+M_{ji})\cdot\overline{R_i}\}$
$=\Sigma\{\{k_i(3\phi_i+3\phi_j+2\psi_i)+C_{ij}+C_{ji}\}\times\overline{R_i}\}$

(c) たわみ角法の基本式による部材の仮想仕事式

図7-29 たわみ角法の基本式と仮想仕事

与えることは，系全体としても仮想の変位・回転を与えることとなるので，それも勘案すれば，次のような仮想仕事式が成立する。

$$\Sigma\left(P_n\overline{\delta_n}\right) + \Sigma\left(M_n\overline{\theta_n}\right) + \Sigma\left\{\left(M_{ij}+M_{ji}\right)\overline{R_i}\right\} = 0 \quad (a)$$

節点を i と j と表現した場合のたわみ角法の基本式は次式である。

$$M_{ij} = k_i(2\phi_i + \phi_j + \psi_i) + C_{ij} \quad (7.21)$$
$$M_{ji} = k_i(\phi_i + 2\phi_j + \psi_i) + C_{ji} \quad (7.22)$$

この関係を，各部材の仮想仕事式に代入すれば，次のように表現できる。

$$\begin{aligned}
&\Sigma\left\{\left(M_{ij}+M_{ji}\right)\overline{R_i}\right\} \\
&= \Sigma\Big[\big\{\{k_i(2\phi_i+\phi_j+\psi_i)+C_{ij}\} \\
&\quad + \{k_i(\phi_i+2\phi_j+\psi_i)+C_{ji}\}\big\} \times \overline{R_i}\Big] \\
&= \Sigma\Big[\{k_i(3\phi_i+3\phi_j+2\psi_i)+C_{ij}+C_{ji}\}\times \overline{R_i}\Big]
\end{aligned} \quad (b)$$

(b) 水平力を受ける1層1スパン骨組

図7-30 (a) は図7-24と同じ問題であるが，この例題では層方程式に代えて，直角変位図を利用した仮想仕事式により関係式を求め，層方程式と同じ結果となることを確認する。

柱ABの回転角 $\theta_{AB} = R = 1$ として直角変位図を描けば，図 (b) の図となり，梁BCの部材角は0，柱CDの部材角 $\theta_{CD} = 1$ となることがわかる。

この骨組の，柱ABの頂部に仮想水平変位 $\overline{\delta}$ を生じさせれば，柱ABと柱CDに仮想部材角 $\overline{R}$ が生じることになる（柱ABに仮想部材角を生じさせれば，仮想水平変位が生じるともいえる）。この仮想部材角による仮想仕事は，次のように計算できる。

骨組構成部材の材端モーメントによる仕事の総量は，次式となる。

$$P\overline{\delta} = P\overline{R}h$$

骨組に作用する外力による仕事の総量は，次のように算定される。

$$\begin{aligned}
&\Sigma\{(M_i\overline{R_i}) + (M_j\overline{R_i})\} \\
&= (M_{AB}+M_{BA}) \times \overline{R} + (M_{BC}+M_{CB}) \times 0 \\
&\quad + (M_{CD}+M_{DC}) \times \overline{R} \\
&= (M_{AB}+M_{BA}+M_{CD}+M_{DC}) \times \overline{R}
\end{aligned}$$

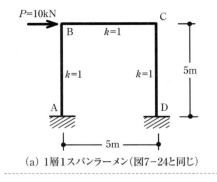

(a) 1層1スパンラーメン（図7-24と同じ）

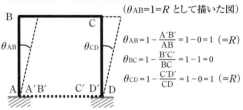

直角変位図の作図（＜基本側＞を利用した作図）
（$\theta_{AB}=1=R$ として描いた図）

$\theta_{AB} = 1 - \dfrac{A'B'}{AB} = 1-0 = 1 \;(=R)$
$\theta_{BC} = 1 - \dfrac{B'C'}{BC} = 1-1 = 0$
$\theta_{CD} = 1 - \dfrac{C'D'}{CD} = 1-0 = 1 \;(=R)$

(b) 直角変位図

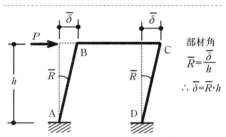

部材角
$\overline{R} = \dfrac{\overline{\delta}}{h}$
$\therefore \overline{\delta} = \overline{R}\cdot h$

仮想変位による仮想外力仕事：$P\cdot\overline{\delta} = P\cdot\overline{R}\cdot h$

(c) 外力による仮想仕事

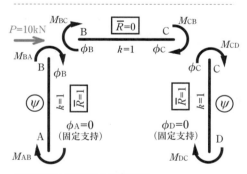

仮想変位による部材の仮想仕事：
$(M_{AB}+M_{BA}) \times \overline{R} + (M_{BC}+M_{CB}) \times 0 + (M_{CD}+M_{DC}) \times \overline{R}$
$= \{1(3\phi_A+3\phi_B+2\psi)\}\times\overline{R} + \{1(3\phi_C+3\phi_D+2\psi)\}\times\overline{R}$
$= \{(3\phi_B+3\phi_C+4\psi)\}\times\overline{R}$

(d) 部材の仮想仕事

$P\cdot\overline{R}\cdot h + \{(3\phi_B+3\phi_C+4\psi)\}\times\overline{R} = 0$
$\therefore 3\phi_B+3\phi_C+4\psi = -P\cdot h$

(e) 仮想仕事による関係式

図7-30 仮想仕事式を利用した例題

$$= \{k(2\phi_A + \phi_B + \psi) + k(\phi_A + 2\phi_B + \psi)\} \times \overline{R}$$
$$+ \{k(2\phi_C + \phi_D + \psi) + k(\phi_C + 2\phi_D + \psi)\} \times \overline{R}$$
$$= \{k(3\phi_A + 3\phi_B + 2\psi) + k(3\phi_C + 3\phi_D + 2\psi)\} \times \overline{R}$$

節点 A と D は固定端であるので $\phi_A = 0$, $\phi_D = 0$, $k = 1$ を代入すれば,

$$= (3\phi_B + 3\phi_C + 4\psi) \times \overline{R}$$

式 (a) より, 次式が成立する.

$$P\overline{R}h + (3\phi_B + 3\phi_C + 4\psi) \times \overline{R} = 0$$
$$\therefore \quad (3\phi_B + 3\phi_C + 4\psi) = -Ph = -50$$

層方程式から得られた式は次式であり,

$$(3\phi_A + 3\phi_B + 3\phi_C + 3\phi_D + 4\psi) = -Ph$$

図 7-24 の場合とは, 一見異なるように見えるが, $\phi_A = 0$, $\phi_D = 0$ を考えれば同じ式である.

この時点で, 仮想仕事式で得られた式を第 5 行に代入すれば次式となる.

$$\begin{bmatrix} 2 & 1 & 0 & 0 & 1 \\ 1 & 4 & 1 & 0 & 1 \\ 0 & 1 & 4 & 1 & 1 \\ 0 & 0 & 1 & 2 & 1 \\ 0 & 3 & 3 & 0 & 4 \end{bmatrix} \begin{bmatrix} 0 \\ \phi_B \\ \phi_C \\ 0 \\ \psi \end{bmatrix} = \begin{bmatrix} M_{AB} \\ 0 \\ 0 \\ M_{DC} \\ -50 \end{bmatrix}$$

この式も, 一見, 層方程式と異なるように見えるが, 未知数の項で整理すれば図 7-24 の問題と同じ層方程式となる.

$$\begin{bmatrix} 4 & 1 & 1 \\ 1 & 4 & 1 \\ 3 & 3 & 4 \end{bmatrix} \begin{bmatrix} \phi_B \\ \phi_C \\ \psi \end{bmatrix} = \begin{bmatrix} 0 \\ 0 \\ -50 \end{bmatrix}$$

以下, 応力図を求めるまでの手順は同じであるので, 省略する.

(c) 水平荷重を受ける異形ラーメンの場合 (その 1)

図 7-28 に示した柱の高さが異なる 1 層 1 スパン骨組に水平荷重 10 kN が作用する場合について, 直角変位図を利用した仮想仕事式を誘導してみる.

図 7-27 (b) 下図は, 柱 AB を回転角 $\theta_{AB} = R = 1$ とした場合の直角変位図であり (直角変位図は荷重条件に関係しない), 梁 BC には部材角が生じないこと, 柱 CD の部材角は $0.5R$ であることが読み取れる.

仮想仕事:直角変位図に示す回転角 $\theta_{AB} = R = 1$

を仮想部材角 $\overline{R}$ と考えれば $\overline{R} = 1$, 節点 B の移動長さ (B - B″ 間の距離) は $\overline{\delta} = \overline{R}h = 4$ であるので, 外力 P ($= 10 \mathrm{kN}$) による仮想仕事は次式で表わされる.

$$P\overline{\delta} = P\overline{R}h = Ph = 10 \times 4 = 40$$

部材の仮想仕事の総量は, 直角変位図より得られた各要素の部材角を仮想部材角 $\overline{R_i}$ とすれば, 次の (b) 式で計算される.

$$\sum \left[\left\{ k_i(3\phi_i + 3\phi_j + 2\psi_i) + C_{ij} + C_{ji} \right\} \times \overline{R_i} \right] \quad \text{(b)}$$

ここで, 各要素には中間荷重がないので $C_{ij} = C_{ji} = 0$ として, 仮想部材角 $\overline{R_i}$ を $\overline{R} = 1$ として各要素の条件に応じて代入すれば次のようになる.

$$\{2 \times (3\phi_A + 3\phi_B + 2\psi_1) \times 1\}$$
$$+ \{1 \times (3\phi_B + 3\phi_C + 2\psi) \times 0\}$$
$$+ \{1 \times (3\phi_C + 3\phi_D + 2\psi_2) \times 0.5\}$$

ここで, 節点 A と D は固定支点より $\phi_A = 0$, $\phi_D = 0$, $\psi_2 = 0.5\psi_1$ を代入すれば,

$$= \{2 \times (3\phi_B + 2\psi_1) \times 1\}$$
$$+ \{1 \times (3\phi_C + 2(0.5\psi_1)) \times 0.5\}$$
$$= (6\phi_B + 1.5\phi_C + 4.5\psi_1)$$

(a) 式より

$$(6\phi_B + 1.5\phi_C + 4.5\psi_1) = -40$$

当然のことながら, 上式の両辺を 4 で除せば, 層方程式として誘導された下式と一致する.

$$1.5\phi_B + 0.375\phi_C + 1.125\psi_1 = -10$$

以下, 手順 4) 材端モーメントの同定, 手順 5) 各要素の応力を同定し骨組としての応力図を描く, は同じなので省略する.

(d) 水平荷重を受ける異形ラーメンの場合 (その 2)

図 7-31 (a) のような異形ラーメン (<例題 3-5 >と同形状) について, 仮想仕事式を誘導し, 未知数を同定する手順を説明する.

この骨組は, 1 つの部材の回転角を定めると残りの 2 つの部材の回転角が定まる (自由度 1 = 独立部材数 1, 従属部材数 2) 骨組である. 部材 AB の回転角を $\theta_{AB} = R = 1$ として直角変位図を描けば図 (b) のようになり, 独立部材角 θ_{AB} に対する各部材の部材角比が, $1 : -0.5 : 0.333$ であること, すなわち, $\psi_2 = -0.5\psi_1$, $\psi_3 = 0.333\psi_1$ の関係があることが明らかになる.

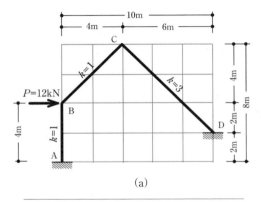

(a)

直角変位図の作図（＜基本側＞を利用した作図）
（$\theta_{AB}=1=R$ として描いた図）

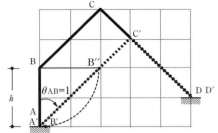

◎作図手順
① A点を極として，B点を$\theta=1$だけ回転させる。
② 移動点B″の距離はθhで，直角変位点B′はA点と同位置となる。
③ B′点を通り，BCに平行な線（破線）を引く。
④ D点は移動しないので，C点の直角変位点はCD線上にある。
⑤ C′点は破線とCD線の交点となる。
⑥ 直角変位点間の長さを測り，各部材の部材角を計算する。

$\theta_{AB} = 1 - \dfrac{A'B'}{AB} = 1 - \dfrac{0}{AB} = 1 \quad (R)$

$\theta_{BC} = 1 - \dfrac{B'C'}{BC} = 1 - \dfrac{6\sqrt{2}}{4\sqrt{2}} = 1 - \dfrac{3}{2} = -\dfrac{1}{2} \quad (-0.5R)$

$\theta_{CD} = 1 - \dfrac{C'D'}{CD} = 1 - \dfrac{4\sqrt{2}}{6\sqrt{2}} = 1 - \dfrac{2}{3} = \dfrac{1}{3} \quad (0.33R)$

$\therefore \theta_{AB} : \theta_{BC} : \theta_{CD} = 1 : -\dfrac{1}{2} : \dfrac{1}{3} = 1 : -0.5 : 0.333$

(b) 直角変位図と部材角

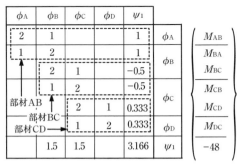

(c) 各要素の基本条件と境界条件

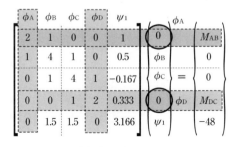

(d) 全体剛性マトリックスと釣合い式

(e) 未知数項の選択

図7-31　異形ラーメンの仮想仕事式

図 (c) には，各要素の基本条件と境界条件と，仮想部材角 $\overline{R}$ とした場合の部材角比が併せて示してある。

独立部材 AB に仮想回転角 $\overline{R}=1$ を与えた場合の骨組全体の仮想仕事は，式 (b) で計算できる。

$$\sum\left\{\left\{k_i(3\phi_i+3\phi_j+2\psi_i)+C_{ij}+C_{ji}\right\}\times \overline{R_i}\right\} \quad (b)$$

この問題の場合，中間荷重による固定端モーメントは 0，$\psi_2=-0.5\psi_1$，$\psi_3=0.333\psi_1$ と仮想部材角比を代入すれば，次のように算定される。

$= \{1\times(3\phi_A+3\phi_B+2\psi_1)\times 1\}$
$+ \{1\times(3\phi_B+3\phi_C+2(-0.5\psi_1))\times(-0.5)\}$
$+ \{3\times(3\phi_C+3\phi_D+2(0.333\psi_1))\times(0.333)\}$

ここで，節点AとDは固定支点なので $\phi_A=0$，$\phi_D=0$ を代入すれば，

$= \{1\times(3\phi_B+2\psi_1)\times 1\}$
$+ \{1\times(3\phi_B+3\phi_C-\psi_1)\times(-0.5)\}$
$+ \{3\times(3\phi_C+0.666\psi_1)\times(0.333)\}$
$= (1.5\phi_B+1.5\phi_C+3.166\psi_1)$

外力による仮想仕事は，次のようになる。

$P\overline{\delta} = P\overline{R}h = Ph = 12\times 4 = 48$

（a）式より

$$(1.5\phi_B + 1.5\phi_C + 3.166\psi_1) = -48$$

全体剛性マトリックスは図（d）のようになり，図（e）のように未知数項を選択すれば次式となる。

$$\begin{bmatrix} 4 & 1 & 0.5 \\ 1 & 4 & -0.167 \\ 1.5 & 1.5 & 3.166 \end{bmatrix} \begin{bmatrix} \phi_B \\ \phi_C \\ \psi_1 \end{bmatrix} = \begin{bmatrix} 0 \\ 0 \\ -48 \end{bmatrix}$$

マトリックス演算によれば，未知数は次のように求められる（演算は Excel を利用した）。

$$\begin{bmatrix} \phi_B \\ \phi_C \\ \psi_1 \end{bmatrix} = \begin{bmatrix} 4 & 1 & 0.5 \\ 1 & 4 & -0.167 \\ 1.5 & 1.5 & 3.166 \end{bmatrix}^{-1} \begin{bmatrix} 0 \\ 0 \\ -48 \end{bmatrix}$$

$$= \begin{bmatrix} 0.281 & -0.053 & -0.047 \\ -0.074 & 0.259 & 0.025 \\ -0.098 & -0.098 & 0.326 \end{bmatrix} \begin{bmatrix} 0 \\ 0 \\ -48 \end{bmatrix} = \begin{bmatrix} 2.261 \\ -1.219 \\ -15.655 \end{bmatrix}$$

未知数が同定できたので，後は，手順4）この結果を各部材ごとの基本式に代入して材端モーメントを同定，手順5）各要素の応力を同定し骨組としての応力図を描くことになる。その手順はすでに他の問題で説明してあるので，ここでは省略する。

（e）鉛直荷重を受ける段差梁の場合

図 7-32（a）のような段差梁（踊り場を有する階段など）について，直角変位図を利用した仮想仕事式を誘導し，未知数を同定する手順を説明する。

この骨組は，1つの部材の回転角を定めると残りの2つの部材の回転角が定まる骨組（自由度1＝独立部材数1，従属部材数2の骨組）である。部材 AB の回転角を $\theta_{AB} = R = 1$ として直角変位図を描けば図（b）のようになり，独立部材角 θ_{AB} に対する各部材の部材角比が，1：0：−1.333 であること，すなわち，$\psi_2 = 0$，$\psi_3 = -1.333\psi_1$ の関係があることがわかる。図（c）には，各要素の基本条件と境界条件と，仮想部材角 $\overline{R}$ とした場合の部材角比が併せて示してある。3部材には，$w = 10$ kN/m の等分布荷重が作用しているので固定端モーメントが存在する。

直角変位図を利用した仮想仕事式は，次のように誘導される。

外力による仮想仕事

図（d）の□囲いの図のように，各部材に等分布荷重が作用していると考え，各部材ごとに仮想仕事を考えて検討を進める。各部材の等分布荷重について，釣合いを考える瞬間に合力 W_n として扱えば，合力は各部材の中央位置①〜③点にそれぞれ作用すると考えることができる。この骨組の部材 AB に部材角 $R = 1$ を生じさせた場合の各部材の動きは，すでに図（b）の直角変位図により求めたように，R が仮想部材角であっても同様の動きをする。直角変位図は，各点（○）の移動点（○″）の直角変位点（○′）にもとづいて描く図であるので，①〜③点の直角変位点（①′〜③′）から移動点（①″〜③″）を再現させて描けば，①〜③の各点の荷重方向変位 $\delta_1 \sim \delta_3$ は各点の直角変位図の水平方向距離 $e_1 \sim e_3$ と等しいことがわかる。

この骨組の部材 AB に仮想部材角 $\overline{R} = 1$ を生じさせたときの，等分布荷重の合力がなす仮想仕事は次式となる。

$$\begin{aligned} \Sigma(P_n \overline{\delta_n}) &= \Sigma(W_n \overline{\delta_n}) \\ &= W_1\overline{\delta_1} + W_2\overline{\delta_2} + W_3\overline{\delta_3} \\ &= W_1 e_1 + W_2 e_2 + W_3 e_3 \\ &= \{(10 \times 2) \times 1\} + \{(10 \times 4) \times 2\} \\ &\quad + \{(10 \times 1.5) \times 1\} \\ &= 20 + 80 + 15 = 115 \end{aligned} \tag{a}$$

部材 AB に仮想回転角 $\overline{R} = 1$ を与えた場合の材端モーメントによる仮想仕事の総量は，次式（b）で計算できる。

$$\Sigma\left[\{k_i(3\phi_i + 3\phi_j + 2\psi_i) + C_{ij} + C_{ji}\} \times \overline{R_i}\right] \tag{b}$$

この問題の場合，等分布荷重による固定端モーメントについては対称性より $C_{ij} + C_{ji} = C_{ij} + (-C_{ij}) = 0$，$\psi_1 = 1$，$\psi_2 = 0$，$\psi_3 = -1.333\psi_1$ として代入すれば，

$$\begin{aligned} &= \{1 \times (3\phi_A + 3\phi_B + 2\psi_1) \times 1\} \\ &\quad + \{1 \times (3\phi_B + 3\phi_C + 2\psi_2) \times 0\} \\ &\quad + \{1 \times (3\phi_C + 3\phi_D + 2(-1.333\psi_1)) \\ &\quad\quad \times (-1.333)\} \end{aligned}$$

ここで，節点 A と D は固定支点なので $\phi_A = 0$，$\phi_D = 0$ を代入すれば，

$$\begin{aligned} &= \{1 \times (3\phi_B + 2\psi_1) \times 1\} \\ &\quad + \{1 \times (3\phi_C - 2.666\psi_1) \times (-1.333)\} \\ &= (3\phi_B - 4\phi_C + 5.554\psi_1) \end{aligned}$$

$$\therefore\quad 3\phi_B - 4\phi_C + 5.554\psi_1 = -115$$

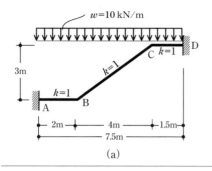

(a)

直角変位図の作図（＜基本側＞を利用した作図）
（$\theta_{AB}=1=R$ として描いた図）

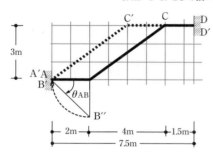

◎作図手順
① A点を極として，B点を$\theta_{AB}=1(=R)$だけ回転させる。
② 移動点B″の距離は2φで，直角変位点B′はA点と同位置となる。
③ B′点を通り，BCに平行な線（破線）を引く。
④ D点は移動しないので，C点の直角変位点はCD線上にある。
⑤ C′点は破線とCD線の交点となる。
⑥ 直角変位点間の長さを測り，各部材の部材角を計算する。

$$\theta_{AB}=1-\frac{A'B'}{AB}=1-\frac{0}{2}=1 \quad (R)$$

$$\theta_{BC}=1-\frac{B'C'}{BC}=1-\frac{5}{5}=0 \quad (0)$$

$$\theta_{CD}=1-\frac{C'D'}{CD}=1-\frac{3.5}{1.5}=1-2.33=-1.33 \quad (-1.33R)$$

$$\therefore \theta_{AB}:\theta_{BC}:\theta_{CD}=1:0:-1.33$$

(b) 直角変位図と部材角

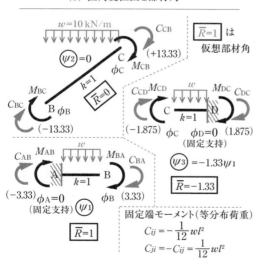

(c) 各要素の基本条件と境界条件

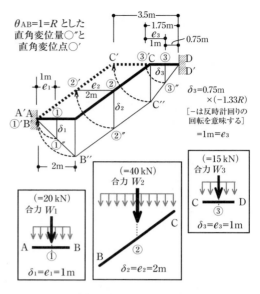

(d) 外力の仮想変位

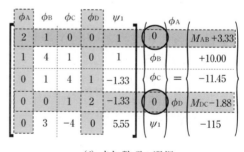

(e) 全体剛性マトリックスと釣合い式

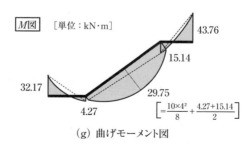

(f) 未知数項の選択

(g) 曲げモーメント図

図 7-32　段差梁の仮想仕事式

全体剛性マトリックスは図（e）のようになり，図（f）のように未知数項を選択すれば次式となる。

$$\begin{bmatrix} 4 & 1 & 1 \\ 1 & 4 & -1.333 \\ 3 & -4 & 5.554 \end{bmatrix} \begin{Bmatrix} \phi_B \\ \phi_C \\ \psi_1 \end{Bmatrix} = \begin{Bmatrix} 0 \\ 0 \\ -115 \end{Bmatrix}$$

マトリックス演算によれば，未知数は次のように求められる（演算は Excel を利用した）。

$$\begin{Bmatrix} \phi_B \\ \phi_C \\ \psi_1 \end{Bmatrix} = \begin{bmatrix} 4 & 1 & 1 \\ 1 & 4 & -1.333 \\ 3 & -4 & 5.554 \end{bmatrix}^{-1} \begin{Bmatrix} 0 \\ 0 \\ -115 \end{Bmatrix}$$

$$= \begin{bmatrix} 0.402 & -0.228 & -0.127 \\ -0.227 & 0.458 & 0.151 \\ -0.381 & 0.452 & 0.357 \end{bmatrix} \begin{Bmatrix} 0 \\ 0 \\ -115 \end{Bmatrix}$$

$$= \begin{Bmatrix} 21.229 \\ -24.853 \\ -50.063 \end{Bmatrix}$$

未知数が同定できたので，後は，手順 4）この結果を各部材ごとの基本式に代入して材端モーメントを同定，手順 5）各要素の応力を同定し骨組としての応力図を描くことになる。その手順はすでに他の問題で説明してあるので，ここでは省略するが，完成した *M* 図だけを掲げておく。

7-9-6　表計算ソフトによるマトリックス演算

パソコンがなかった時代では，連立多元一次方程式を手計算で解くことは，繁雑な繰返し計算作業が必要であった。しかし，現在では，たわみ角法の基本式にもとづく方程式を誘導さえできれば，パソコンの表計算ソフト（Excel 等）を利用して連立多元一次方程式を簡単に解くことができる。

ここでは，連立多元一次方程式の解法の操作手順について説明する（マトリックス演算の数学的解説はしない）。

(1) 基本事項

次の 3 元 1 次方程式を解くことを考える。

$$x + 2y + 3z = 14$$
$$2x - y + z = 3$$
$$3x + y - z = 2$$

答は，$x = 1$，$y = 2$，$z = 3$ である。

マトリックス演算でこれを解くために，上の 3 式をまとめてマトリックス表現すれば次のようになる。

$$\begin{bmatrix} 1 & 2 & 3 \\ 2 & -1 & 1 \\ 3 & 1 & -1 \end{bmatrix} \begin{Bmatrix} x \\ y \\ z \end{Bmatrix} = \begin{Bmatrix} 14 \\ 3 \\ 2 \end{Bmatrix} \qquad (a)$$

各行列を，次式のように表わせば，

$$[A] = \begin{bmatrix} 1 & 2 & 3 \\ 2 & -1 & 1 \\ 3 & 1 & -1 \end{bmatrix}$$

$$\{X\} = \begin{Bmatrix} x \\ y \\ z \end{Bmatrix}$$

$$\{B\} = \begin{Bmatrix} 14 \\ 3 \\ 2 \end{Bmatrix}$$

（a）式は次のように表わせる。

$$[A]\{X\} = \{B\} \qquad (b)$$

マトリックス演算によれば，
[A] の逆行列 [A]（-1）は次の性質をもつ。

$$[A]^{-1}[A] = [I] = \begin{bmatrix} 1 & 0 & 0 \\ 0 & 1 & 0 \\ 0 & 0 & 1 \end{bmatrix}$$

[I] は単位行列で，逆行列は元の行列に掛けると単位行列になる行列である。

単位行列 [I] は，次のように右から掛けても左から掛けても，元の行列は変化しない性質をもつ。

$$[A] = [I][A] = [A][I]$$

（b）式の両辺に左側から逆行列を掛ければ，{X} を求めることができる。すなわち，

$$[A]^{-1}[A]\{X\} = [A]^{-1}\{B\}$$
$$[I]\{X\} = [A]^{-1}\{B\}$$
$$\{X\} = [A]^{-1}\{B\}$$

{X} は，行列 [A] の逆行列 $[A]^{-1}$ が計算できれば求められる。

（a）式について，適用すれば，次式のようになる。

$$\begin{bmatrix} 1 & 2 & 3 \\ 2 & -1 & 1 \\ 3 & 1 & -1 \end{bmatrix}^{-1} \begin{bmatrix} 1 & 2 & 3 \\ 2 & -1 & 1 \\ 3 & 1 & -1 \end{bmatrix} \begin{Bmatrix} x \\ y \\ z \end{Bmatrix} = \begin{bmatrix} 1 & 2 & 3 \\ 2 & -1 & 1 \\ 3 & 1 & -1 \end{bmatrix}^{-1} \begin{Bmatrix} 14 \\ 3 \\ 2 \end{Bmatrix}$$

$$\begin{Bmatrix} x \\ y \\ z \end{Bmatrix} = \begin{bmatrix} 1 & 2 & 3 \\ 2 & -1 & 1 \\ 3 & 1 & -1 \end{bmatrix}^{-1} \begin{Bmatrix} 14 \\ 3 \\ 2 \end{Bmatrix}$$

この逆行列を Excel で計算すれば，次の結果を得る。

$$[A]^{-1} = \begin{bmatrix} 1 & 2 & 3 \\ 2 & -1 & 1 \\ 3 & 1 & -1 \end{bmatrix}^{-1} = \begin{bmatrix} 0 & 0.2 & 0.2 \\ 0.2 & -0.4 & 0.2 \\ 0.2 & 0.2 & -0.2 \end{bmatrix}$$

したがって，

$$\begin{Bmatrix} x \\ y \\ z \end{Bmatrix} = \begin{bmatrix} 1 & 2 & 3 \\ 2 & -1 & 1 \\ 3 & 1 & -1 \end{bmatrix}^{-1} \begin{Bmatrix} 14 \\ 3 \\ 2 \end{Bmatrix}$$

$$= \begin{bmatrix} 0 & 0.2 & 0.2 \\ 0.2 & -0.4 & 0.2 \\ 0.2 & 0.2 & -0.2 \end{bmatrix} \begin{bmatrix} 14 \\ 3 \\ 2 \end{bmatrix}$$

$$= \begin{Bmatrix} 1 \\ 2 \\ 3 \end{Bmatrix}$$

上式を，表計算ソフト（Excel）を用いて解く場合の操作手順が，＜参考＞として示しておく。

<参考>Excelによるマトリックス演算の操作手順

行列の確定＊： Ctrl ＋ Shift ＋ Enter
ボタンの意味： Control / コントロール　シフト　Return / リターン

(1)行列［A］の入力

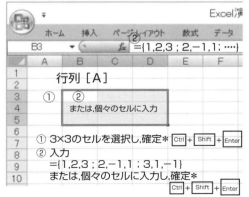

① 3×3のセルを選択し,確定＊ Ctrl ＋ Shift ＋ Enter
② 入力　　={1,2,3 ; 2,−1,1 ; 3,1,−1}
　　　　　または,個々のセルに入力し,確定＊ Ctrl ＋ Shift ＋ Enter

③ 確定した行列［A］（配列数式）

(2)逆行列［A］$^{-1}$の計算

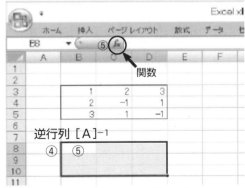

④ 逆行列用の3×3のセルを選択し,確定＊ Ctrl ＋ Shift ＋ Enter
⑤ 関数 MINVERSE の呼び出し,選択して OK
　　　　　関数分類：　数学／三角
　　　　　関数名：　MINVERSE
⑥ 行列③のセルを選択し,確定＊ Ctrl ＋ Shift ＋ Enter

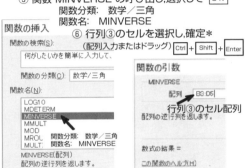

算定された逆行列［A］の値

⑦
0.00	0.20	0.20
0.20	−0.40	0.20
0.20	0.20	−0.20

(3)行列［B］の入力と［A］$^{-1}$［B］の計算

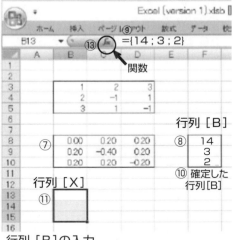

行列［B］の入力
⑧ 3×1のセルを選択し,確定＊ Ctrl ＋ Shift ＋ Enter
⑨ 入力　={14 ; 3 ; 2} または,個々のセルに
　　　　　入力し,確定＊ Ctrl ＋ Shift ＋ Enter

［A］$^{-1}$［B］の計算
⑪ [X]用の3×1のセルを選択し,確定＊ Ctrl ＋ Shift ＋ Enter
⑫ 関数 MMULT の呼び出し,選択して OK
　　　　　関数分類：　数学／三角
　　　　　関数名：　MMULT
⑬引数の入力：行列⑦と⑧をそれぞれ選択し,確定＊
　（配列1と2にセル配列入力またはドラッグ） Ctrl ＋ Shift ＋ Enter

⑭ 計算結果が得られる

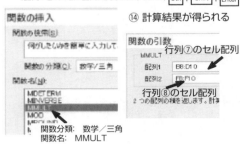

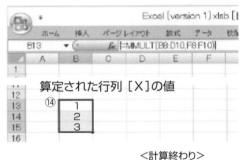

算定された行列［X］の値

⑭
| 1 |
| 2 |
| 3 |

<計算終わり>

8 固定モーメント法

固定モーメント法は固定法ともよばれ，たわみ角法と同様の，変形法に分類される解法手法である。不静定構造物の応力を算定する場合，力の釣合い条件式のほかに，不静定次数に応じた条件式を用意する必要があることは6章で説明している。たわみ角法は，たわみ角を未知数とした連立方程式を立てて応力を算定する手法であるが，未知数が多い（＝不静定次数の高い）骨組の場合には，得られた連立方程式を手計算で解くことは簡単ではないことも事実である。

固定モーメント法は，Hardy Cross（米：1930年発表）により考案された手法で，その基本的な考え方はたわみ角法と同じであるが，たわみ角に関する連立方程式を立てて解く代わりに，部材の固定端モーメントが，近接する部材に相互に伝播して釣合い状態に至るものとして，図上で相互の応力伝播を模して反復的に計算することにより応力を同定する方法である。解析精度は反復回数に依存するが，数回の反復計算により実務上必要な精度が得られることから，手計算による実用な解析手法としての評価を得ている。

固定モーメント法は鉛直荷重が作用する節点移動のないラーメン骨組の解析に適した手法である。節点移動のある骨組の場合には，固定モーメント法と層方程式を併用して解く必要がある。しかし，実務上は，鉛直荷重を受ける均等ラーメンの場合には，骨組や鉛直荷重の非対称性による節点移動は無視できるとして，固定モーメント法だけで応力を算定することも多い。なお，水平荷重を受ける場合など節点移動の影響が大きい場合には，固定モーメント法に代えて，次章で説明するD値法で応力算定することが一般的である。

本章では，おもに，鉛直荷重が作用する節点移動のない状態の骨組について，その解法手順を説明することとし，節点移動のある場合の手順については概説するにとどめる。

8-1 固定モーメント法の基本仮定と概念

固定モーメント法の基本仮定は，7章で説明しているたわみ角法の仮定と同じである。すなわち，直線状の等質等断面の線材から構成された平面ラーメンの微小変形の範囲を対象とし，重ね合わせの原理が成立することを前提に，(a) 線材仮定，(b) 剛節仮定と節点モーメント，(c) 考慮する変形と材長不変の仮定が用いられている（図7-1参照）。

固定モーメント法の概念を，前章のたわみ角法の概念を利用して説明する。

(1) 到達モーメントと分配モーメント

図8-1 (a) に示すような，連続梁の節点Oにモーメント荷重が作用する場合を例として，固定モーメント法を概説する。

たわみ角法の解法手順に従って定式化すれば，次のようになる。

手順1) たわみ角法の基本式による定式化

図 (a) の場合のたわみ角法の基本式は，7章の図7-21 (a) のように節点をiとjと表現すれば，次式で表わされる。

$$M_{ij} = k_i(2\phi_i + \phi_j + \psi_i) + C_{ij} \tag{7.21}$$
$$M_{ji} = k_i(\phi_i + 2\phi_j + \psi_i) + C_{ji} \tag{7.22}$$

上式を，図 (b) の各部材のような境界条件について適用すれば，次のようになる。

部材 AO（左の梁）：

部材 AO の基本式は，次式である。

$$M_{AO} = k_A(2\phi_A + \phi_{OA} + \psi) + C_{AO} \tag{7.21}$$
$$M_{OA} = k_A(\phi_A + 2\phi_{OA} + \psi) + C_{OA} \tag{7.22}$$

i) 境界条件

節点Aは固定端：$\theta_A = 0$ ∴ $\phi_A = 0$

節点Oは回転可能：$\theta_O \neq 0$ ∴ $\phi_{OA} \neq 0$

節点移動はない：部材角は発生しない $R = 0$

∴ $\psi = 0$

ii) 固定端モーメント

中間荷重がないので固定端モーメント（Fixed End Moment：通常 FEM と記す）はない。

∴ $C_{AO} = 0$, $C_{OA} = 0$

したがって，材端モーメントは次式となる。

$$M_{AO} = k_A(0 + \phi_{OA} + 0) + 0$$

∴ $M_{AO} = k_A\phi_{OA} \tag{a}$

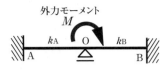

(a) 連続梁

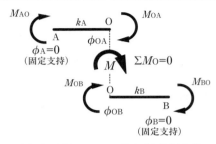

(b) 各要素についての基本式と境界条件

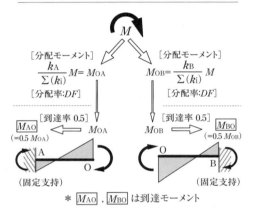

* M_{AO}, M_{BO} は到達モーメント

(c) モーメントの伝達イメージ

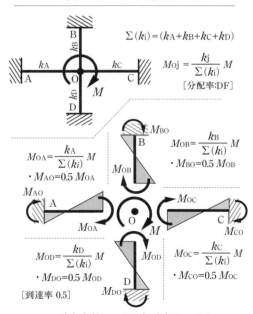

(d) 分配モーメントと到達モーメント

図 8-1 固定モーメント法の原理

$$M_{OA} = k_A(0 + 2\phi_{OA} + 0) + 0$$
$$\therefore\ M_{OA} = k_A \cdot 2\phi_{OA} \qquad (b)$$

(a), (b) 式より, 次の関係があることがわかる。

$$M_{AO} = M_{AO} = \frac{1}{2} \cdot M_{OA}$$

すなわち, M_{AO} は M_{OA} の 1/2 である。

いま, 仮に右端 O 点に M_{OA} が作用したと考えれば, 左端 A 点 (固定端) には右端のモーメントの 1/2 が伝達されたと考えることができる。右端のモーメントの 1/2 が持ち越されて (carry-over), 左端 (固定端) に到達したと考えて, 伝達されたモーメントのことを**到達モーメント** (carry over moment: 通常 C と記す) あるいは**伝達モーメント**とよぶ。この場合, 1/2 のことを係数と考えて**到達率**あるいは**伝達率**とよべば, 他端が固定端の場合の到達率は 0.5 (= 1/2) であるといえる (後で説明するが, 到達率は条件によって異なる)。

部材 OB (右の梁):

部材 AO と同様に, 基本式に境界条件と中間荷重の条件を代入する。

ⅰ) 境界条件

節点 O は回転可能:$\theta_O \neq 0$ ∴ $\phi_{OB} \neq 0$

節点 B は固定端:$\theta_B = 0$ ∴ $\phi_B = 0$

節点移動はない:部材角は発生しない $R = 0$

∴ $\psi = 0$

ⅱ) 固定端モーメント

中間荷重がないので固定端モーメントはない。

∴ $C_{OB} = 0$, $C_{BO} = 0$

したがって, 材端モーメントは次式となる。

$$M_{OB} = k_B(2\phi_{OB} + 0 + 0) + 0$$
$$\therefore\ M_{OB} = k_B \cdot 2\phi_{OB} \qquad (c)$$
$$M_{BO} = k_B(0 + \phi_{OB} + 0) + 0$$
$$\therefore\ M_{BO} = k_B \phi_{OB} \qquad (d)$$

(c), (d) 式より, 次の関係があることがわかる。

$$M_{BO} = \frac{1}{2} \cdot M_{OB}$$

すなわち, 左端 O 点に作用した M_{OB} の 1/2 が, 持ち越されて (carry-over) 右端 B 点 (固定端) に到達 (伝達) したと考えることができ, 到達率 (伝達率) は 0.5 (= 1/2) であることがわかる。

手順2）釣合い条件式の作成

節点方程式：「7-1 たわみ角法の基本仮定　(b) 剛節仮定と節点モーメント（図7-1 (b) 参照）」で説明しているとおり，その節点に関係するモーメントのことを節点モーメントとよぶ。1つの節点に複数の部材が取り付いている場合，節点モーメントは釣り合っていること（$\Sigma M = 0$）が必要である。

また，剛節点で剛接合された部材のたわみ角（回転角）は等しい。

この例では，節点 O には外力モーメント M と材端モーメント M_{OA}，M_{OB} が関係しており，O 節点でのモーメントの釣合いを考えれば，$\Sigma M_O = 0$ が成立しなければならない。すなわち，

$$M_{OA} + M_{OB} = M \qquad (e)$$

また，$\phi_{OA} = \phi_{OB}$ であり，これ ϕ_O とおいて，上式に (b)，(c) 式を代入すれば，

$$k_A \cdot 2\phi_{OA} + k_B \cdot 2\phi_{OB} = 2\phi_O (k_A + k_B) = M$$

$$\therefore \quad 2\phi_O = \frac{M}{(k_A + k_B)} = \frac{1}{\sum k_i} M \qquad (f)$$

これを，(a) ～ (d) 式に代入すれば，次のようになる。

(b) 式：$M_{OA} = k_A \cdot 2\phi_O = \dfrac{k_A}{\sum k_i} M$

(c) 式：$M_{OB} = k_B \cdot 2\phi_O = \dfrac{k_B}{\sum k_i} M$

上の2つの式は，節点 O における曲げモーメント M は，その節点に集まる部材の剛比の和（Σk）に対する剛比の大きさに比例して各部材に分配（distribution）されることを表わしている。各部材に分配される率（$k_i/\Sigma k$）を**分配率**（Distribution Factor：通常 DF と記す）または**分割率**といい，各部材に分配されるモーメントのことを**分配モーメント**（Distribution Moment：通常 D と記す）あるいは**分割モーメント**とよぶ。

(a) 式：$M_{AO} = k_A \phi_O = \dfrac{k_A}{2\sum k_i} M = \dfrac{1}{2} M_{OA}$

(d) 式：$M_{BO} = k_B \phi_O = \dfrac{k_B}{2\sum k_i} M = \dfrac{1}{2} M_{OB}$

上の2つの式は到達モーメントを表わすもので，節点 O において各部材に分配される**分配モーメント**（D）が，**到達率** 0.5（= 1/2）として，各材の他

端（固定端）に到達することを表わしている。

以上説明したことを，モーメントの伝達イメージを，図 (c) のように図示してまとめれば次のようになる。

ⅰ）**分配モーメント（分割モーメント）**

節点に作用するモーメントは，各部材の**分配率**に従い分配（分割）される。

ⅱ）**到達モーメント（伝達モーメント）**

分配モーメントは，**到達率**（値は条件により異なる。固定端の場合 0.5）による割合で他方の材端に伝達される。

図 (d) のような，4つの部材が剛接合された節点 O にモーメント荷重 M が作用している場合について検討する。前項の連続梁と同様，分配率（分割率）と到達率を考えれば，各部材の分配モーメントと到達モーメントは次のように表現できる。

分配モーメント（分割モーメント）M_{Oj}：

$$M_{Oj} = \frac{k_j}{\sum (k_i)} M$$

ただし，$\dfrac{k_j}{\sum (k_i)}$：分配率（分割率）

$$j \text{ は A ～ D}$$

到達モーメント M_{jO}：

固定端への到達率は 0.5 =（1/2）より

$$M_{jO} = \text{到達率} \times M_{Oj} = 0.5 M_{Oj}$$

8-2　連続梁の解法

連続梁は節点移動がない骨組であり，梁部材相互の力の関係だけを考えればよいので，固定モーメント法の原理を理解しやすい。

（1）モーメント荷重を受ける連続梁

図 8-2 (a) に示すような，節点 O にモーメント荷重を受ける連続梁を固定モーメント法で解き，応力図を描くこととする。

前項で説明した固定モーメント法の原理に従い，図 (b) に示すような手順で解く。

1）分配モーメント（分割モーメント）

節点 O に作用するモーメントは，各部材の**分配率（分割率）**に従い分配（分割）される。

節点 O に連結されている2つの部材の剛比より，部材 AO と部材 OB への分配率は，それぞれ次式で

8　固定モーメント法　225

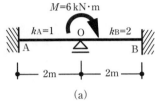

(a)

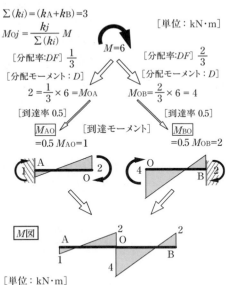

(b) モーメント図の作成

(c) せん断力図の作成

[0 表枠作成]

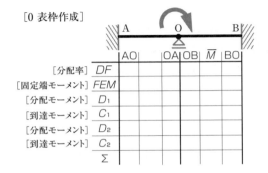

[① 分配率の算定・記入]　　$DF : \dfrac{kj}{\Sigma(ki)}$

	AO	OA	OB	$\overline{M}$	BO
DF	−	0.33	0.67		−

[② 固定端モーメントの算定・記入]

	AO	OA	OB	$\overline{M}$	BO
DF	−	0.33	0.67		−
FEM	0	0	0		0
	C_{AO}	C_{OA}	C_{OB}		C_{BO}

[③ 不釣合い(解放)モーメントの算定・記入]

	AO	OA	OB	$\overline{M}$	BO
DF	−	0.33	0.67		−
FEM	0	0	0	6	0

外力モーメントM

[④ 分配モーメントの算定・記入(1回目)]

	AO	OA	OB	$\overline{M}$	BO
DF	−	0.33	0.67		−
FEM	0			6	0
D_1	0	2	4		0

[⑤ 到達モーメントの算定・記入(1回目)]

	AO	OA	OB	$\overline{M}$	BO
DF	−	0.33	0.67		−
FEM	0	0	0	6	0
D_1	0	2	4		0
C_1	1	0	0		2

[到達率 0.5]　　　　[到達率 0.5]

[⑥ 不釣合いモーメントの算定・記入(2回目)]
[⑦ 材端モーメントの算定・記入]

	AO	OA	OB	$\overline{M}$	BO
DF	−	0.33	0.67		−
FEM	0	0	0	6	0
D_1	0	2	4		0
C_1	1	*0	+0	*0	2
Σ	1	2	4		2

＊ 不釣り合いモーメントは0

(d) 表計算

図 8-2　モーメント荷重を受ける連続梁

計算される。

$$DF = \frac{k_j}{\sum(k_i)} : 分配率（分割率）$$

∴ 梁 A への分配率：1/3

∴ 梁 B への分配率：2/3

したがって，

梁 A への分配モーメント：

$$M_{OA} = \frac{1}{3} \times 6 = 2 \text{ kN·m}$$

梁 B への分配モーメント：

$$M_{OB} = \frac{2}{3} \times 6 = 4 \text{ kN·m}$$

2）到達モーメント（伝達モーメント）

節点 O の各部材に作用したモーメントは，各部材の他端に伝達される。伝達量は到達率で表わされるが，この骨組では両梁ともに他端（到達点）が固定端であるので 0.5 である。したがって，各部材の到達モーメントは次のようになる。

梁 A への到達モーメント：

$$M_{AO} = 0.5 M_{OA} = 0.5 \times 2 = 1 \text{ kN·m}$$

梁 B への到達モーメント：

$$M_{BO} = 0.5 M_{OB} = 0.5 \times 4 = 2 \text{ kN·m}$$

部材両端の材端モーメントが計算されたが，この例では中間荷重がないので，材端モーメントを直線で結べば図（b）のように M 図が完成する。

3）表による計算

材端のモーメントを求める計算プロセスを，簡易な計算図表を用いて行うのが，固定モーメント法である。

図（d）には，計算表を用いた計算手順が示してある。その手順は次のとおりである。

[0 表枠作成]

[分配率 DF][固定端モーメント FEM][分配モーメント D][到達モーメン C]を書き込むための表を作成する。枠は，骨組の形状寸法とは無関係に，数字を書き込むために必要な大きさとする。例では，部材長の間を 3 分割した形の枠を設け，両端を材端に対応させ，真ん中の欄を節点 O の[解放モーメント $\bar{M}$]（後で説明する）記入欄としている。

[①分配率の算定・記入]

回転角を生じる各節点における[分配率（分割率）DF（= Distribution Factor）]を計算して，欄に記入する。

[②固定端モーメントの算定・記入]

中間荷重が作用する部材について固定端モーメント（FEM = Fixed End Moment）を求める。この問題では，固定端モーメント（FEM）はないので 0 を記入する。

[③不釣合い（解放）モーメントの算定・記入（1 回目）]

各節点について作用する固定端モーメントを合計[Σ(FEM)]して，不釣合いモーメントの大きさ（不釣合い状態を引き起こすモーメントの量）を算定する。節点が釣合いを保つためには，不釣合いモーメントが 0 であることが必要である。節点の不釣合い状態を解消するために，不釣合いモーメント[Σ(FEM)]と大きさが同じで方向が逆のモーメント = 解放モーメント $\bar{M}$ を作用させる。すなわち，解放モーメント $\bar{M} = -\Sigma(FEM)$ である。この問題では，固定端モーメント（FEM）がないので，不釣合いモーメントは生じないが，節点 O にはモーメント荷重 M が作用しているので，解放モーメント $\bar{M}$ として記入する。

[④分配モーメントの算定・記入（1 回目）]

解放モーメント $\bar{M}$ を節点に作用させれば，その時点までの不釣合い状態は解消されるが，新たに節点に作用させた解放モーメントは各部材に伝達されることになる。各部材に分配率により分配される解放モーメントを計算して，各部材への分配値を D_1 欄に記入する。

[⑤到達モーメントの算定・記入（1 回目）]

各部材の分配モーメントを他端に伝達させる。この問題では，他端が固定端なので到達率は 0.5 であり，分配モーメント×到達率として到達モーメントを算定し，値を C_1 欄に記入する。

[⑥不釣合いモーメントの算定・記入（2 回目）]

ここからは，③〜⑤の手順の繰返しであり，不釣合いモーメントが十分に小さくなるまで繰り返す。すなわち，各節点について作用する到達モーメントを合計[Σ(C_1)]して不釣合いモーメントを算定し，これを解消するための解放モーメント $\bar{M}$ [= $-\Sigma(C_1)$]を計算して，値を $\bar{M}$ 欄に記入する。この

問題では Σ(C_1) = 0 であり，節点 O の不釣合いモーメントは 0 なので，分配計算は終了する。

[⑦材端モーメントの算定・記入]

各部材について，各プロセスで算定した材端モーメントを合計 [$FEM + \Sigma(D_n) + \Sigma(C_n)$] して Σ 欄に記入すれば，各部材の材端モーメントが確定される。

iv) 応力図

モーメントとせん断力の関係からせん断力図を描き，節点におけるせん断力と軸方向力の関係から軸方向力図を描くことは，「7 たわみ角法」で詳しく説明してある。

前項で得られた各部材の材端モーメントにもとづき，次式により，図 (c) のように各部材のせん断力を算定すれば，せん断力図を描くことができる。

$$Q_{ij} = Q_{ji} = -\frac{(M_{ij} + M_{ji})}{l_{ij}}$$

この骨組では軸方向力は発生しないので，説明は省略する。

(2) 中間荷重を受ける連続梁

1) 解法の概要

図 8-3 (a) に示すような，片方の梁に等分布荷重 (中間荷重) を受ける連続梁を固定モーメント法で解き，応力図を描く手順を説明する。前項で説明したように，図 (b) 不釣合いモーメントの符号を逆とした解放モーメントを作用させ，図 (c) のように他端に分配して不釣合い状態を低減させて，この手順を釣合い状態に至るまで繰り返す。

2) 表計算

この問題についての計算表による手順を，図 8-4 (a) により説明する。

[0 表枠作成]

[分配率 DF][固定端モーメント FEM][分配モーメント D][到達モーメン C] を書き込むための表を作成する。枠は，骨組の形状寸法とは無関係に，数字を書き込むために必要な大きさとする。例では，節点間を 3 分割した形の枠を設け，両端を材端に対応させ，真ん中の欄を節点 O の [解放モーメント $\overline{M}$] 記入欄としている。

[①分配率の算定・記入]

回転角を生じる各節点における [分配率 (分割率) DF)] を計算して，欄に記入する。梁 A への分配率は，

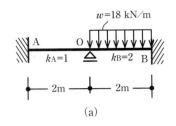

(a)

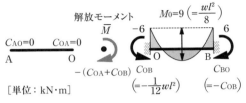

(b) 不釣合い(解放)モーメント

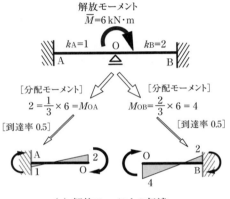

(c) 解放モーメントの伝達

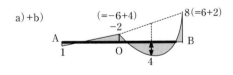

(d) モーメント図

図 8-3 中間荷重のある連続梁

[0 表枠作成]

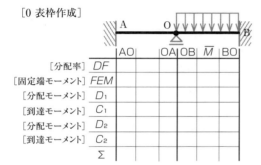

	AO	OA	OB	$\overline{M}$	BO
[分配率] DF					
[固定端モーメント] FEM					
[分配モーメント] D_1					
[到達モーメント] C_1					
[分配モーメント] D_2					
[到達モーメント] C_2					
Σ					

[① 分配率の算定・記入] $DF : \dfrac{kj}{\Sigma(ki)}$

	AO	OA	OB	$\overline{M}$	BO
DF	—	0.33	0.67		—

[② 固定端モーメントの算定・記入]

	AO	OA	OB	$\overline{M}$	BO
DF	—	0.33	0.67		—
FEM	0	0	−6		6
	C_{AO}	C_{OA}	C_{OB}		C_{BO}

[③ 不釣合い(解放)モーメントの算定・記入]

	AO	OA	OB	$\overline{M}$	BO
DF	—	0.33	0.67		—
FEM	0	0	−6	6	6

$\Sigma(FEM) = -6 \Rightarrow \overline{M} = -\Sigma(FEM)$ (逆符号)

[④ 分配モーメントの算定・記入(1回目)]

	AO	OA	OB	$\overline{M}$	BO
DF	—	0.33	0.67		—
FEM	0	0	−6	6	6
D_1	0	2	4		0

[⑤ 到達モーメントの算定・記入(1回目)]

	AO	OA	OB	$\overline{M}$	BO
DF	—	0.33	0.67		—
FEM	0	0	−6	6	6
D_1	0 ×0.5	2	4 ×0.5		0
C_1	1	0	0		2

[到達率 0.5]　　[到達率 0.5]

[⑥ 不釣合いモーメントの算定・記入(2回目)]
[⑦ 材端モーメントの算定・記入]

	AO	OA	OB	$\overline{M}$	BO
DF	—	0.33	0.67		—
FEM	0	0	−6	6	6
D_1	0	2	4		0
C_1	1	*0	*0	*0	2
Σ	1	2	−2		8

＊ 不釣合いモーメントは0

(a) 表計算

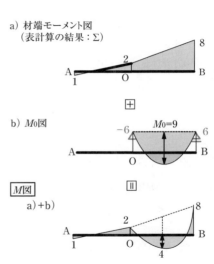

(b) モーメント図の作成

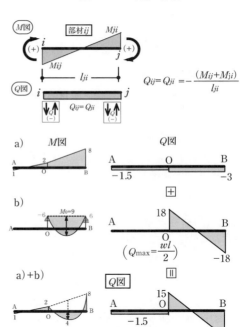

(c) せん断力図の作成

図 8-4　表計算と応力図

8　固定モーメント法　229

$0.33 = (1/3)$ 梁 B への分配率：$0.67 = (2/3)$ である。

[②固定端モーメントの算定・記入]

中間荷重が作用する部材 OB の固定端モーメント（*FEM*）は，等分布荷重であるので $C_{OB} = -wl^2/12 = -6$，$C_{BO} = -C_{OB} = 6$ を，*FEM* 欄に記入する。

[③不釣合い（解放）モーメントの算定・記入（1回目）]

回転可能な節点 O について作用する固定端モーメントを合計 $[\Sigma(FEM)]$ すれば不釣合いモーメント -6，解放モーメント $\bar{M}\ [=-\Sigma(FEM)]$ は 6 となる。

[④分配モーメントの算定・記入（1回目）]

解放モーメント $\bar{M} = 6$ を，分配率により分配すれば，部材 OA は 2（$= 6 \times 0.33$），部材 OB は 4（$= 6 \times 0.67$），各部材への分配値を D_1 欄に記入する。

[⑤到達モーメントの算定・記入（1回目）]

各部材の分配モーメントを他端に伝達させる。両部材ともに他端が固定端なので到達率は 0.5 として計算すれば，到達モーメントは，部材 AO は 1（$= 2 \times 0.5$），部材 BO は 2（$= 4 \times 0.5$），各部材の到達モーメントを C_1 欄に記入する。

[⑥不釣合いモーメントの算定・記入（2回目）]

ここからは，③〜⑤の手順の繰返しである。回転の生じる節点 O について到達モーメントを合計して得られる不釣合いモーメント $[\Sigma(C_1)]$ は 0 で，釣合い状態になるので，分配計算は終了する。

[⑦材端モーメントの算定・記入]

各部材について，各プロセスで算定した材端モーメントを合計 $[FEM + D_1 + C_1)]$ して Σ欄に記入すれば，各部材の材端モーメントが確定する。

3） 応力図

曲げモーメント図：図（b）のように，固定モーメント法により得られた材端モーメント図 a）と，単純支持された梁の中間荷重によるモーメント図（M_0 図）b）とを合成すれば，モーメント図を描くことができる。

せん断力図：材端モーメントとせん断力の関係は次式で算定できる。

$$Q_{ij} = Q_{ji} = -\frac{\left(M_{ij} + M_{ji}\right)}{l_{ij}}$$

図（c）のように，材端モーメント図によるせん断力図 a）と，中間荷重によるせん断力図 b）を合成すれば，せん断力図を描くことができる。

軸方向力図：この骨組では軸方向力は発生しないので，説明は省略する。

（3） 中間荷重を受ける 3 連続梁

図 8-5（a）に示すような等分布荷重（中間荷重）を受ける 3 連続梁を，固定モーメント法で解き，応力図を描く手順を説明する。

1） 表計算

図 8-5（b）により，計算表による手順を説明する。

[0 表枠作成]

節点間を 3 分割した形の表を作成する。

[①分配率の算定・記入]

分配率は，節点 A については部材 BA が 0.33 と部材 BC が 0.67 であり，節点 C については部材 CB が 0.67 と部材 CD が 0.33 と算定される。

[②固定端モーメントの算定・記入]

中間荷重が作用する部材 BC の固定端モーメント（*FEM*）は等分布荷重であるので，$C_{BC} = -wl^2/12 = -6$，$C_{CB} = -C_{OB} = 6$，その値を *FEM* 欄に記入する。

[③不釣合い（解放）モーメントの算定・記入（1回目）]

回転可能な節点 O について作用する固定端モーメントを合計 $[\Sigma(FEM)]$ すれば不釣合いモーメントは -6，解放モーメント $\bar{M}\ [=-\Sigma(FEM)]$ は 6 となる。

[④分配モーメントの算定・記入（1回目）]

解放モーメント $\bar{M} = 6$ を，分配率により分配すれば，部材 OA は 2（$= 6 \times 0.33$），部材 OB は 4（$= 6 \times 0.67$），各部材への分配値を D_1 欄に記入する。

[⑤到達モーメントの算定・記入（1回目）]

各部材の分配モーメントを他端に伝達させる。両部材ともに他端が固定端なので到達率は 0.5，到達モーメントは，部材 AO は 1（$= 2 \times 0.5$），部材 BO は 2（$= 4 \times 0.5$）を C_1 欄に記入する。

[⑥不釣合いモーメントの算定・記入（2回目）][⑨同（3回目）]

230

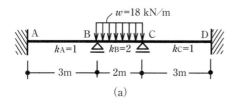

(a)

[0 表枠作成]

		AB	BA	BC	$\overline{M}$	CB	CD	$\overline{M}$	DC
[分配率]	DF								
[固定端モーメント]	FEM								
[分配モーメント]	D_1								
[到達モーメント]	C_1								
[分配モーメント]	D_2								
[到達モーメント]	C_2								
[分配モーメント]	D_3								
	Σ								

[① 分配率DFの算定・記入]

	AB	BA	BC	$\overline{M}$	CB	CD	$\overline{M}$	DC
DF	−	0.33	0.67		0.67	0.33		−

$DF : \dfrac{kj}{\Sigma(ki)}$ $\dfrac{1}{(1+2)}$ $\dfrac{2}{(1+2)}$ $\dfrac{2}{(2+1)}$ $\dfrac{1}{(2+1)}$

[② 固定端モーメントの算定・記入]

	AB	BA	BC	$\overline{M}$	CB	CD	$\overline{M}$	DC
DF	−	0.33	0.67		0.67	0.33		−
FEM	0	0	−6		6	0		0
	C_{AB}	C_{BA}	C_{BC}		C_{CB}	C_{CD}		C_{DC}

*固定端モーメント
[梁AとCは0]

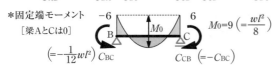

$\left(=-\dfrac{1}{12}wl^2\right) C_{BC}$ $C_{CB}(=-C_{BC})$ $M_0 = 9 \left(=\dfrac{wl^2}{8}\right)$

[③ 不釣合いモーメントの算定・記入]

	AB	BA	BC	$\overline{M}$	CB	CD	$\overline{M}$	DC
DF	−	0.33	0.67		0.67	0.33		−
FEM	0	0 ±−6	6		6 ±0	−6		0

Σ(FEM) $\overline{M}$ Σ(FEM) $\overline{M}$
=−Σ(FEM)   =−Σ(FEM)

[④ 分配モーメントの算定・記入（1回目）]

	AB	BA	BC	$\overline{M}$	CB	CD	$\overline{M}$	DC
DF	−	(0.33)	(0.67) ⊠		(0.67)	(0.33) ⊠		−
FEM	0	⊠	6		⊠	−6		
D_1	0	2	4		−4	−2		0

[⑤ 到達モーメントの算定・記入（1回目）]

	AB	BA	BC	$\overline{M}$	CB	CD	$\overline{M}$	DC
DF	−	0.33	0.67		0.67	0.33		−
FEM	0	0	−6		6	0	−6	0
D_1	(0) ×0.5	(2)	4	×0.5	−4	(−2) ×0.5		(0)
C_1	1	0	−2		2	0		−1

[到達率 0.5]   [到達率 0.5]   [到達率 0.5]

(b) 表計算（その1）

図 8-5　3連続梁の表計算例（その1）

[⑥ 不釣合いモーメントの算定・記入（2回目）]

	AB	BA	BC	$\overline{M}$	CB	CD	$\overline{M}$	DC
DF	−	0.33	0.67		0.67	0.33		−
FEM	0	0	−6		6	0	−6	0
D_1	0	2	4		−4	−2		0
C_1	1	0 ±−2	2		2 ±0	−2		−1

Σ(C_1) $\overline{M}$ Σ(C_1) $\overline{M}$
=−Σ(C_1)   =−Σ(C_1)

[⑦ 分配モーメントの算定・記入（2回目）]

	AB	BA	BC	$\overline{M}$	CB	CD	$\overline{M}$	DC
DF	−	(0.33)	(0.67)		(0.67)	(0.33)		−
FEM	0	⊠ 6	⊠		⊠	⊠ 6		
D_1	0	⊠			−4			0
C_1	1		2		2	(−2)		−1
D_2	0	0.66	1.34		−1.34	−0.66		0

[⑧ 到達モーメントの算定・記入（2回目）]

	AB	BA	BC	$\overline{M}$	CB	CD	$\overline{M}$	DC
DF	−	0.33	0.67		0.67	0.33		−
FEM	0	0	−6		6	0	−6	0
D_1	0	2	4		−4	−2		0
C_1	1	0	−2		2	0		−1
D_2	(0) ×0.5	0.66	1.34	×0.5	−1.34	−0.66	×0.5	(0)
C_2	0.33	0	−0.67		0.67	0		−0.33

[⑨ 不釣合いモーメントの算定・記入（3回目）]
[⑩ 分配モーメントの算定・記入（3回目）]
[⑪ 材端モーメントの算定・記入]

	AB	BA	BC	$\overline{M}$	CB	CD	$\overline{M}$	DC
DF	−	(0.33)	(0.67)		(0.67)	(0.33)		−
FEM	0	0 ⊠	−6 ⊠		6 ⊠	0	−6	0
D_1	0	2	4		−4	−2		0
C_1	1	0	−2		2	0	−2	−1
D_2	0	Σ(C_2)	1.34		Σ(C_2)	0.66		0
C_2	0.33	0 ±−0.67	0.67		0.67 ±0	−0.67		−0.33
D_3	0	0.22	0.45		−0.45	−0.22		0
Σ	1.33	2.88	−2.88		2.88	−2.88		−1.33

$\overline{M}$=−Σ(C_2) $\overline{M}$=−Σ(C_2)

(b) 表計算（その2）

a) 材端モーメント図（表計算の結果）

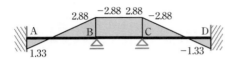

b) M_0図

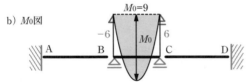

M図　a)+b)

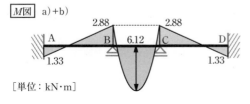

[単位：kN·m]

(c) モーメント図の作成

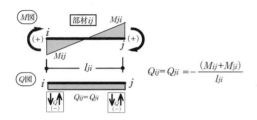

a) M図

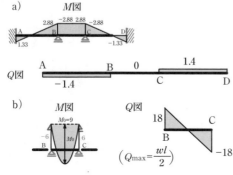

Q図　a)+b)

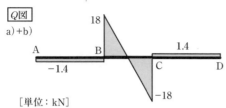

[単位：kN]

(d) せん断力図の作成

図8-5　3連続梁の表計算例（その2）

ここからは，③〜⑤の手順の繰返しである。
[⑦分配モーメントの算定・記入（2回目）][⑩同（3回目）]
[⑧到達モーメントの算定・記入（2回目）]

繰返し回数が多いほど精解に近づくが，2回程度繰り返せば実務的な精度を得られるといわれている。ただし，各節点の材端モーメントの総和が0となるように，分配（分割）モーメントの計算をして後に打ち切ることが必要である。ここでは⑩（3回目）の分配（D_3）を行った時点で打ち切ることにしている（精度については後で検証する）。

[⑪材端モーメントの算定・記入]

各部材について，各プロセスで算定した材端モーメントを合計 $[FEM + D_1 + C_1]$ してΣ欄に記入すれば，各部材の材端モーメントが確定する。

2）応力図

曲げモーメント図：図(c)のように，固定モーメント法により得られた材端モーメント図a)と，単純支持された梁の中間荷重によるモーメント図（M_0図）b)とを合成すれば，モーメント図を描くことができる。

せん断力図：図(d)のように，材端モーメント図によるせん断力図a)と，中間荷重によるせん断力図b)を合成すれば，せん断力図を描くことができる。

軸方向力図：この骨組では軸方向力は発生しないので，説明は省略する。

8-3　節点移動のないラーメン骨組の解法

ラーメン骨組に固定モーメント法を適用する場合，連続梁では1つの節点に2つの梁部材が関係するだけなのに対し，ラーメン骨組の場合には1つの節点に複数の柱・梁部材が関係することになるので，これに対応できる計算表が必要となる。

図8-6(a)はラーメン骨組の例であるが，これを解くためには図(b)のような計算表を用いる。すなわち，柱間に5列の欄をもつ計算表で，4つの部材が関係する節点Oでは図(c)に示すような欄に各部材端を割り当てて計算する。なお，後で説明するが，骨組の最下部（1階）の柱脚（固定支点の位置）については，中間荷重がない場合には別の方

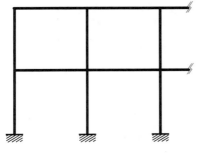

(a) ラーメン骨組

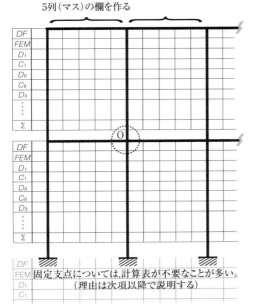

(b) 計算用の表

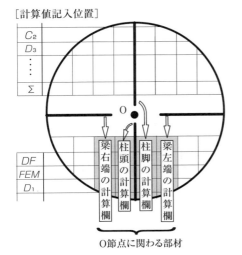

(c) 節点Oに関わるモーメントの記入位置

図8-6　ラーメン架構の計算例

法で材端モーメントを算定できるので，計算表を設けなくてよい。

(1) 剛節骨組

図8-7 (a) に示すような梁部分に等分布荷重を受ける剛節骨組(図7-17, 図7-22と同じ)を固定モーメント法で解き，応力図を描く手順を説明する。

1) 表計算

図 (b) と (c) に示すような計算表により，固定モーメント法の解法手順に従い，材端モーメントを求める。

[０ 表枠作成]

この骨組は，柱・梁が各1本で構成されているので，計算表は4列の欄としている。この問題の場合，節点Bには上階の柱がないので，柱の右の欄は空欄となる。また，柱脚が固定支持されていることから，柱脚に伝達されたモーメントは固定端がすべて負担する（他に分配されることはない）ので，DF欄とD欄は省略している。なお，1階柱脚（固定支点）の材端モーメントは，中間荷重がないので別の方法で算定できるため，欄を省略することもできるが，ここでは欄を設けて算定する。

[①分配率の算定・記入]

節点Bにおける分配率は，部材BAが0.33と部材BCが0.67である。

[②固定端モーメントの算定・記入]

中間荷重が作用する梁部材BCの固定端モーメント（FEM）は，等分布荷重であるので$C_{BC} = -wl^2/12 = -13.3$, $C_{CB} = -C_{OB} = 13.3$, 柱は0, その値をFEM欄に記入する。

[③不釣合い（解放）モーメントの算定・記入（1回目）]

回転可能な節点Bに作用する固定端モーメントの合計 [$\Sigma(FEM)$] は，不釣合いモーメントでその値は -13.3, 解放モーメント $\bar{M}$ [$= -\Sigma(FEM)$] は逆向きの方向（逆符号）となるので13.3となる。

[④分配モーメントの算定・記入（1回目）]

解放モーメント $\bar{M} = 13.3$ を，各部材へ分配率により分配すれば，部材BAには $4.4 (= 13.3 \times 0.33)$, 部材BCには $8.9 (= 13.3 \times 0.67)$ となり，この値をD_1欄に記入する。

[⑤到達モーメントの算定・記入（1回目）]

8　固定モーメント法　233

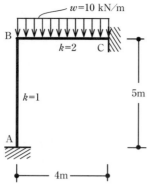

(a) 鉛直荷重を受ける剛節骨組

[0 表枠作成]

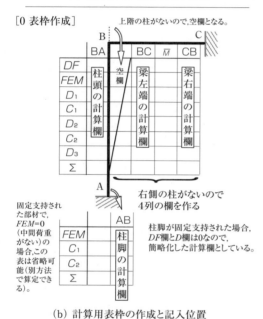

(b) 計算用表枠の作成と記入位置

[① 分配率DFの算定・記入]

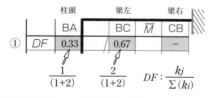

[② 固定端モーメントの算定・記入]

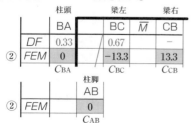

(c) 表計算(その1)

[③ 不釣合い(解放)モーメントの算定・記入]

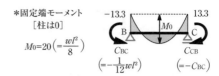

[④ 分配モーメントの算定・記入(1回目)]

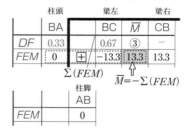

[⑤ 到達モーメントの算定・記入(1回目)] [到達率 0.5]

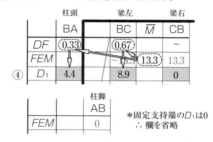

[⑥ 不釣合いモーメントの算定・記入(2回目)]
[⑦ 材端モーメントの算定・記入]

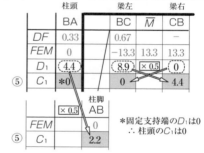

(c) 表計算(その2)

図 8-7 節点移動のない剛節骨組(その1)

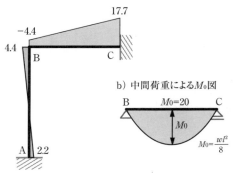

a) 材端モーメントによるM図

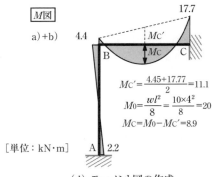

b) 中間荷重によるM_0図

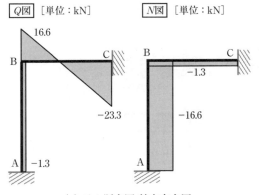

(d) モーメント図の作成

$$M_{C'} = \frac{4.45+17.77}{2} = 11.1$$
$$M_0 = \frac{wl^2}{8} = \frac{10 \times 4^2}{8} = 20$$
$$M_C = M_0 - M_{C'} = 8.9$$

[単位：kN·m]

Q図　[単位：kN]　　N図　[単位：kN]

(e) せん断力図・軸方向力図

図8-7　節点移動のない剛節骨組（その2）

各部材の分配モーメントを他端に伝達させる。2部材ともに他端は固定端であるので到達率は0.5であり，到達モーメントは部材ABの柱脚へは2.2（＝4.4×0.5），部材BCの右端へは4.4（＝8.9×0.5）伝達されるが，部材ABの柱頭と部材BCの左端へは0である。各部材の値をC_1欄に記入する。

[⑥不釣合い（解放）モーメントの算定・記入（2回目）]

ここからは，③〜⑤の手順の繰返しである。解放モーメントは各節点について到達モーメントの合計 $[\Sigma(C_i)]$ の符号を代えた値 $[-\Sigma(C_i)]$ であるが，⑤の分配において解法モーメント $[-\Sigma(C_i)]$ は0となるので，繰返し計算は終了する。

[⑦材端モーメントの算定・記入]

各部材について，各プロセスで算定した材端モーメント（FEM, D_i, C_i）を合計してΣ欄に記入すれば，各部材の材端モーメントが確定する。

2）応力図

曲げモーメント図：図(d)のように，固定モーメント法により得られた材端モーメント図a)と，単純支持された梁の中間荷重によるモーメント図[M_0図] b)とを合成すれば，モーメント図を描くことができる。

せん断力図：曲げモーメントとせん断力の関係から，図(e)のように，せん断力図を描くことができる（図7-17で詳しく説明してある）。

軸方向力図：節点におけるせん断力と軸方向力の関係から，図(e)のように，各部材の軸方向力を求めることができる（図7-17で詳しく説明してある）。

(2) 1層1スパンのラーメン骨組

図8-8(a)に示すような，梁部分に等分布荷重を受ける1層1スパンのラーメン骨組を固定モーメント法で解き，応力図を描く手順を説明する。

図(b)に示すような計算表により，固定モーメント法の解法手順に従い，材端モーメントを求める。

1）表計算

[0 表枠作成]

節点間を5分割した形の表を作成する。この問題の場合，節点BとCは上階の柱がないので，柱の右の欄は空欄となる。また，1階柱脚（固定支点）の材端モーメントは，中間荷重がないので別の方法で算定できるため，欄を省略することもできるが，省略できる理由を説明するために，ここでは欄を設けて算定する。

[①分配率の算定・記入]

分配率は，節点Bについては部材BAが0.33と部材BCが0.67であり，節点Cについては部材CBが0.67と部材CDが0.33となる。

[②固定端モーメントの算定・記入]

中間荷重が作用する部材BCの固定端モーメント

8　固定モーメント法　235

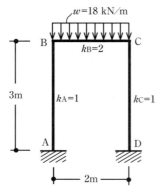

(a) 鉛直荷重を受ける1層1スパンの例

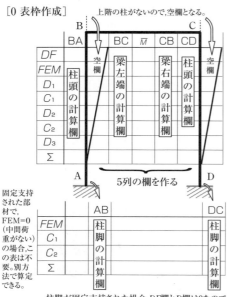

(b) 計算用表枠の作成と記入位置

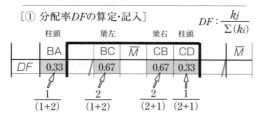

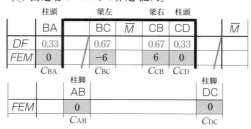

(b) 表計算（その1）

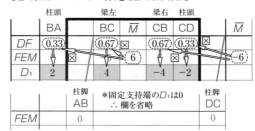

(b) 表計算（その2）

図8-8　1層1スパンラーメン架構の計算表（その1）

[⑦ 分配モーメントの算定・記入（2回目）]

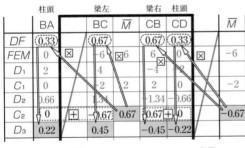

[⑧ 到達モーメントの算定・記入（2回目）]

[⑨ 不釣合いモーメントの算定・記入（3回目）]
[⑩ 分配モーメントの算定・記入（3回目）]

(b) 表計算（その3）

[⑪ 材端モーメントの算定・記入]

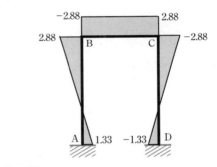

(b) 表計算（その4）

a) 材端モーメント図（表計算の結果）

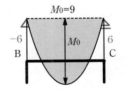

b) M_0図

M図　a)+b)

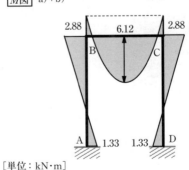

［単位：kN·m］

(c) モーメント図の作成

図8-8　1層1スパンラーメン架構の計算表（その2）

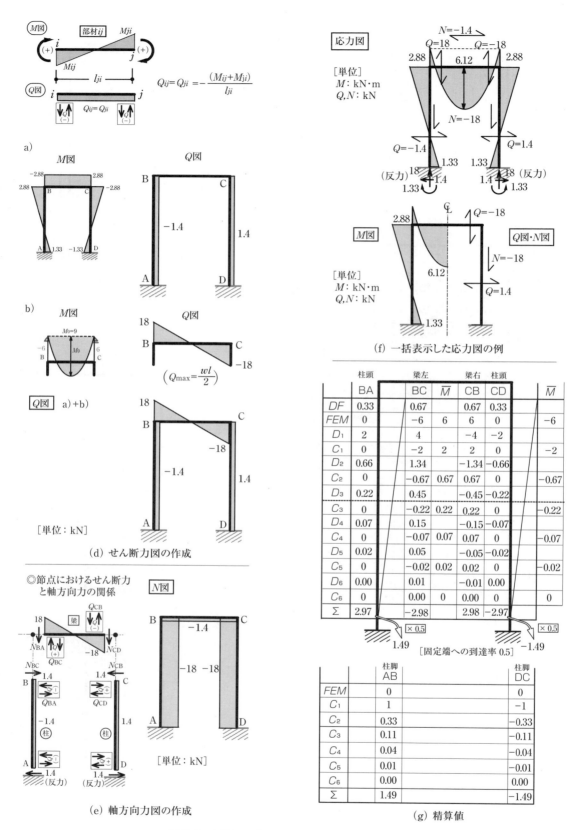

図8-8 1層1スパンラーメン架構の計算表（その3）

(FEM) は，等分布荷重であるので $C_{BC} = -wl^2/12 = -6$，$C_{CB} = -C_{OB} = 6$，その他は 0，その値を FEM 欄に記入する。

[③不釣合い（解放）モーメントの算定・記入（1回目）]

回転可能な節点 B と C について作用する固定端モーメントをそれぞれ合計 [$\Sigma(FEM)$] すれば，不釣合いモーメントは節点 B で -6，節点 C で 6，解放モーメント $\bar{M}$ [$= -\Sigma(FEM)$] はそれぞれ 6，-6 となる。

[④分配モーメントの算定・記入（1回目）]

解放モーメント $\bar{M} = 6$ または -6 を，各部材へ分配率により分配すれば，部材 BA は 2（$= 6 \times 0.33$），部材 BC は 4（$= 6 \times 0.67$），部材 CB は -4（$= -6 \times 0.67$），部材 CD は -2（$= -6 \times 0.33$）となり，各値を D_1 欄に記入する。

[⑤到達モーメントの算定・記入（1回目）]

各部材の分配モーメントを他端に伝達させる。すべての部材ともに到達率は 0.5 であり，到達モーメントは，部材 AB は 1（$= 2 \times 0.5$），部材 BC は -2（$= -4 \times 0.5$），部材 CB は 2（$= 4 \times 0.5$），部材 CD は -1（$= -2 \times 0.5$）であり，各部材の値を C_1 欄に記入する。

[⑥不釣合い（解放）モーメントの算定・記入（2回目）]～[⑩分配モーメントの算定・記入（3回目）]

ここからは，③～⑤の手順の繰返しである。解放モーメントは各節点について到達モーメントの合計 [$\Sigma(C_i)$] の符号を代えた値 [$-\Sigma(C_i)$] である。⑦の分配において，1 階柱脚は固定支持点なので，伝達されたモーメントのすべては固定支点が負担できるので不釣合いモーメントは生じず，1 階柱脚の D_2 は 0 となる。したがって，1 階柱頭への到達モーメントは 0 である。以下の分配でも同様なので，柱脚の D 欄は省略してある。本来は，不釣合いモーメントが 0 に収束するまで行うのが望ましいが，⑩の 3 回目の分配が終了した時点で，実務的な精度が得られたとして打ち切ることにする（後で検証する）。

[⑪材端モーメントの算定・記入]

各部材について，各プロセスで算定した材端モーメント（FEM, D_i, C_i）を合計して Σ 欄に記入すれば，各部材の材端モーメントが確定する。

2） 応力図

曲げモーメント図：図（c）のように，固定モーメント法により得られた材端モーメント図 a）と，単純支持された梁の中間荷重によるモーメント図 [M_0 図] b）とを合成すれば，モーメント図を描くことができる。

せん断力図：曲げモーメントとせん断力の関係から，図（d）のように，材端モーメント図によるせん断力図 a）と，中間荷重によるせん断力図 b）を合成すれば，せん断力図を描くことができる。

軸方向力図：節点におけるせん断力と軸方向力の関係から，各部材の軸方向力を求めることができることは，「7　たわみ角法」において詳しく説明してある。図（d）で求めたせん断力図にもとづいて，図（e）左図のように釣合い考えれば，右図のような軸方向力を描くことができる。

一括表示した応力図：図（c）～（e）の応力図を一括表示した例を示しておく。図（f）の上図は M 図中に Q 図・N 図と反力を一括表示した例である（せん断力 Q はモーメントが 0 となる位置付近に記入するのが通例である）。また，同図の下図は応力の対称性を前提として，左側を M 図，右側を Q 図・N 図として表示した例である。

3） 繰返し回数と誤差

固定モーメント法では繰返し回数が多いほど精解に近づくが，2 回程度繰り返せば実務的な精度を得られるといわれている。ここでは，繰返し回数と解析精度の関係について検証しておく。図（g）には，不釣合いモーメント $\Sigma(C_i)$ が 0 に収束するまで 6 回繰返し計算した結果（精算値）が示してある。数値の大きい節点 B と C についてみれば，繰返しを 2 回で打ち切った概算値の絶対値は 2.88 であるのに対し，精算値の場合は 2.98 であり，その差は 0.10 で，比で表わせば 0.97（$= 2.88/2.98$）で約 3% の誤差となっている。柱脚 A と D についてみれば，概算値の絶対値は 1.49，精算値では 1.33 であり，その差は 0.16 で，比で表わせば 1.12（$= 1.49/1.33$）であることがわかる。実務上，誤差は最大 15% 程度と見込んで，余裕のある部材設計を行うことにすれば，許容される精度であるといえよう。

また，柱に中間荷重がない場合，1階柱脚（固定支点）の材端モーメントは，柱頭の到達モーメント C_i だけが関係することから，結果として柱頭の材端モーメントの合計値が到達率 0.5 で柱脚に伝達されるとして算定できるので，柱脚用の欄を省略することができる。

なお，この骨組は梁のスパン中央位置を軸として対称変形するので，「8.3　変形対称性と有効剛比の活用」で説明する有効剛比を活用すれば，繰返し回数を減らせることを付記しておく。

(3)　2層1スパンのラーメン骨組

図 8-9 (a) に示すような，梁部分に等分布荷重を受ける1層1スパンのラーメン骨組（図 7-23 と同じ骨組）について，固定モーメント法の解法手順に従って解き，応力図を描くこととする。

1)　表計算

[0 表枠作成]

図 (b) のような節点間を5分割した形の表を作成する。節点 C と D は上階の柱がないので，柱の右の欄は空欄となる。また，1階柱脚（固定支点）の材端モーメントは，中間荷重がないので欄を省略する。

[①分配率の算定・記入]

各節点ごとの各部材の分配率を算定し記入する。

[②固定端モーメントの算定・記入]

[③不釣合い（解放）モーメントの算定・記入（1回目）]

中間荷重が作用する屋上階梁 CD と2階床梁 BE の固定端モーメント（FEM）を計算して（図 (c) 参照）FEM 欄に記入し，各節点ごとの不釣合いモーメントを求める。求めた [$\Sigma(FEM)$] を逆符号とした解放モーメント $\bar{M}$ [$= -\Sigma(FEM)$] を記入する。

[④分配モーメントの算定・記入（1回目）]

解放モーメント $\bar{M}$ を分配率により分配し，分配値を D_1 欄に記入。

[⑤到達モーメントの算定・記入（1回目）]

各部材の分配モーメントを他端に伝達させる。すべての部材ともに到達率は 0.5 であり，各部材への到達値を C_1 欄に記入。柱頭・柱脚の記入位置が離れているので注意する。1階柱脚（A，F）については無記入。

[⑥不釣合いモーメントの算定・記入（2回目）]〜[⑩分配モーメントの算定・記入（3回目）]

ここからは，③〜⑤の手順の繰返しである。なお，2回目以降の解放モーメントは各節点について到達モーメントの合計 [$\Sigma(C_i)$] の符号を代えた値 [$-\Sigma(C_i)$] である。本来は，不釣合いモーメントが 0 に収束するまで行うのが望ましいが，⑩の3回目の分配が終了した時点で，実務的な精度が得られたとして打ち切ることにする。

[⑪材端モーメントの算定・記入]

各部材について，各プロセスで算定した材端モーメント（FEM, D_i, C_i）を合計して Σ欄に記入すれば，各部材の材端モーメントが確定する。

[⑫1階柱脚モーメントの算定]

1階柱脚（A，F）については，各柱の柱頭モーメント（Σ）が到達率 0.5 で伝達されるとして求める。

2)　応力図

曲げモーメント図：図 (d) のように，固定モーメント法により得られた材端モーメント図a）と，単純支持された梁の中間荷重によるモーメント図（M_0 図）b）とを合成すれば，モーメント図を描くことができる。

せん断力図：図 (c) 中に，曲げモーメントとせん断力の関係から結果だけを示す。

軸方向力図：図 (e) 中に，節点におけるせん断力と軸方向力の関係から求めた結果だけを示す。

一括表示した応力図：一括表示した応力図の例を図 (e) として示しておく。

3)　繰返し回数と誤差

この問題における繰返し回数と解析精度の関係について検証しておく。この問題は，図 7-23 と同問題であり，たわみ角法による精解が得られているので，その結果と比較して検証する。曲げモーメントが最大である2階梁 CD のスパン中央部についてみれば，固定法は 70.9，たわみ角法は 70.71 であり，その比は 1.003 で両解析法の結果には差はないといえる。同様に，1階梁 BE についての比は 0.997（= 57.7/57.86），1階柱脚についての比は 1.026（= 13.2/12.86）である。固定法では分配・伝達計算を2回程度繰り返せば，実務的上の精度が得られるといわれていることを裏づける結果となっている。

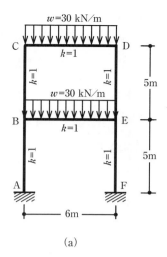

(a)

[0 表枠作成]

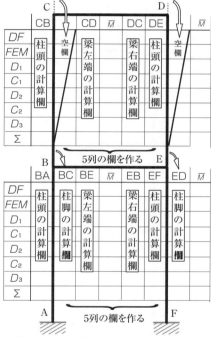

(b) 計算用表枠の作成と記入位置

[① 分配率DFの算定・記入]
[② 固定端モーメントの算定・記入]
[③ 不釣合い(解放)モーメントの算定・記入]

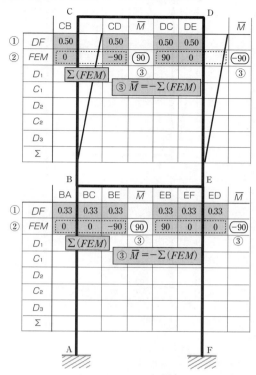

[④ 分配モーメントの算定・記入(1回目)]

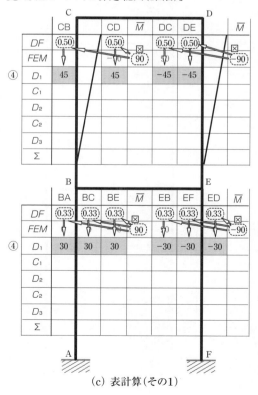

(c) 表計算(その1)

図8-9 2層1スパンラーメン架構の計算表 (その1)

8 固定モーメント法 241

[⑤ 到達モーメントの算定・記入(1回目)]

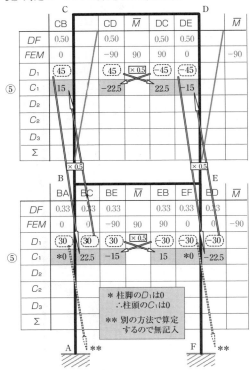

[⑥ 不釣合いモーメント(2回目)] [⑨ 同(3回目)]
[⑦ 分配モーメント(2回目)] [⑩ 同(3回目)]
[⑧ 到達モーメント(2回目)] [⑫ 同(柱脚)]
[⑪ 材端モーメントの算定・記入]

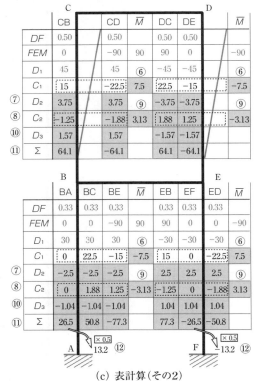

(c) 表計算(その2)

a) 材端モーメント図(表計算の結果)

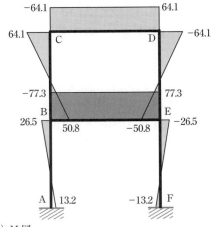

b) M_0図

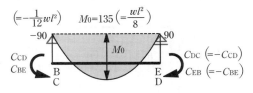

M図 a)+b)   [単位：kN・m]

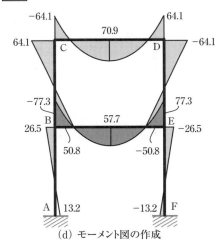

(d) モーメント図の作成

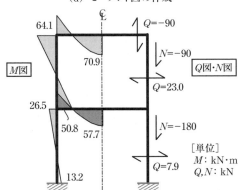

(e) 一括表示した応力図の例

図 8-9　2層1スパンラーメン架構の計算表 (その2)

8-4 変形対称性と有効剛比の活用

固定モーメント法は，節点の回転変形を拘束して（固定支持と仮定），ⅰ）注目節点に発生する中間荷重により生じる材端モーメント（固定端モーメント：FEM）を合計して不釣合いモーメントを算定し，ⅱ）不釣合いモーメントの方向を逆とした解放モーメントを注目節点以外の節点に到達モーメントとして伝達させる（固定支持の場合の到達率は0.5），ⅲ）次に注目節点を変えて同様な手順［ⅰ），ⅱ）］を次々と行うことにより，各節点における不釣合いモーメントが0に収束する状態（釣合い状態）を求めようとする手法である。

固定モーメント法では多数回の繰返し計算が必要となるが，変形の対称性にもとづく有効剛比を活用して繰返し回数を減らす方法がある。また，部材の他端がピン支持されている骨組に対し，部材両端の固定支持を前提とした固定モーメント法を適用させるために，有効剛比の考え方を活用している。

(1) 有効剛比の考え方

固定モーメント法における有効剛比について，固定モーメント法の根幹であるたわみ角法により説明する。

図 8-10 には，中間荷重・節点移動のない場合のたわみ角法の基本式が示してある。

固定モーメント法では，図1) のように，節点Aに作用する材端モーメント M_{AB} が固定支持された他端（B点）に伝達されることを基本としている。他端の固定端には，$0.5M_{AB}$ が伝達されること（伝達率0.5）は「8-1」で説明してある。これを，たわみ角法の基本式で表わせば，$M_{AB} = k(2\phi_A)$ となる。

他端Bがピン支持の場合にはB端の材端モーメントが0であることから，図2) のように $M_{AB} = k(1.5\phi_A)$ となり，たわみ角を基本形（固定端）と合わせると $M_{AB} = 0.75k(2\phi_A)$ と表現できることがわかる。すなわち，剛比を調整することにより固定端（固定モーメント法の基本形）として扱うことができることがわかる。調整した剛比を有効剛比 k_e とよぶが，他端Bがピン支持の場合の有効剛比 k_e は $0.75k$ である。

次に，図3) のように，単純支持された部材の両端に材端モーメントが作用して対称変形した（左右

0) たわみ角法の基本式
［中間荷重・節点移動のない場合］

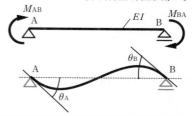

$$M_{AB} = 2EK(2\theta_A + \theta_B)$$
$$M_{BA} = 2EK(\theta_A + 2\theta_B)$$
ここで，K：剛度 (I/l)

または，

$$M_{AB} = k(2\phi_A + \phi_B)$$
$$M_{BA} = k(\phi_A + 2\phi_B)$$
ただし，$\phi_A = 2EK_0\theta_A$　$\phi_B = 2EK_0\theta_B$
k：剛比 $(=K/K_0)$　K_0：標準剛度

1) 他端が固定端（基本形）

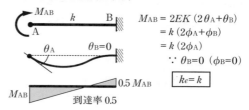

$M_{AB} = 2EK(2\theta_A + \theta_B)$
　　$= k(2\phi_A + \phi_B)$
　　$= k(2\phi_A)$
$\because \theta_B = 0$ $(\phi_B = 0)$

$\boxed{k_e = k}$

到達率 0.5

2) 他端がピン

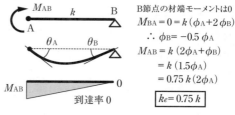

B節点の材端モーメントは0
$M_{BA} = 0 = k(\phi_A + 2\phi_B)$
$\therefore \phi_B = -0.5\phi_A$
$M_{AB} = k(2\phi_A + \phi_B)$
　　$= k(1.5\phi_A)$
　　$= 0.75k(2\phi_A)$

到達率 0

$\boxed{k_e = 0.75k}$

3) 対称変形

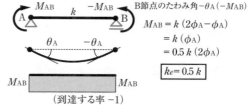

B節点のたわみ角 $-\theta_A (-M_{AB})$
$M_{AB} = k(2\phi_A - \phi_A)$
　　$= k(\phi_A)$
　　$= 0.5k(2\phi_A)$

（到達する率 -1）

$\boxed{k_e = 0.5k}$

4) 逆対称変形

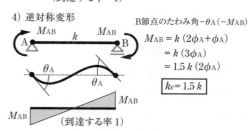

B節点のたわみ角 $-\theta_A (-M_{AB})$
$M_{AB} = k(2\phi_A + \phi_A)$
　　$= k(3\phi_A)$
　　$= 1.5k(2\phi_A)$

（到達する率 1）

$\boxed{k_e = 1.5k}$

図 8-10　有効剛比

のたわみ角がそれぞれ θ_A と $-\theta_A$）場合を考える。対称変形であるので，B点の材端モーメント $M_{BA} = -M_{AB}$ である。たわみ角法の基本式にこの条件を適用すれば，$M_{AB} = k(1.5\phi_A) = 0.5k(2\phi_A)$ であり，有効剛比 k_e は $0.5k$ となる。図からわかるとおり，A端に作用する M_{AB} は B端に $-M_{AB}$ 到達した（到達する率 -1）ように見えるが，この場合には両端にモーメントが作用した結果なので，固定モーメント法でいうところの到達率ではないことに注意が必要である。

図4）のように，両端に材端モーメントが作用して逆対称変形した（左右のたわみ角が θ_A）場合，B点の材端モーメント $M_{BA} = M_{AB}$ であり，この条件を適用すれば $M_{AB} = k(3\phi_A) = 1.5k(2\phi_A)$ となり，有効剛比 k_e は $1.5k$ となる。この場合，A端に作用する M_{AB} は B端に M_{AB} 到達した（到達する率 1）ように見える（固定モーメント法でいうところの到達率ではない）。

(2) 他端ピンの場合の有効剛比の利用

図8-11 (a) の3連続梁を固定モーメント法で解く手順について説明する。なお，この3連続梁は，図8-5の右端のD支点がピン支持された骨組と同じである。

梁CDはD点がピン支持されているので，この梁の有効剛比 k_e は $0.75k_C = 0.75$ である。図（b）は有効剛比として表わしたもので，この状態について，図（c）のようにD支点に関わる到達モーメントは0（到達率0）であることを前提に，固定モーメント法による表計算を行えばよい。モーメント図は，図（d）のように，得られた a) 材端モーメント図と b) M_0 図を合成すれば求められる。

(3) 対称変形骨組の場合の有効剛比の利用

図8-12 (a) に示すような，梁部分に等分布荷重を受ける1層1スパンのラーメン骨組（図8-7と同じ）について，有効剛比を利用した固定モーメント法で解き，その手順を説明する。

この骨組は，対称な骨組・対称な等分布荷重を受けている奇数スパンの骨組であるので，図（b）の左図のように梁スパン中央を対称軸とした対称変形をすると判断できる。対称変形の場合の有効剛比 k_e は $0.5k_B = 0.5 \times 2 = 1$ である。図（b）右図の

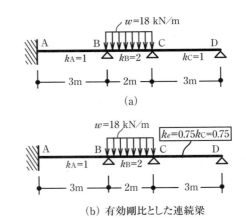

(a)

(b) 有効剛比とした連続梁

[① 分配率DFの算定・記入]

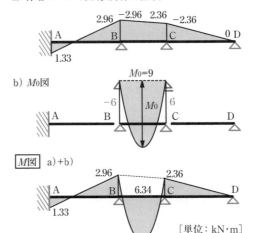

(c) 表計算

a) 材端モーメント図（表計算の結果）

b) M_0図

M図　a)＋b)

[単位：kN·m]

(d) モーメント図の作成

図8-11　3連続梁（ピン支点）

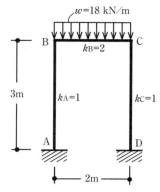

(a) 鉛直荷重を受ける1層1スパンの例

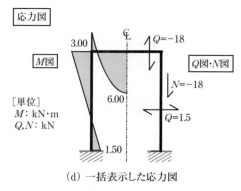

(d) 一括表示した応力図

図8-12 1層1スパンラーメン（有効剛比）

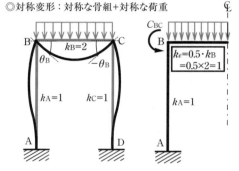

(b) 対称変形骨組の有効剛比

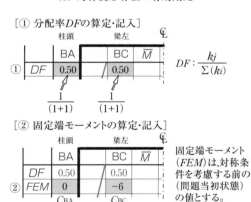

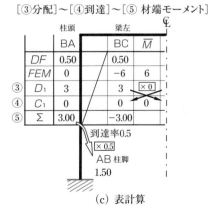

(c) 表計算

ような状態に対し固定モーメント法の解法手順に従い，材端モーメントを求めればよい．

図 (c) のように，手順に従って計算表を埋めていくことにする．①分配率は有効剛比を用いて算定し，②固定端モーメントは対称条件を考える前（問題当初の条件）の値 C_{BC} と置き，不釣合いモーメントが実用上の小ささになるまで繰り返せばよい．この場合，1回目の計算で0に収束する結果となっており，Σの値も図8-7（g）で示した精算値とほぼ等しい値であることがわかる．これは，多数回の繰返しによる誤差の混入が少ないためと考えられる．得られる応力図を図 (d) のようになる．

図8-13に，2層1スパンのラーメン骨組（図8-9と同じ）について，有効剛比を利用した表計算の例を示しておく．

図8-14（a）のような対称変形する奇数スパンのラーメン骨組を有効剛比を利用して解く場合は，図 (b) のように，対称軸が位置する梁の剛比 (k_{B2}) を有効剛比 ($k_e = 0.5k_{B2}$) とし，骨組の半分について解けばよい．この場合，対称軸上の梁に作用する固定端モーメント $C_{DD'}$ は対称条件を考える前（問題当初の条件）の値とすることに留意する．

(4) 偶数スパンの対称変形骨組の場合

図8-15の1）のような対称変形する（対称な骨組・対称な荷重）偶数スパンラーメン骨組の応力は，図6）のように，骨組を対称軸で2分割し，対称軸上の柱はないものとして，代わりに梁部分を固定支持（固定端）として計算すればよい．その根拠は，次のように説明できる．

この骨組は，対称な骨組・対称な等分布荷重を受

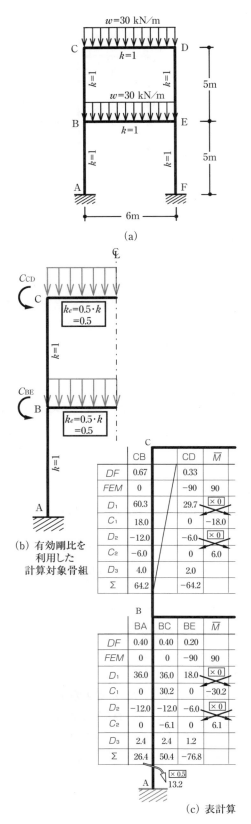

(a)

(b) 有効剛比を利用した計算対象骨組

(c) 表計算

図 8-13　2層1スパンラーメン（有効剛比）

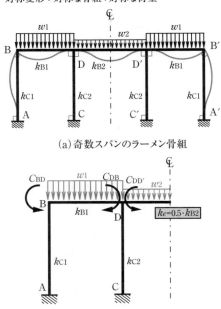

対称変形：対称な骨組＋対称な荷重

(a) 奇数スパンのラーメン骨組

(b) 有効剛比を利用した骨組

図 8-14　奇数スパンのラーメン（有効剛比）

けている偶数スパンの骨組であるので，図1）の中央柱位置を対称軸とした対称変形をする。この骨組は，2）軸対称位置で2分割して（左右の骨組が合成されてできたと）考えることができる。3）変形が軸対称であるから，左右の骨組のモーメント図も軸対称である。4）分割前の骨組のモーメント図は3）を合成したものとなり，対称軸上の柱のモーメントは0となる。5）骨組 ABD の応力は D 点が固定支持された状態の応力と同じである。したがって，1）の対称変形する偶数スパンラーメンのモーメントは，6）に示す状態の骨組について解けばよいことになる。

たとえば，図 8-16（a）のような中央の柱が対称軸となる骨組の場合，図（b）のように対称軸位置の梁端を固定端とした状態（図 7-17 と同じ状態になる）について，図（c）のように表計算して骨組の半分の応力を求め，全体の曲げ応力図は軸対称として復元すれば図（d）のように骨組全体の M 図が得られる。

1) 対称変形する偶数スパンラーメン （対称骨組+対称荷重）

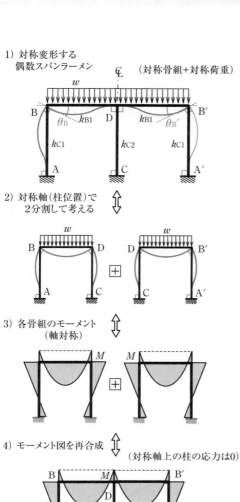

2) 対称軸(柱位置)で2分割して考える

3) 各骨組のモーメント（軸対称）

4) モーメント図を再合成 （対称軸上の柱の応力は0）

5) 骨組ABDの応力 （D点固定支持と同じ）

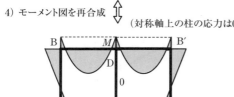

6) 計算対象骨組

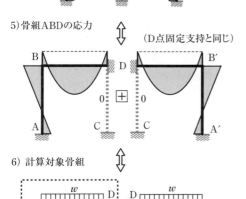

図8-15 対称変形する偶数スパンラーメン

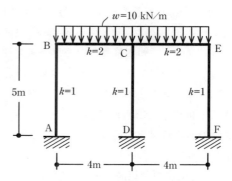

(a) 対称変形する1層2スパンラーメン

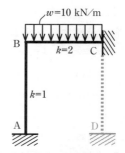

(b) 対称性を利用した計算対象骨組

	柱頭	梁左		梁右
	BA	BC	$\overline{M}$	CB
DF	0.33	0.67	—	
FEM	0	−13.3	13.3	13.3
D_1	4.4	8.9		0
C_1	0	0	0	4.4
Σ	4.4	4.4		17.7

×0.5 → 2.2

(c) 表計算

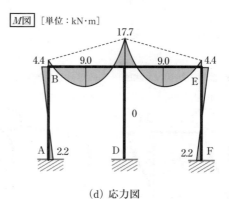

(d) 応力図

図8-16 対称変形する1層2スパンラーメン

8 固定モーメント法 247

8-5 節点移動のあるラーメン骨組の解法(概説)

固定モーメント法は，均等ラーメンに鉛直荷重が作用する場合など，節点移動のないラーメン骨組の解析に適した手法である。節点移動のある骨組について，固定モーメント法単独で解くことはできず，層方程式を併用した解析が必要となる。ここでは，節点移動のある骨組を固定モーメント法と層方程式を併用して解く方法の考え方について概説する。

(1) 水平力により部材角が生じる骨組

図 8-17 中の a)左図のように1層1スパンのラーメンが柱頭位置に水平力 P を受ける場合，骨組は図のように変形し，柱に部材角 R が生じる（梁は平行移動するだけなので部材角は生じない）。また，右図のように，層せん断力と柱のせん断力の間には層方程式とよばれる関係式が成立している。

a)の状態は，b)の状態と c)の状態とが合成されたものと考えることができる。すなわち，a)の応力は，b)柱頭の節点が回転拘束された状態で水平移動した場合（部材角だけが発生し，反力として回転拘束モーメントが発生）の応力と，c)柱頭の節点が水平移動拘束された状態（部材角は生じない）に反力である回転拘束モーメント（解放モーメント）が作用している場合の応力とが合成されたものと考えることができる。このように考えれば，a)の応力は，b)と c)の場合の応力をそれぞれ別々に求めて，その結果を合成すれば求めることができる。

(2) 部材角だけが生じる場合のたわみ角法の基本式

前項で説明した，b)柱頭の節点が回転拘束された状態（反力として回転拘束モーメントが作用）で部材角だけによる水平移動が生じた場合に，材端に生じる固定端モーメントを求める。

部材に部材角だけが生じた場合の材端モーメントは，図 8-18 のように，たわみ角法の基本式において $\theta_A = 0$，$\theta_B = 0$ とすれば，次式となる。また，その場合の部材のモーメントとせん断力は図のようになる。

$$M_{AB} = -6EKR = M_{BA}$$

または，

$$M_{AB} = k(-6EK_0R) = k\psi = M_{BA}$$

図 8-17 部材角が生じる骨組の解法

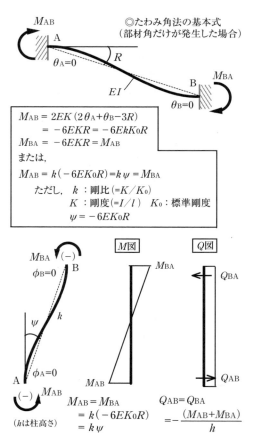

図 8-18 たわみ角法の基本式

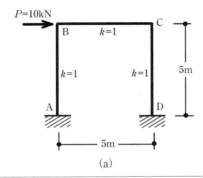

(a)

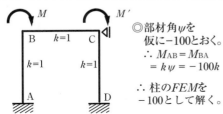

◎部材角 ψ を仮に -100 とおく。
∴ $M_{AB} = M_{BA} = k\psi = -100k$
∴ 柱の FEM を -100 として解く。

	柱頭 BA	梁左 BC	$\overline{M}$	梁右 CB	柱頭 CD	$\overline{M}$
DF	0.50	0.50		0.50	0.50	
FEM	−100	0	100	0	−100	100
D_1	50	50		50	50	
C_1	0	25	−25	25	0	−25
D_2	−12.5	−12.5		−12.5	−12.5	
C_2	0	−6.3	6.3	−6.3	0	6.3
D_3	3.1	3.1		3.1	3.1	
C_3	0	1.6	−1.6	1.6	0	−1.6
D_4	−0.8	−0.8		−0.8	−0.8	
Σ	−60.2	60.1		60.1	−60.2	

	柱脚 AB		柱脚 DC
FEM	−100		−100
C_1	25		25
C_2	−6.3		−6.3
C_3	1.6		1.6
Σ	−79.7		−79.7

(b) $\psi = -100$ とした場合の表計算

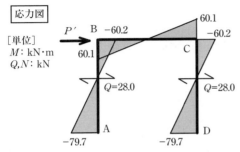

[層方程式] $P' = \Sigma(_1Q_i) = Q_{BA} + Q_{CD} = 28.0 + 28.0 = 56.0$

(c) $\psi = -100$ とした場合の応力図

応力図
[単位]
M: kN·m
Q, N: kN

$P = 10$ であるので、$P' = 56.0$ として得られた応力を 0.179 ($= 10/56.0$) 倍すればよい。応力図は下図のようになる。

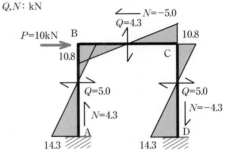

(d) 応力図

図 8-19 水平力を受ける 1 層 1 スパンラーメン

(3) 水平力を受けるラーメン

図 8-19 (a) のような 1 層 1 スパンのラーメンが柱頭位置に水平力 $P = 10$ kN を受ける場合（図 7-24 と同じ）を例にして、解法手順を説明する。

まず、柱頭の節点が回転拘束された状態（反力として回転拘束モーメントが作用）で部材角だけによる水平移動が生じた場合の応力を求める。以下の計算を簡単にするために部材角 $\psi = -100$ と仮定して（ψ の大きさは任意、ここでは水平力の桁の 10 倍とした）、柱頭の固定端モーメント（FEM）を求めれば、柱頭・柱脚の FEM は次式となる。

$$M_{AB} = M_{BA} = k\psi = -100k$$

つぎに、節点移動のない状態に対し、この FEM により生じる各部材の材端モーメントを、図 (b) の固定モーメント法による計算表により求めれば、図 (c) のような応力図が得られる。これにより、部材角 $\psi = -100$ の場合に柱に生じるせん断力の総和（ΣQ_i）は 56.0 kN と計算されるが、これは水平力 $P' = 56$ が作用していることに相当する。実際の水平力 P は 10 kN であるので、水平力 $P' = 56$ が作用して生じる応力を 0.176 ($= 10/56.0$) 倍すれば、$P = 10$ の応力となる。応力図は図 (d) のようになるが、せん断力 Q と軸方向力 N の算定については図 7-21 で説明してあるので、ここでは省略する。

(4) 非対称鉛直荷重を受けるラーメン

図 8-20 (a) のような非対称位置に鉛直集中荷重を受ける 1 層 1 スパンのラーメン（図 7-26 と同じ）を例として、解法手順を説明する。

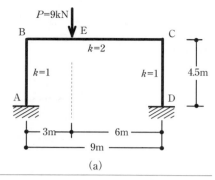

(a)

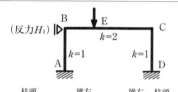

(b) 梁部材BCの中間荷重による固定端モーメント

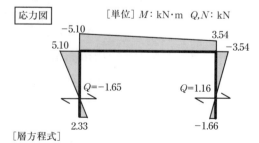

(c) 節点移動がないとした場合の表計算

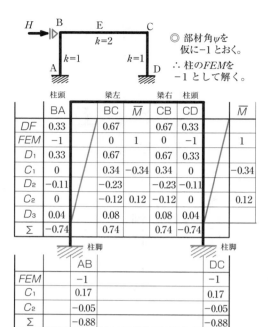

(d) 部材角を$\psi=-1$とした場合の表計算

層せん断力が0であるための条件：$H_1 + x \cdot H = 0$
∴ $x = -(H_1/H) = -(-0.49/0.72) = 0.68$

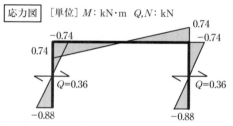

(e) 層せん断力が0の条件と曲げ応力図

◎(c)の応力+(e)の応力+中間荷重による応力

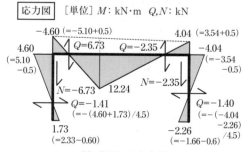

(f) 得られた応力図

図 8-20 非対称鉛直荷重を受けるラーメン

まず，中間荷重を受ける梁 BC の固定端モーメントを，6 章の表 6-1 を利用して求める。

つぎに，図 (c) のように，節点移動のない状態の応力を固定モーメント法の表計算により求め，層方程式により層せん断力を求めれば − 0.49 kN である。言い換えれば，節点移動を拘束するために必要な反力 H_1 は − 0.49 ということになる。

つぎに，後の計算を簡単にするために，図 (d) のように，部材角 $\psi = -1$ （ψ の大きさは任意，ここでは反力 H_1 の桁と同じとした）を仮に生じさせた場合の応力を求める。すなわち，両柱の FEM を -1 （$= k\psi$）とした場合の材端モーメントを，固定モーメント法による表計算により求めて骨組の応力を求める。その結果，部材角 $\psi = -1$ の場合に柱に生じるせん断力の総和（ΣQ_i）は 0.72 kN と計算されるが，これは反力 $H = 0.72$ が生じていることに相当する。

実際には柱頭は拘束されていないので，反力の合計は 0（＝層せん断力の合計 0）であることから，次式のような条件を満たす必要がある。

$$H_1 + xH = 0$$

$$\therefore \quad x = -(H_1/H) = -(-0.49/0.72) = 0.68$$

すなわち，図 (d) の状態で部材角 $\psi = 0.68$ であれば，反力の合計は 0（＝層せん断力の合計は 0）の条件を満たすことがわかる。部材角 $\psi = 0.68$ の場合の応力図は図 (e) のようになる。

したがって，図 (a) の応力は，［図 (b) の中間荷重による梁の応力 M_0］＋［図 (c) の応力］＋［図 (e) の応力 × 0.68］として計算され，図 (f) のような応力図を得る。なお，せん断力 Q と軸方向力 N の算定については図 7-26 で説明してあるので，ここでは省略する。

固定モーメント法において，節点移動のある骨組について節点移動がないものとして解く場合の誤差について，この問題を例に検討しておく。図 (c) の応力が，節点移動がないとした結果であり，図 (f) が節点移動を考慮した結果であるので，材端モーメントに注目して比較してみる。図 (c) において絶対値で最も大きい値は 5.10，図 (f) における同位置の値は 4.60 であるので，その比は 1.11 で節点移動がないとしたほうが約 10％大きく算定すること

になる。同様に，絶対値の最小値は − 1.66 と − 2.26 であり，その比は 0.73 で節点移動がないとしたほうが約 30％小さく算定することになる。1 つの例だけで結論づけるのは危険であるが，絶対値が大きい場合に誤差は小さく（約 10％），絶対値が小さい場合に誤差は大きく（約 30％）なる傾向があるようにみえる。節点移動のある骨組を節点移動がないものとして解く場合には，誤差の大きさについての注意が必要である。

9 水平力を受ける骨組の解法（*D* 値法）

地震・台風の襲来を免れ得ないわが国では，地震・台風による水平力に対して建築物を安全に保つことが重要である。骨組の応力はたわみ角法により求められるが，未知数が多い多層・多スパンの骨組を解こうとすると連立一次方程式の数が多くなり，コンピュータのない時代にあっては，それを手計算で解くことは簡単でなく，多大な時間が必要とされた。

これを打開するために，鉛直荷重に対する応力解析に関して固定モーメント法が案出されたように，水平力に対する応力解析に関してはせん断力分布係数（*D* 値：横力分布係数）を用いた「*D* 値法によるラーメンの実用解法」が武藤清博士により提案された。パーソナル・コンピュータが広く普及するまでの期間，わが国での構造設計実務における応力解析手法として，鉛直荷重に対しては固定モーメント法が，水平荷重に対しては *D* 値法が用いられていた。しかし，パソコンの普及と設計用水平力の算定方法の変更に伴い，*D* 値法はその役目を終えた存在となったといえる。しかしながら，水平力を受ける骨組の動きに注目し，その挙動に影響を与える因子の軽重を吟味し，複雑な挙動を実用的なレベルまで単純化してとらえて，「*D* 値法によるラーメンの実用解法」を案出した考え方の一端を知っておくことは意味があると考えられる。すなわち，構造設計者にとって，実際の建築物の動きや力の流れ＝建築物を構成する部材の動きを感覚的・幾何学的にとらえて想像できるアナログ的感覚が必要不可欠であるとの立場にたてば，アナログ的感覚を醸成する一助になると考えられるからである。

9-1 *D* 値法によるラーメンの解法原理

D 値法は水平力を受けるラーメンの応力解析法であり，その基本原理はたわみ角法をベースとしたものである。*D* 値法は，固定モーメント法が鉛直荷重を受けるラーメンの応力を機械的手順により簡便に算定することを目指したと同様，水平力を受けるラーメンの応力を機械的手順により簡便に同定する

ことを目指したものであるといえよう。

D 値法は，たわみ角法における層方程式に注目し，各層に生じる層せん断力は，結果として柱の有効剛比に応じて分配されることに着眼した解法である。*D* 値法では，まず各柱の負担するせん断力を算定し，その結果にもとづき，順に柱の曲げモーメント→梁の曲げモーメント→柱の軸方向力→反力を算定するところに特徴がある（たわみ角法や固定モーメント法では，最初に部材の材端モーメントを算定し，順にせん断力・軸方向力・反力を算定する）。

本節では，*D* 値法で用いられる諸係数について手順に従って説明するが，解法手順の全容を把握したうえでのほうが理解しやすいようにも思われる。したがって，最初は本節を斜め読みして，次節以降に示す具体的な手順と計算例により実際の計算手順を知ったうえで，再度，本節に戻ってその手順の根拠を確認するほうが理解が早いかもしれない。

（1） 層方程式と柱のせん断力

D 値法では，たわみ角法における層方程式に注目し，まず各柱が負担できるせん断力を算定する。

図 9-1 には，外力により作用する層せん断力 $_nP$ と柱に生じる層せん断力 $_nQ$ の関係（$_nP = {}_nQ$）が図示してある。同図の上図は，すでに図 7-18 と図 7-25 として掲げた図であるので，ここでの説明は省略する。同図の下図は，第 n 層を拡大してもので，第 n 層柱頭が柱脚に対し水平方向に移動し，水平変位 δ_n が生じた状態を示している。

各柱のせん断力を，水平変位を変数として $_nQ_i = {}_nD_i \cdot \delta_n$ と表現すれば，$_nD_i$ はせん断ばね定数を表わすことになる。また，同一層内の柱頭の水平変位 δ_n は等しいので，同一層内の柱に生じるせん断力の総和 $_nQ$ は下式となり，これが外力による層せん断力と釣り合うことになるので，このことを，数式で表わせば次式となる。

$$_nQ = \sum_{i=1}^{m}\left({}_nD_i \cdot {}_n\delta \right) = \left\{ \sum_{i=1}^{m}\left({}_nD_i \right) \right\} \cdot {}_n\delta$$
$$= {}_nP = \sum_{k=n}^{N}\left({}_nP_k \right)$$

$_nD_i$ は各柱の負担するせん断力の大きさを表わす係数であるが，同一層内の柱の負担するせん断力の分布を表わすものでもあることから，$_nD_i$ のことを

◎ 多層骨組の層方程式
第n層の層せん断力
①外力による層せん断力
$_nP=\sum_{k=n}^{N}({}_nP_k)$
②柱に生じる層せん断力
$_nQ=\sum_{i=1}^{m}({}_nQ_i)$
（m：柱本数）
③層せん断力の釣合い
①=② より
$_nP=\sum_{k=n}^{N}({}_nP_k)={}_nQ=\sum_{i=1}^{m}({}_nQ_i)$
［第n層に関する層方程式］
柱の本数はm本
P_N
P_{N-1}
P_n
P_1
$_nQ$ ②
$1Q$
①
$_n\delta$
P_n
$_nh$ ②
$_nQ_1$
$_nQ_i$
$_nQ_{i+1}$
P_{n-1}
$_n\delta={}_nh\cdot\psi_n$
ここで，$_nQ_i={}_nD_i\cdot{}_n\delta$ とおけば，②式は次式となる。
$_nQ=\sum_{i=1}^{m}({}_nD_i\cdot{}_n\delta)=\left\{\sum_{i=1}^{m}({}_nD_i)\right\}\cdot{}_n\delta\ ={}_nP=\sum_{k=n}^{N}({}_nP_k)$
ここに，$_nD_i$：せん断力分布係数

図 9-1　層方程式と柱のせん断力

せん断力分布係数とよぶ。

せん断力分布係数の値は，注目する柱の剛比のみならず，柱に取り付く上下左右の梁の剛比，当該柱の上下の柱の剛比，柱脚の支持条件などに関係するので，その影響を考慮して算定することが必要である。しかしながら，より精確な値を得るためには，煩雑な計算を必要とすることが多い。「せん断力分布係数 D」値を，諸条件を勘案し実用上の精度を確保しつつ簡便に求める一方法として，武藤清博士により「D 値法によるラーメンの実用解法」が提案された。

(2)　せん断力分布係数 D

せん断力分布係数 D は1本の柱が負担できるせん断力を表わす係数であるが，その値は，注目する柱の剛比のみならず，柱に取り付く上下左右の梁の剛比，当該柱の上下の柱の剛比，柱脚の支持条件などに関係するので，原則として，その影響を考慮して算定することが必要である。以下では，諸条件に対応して誘導されるせん断力分布係数の誘導根拠と過程を説明する。

(a)　部材角が生じた場合の基本式と反曲点高比

図 9-2（a）の上図のようにラーメン骨組が水平力を受けた場合には，柱には部材角 R が生じるが，中間荷重がないので固定端モーメント C は生じない。したがって，中間荷重による固定端モーメントがない状態を表わすたわみ角法の基本式は，図中に□囲いして示した C 項のない式となる。

この場合の応力図は，図（b）に示すように，柱の材端モーメント（柱頭・柱脚モーメント）による曲げモーメント分布（M 図）は材高 $_nh$ に1次比例する形となり，曲げモーメントとせん断力との関係から，せん断力分布（Q 図）は一定の値をもつ形となる（記号には第 n 層を表わすための添え字 n が付してある）。

柱高に1次比例する形の M 図では曲げモーメントが0となる点（位置）が生じるが，その点を**反曲点**といい，柱高さに対する反曲点高さの比を**反曲点高比** y_i という（反曲点高さ比ともいう）。反曲点位置は，図（c）のように柱頭・柱脚の各材端モーメントが決まれば反曲点高さとせん断力とが決まるが，逆に，反曲点高さとせん断力を決めれば柱頭・柱脚の材端モーメントが決まることになる。

(b)　せん断力分布係数 D の誘導

1）　両端（柱頭・柱脚）が回転拘束状態の場合

まず，図 9-3 のように柱の両端（柱頭・柱脚）の回転が拘束された（固定支持状態）剛比 k_i の柱に部材角が生じた場合を考える（記号には第 n 層を表わすための添え字 n が付してある）。

たわみ角法の基本式において，以下の関係を代入して整理すれば，この状態の柱のせん断力は（9.1）式のように表現される。

$$\phi_i=\phi_j=0$$

$$\psi_n=-6EK_0R_i$$

$$_n\delta={}_nh\cdot\psi_n$$

$$\therefore\ {}_nQ_i=-\frac{(M_{ij}+M_{ji})}{_nh}=\frac{2k_i\cdot\psi_n}{_nh}=\frac{12EK_0}{_nh}k_i\cdot R_i$$

$$=\frac{12EK_0}{_nh}\cdot\left(\frac{_n\delta}{_nh}\right)=\frac{12EK_0}{_nh^2}k_i\cdot{}_n\delta \qquad (9.1)$$

ここで，

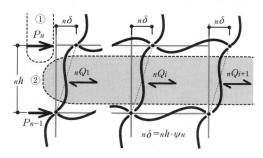

◎ 水平力を受ける骨組の柱

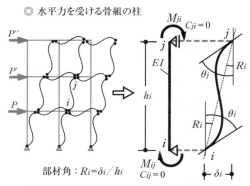

部材角：$R_i = \delta_i / h_i$

◎中間荷重のない場合のたわみ角法の基本式
$M_{ij} = 2Ek_iK_0(2\theta_i+\theta_j-3R_i)$
$M_{ji} = 2Ek_iK_0(\theta_i+2\theta_j-3R_i)$
または，
$M_{ij} = k_i(2\phi_i + \phi_j + \psi_i)$
$M_{ji} = k_i(\phi_i + 2\phi_j + \psi_i)$
ただし，k_i：剛比 $(=K/K_0)$
K：剛度 $(=I/l)$
K_0：標準剛度
$\phi_i = 2EK_0\theta_i$, $\phi_j = 2EK_0\theta_j$
$\psi_i = -6EK_0R_i$

(a) たわみ角法の基本式

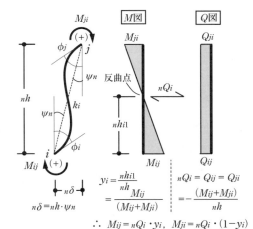

(b) 基本式と応力図

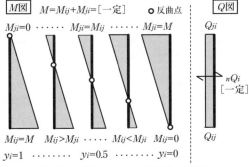

(c) 柱頭・柱脚モーメントと反曲点高さ比

図9-2　たわみ角法の基本式と応力図

◎ 両端回転拘束柱（第n層）の変形と応力

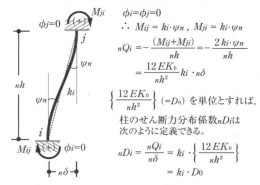

図9-3　せん断力分布係数（部材角による応力）

$\left\{\dfrac{12EK_0}{_nh^2}\right\} = D_0$

とおいて，D_0を一種のせん断ばね定数の単位とみなせば，(9.1) 式は次式のように表現できる。

$_nQ_i = \left\{\dfrac{12EK_0}{_nh^2}\right\}k_i \cdot {_n\delta} = D_0 \cdot k_i \cdot {_n\delta} = {_nD_i} \cdot {_n\delta}$

上式を別表現すれば，次式となる。

$_nD_i = \dfrac{_nQ_i}{_n\delta} = k_i \cdot \left\{\dfrac{12EK_0}{_nh^2}\right\} = k_i \cdot D_0$ 　　(9.2)

Dはせん断力分布係数とよばれ，$_nD_i$は第n層のi番目の柱の一種のせん断ばね定数を表わす。すなわち，完全に回転拘束された場合の第n層のi番目の柱のせん断力分布係数$_nD_i$は，基準せん断力分布係数D_0に柱の剛比k_iを乗じた値として求められる。

2) 両端（柱頭・柱脚）が回転できる場合

ラーメン骨組の柱頭・柱脚には梁が取り付いており，一般に最下層の柱脚などの特別な場合を除き，前項で説明したような回転拘束状態にはない。したがって，節点に回転角が生じ，節点に取り付く梁端と上下階の柱端にも材端モーメントが発生する。すなわち，柱の部材角によって生じる柱頭・柱脚のモーメントは，節点に取り付く部材に分配されることになる。

ここでは，これらの関係を整理して考えてみる。

a) 均等ラーメンの場合

話を簡単にするために，まず，柱の高さと剛比(k_c)が一様で，かつ，柱頭・柱脚の左右に取り付く梁(k_b)の剛比も一様な，図9-2に示すような均等ラーメンについて考える。

9　水平力を受ける骨組の解法(D値法)　255

注目する柱頭・柱脚の節点について，たわみ角法の基本式にもとづいた材端モーメント，節点方程式，層方程式を考える。

材端モーメント：部材角は柱にだけ発生

柱　$M_C = k_c(2\phi + \phi + \psi) = k_c(3\phi + \psi)$

梁　$M_B = k_b(\phi + 2\phi) = k_c(3\phi)$

節点方程式：柱頭と柱脚の節点は同条件

$$2M_C + 2M_B = 0$$

$$\therefore\ 3(k_c + k_b)\phi + k_c \cdot \psi = 0$$

$$\therefore\ 3\phi = -\frac{k_c}{(k_c + k_b)} \cdot \psi \tag{9.3}$$

層方程式：

$$Q_C = -\frac{(M_C + M_C)}{h} = -\frac{2k_c(3\phi + \psi)}{h}$$

$$\therefore\ Q_C h = -2k_c(3\phi + \psi) \tag{9.4}$$

ここで，(9.3) 式を (9.4) 式に代入すれば，

$$Q_C h = -2k_c\left\{-\frac{k_c}{(k_c + k_b)}\psi + \psi\right\}$$

$$= -2k_c\left\{-\frac{k_c}{(k_c + k_b)} + 1\right\}\psi$$

$$= -2k_c\left\{\frac{k_b}{(k_c + k_b)}\right\}\psi \tag{9.5}$$

ここで，$\left\{\dfrac{k_b}{(k_c + k_b)}\right\} = a$ とし，$\overline{k} = \dfrac{2k_b}{k_c}$ とおけば，

$$a = \frac{k_b}{\left(\dfrac{2k_c}{\overline{k}} + k_b\right)} = \frac{\overline{k}k_b}{(2k_b + \overline{k}k_b)} = \frac{\overline{k}}{(2 + \overline{k})} \tag{9.6}$$

ここで，$\overline{k}$ は柱の剛比に対する梁の剛比［合計：Σ(k_b)］の比である。a と $\overline{k}$ の関係をグラフ化すれば図のようになるが，グラフより，$\overline{k}$ が1を下回ると a の値が急激に小さくなること，$\overline{k}$ が大きく（梁の剛比 k_b が相対的に大きく）なると a の値は1に近づくことがわかる。仮に，梁の剛比が∞（完全回転拘束状態＝固定支持）であれば $a=1$ となり，梁の剛比が0（＝自由端）であれば $a=0$ である。

さらに，(9.5) 式に $\psi = -6EK_0R$，$\delta = h\psi$，$R = \delta_i/h_i$ を代入して整理すれば，

$$Q_c = \frac{1}{h}(-2k_c a)(-6EK_0R) = ak_c\left\{\frac{12EK_0R}{h}\right\}$$

$$= ak_c\delta\left\{\frac{12EK_0}{h^2}\right\} \tag{9.7}$$

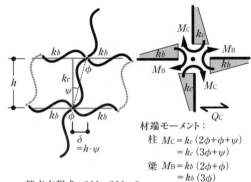

材端モーメント：
柱　$M_C = k_c(2\phi + \phi + \psi)$
　　　$= k_c(3\phi + \psi)$
梁　$M_B = k_b(2\phi + \phi)$
　　　$= k_b(3\phi)$

節点方程式：$2M_C + 2M_B = 0$
　∴ $3(k_c + k_b)\phi + k_c \cdot \psi = 0$

層方程式：$Q_C = -\dfrac{(M_C + M_C)}{h}$
　∴ $Q_C \cdot h = -2k_c(3\phi + \psi)$

剛性係数：$a = \dfrac{\overline{k}}{(2 + \overline{k})}$　ここに，$\overline{k} = \dfrac{2k_b}{k_c}$

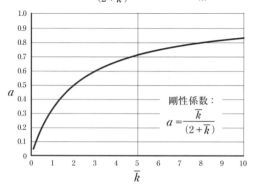

図 9-4　均等ラーメンの場合の関係式

$Q = D\delta$ と表現すれば，ばね定数に相当するせん断力分布係数 D は次のように表現できる。

$$D = \frac{Q}{\delta} = ak_c\left\{\frac{12EK_0}{h^2}\right\} = ak_c D_0 \tag{9.8}$$

ここで，a は**剛性係数**とよばれ，柱の材端回転拘束の度合い（＝固定度）を表わす係数であるといえる。たとえば，梁の剛比が∞であれば $a=1$ で柱端の回転完全拘束状態の (9.2) 式と同じとなり，梁の剛比が0（＝自由端）であれば $a=0$ となり，材端モーメントは0であることを表わす。

b) 一般的なラーメンの場合

前項の均等ラーメンの場合のせん断力分布係数 D（以下 D 値とよぶ）は，節点に取り付く梁の剛比が一様との条件により誘導したが，ここでは梁の剛比の影響を考慮した一般的なラーメンの柱の D 値の実用式について説明する。すなわち，表 9-1 には武藤清提案の剛性係数 a の実用式が一覧表として示

表9-1 剛性係数 a の実用式

骨組の状態と $\bar{k}$	剛性係数 a
1) 一般階の柱 $k_1 \quad k_2$ k_c $k_3 \quad k_4$ $\bar{k}=\dfrac{1}{2}\cdot\dfrac{k_1+k_2+k_3+k_4}{k_c}$ $\left[\bar{k}=\dfrac{1}{2}\cdot\dfrac{\sum(梁のk_i)}{k_c}\right]$	$\dfrac{\bar{k}}{(2+\bar{k})}$
2) 柱脚半固定の場合 $k_1 \quad k_2$ k_c $k_3 \quad k_4$ k_F $\bar{k}=\dfrac{1}{2}\cdot\dfrac{k_1+k_2+k_3+k_4+k_F}{k_c}$ $\left[\bar{k}=\dfrac{1}{2}\cdot\dfrac{\sum(梁のk_i)}{k_c}\right]$	
3) 柱脚固定の場合 $k_1 \quad k_2$ k_c	$\dfrac{(0.5+\bar{k})}{(2+\bar{k})}$
4) 柱脚ピンの場合 $k_1 \quad k_2$ k_c $\bar{k}=\dfrac{k_1+k_2}{k_c}$ $\left[\bar{k}=\dfrac{\sum(梁のk_i)}{k_c}\right]$	$\dfrac{0.5\bar{k}}{(1+2\bar{k})}$
5) 柱の高さが異なる場合 [基準柱] $h \quad k_c \ [D] \quad \quad k_c' \ [D'] \quad h'$ $a \quad \quad a'$ $\bar{k}=\dfrac{\sum(梁のk_i)}{k_c} \quad \bar{k}'=\dfrac{\sum(梁のk_i)}{k_c'}$ [柱脚半固定の場合は2) の式]	$a':$ $a\times\left(\dfrac{h}{h'}\right)^2$ $a:$ $\dfrac{\bar{k}}{(2+\bar{k})}$
6) 中間階 (吹抜け) のある場合 $h \quad k_c \ D \quad \quad D_2 \ k_{c2} \quad h_2 \quad D_2=a_2\cdot k_{c2}$ $[D'] \quad D_1 \ k_{c1} \quad h_1 \quad D_1=a_1\cdot k_{c1}$ $D=a\cdot k_c$ [基準柱] [各柱のD値は条件に応じて式2) 〜5) により算定する] $D'=\dfrac{1}{\dfrac{1}{D_1}\cdot\left(\dfrac{h_1}{h}\right)^2+\dfrac{1}{D_2}\cdot\left(\dfrac{h_2}{h}\right)^2}$	

してあるが，この誘導根拠について説明する。

① 一般階の柱

図9-5 (a) に示すように，層内の柱の高さと剛比 (k_c) が一様として，柱頭・柱脚の左右に取り付く梁 (k_b) の剛比が異なる場合の，柱の D 値に及ぼす影響について考える。柱の部材角によって生じる柱頭・柱脚のモーメントは節点に取り付く部材に分配されるが，その割合は柱の剛比 k_c に対する梁の剛比の合計 $[2k_b:\Sigma(k_i)]$ の比で表現できることは，前項の節点方程式 (9.3) 式で明らかになっており，柱頭の $k_b=(k_1+k_3)/2$，柱脚の $k_b=(k_2+k_4)/2$ と考えれば，$\bar{k}$ は次式となる。

$$\bar{k}=\frac{1}{2}\cdot\frac{k_1+k_2+k_3+k_4}{k_c} \qquad (9.9)$$

梁が1本である左右の柱の場合には，剛比0の梁があるとして算定すればよい。

上式を下式のように表現すれば，梁が2本以上の場合にも適用できる。

$$\bar{k}=\frac{1}{2}\cdot\frac{\sum(k_{bi})}{k_c} \qquad (9.10)$$

後は，同様な展開をすれば，剛性係数は次式で表現できる。

$$a=\frac{\bar{k}}{(2+\bar{k})} \qquad (9.6)$$

武藤清によれば，一般的なラーメンについて，(9.6) 式を用いて算定した D 値と，たわみ角法で精算した D 値との誤差は小さく，その誤差は計算する柱の D 値すべてに同じ傾向があるので，骨組全体としての誤差はさらに小さくなり，略算であっても実用的に十分な精度をもっているとしている。

② 柱脚半固定の場合

地盤が良好でないため杭基礎とし，最下層の柱脚に基礎梁を設けた場合などでは，水平力が作用すると柱脚が回転することになる。

地盤が弱く基礎 (柱脚) が回転すると考えられる場合には，柱脚をピン支持とみなして次々項④で説明する式を適用することになるが，地盤が比較的良好で基礎に対する回転抵抗を期待できる場合には，地盤を柱脚に取り付く有効剛比 k_F を有する梁と見なして，柱脚の半固定状態を想定した解析を行うことができる。

9 水平力を受ける骨組の解法 (D 値法) 257

すなわち，同表中2）のように柱脚に3本の梁が取り付いていると仮定して$\bar{k}$を算定すれば，後は前項①の考え方に従って剛性係数aを計算すればよい。なお，地盤の有効剛比k_Fの評価には精確性が要求され，地盤の有効剛比の評価を誤ると，D値を柱脚完全固定時より大きく評価してしまう危険なども懸念されるので，柱脚完全固定時のD値と比較するなどして，設定する有効剛比の妥当性を検討しておくことが必要である。

③　柱脚固定の場合

図（b）のような状態にたわみ角法の基本式を適用し，梁の材端モーメントの合計（ΣM_B）と柱の材端モーメントのM_Cとの比をα（$\alpha M_C = \Sigma M_B$）として，節点方程式と層方程式を立て，（9.1）～（9.8）式の展開過程に準じて整理すれば，剛性係数aは次式のように表現できる。

$$a = \frac{\left(0.5 + 3\alpha\bar{k}\right)}{\left(2 + 3\alpha\bar{k}\right)} \tag{9.11}$$

aの値は個々の柱について計算すべきものではあるが，その計算は煩雑である。武藤清は，高層の均等ラーメンについて，剛性係数aについて（9.11）式により精算した値と概算的に$\alpha = 1/3$とした値を比較し（グラフ参照），両者はよく一致するので実用的には$\alpha = 1/3$とした次式で算定して問題がないとしている。

$$a = \frac{\left(0.5 + \bar{k}\right)}{\left(2 + \bar{k}\right)} \tag{9.12}$$

④　柱脚ピンの場合

前項③の式において柱脚をピン（回転可能で材端モーメントは0）として，同表中4）のような状態について式を立てて同様の展開をすれば，剛性係数aは次式のように表現できる。

$$a = \frac{0.5\alpha \cdot \bar{k}}{1 + 2\alpha \cdot \bar{k}} \tag{9.13}$$

武藤清は，高層の均等ラーメンについて，剛性係数aについて（9.13）式により精算した値と概算的に$\alpha = 1$とした値を比較し（図（c）のグラフ参照），両者の誤差は小さく略算式で十分な精度を有するので，実用的には$\alpha = 1$とした次式で算定しても問題がないとしている。

$$a = \frac{0.5\bar{k}}{1 + 2\bar{k}} \tag{9.14}$$

⑤　柱の高さが異なる場合

同表中5）のような，層の柱の基準高さがhで，1本の柱の高さがh'と短い場合について考える。このような状況は，図（d）のように建物が傾斜地に建設される場合に生じる。

基準柱の負担せん断力は，（9.7）式より，次式で表現される。高さの異なる柱の負担せん断力は，次式で表現される。

$$Q = ak_c\left\{\frac{12EK_0}{h^2}\right\}\delta \tag{9.7〔再掲〕}$$

同様に，高さの異なる柱の負担せん断力は，次式で表現される。

$$Q' = a'k_c'\left\{\frac{12EK_0}{h'^2}\right\}\delta \tag{9.15}$$

同一層の柱頭の水平変位δは等しいので，（9.7）式と（9.15）式から次の関係式が誘導できる。

$$Q' = a'\left(\frac{h}{h'}\right)^2 k_c'\left\{\frac{12EK_0}{h^2}\right\}\delta \tag{9.16}$$

$$\therefore \quad a' = a\left(\frac{h}{h'}\right)^2 \tag{9.17}$$

$$\therefore \quad D' = a'k_c' = a\left(\frac{h}{h'}\right)^2 k_c' \tag{9.18}$$

（9.17）式は，同一層内に背の低い柱（短柱）が混在すると，その柱（短柱）部分にせん断力が集中することを示している。たとえば，高さh'が基準柱の高さhの半分で，柱の断面形状（I）が同じ場合，剛比（I/h'）も2倍となることを考えれば，取り付く梁の状況によっては，剛性係数が基準柱の8倍となる場合があることを示している。

似たような状況は，垂れ壁・腰壁が取り付いた柱でも同じである。地震被害で建物外周面の柱が開口部でX型亀裂破壊（正負せん断破壊）した例が見られるが，これは開口部に接して垂れ壁・腰壁が取り付いた部分の柱は変形が拘束され，開口位置の柱部分が短柱化して部材角が集中的に大きくなり，大きなせん断力が作用した結果であると考えられる。このような状態については，部分的に剛域を考慮した評価が必要となる。なお，最近では，このような被害を避けるために，柱と垂れ壁・腰壁さらに

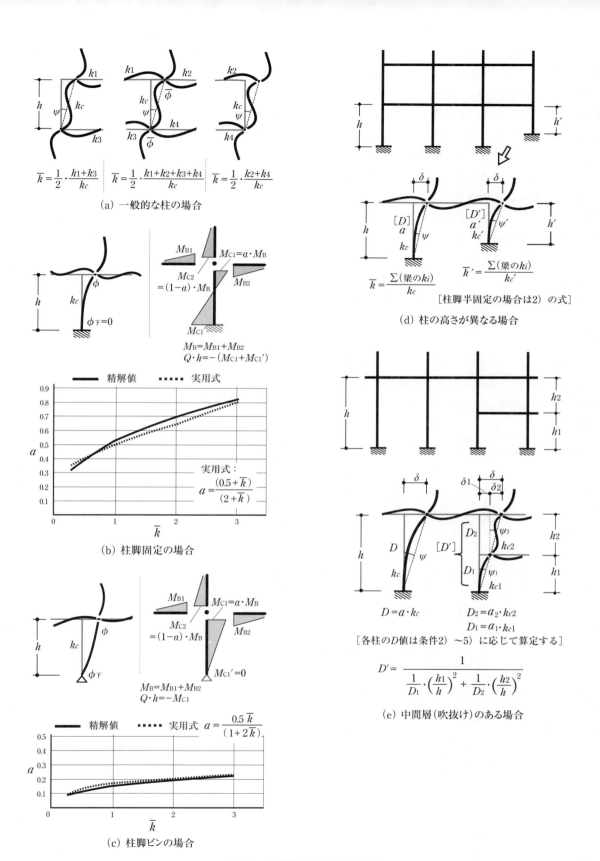

図 9-5 剛性係数 a の実用式の誘導

は全面壁との縁を切ることが広く行われている。一方，見方を変えれば，垂れ壁・腰壁・全面壁は潜在的な骨組全体としての水平剛性増大効果をもつが，縁切りを行うことにより骨組全体としての水平変形を増大（水平剛性低下）させること，縁切り部分の存在が音環境・耐久性・雨仕舞・対面外方向力などの点から弱点となる懸念もあることも事実であり，縁切りの程度・範囲の選択は総合的な構造設計的観点から判断すべき事項であるといえよう。

⑥ 中間階（吹抜け）のある場合

図（e）のように建物に吹抜けが設けられて，基準柱の中間位置に梁（中間梁）が取り付いた場合を考える。この部分の柱は中間梁により分割されており，高さ h_1 と h_2 の2本の短柱で構成されていると考えられる。

この場合の各柱の負担せん断力は，それぞれの柱を取り巻く条件によって決まる剛性係数（a_1, a_2）とせん断弾性係数（D_1, D_2）により，次のように表現できる。

上柱： $Q_1 = D_1 \delta_1 \left\{ \dfrac{12EK_0}{h_1^2} \right\}$

$\therefore \quad \delta_1 = \dfrac{Q_1}{D_1} \cdot \left\{ \dfrac{h_1^2}{12EK_0} \right\} = \dfrac{h_1^2}{D_1} \cdot \left\{ \dfrac{Q_1}{12EK_0} \right\}$ (9.19)

下柱： $Q_2 = D_2 \delta_2 \left\{ \dfrac{12EK_0}{h_2^2} \right\}$

$\therefore \quad \delta_2 = \dfrac{Q_2}{D_2} \cdot \left\{ \dfrac{h_2^2}{12EK_0} \right\} = \dfrac{h_2^2}{D_2} \cdot \left\{ \dfrac{Q_2}{12EK_0} \right\}$ (9.20)

基準柱： $Q = D \delta \left\{ \dfrac{12EK_0}{h^2} \right\}$

$\therefore \quad \delta = \dfrac{Q}{D} \cdot \left\{ \dfrac{h^2}{12EK_0} \right\} = \dfrac{h^2}{D} \cdot \left\{ \dfrac{Q}{12EK_0} \right\}$ (9.21)

各柱の柱頭の水平変位については，$\delta = \delta_1 + \delta_2$ の関係があるから，（9.19）〜（9.21）式より次式が成り立つ。

$\delta \left[= \dfrac{h^2}{D} \cdot \left\{ \dfrac{Q}{12EK_0} \right\} \right] = \delta_1 \left[= \dfrac{h_1^2}{D_1} \cdot \left\{ \dfrac{Q_1}{12EK_0} \right\} \right]$

$+ \delta_2 \left[= \dfrac{h_2^2}{D_2} \cdot \left\{ \dfrac{Q_2}{12EK_0} \right\} \right]$

ここで，上柱と下柱は直列配置なので，上柱と下柱の負担せん断力は等しい（$Q' = Q_1 = Q_2$）として整理すれば，次式で表現できる。

$Q' = \dfrac{1}{\dfrac{1}{D_1} \left(\dfrac{h_1}{h} \right)^2 + \dfrac{1}{D_2} \left(\dfrac{h_2}{h} \right)^2} \cdot \delta \left\{ \dfrac{12EK_0}{h^2} \right\}$

$= D' \delta \left\{ \dfrac{12EK_0}{h^2} \right\}$

$\therefore \quad D' = \dfrac{1}{\dfrac{1}{D_1} \left(\dfrac{h_1}{h} \right)^2 + \dfrac{1}{D_2} \left(\dfrac{h_2}{h} \right)^2}$ (9.22)

この式によれば，たとえば $h_1 = h_2 = 0.5h$ のときには次式となる。

$D' = \dfrac{4}{\dfrac{1}{D_1} + \dfrac{1}{D_2}} = \dfrac{4D_1 D_2}{D_1 + D_2}$

さらに，D_1 と D_2 の差が小さく，柱の断面形状が基準柱と同じ（I）場合には剛比 k（$= I/h$）も約2倍となるので，

$D' = \dfrac{4D_1 D_2}{D_1 + D_2} \cong D_1 + D_2 \cong 4D$

であり，基準柱の約4倍の D 値となる＝基準柱の約4倍のせん断力を負担することを示している。

このように，基準柱の中間位置に梁（中間梁）が取り付いた柱には，基準柱にくらべて大きなせん断力が集中的に作用する可能性があることがわかる。

（3） 反曲点高比

反曲点位置（反曲点高比）は，すでに図9-2（c）で説明したように，柱頭・柱脚の各材端モーメントの比率で決まる。

層に作用する層せん断力 $_nP$ は上階からの水平力が累加したもの（$\Sigma_n P_k$）であり，注目する層 $[n]$ に作用する層せん断力は建物の層（階）数 $[N]$ と水平力 P_k の分布形（各層ごとの水平力の変化率）に依存することになる。D 値法の実用式では，水平力 P_k の分布形には風荷重を想定したとする等分布形と地震力を想定したとする逆三角形が用意されている。なお，法令改正に伴い風荷重・地震力（地震力では A_i 分布）の分布形は，ともに D 値法の分布形仮定と異なるものとなり，パソコンの普及とあいまって D 値法が使用されなくなる原因となった。しかしながら，水平力を受けるラーメンの骨組全体の挙動に及ぼす柱・梁部材の組合せ（剛性の組合せ）の影響をアナログ的に把握できることから，D 値法

表 9-2 反曲点高比の算定表（例）

(a) 標準反曲点高比 y_0 ［逆三角形荷重］(1層から5層まで)

N	n	$\overline{k}$ 0.1	0.2	0.3	0.4	0.5	0.6	0.7	0.8	0.9	1.0	2.0	3.0	4.0	5.0
1	1	0.80	0.75	0.70	0.65	0.65	0.60	0.60	0.60	0.60	0.55	0.55	0.55	0.55	0.55
2	2	0.50	0.45	0.40	0.40	0.40	0.40	0.40	0.40	0.40	0.45	0.45	0.45	0.45	0.50
	1	1.00	0.85	0.75	0.70	0.70	0.65	0.65	0.65	0.60	0.60	0.55	0.55	0.55	0.55
3	3	0.25	0.25	0.25	0.30	0.30	0.35	0.35	0.35	0.40	0.40	0.45	0.45	0.45	0.50
	2	0.60	0.50	0.50	0.50	0.50	0.45	0.45	0.45	0.45	0.45	0.50	0.50	0.50	0.50
	1	1.15	0.90	0.80	0.75	0.75	0.70	0.70	0.65	0.65	0.65	0.60	0.55	0.55	0.55
4	4	0.10	0.15	0.20	0.25	0.30	0.30	0.35	0.35	0.35	0.40	0.45	0.45	0.45	0.45
	3	0.35	0.35	0.35	0.40	0.40	0.40	0.40	0.45	0.45	0.45	0.45	0.50	0.50	0.50
	2	0.70	0.60	0.55	0.50	0.50	0.50	0.50	0.50	0.50	0.50	0.50	0.50	0.50	0.50
	1	1.20	0.95	0.85	0.80	0.75	0.70	0.70	0.70	0.65	0.65	0.55	0.55	0.55	0.55
5	5	−0.05	0.10	0.20	0.25	0.30	0.30	0.35	0.35	0.35	0.40	0.45	0.45	0.45	0.45
	4	0.20	0.25	0.35	0.35	0.40	0.40	0.40	0.40	0.40	0.45	0.45	0.50	0.50	0.50
	3	0.45	0.40	0.45	0.45	0.45	0.45	0.45	0.45	0.45	0.45	0.50	0.50	0.50	0.50
	2	0.75	0.60	0.55	0.55	0.50	0.50	0.50	0.50	0.50	0.50	0.50	0.50	0.50	0.50
	1	1.30	1.00	0.85	0.80	0.75	0.70	0.70	0.65	0.65	0.65	0.60	0.55	0.55	0.55

(b) 上下の梁の剛比変化による修正値 y_1

α_1 \ $\overline{k}$	0.1	0.2	0.3	0.4	0.5	0.6	0.7	0.8	0.9	1.0	2.0	3.0	4.0	5.0
0.4	0.55	0.40	0.30	0.25	0.20	0.20	0.20	0.15	0.15	0.15	0.05	0.05	0.05	0.05
0.5	0.45	0.30	0.20	0.20	0.15	0.15	0.15	0.10	0.10	0.10	0.05	0.05	0.05	0.05
0.6	0.30	0.20	0.15	0.15	0.10	0.10	0.10	0.10	0.05	0.05	0.05	0.05	0.0	0.0
0.7	0.20	0.15	0.10	0.10	0.10	0.05	0.05	0.05	0.05	0.05	0.0	0.0	0.0	0.0
0.8	0.15	0.10	0.05	0.05	0.05	0.05	0.05	0.05	0.0	0.0	0.0	0.0	0.0	0.0
0.9	0.05	0.05	0.05	0.05	0.0	0.0	0.0	0.0	0.0	0.0	0.0	0.0	0.0	0.0

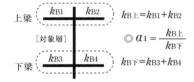

$k_{B上} = k_{B1} + k_{B2}$

$k_{B下} = k_{B3} + k_{B4}$

◎ $\alpha_1 = \dfrac{k_{B上}}{k_{B下}}$

α_1：最下層は考えなくてよい。

上梁の剛比のほうが大きいときには，逆数をとって，$\alpha_1 = \dfrac{k_{B下}}{k_{B上}}$ として，表から y_1 を求め符号を負（−）とする。

(c) 上下の層高変化による修正値 y_2（上層），y_3（下層）

上層 α_2	α_3 下層	$\overline{k}$ 0.1	0.2	0.3	0.4	0.5	0.6	0.7	0.8	0.9	1.0	2.0	3.0	4.0	5.0
2.0		0.25	0.15	0.15	0.10	0.10	0.10	0.10	0.10	0.05	0.05	0.05	0.0	0.0	0.0
1.8		0.20	0.15	0.10	0.10	0.10	0.05	0.05	0.05	0.05	0.05	0.0	0.0	0.0	0.0
1.6	0.4	0.15	0.10	0.10	0.05	0.05	0.05	0.05	0.05	0.05	0.05	0.0	0.0	0.0	0.0
1.4	0.6	0.10	0.05	0.05	0.05	0.05	0.05	0.05	0.05	0.05	0.0	0.0	0.0	0.0	0.0
1.2	0.8	0.05	0.05	0.05	0.0	0.0	0.0	0.0	0.0	0.0	0.0	0.0	0.0	0.0	0.0
1.0	1.0	0.0	0.0	0.0	0.0	0.0	0.0	0.0	0.0	0.0	0.0	0.0	0.0	0.0	0.0
0.8	1.2	−0.05	−0.05	−0.05	0.0	0.0	0.0	0.0	0.0	0.0	0.0	0.0	0.0	0.0	0.0
0.6	1.4	−0.10	−0.05	−0.05	−0.05	−0.05	−0.05	−0.05	−0.05	−0.05	0.0	0.0	0.0	0.0	0.0
0.4	1.6	−0.15	−0.10	−0.10	−0.05	−0.05	−0.05	−0.05	−0.05	−0.05	−0.05	0.0	0.0	0.0	0.0
	1.8	−0.20	−0.15	−0.10	−0.10	−0.10	−0.05	−0.05	−0.05	−0.05	−0.05	0.0	0.0	0.0	0.0
	2.0	−0.25	−0.15	−0.15	−0.10	−0.10	−0.10	−0.10	−0.10	−0.05	−0.05	−0.05	0.0	0.0	0.0

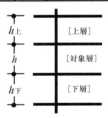

◎上層の層高変化による修正値 (y_2)

y_2：$\alpha_2 = \dfrac{h_上}{h}$ として表から y_2 を求める。最上層については考えなくてよい。

対象階よりも上層が高いときに正となる。

◎下層の層高変化による修正値 (y_3)

y_3：$\alpha_3 = \dfrac{h_下}{h}$ として表から y_3 を求める。最下層については考えなくてよい。

対象階よりも下層が低いときに正となる。

の原理を理解することは骨組の挙動を理解するうえで役に立つことは間違いのないところである。

D 値法では，柱反曲点高比（y）の値は，荷重分布形ごとに用意された表にもとづき，標準反曲点高比（y_0）に，柱の上下に取り付く梁の剛比変化による修正値（y_1 と y_2），上下層（階）の層高さ（柱高さ）の変化による修正値（y_2 と y_3）を加えて略算的に算定する。

表 9-2（a）には，最下層（1 階）の柱脚が固定支持されたラーメンに，水平力が逆三角分布荷重として作用する場合の標準反曲点高比が示してある。表（b）には，柱の上下に取り付く梁の剛比変化による補正値（y_1）が，表（c）には上下層の層高さの変化による修正値（y_2 と y_3）が示してある。

以下では，これらの表を使用して柱反曲点高比を算定し，骨組全体のモーメント分布に及ぼす諸因子の影響傾向・度合いを調べてみる。

1) 柱反曲点高比

次式による。

$$y = y_0 + y_1 + y_2 + y_3 \qquad (9.23)$$

2) 標準反曲点高比 y_0

柱の剛比に対する，上下梁の合計剛比の比（梁の平均剛比）$\bar{k}$，層数 N，層位置 n の組合せにより決まる値で，表（a）をみれば，骨組全体について次の傾向が読み取れる。

ⅰ) $\bar{k}$（梁の平均剛比）が大きくなると y_0（標準反曲点高比）は 0.5 に近づく傾向にあり，$\bar{k}$ が小さいと下層の y_0 は相対的に大きくなる。また，$\bar{k}$ = 0.1 の場合には最下層の y_0 は 1.0 を超え最上層の y_0 は負となることがある。

ⅱ) 上層にくらべ下層のほうが y_0 の値が大きく，下階では柱脚のモーメントが大きくなる傾向がある。

ⅲ) $\bar{k}$ が小さい場合には，y_0 の値は上層と下層とでその差が大きくなる傾向が，$\bar{k}$ が大きい場合には，y_0 の値は上層と下層との差は小さくなる傾向がある。

これらのことから，柱の剛比にくらべ梁の剛比が大きいと骨組全体の曲げモーメント分布は均一化する傾向にあり，逆に，梁の剛比が小さいと骨組全体が片持ち梁的な応力分布となることがわかる。

3) 上下梁の剛比変化による修正値 y_1

y_1 は，柱に取り付く上下梁の剛比の差違の影響を修正するための値で，下梁の剛比に対する上梁の剛比の比 α_1（$= k_{B上}/k_{B下}$）により決まる値である。上梁の剛比が大きい場合（$\alpha_1 > 1$）には，逆数をとって符号を負（−）とする。また，最下層で基礎梁がない場合には考慮しなくてよい。

表（b）から，$\bar{k}$ が大きくなると上下梁の剛比差の影響は小さくなる傾向にあることがわかる。

4) 上層の層高（柱高さ）変化による修正値 y_2

対象層の高さ h に対する上層の高さ $h_上$ の比 α_2（$= h_上/h$）により決まる値で，上層が高いときに正（＋）となる。なお，最上層の場合には考慮する必要はない。

表（c）から，$\bar{k}$ が大きくなると上層の剛比差の影響は小さくなる傾向にあること，上層の層高が対象階より低くなると修正値は負（−）となり，対象階の反曲点高比が小さく（＝柱脚モーメントが小さく）なることがわかる。

5) 下層の層高（柱高さ）変化による修正値 y_3

対象層の高さ h に対する下層の高さ $h_下$ の比 α_3（$= h_下/h$）により決まる値で，修正値は上層の層高の影響とは逆になり，下層が高いときに負（−）となる。なお，最下層の場合には考慮しなくてよい。

表（c）から，修正値は α_3 と α_2（逆数）と共用する形となっていて，対象層に対し下層と上層は相対的に真逆の影響を与えることを示している。したがって，下層の層（柱）高が対象階より低くなると修正値は正（＋）となり反曲点高比が大きく（柱脚モーメントが大きく）なることがわかる。

9-2　D 値法による部材の応力・反力の算定手順

D 値法による部材の応力は，図 9-6 に示すように，柱の柱頭・柱脚モーメントの算定→梁の応力の算定→柱の軸方向力の算定→反力の算定の順で行う。

（1）柱の柱頭・柱脚モーメントの算定

各柱についてのせん断力分布係数 D と反曲点高比 y が同定できれば，次の手順で，柱の材端（柱頭・柱脚）モーメントの大きさを算定できる。

手順 1） 各柱の D 値（せん断力分布係数）の算定

柱の周辺状態と取り付く梁の条件により，表 9-1

(1) 柱の柱頭・柱脚モーメントの算定
◎N層建物の第n層のi番目の柱の例

i) 柱のD値（せん断力分布係数）の算定

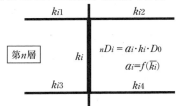

$_nD_i = a_i \cdot k_i \cdot D_0$
$a_i = f(\overline{k_i})$

ii) 柱の負担せん断力$_nQ_i$の算定

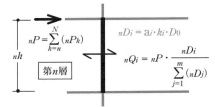

$_nP = \sum_{k=n}^{N}(_nP_k)$

$_nD_i = a_i \cdot k_i \cdot D_0$

$_nQ_i = {_nP} \cdot \dfrac{_nD_i}{\sum_{j=1}^{m}(_nD_j)}$

iii) 柱の反曲点位置の算定

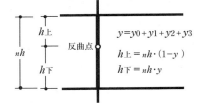

$y = y_0 + y_1 + y_2 + y_3$
$h_上 = {_nh} \cdot (1-y)$
$h_下 = {_nh} \cdot y$

iv) 柱頭・柱脚モーメントの算定

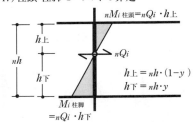

$_nM_{i\,柱頭} = {_nQ_i} \cdot h_上$
$M_{i\,柱脚} = {_nQ_i} \cdot h_下$
$h_上 = {_nh} \cdot (1-y)$
$h_下 = {_nh} \cdot y$

◎すべての柱について、i)〜iv)の手順で算定

(2) 梁の応力(M,Q)の算定
◎第n層柱の柱頭梁の例

i) 梁の材端モーメントの算定

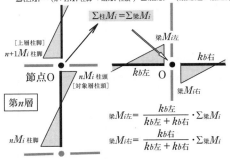

$\Sigma_{柱}M_i = ({_{n+1}M_{i\,柱脚}} + {_nM_{i\,柱頭}})$　$\Sigma_{梁}M_i = (_{梁}M_{i左} + {_{梁}M_{i右}})$

$\Sigma_{柱}M_i = \Sigma_{梁}M_i$

$_{梁}M_{i左} = \dfrac{k_{b左}}{k_{b左}+k_{b右}} \cdot \Sigma_{梁}M_i$

$_{梁}M_{i右} = \dfrac{k_{b右}}{k_{b左}+k_{b右}} \cdot \Sigma_{梁}M_i$

◎すべての梁（節点）について同様の手順で算定

ii) 梁のせん断力の算定

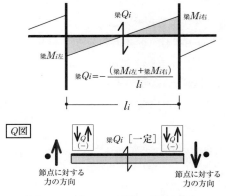

$_{梁}Q_i = -\dfrac{(_{梁}M_{i左}+{_{梁}M_{i右}})}{l_i}$

◎すべての梁について同様の手順で算定

(3) 柱の軸方向力の算定
◎最上階の柱から算定して累加する

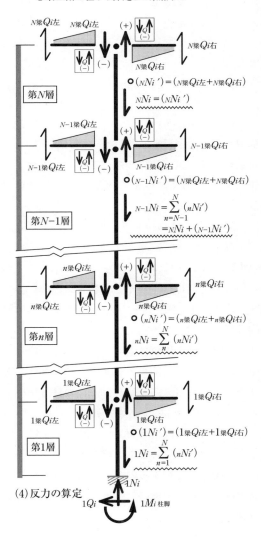

$(_NN_i{}') = (_{N梁}Q_{i左}+{_{N梁}Q_{i右}})$
$_NN_i = (_NN_i{}')$

$(_{N-1}N_i{}') = (_{N梁}Q_{i左}+{_{N梁}Q_{i右}})$

$_{N-1}N_i = \sum_{n=N-1}^{N}(_nN_i{}')$
$\;\;\;\; = {_NN_i} + (_{N-1}N_i{}')$

$(_nN_i{}') = (_{n梁}Q_{i左}+{_{n梁}Q_{i右}})$
$_nN_i = \sum_{n}^{N}(_nN_i{}')$

$(_1N_i{}') = (_{1梁}Q_{i左}+{_{1梁}Q_{i右}})$
$_1N_i = \sum_{n=1}^{N}(_nN_i{}')$

(4) 反力の算定

図9-6　D値法の解法手順

により剛性係数 a を算定し，$D_i = ak_i$ (D_0) として各柱の D 値を算定する（D_0 は単位とみなせば 1）。

手順 2) 各柱の負担せん断力 $_nQ_i$ の算定

対象層 (n) の柱 $(m$ 本$)$ の D 値の総和 $\sum_1^m(_nD_m)$ を計算し，対象柱 i の D 値の総和に占める割合を計算し，対象階 n の層せん断力 $(_nQ =\ _nP)$ を乗じれば，対象柱 i の負担するせん断力が算定される。すなわち，

$$_nQ_i =\ _nP \times \frac{_nD_i}{\sum_1^m(_nD_m)} \quad (9.24)$$

手順 3) 反曲点位置の算定

反曲点位置は，対象層柱高さ h に柱反曲点高比を乗じて算定する。柱反曲点高比 (y) は，諸条件に対応した表の値として与えられる標準反曲点高比 (y_0)，上下柱に取り付く梁の剛比変化による修正値 (y_1)，上下層（階）の層高さ変化による修正値 $(y_2$ と $y_3)$ にもとづき，次式により略算的に算定する。

$$y = y_0 + y_1 + y_2 + y_3 \quad (9.23)[再掲]$$
$$h_下 = hy$$
$$h_上 = h(1-y) \quad (9.25)$$

手順 4) 柱頭・柱脚モーメントの算定

対象柱 i の柱頭・柱脚の曲げモーメントは，柱の負担せん断力に反曲点までの距離を乗じて算定する。

$$M_{i\,柱脚} =\ _nQ_i \cdot h_下 =\ _nQ_i \cdot h \cdot y$$
$$M_{i\,柱頭} =\ _nQ_i \cdot h_上 =\ _nQ_i \cdot h \cdot (1-y) \quad (9.26)$$

以上が対象柱 i についての手順であるが，すべての柱について同様に手順 1)〜4) により算定する。

(2) 梁の応力（曲げモーメント，せん断力）の算定

手順 1) 梁の材端モーメントの算定

柱 i に取り付く梁の材端モーメントは，梁材の取り付く節点における節点モーメントの釣合いから算定する。すなわち，節点における柱の材端モーメントの合計 $\Sigma_柱 M_i = (M_{i\,上層柱脚} + M_{i\,柱頭})$ は，梁の材端モーメントの合計 $\Sigma_梁 M_i = (_梁M_{i左} +\ _梁M_{i右})$ と釣り合う必要がある。また，梁のモーメントの大きさは梁の剛比に比例するので，左右の梁の分担率を考慮すれば，左右の梁の材端モーメントは次式で計算される。

$$_梁M_{i左} = \frac{k_{b左}}{k_{b左} + k_{b右}} \cdot \Sigma_梁 M_i$$

$$_梁M_{i右} = \frac{k_{b右}}{k_{b左} + k_{b右}} \cdot \Sigma_梁 M_i \quad (9.27)$$

上式により，すべての梁の材端モーメントを算定する。

手順 2) 梁のせん断力の算定

梁 i の両端の材端モーメントが決定されれば，長さ l_i の梁に作用するせん断力梁 Q_i は次式で算定される。

$$_梁Q_i = -\frac{\left(_梁M_{i左} +\ _梁M_{i右}\right)}{l_i} \quad (9.28)$$

上式により，すべての梁のせん断力を算定する。

なお，この場合のせん断力は材長全体で一定（負：−）であるが（Q 図参照），節点に対する力としては梁の左右端で方向が逆になっていることに留意する必要がある。このことは，次項の柱の軸方向力算定において重要となる特徴である。節点における力の釣合いを考える場合に，材端応力の正負と節点に作用する力の正負の判断に戸惑うことがあるが，図 9-7 に示すような，水平力を受けるラーメンの M 図の基本パターンを理解していれば，大きさがわかれば正負符号を気にせずに描くことができる。

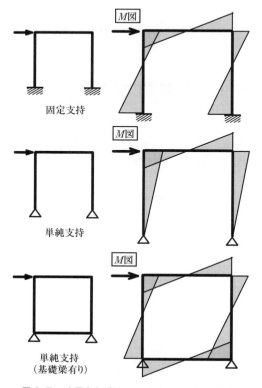

図 9-7　水平力を受けるラーメンの M 図パターン

手順 3)　柱の軸方向力の算定

柱 i の軸方向力は，取り付く梁の材端のせん断力（$_梁Q_i$）が節点を介して作用することにより発生する。この場合，第 n 層の梁により発生する軸方向力（$_nN_i{}'$）に加えて上層からの軸方向力（$_{n-1}N_i$）が累加される形となるので，N 層の骨組の第 n 層の柱 i の軸方向力（$_nN_i$）は，次のように表わされる。

$$_nN_i = \sum_{n}^{N}(_nN_i{}') \qquad (9.29)$$

したがって，第 n 層の柱の軸方向力を算定するためには，最上階 N の柱の軸方向力を算定するところから始める必要がある。

手順 4)　反力の算定

反力は支持点の応力であり，最下層の柱の脚部の材端応力と釣り合う必要があるので，最下層の柱脚の材端応力と同じ大きさで方向が逆の力であるとして算定すればよいことになる。

9-3　D 値法による応力算定例

ここでは，2 種類のラーメン骨組を取り上げ，D 値法による応力算定手順を具体的に説明する。

9-3-1　1 層 1 スパンラーメンの例

図 9-8（a）のような水平力 10 kN が作用している 1 層 1 スパンラーメンの応力図を，手順に従い求める。

（1）　柱の柱頭・柱脚モーメントの算定

手順 1)　柱の D 値の算定

表 9-1 の 3) 柱脚固定の場合の式により $\bar{k}$ を求め，剛性係数 a を決定し，D 値を算定する。

ⓐ左の柱（剛比 1.5）

$$\bar{k} = \frac{k_1 + k_2}{k_c} = \frac{0 + 2.5}{1.5} = 1.667 \qquad ①$$

$$a = \frac{0.5 + \bar{k}}{2 + \bar{k}} = \frac{0.5 + 1.667}{2 + 1.667} = 0.591 \qquad ②$$

$$D = ak_i = 0.591 \times 1.5 = 0.887 \qquad ③$$

ⓑ右の柱（剛比 2.0）

$$\bar{k} = \frac{k_1 + k_2}{k_c} = \frac{0 + 2.5}{2.0} = 1.250 \qquad ①'$$

$$a = \frac{0.5 + \bar{k}}{2 + \bar{k}} = \frac{0.5 + 1.250}{2 + 1.250} = 0.538 \qquad ②'$$

$$D = ak_i = 0.538 \times 2.0 = 1.077 \qquad ③'$$

手順 2)　柱の負担せん断力 $_nQ_i$ の算定

各柱の負担せん断力は，（9.24）式により算定される。

$$_nQ_i = {}_nP \times \frac{_nD_i}{\sum_1^m \left(_nD_m\right)} \qquad (9.24)　[再掲]$$

与条件より，$n = 1$，$m = 2$，対象層の D 値の総和（ΣD）は 1.964（$= ① 0.887 + ①' 1.077$），$P = 10$ とおけば，

ⓐ左の柱（剛比 1.5）

$$\frac{_nD_i}{\sum_{j=1}^m \left(_nD_j\right)} = \frac{0.887①}{0.887① + 1.077①'} = 0.452 \qquad ④$$

$$_1Q_左 = 10 \times 0.4516 = 4.52 \qquad ⑤$$

ⓑ右の柱（剛比 2.0）

$$\frac{_nD_i}{\sum_{j=1}^m \left(_nD_j\right)} = \frac{1.077①'}{0.887① + 1.077①'} = 0.548 \qquad ④'$$

$$_1Q_右 = 10 \times 0.548 = 5.484 \qquad ⑤'$$

手順 3)　柱の反曲点位置の算定

反曲点高比 y は，$y = y_0 + y_1 + y_2 + y_3$

y_0 は，表 9-2（a）において $N = 1$，$n = 1$，左柱は $\bar{k} = 1.667$，右柱は $\bar{k} = 1.25$ いずれの場合も $y_0 = 0.55$ である。

$y_1 + y_2 + y_3$ については，1 層（平家）であるので最上階かつ最下階に該当するので，考慮の必要はない。したがって，

$$y = y_0 + y_1 + y_2 + y_3 = 0.55 \qquad ⑥,　⑥'$$

反曲点位置は，

$$h_下 = hy = 4 \times 0.55 = 2.20$$

$$h_上 = h(1 - y) = 4 \times 0.45 = 1.80$$

手順 4)　柱頭・柱脚モーメントの算定

柱頭・柱脚モーメントは，（9.25）式と（9.26）式により，柱の負担せん断力に反曲点までの距離を乗じて算定する。

$$M_{左柱脚} = {}_1Q_左 \cdot h_下 = 4.516 \times 2.20 = 9.94 \qquad ⑦$$

$$M_{左柱頭} = {}_1Q_左 \cdot h_上 = 4.516 \times 1.80 = 8.13 \qquad ⑧$$

同様に，右柱の柱頭・柱脚モーメントは次のように算定される。

$$M_{右柱脚} = {}_1Q_右 \cdot h_下 = 5.484 \times 2.20 = 12.06 \qquad ⑦'$$

$$M_{右柱頭} = {}_1Q_右 \cdot h_上 = 5.484 \times 1.80 = 9.87 \qquad ⑧'$$

この時点で柱の M 図を描くことができる。

(2) 梁の応力（曲げモーメント，せん断力）の算定（図 (e) 参照）

手順 1） 梁の材端モーメントの算定

(9.27) 式で算定するが，各柱に取り付く梁は 1 本しかないので，梁の左右の材端モーメントの大きさは各柱の柱頭モーメントと同じである（方向は逆，M 図のパターンを理解していれば，大きさがわかれば正負符号は気にしないで描ける）。

$_梁 M_{1左} = M_{左柱頭} = 8.13$

$_梁 M_{1右} = M_{右柱脚} = 9.87$

梁の左右の材端モーメントがわかったので，M 図は完成する（図 (f) 参照）。

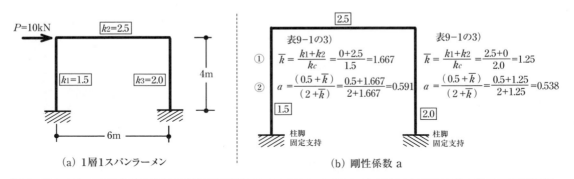

(a) 1層1スパンラーメン　　　　(b) 剛性係数 a

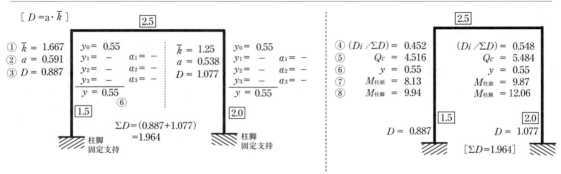

(c) 柱の反曲点高さ比とD値の算定　　　(d) 柱の負担せん断力と柱頭・柱脚のモーメント

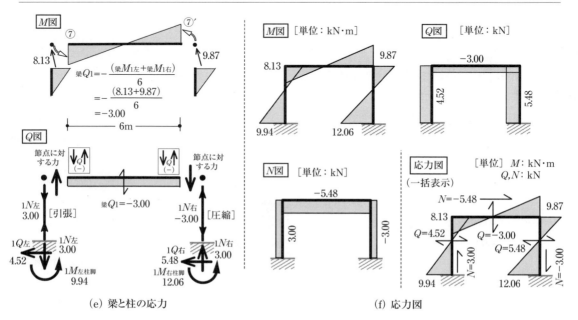

(e) 梁と柱の応力　　　　(f) 応力図

図 9-8　1層1スパンラーメンの解法例

手順2）　梁のせん断力の算定

梁両端の材端モーメントが決定すれば，梁のせん断力は（9.28）式により算定できる。

$$_梁Q_1 = -\frac{(8.13+9.87)}{6} = -3.00$$

この例のように，左方向より水平力が作用する場合，梁に発生するせん断力の符号は負であるが，左端の節点に対しては上向きの力，右端の節点に対しては下向きの力として作用することになる。この関係を，水平力を左から受けるラーメンの梁のせん断応力パターンとして記憶しておけば，正負の符号について判断に悩まなくてすむ。なお，地震・風圧力は左右いずれの方向からも作用するので，実務上せん断力の符号は正負のどちらにもなり得る（したがって，設計実務ではせん断力の正負符号については気に掛けない）。

手順3）　柱の軸方向力の算定（図（e）参照）

柱の軸方向力は，取り付く梁の材端のせん断力が節点を介して作用することにより発生し，（9.29）式により算定される。ただし，この例は1層で上層の柱がないので，次のように計算できる。

$$_1N_左 = _梁Q_左(\uparrow) = 3.00 \quad [引張]$$
$$_1N_右 = _梁Q_右(\downarrow) = -3.00 \quad [圧縮]$$

左方向より水平力が作用する場合，柱に発生する軸方向力は左柱で引張（＋），右柱で圧縮（－）となるが，これを柱に発生する軸方向応力パターンとして記憶しておけば，なにかと役に立つ。

手順4）　反力の算定（図（e）参照）

反力は最下層の柱脚の応力に対応し，応力（の片割れ）とは大きさ同じで方向が逆となるので，次の値となる。

左柱脚固定端

$$H_左 = _1Q_左 = 4.52 \text{ kN} \quad (\leftarrow)$$
$$V_左 = _1N_左 = 3.00 \text{ kN} \quad (\downarrow)$$
$$M_左 = 9.94 \text{ kN·m} \quad (-)$$

右柱脚固定端

$$H_右 = _1Q_右 = 5.48 \text{ kN} \quad (\leftarrow)$$
$$V_右 = _1N_右 = 3.00 \text{ kN} \quad (\uparrow)$$
$$M_右 = 12.06 \text{ kN·m} \quad (-)$$

以上の計算により得られた応力図を図〈f〉に示す。

9-3-2　2層2スパンラーメンの例

図9-9（a）のような水平力を受ける2層2スパンのラーメン骨組について，前節で説明した算定手順に従い具体的に説明する。

（1）　柱の柱頭・柱脚モーメントの算定

手順1）　各柱のD値（せん断力分布係数）の算定

柱のおかれた条件に応じた表9-1の式（図（b））により，各柱ごとに部材剛比にもとづき剛性係数aを計算する。結果を図（c）の①②と例示した位置に書き込む。以下同様に，各柱の剛性係数を計算する。

手順2）　各柱の負担せん断力$_nQ_i$の算定

式$D = ak$により，各柱のD値を計算して③の位置に記入する。各層のD値の総和（Σ_nD）を求めれば，第2層の総和$_2D = 2.342$，第1層の総和$_1D = 2.955$となる。また，第n層に作用する層せん断力$_nP$は，図（b）のように上層の層せん断力が累積した値（Σ_nP）となるので，$_2P = 10$ kN，$_1P = 30$ kNである。

各柱の負担せん断力は次式で算定される。

$$_nQ_i = _nP \times \frac{_nD_i}{\sum_1^m(_nD_m)} \tag{9.25　[再掲]}$$

各柱の負担せん断力は，図（d）の④⑤と例示した位置に書き込む。

手順3）　反曲点位置の算定

反曲点高比yは，$y = y_0 + y_1 + y_2 + y_3$で算定する。ここでは，左柱（図（c）の⑥〜⑩′参照）を例にして説明する。

標準反曲点高比y_0は，第2層柱の場合，表9-2（a）の$N=2$，$n=2$，$\bar{k}=1.50$（表の1.0と2.0の値を直線補間）の欄を参照すれば，$y_0 = 0.45$（⑥の値）である。第1層柱の場合，$n=1$，$\bar{k}=1.667$なので表の1.0と2.0の値を直線補間すれば，$y_0 = 0.57$（⑥′の値）である。

上下柱に取り付く梁の剛比変化による修正値（y_1）（表9-2（b））は，第2層柱の場合，$k_{B上}$が2.0，$k_{B下}$が2.5であるので$\alpha_1 = 0.8$（$= k_{B上}/k_{B下}$），表9-2（b）の$\bar{k}=1.50$（表の1.0と2.0の値を直線補間）の欄を参照すれば，$y_1 = 0.0$（⑦の値）である。第1層柱の場合は，下梁がないので考慮しなくてよい（⑦′の値）。

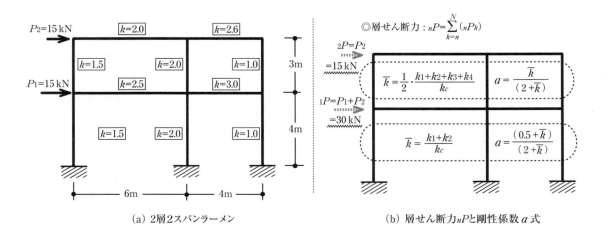

(a) 2層2スパンラーメン　　　(b) 層せん断力 $_nP$ と剛性係数 a 式

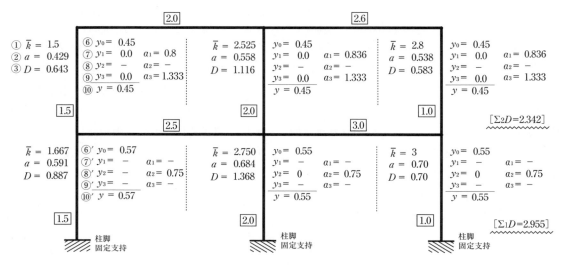

(c) 柱の反曲点高さ比と D 値の算定

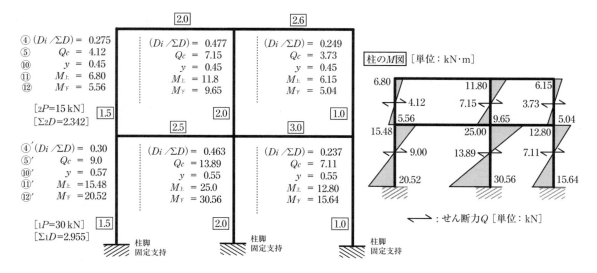

(d) 柱の負担せん断力と柱頭・柱脚のモーメント

図9-9　2層2スパンラーメンの解法例（その1）

上下の層高変化による修正値（y_2 と y_3）は，第2層については対象層高3m・上層高0・下層高4mより，y_2 は上層がないので考慮しなくてよく（⑧），y_3 については $\alpha_3 = 1.33$（$= 4/3$），$\bar{k} = 1.50$（表の1.0と2.0の値を直線補間）で表9-2（c）の欄を参照すれば，$y_3 = 0.0$（⑨）である。第1層柱の場合は，y_2 は $\alpha_2 = 0.75$（$= 3/4$），$\bar{k} = 1.667$（表の1.0と2.0の値を直線補間）で表9-2（c）の欄を参照すれば，$y_2 = 0.0$（⑧′）であり，y_3 については上層がないので考慮しなくてよい（⑨′）。

以上より，左柱の反曲点高比 y は，第2層0.45，第1層0.57と算定される。

以下同様の手順で，すべての柱の y について算定すれば図（c）のようになる。

各柱の反曲点位置は，各層の高さ h に反曲点高比 y を乗じれば算定できる。

手順4）　柱頭・柱脚モーメントの算定

各柱の柱頭・柱脚モーメントは，（9.26）式により，柱の負担せん断力に反曲点までの距離を乗じて算定する。

$$M_{i\,\text{柱脚}} = {_nQ_i} \cdot h_{\text{下}} = {_nQ_i} \cdot h \cdot y$$
$$M_{i\,\text{柱頭}} = {_nQ_i} \cdot h_{\text{上}} = {_nQ_i} \cdot h \cdot (1 - y) \quad (9.26)$$

たとえば，左柱の柱頭・柱脚モーメントは次のように算定される（図（d）参照）。

2層左柱
$$M_{\text{上}} = Q_c \times h \times y$$
$$= 4.12\,⑤ \times 3 \times (1 - 0.45\,⑩) = 6.80 \quad ⑪$$

$$M_{\text{下}} = Q_c \times h \times y$$
$$= 4.12\,⑤ \times 3 \times 0.45\,⑩ = 5.56 \quad ⑫$$

1層左柱
$$M_{\text{上}} = Q_c \times h \times y$$
$$= 4.12\,⑤ \times 3 \times (1 - 0.45\,⑩) = 6.80 \quad ⑪′$$

$$M_{\text{下}} = Q_c \times h \times y$$
$$= 4.12\,⑤ \times 3 \times 0.45\,⑩ = 5.56 \quad ⑫′$$

以下，同様の手順で，すべての柱について柱頭・柱脚モーメントを算定すれば図（d）のようになり，この時点で得られた柱に関する M 図とせん断力を示せば図（d）の右の図のようになる。

（2）　梁の応力（曲げモーメント，せん断力）の算定

手順1）　梁の材端モーメントの算定

前項で得られた柱頭・柱脚モーメントを，節点を介して梁に分配すれば，梁の材端モーメントは決定できる。

図（e）中の＊0～＊3の場合について考える。

＊0の場合には，梁の材端モーメントの大きさは柱頭モーメントと同じであることは説明するまでもない。

＊1の場合には，上層の柱脚モーメントと下層の柱頭モーメントが作用するので，梁端のモーメントはその和となる。

＊2の場合には，柱頭モーメントは，左右の梁に剛比割合で分配されると考えればよい。

＊3の場合には，上層・下層の柱端モーメントの和が，左右の梁に剛比割合で分配されると考えればよい。

骨組のすべての梁について算定すれば，図に示すように梁の M 図を描くことができる。

手順2）　梁のせん断力の算定

図（f）のように，梁両端の材端モーメントが同定できれば，梁のせん断力は（9.26）式により算定できる。

この例では，水平力が左から作用しているので符号は負（−）となるが，地震・風圧力は左右いずれの方向からも作用するので，実務上，せん断力の符号は正負のどちらにもなり得る。したがって，設計実務ではせん断力の正負符号については気に掛けず，数値だけを記すことが多い。

手順3）　柱の軸方向力の算定

柱の軸方向力は，取り付く梁の材端のせん断力により発生し，複数層の場合，上層の軸方向力が累加される形となるので，最上層の柱の軸方向力を算定するところから始める必要がある。

図（g）は，図（f）に示した梁のせん断力が，節点を介して柱に軸方向力として作用する状態を示したものである。左方向より水平力が作用する場合，梁に発生するせん断力は，左端の節点に対しては上向きの力，右端の節点に対しては下向きの力として作用する（梁のせん断応力パターンとして記憶しておけば，役に立つ）。

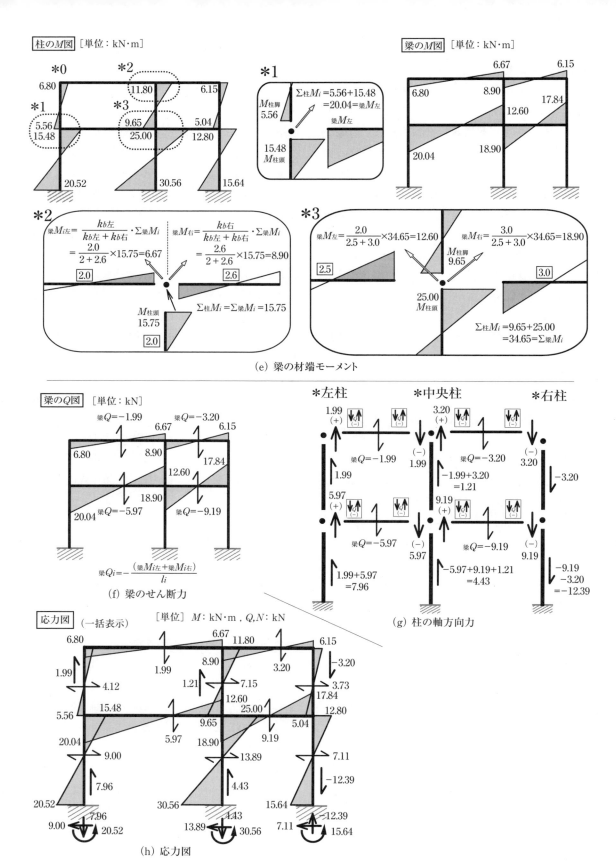

図9-9 2層2スパンラーメンの解法例（その2）

＊左柱：

第2層の柱には屋根梁より 1.99（↑）[kN]，第1層の柱には床梁 5.97（↑）・上層柱 1.99（↑）より合計 7.96（↑）[kN] の軸方向力（正：引張）が作用する。

＊中央柱：

第2層の柱には左梁 1.99（↓）・右梁 3.20（↑）より合計 1.21（↑）[kN] が作用する。第1層の柱には左床梁 5.97（↓）・右梁 9.19（↑）・上層柱 1.21（↑）より合計 4.43（↑）[kN] の軸方向力（正：引張）が作用する。

＊右柱：

第2層の柱には屋根梁より 3.20（↓）[kN]，第1層の柱には床梁 9.19（↓）・上層柱 3.20（↓）より合計 12.39（↓）[kN] の軸方向力（負：圧縮）が作用する。

手順4） 反力の算定

反力は，最下層の柱の脚部の材端応力（片割れ）と釣り合うので，大きさ同じ・方向逆として算定すれば，次の値となる。

左柱脚固定端

$H_左 = {}_1Q_左 = 9.00$ kN（←）

$V_左 = {}_1N_左 = 7.96$ kN（↓）

$M_左 = 20.52$ kN·m（−）

中央柱脚固定端

$H_{中央} = {}_1Q_{中央} = 13.89$ kN（←）

$V_{中央} = {}_1N_{中央} = 4.43$ kN（↓）

$M_{中央} = 30.56$ kN·m（−）

右柱脚固定端

$H_右 = {}_1Q_右 = 7.11$ kN（←）

$V_右 = {}_1N_右 = 12.39$ kN（↑）

$M_右 = 15.64$ kN·m（−）

以上の計算により得られた応力図を図（h）に示す。

9-4　建物のねじれと偏心率

ここまでの水平力を受ける骨組に関する議論は，単独の骨組の負担水平力について検討したものである。しかし，実際の建物は複数の骨組が並列的に配置されているので，個々の骨組の単独挙動に加えて，建物全体として構成された場合の挙動についても考慮する必要がある。

（1）　建物としての基本的な挙動

図9-10（a）のような，「D値（合計）4」の骨組と「D値（合計）1」の骨組が剛な床版（スラブ）で一体化された建物を考える。この建物が水平力を受ける場合，各骨組の頂部の変形は等しいとすれば，建物全体に作用する水平力は D 値にもとづいて分配されると考えることができる。すなわち，D 値法において対象層の層せん断力は同一層内の各柱が負担し，各柱の負担せん断力は，その層の D 値の総計（ΣD）に占める当該柱の D 値（D_i）の比（$D_i/ΣD$）で計算できるとする考え方と同じである。また，この考えは「D値4」骨組と「D値1」骨組が剛な棒（連結棒）でピン接続した状態と同じである（建物を構成する複数の骨組を一括して解く場合に，この仮定を用いる）。このように考えれば，たとえば，図（b）のように P = 100 kN の水平力が作用した場合，「D値4」骨組と「D値1」骨組それぞれが負担できる水平力は，80 kN[（$D_i/ΣD$）= 4/5] と 20 kN [同 1/5] と計算される。ただし，左右の骨組に作用する水平力が 4：1 に配分されるためには，図（c）左の図に示すように，水平力の作用位置が建物の両骨組間距離を 1：4 に内分する点であることが必要である。内分点に作用するという条件を満たせば，左右両骨組の水平変位は等しく（D 値による分配の前提を満足），建物は平行を保った状態で変位する。これを**並進移動**といい，水平力を受けて建物が並進移動する点を**剛心**という。しかし，剛心以外の位置に水平力が作用すると，建物には回転による移動＝ねじれ（捩れ）変形が生じることになる。

たとえば，水平力が図（c）右の図のように建物中央位置に作用した場合，それぞれの骨組には同量の 50 kN の力が作用し，右側の「D値1」骨組の水平変位は「D値4」骨組の4倍となり，建物には回転する形の変形（＝ねじれ）が加わることになる。なお，建物に作用する水平力（合力）は地震力または風圧力によって生じるが，地震力は重心位置に，風荷重は見付け面（風当たり面）の図心位置に生じる（いずれの場合も建物中央部付近に作用することが多い）。

建物にねじれを生じさせる物理量を**ねじりモーメ**

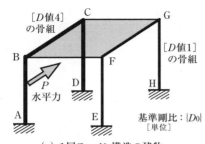

(a) 1層ラーメン構造の建物

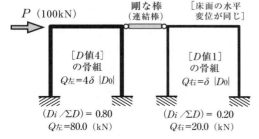

(b) 各骨組の負担せん断力

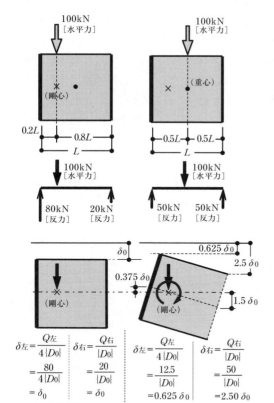

(c) 水平力の作用位置と骨組の水平変形

図9-10 建物のねじれ

ントMtまたは偏心モーメントMtとよぶ。水平力の作用位置と剛心との距離を偏心距離eとよべば、ねじりモーメントは水平力Pと偏心距離の積[$M_t = Pe$]と定義される。建物のねじれは、偏心距離eが大きいほど大きく、偏心距離eが小さいほど小さくなり、水平力が剛心に作用する場合には0となる。

建築構造の分野では、偏心の程度を表わす指標として**偏心率**R_eが用いられており、ねじれによるせん断力分布の変化を**ねじり補正係数**αにより考慮することとしている。偏心率などは、基本的にねじりモーメントを受ける円形断面部材（円柱、丸軸）の力学に準拠して定義されているので、次項でその基本概念を、次々項において偏心率の計算手順について説明する。

(2) ねじりモーメントを受ける円柱の基本式

図9-11（a）のような長さl・直径d（半径r）の円柱の頂部にねじりモーメントM_tが作用し、材長方向ねじり角γが発生した場合を考える。なお、ねじりモーメントは、一対の偶力により生じるモーメントとしても表現できる。

部材頂部にねじりモーメントM_tが作用した場合、部材の横断面には図（b）のような面内せん断力が発生し、その大きさτは図心からの距離ρに比例する形となり、最大せん断応力度τ_0は最外端（円柱

＜メモ＞ サンブナンのねじり定数 J

円形断面に関する(9.30)～(9.38)式は、円形以外の断面形状については成立しないことが多い。

なぜならば、右図ような楕円を例にとれば、極射線OB'に垂直なせん断応力が励起すると仮定しても、これに釣り合う共役せん断応力 τ_{xy}, τ_{yx} が存在できない（楕円表面は自由で、釣り合う応力がない）からである。このため、横断面はO点を中心に極射線方向に比例的に変形せず（$\neq I_p$）、横断面内で複雑にゆがんで釣り合いを保つことになる。

[例：楕円]

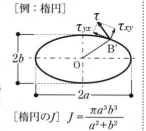

[楕円のJ] $J = \dfrac{\pi a^3 b^3}{a^2 + b^2}$

楕円などの極射線方向に比例的にせん断変形しない断面の、横断面のゆがみを考慮したねじり定数Jを、最初に正確に求めたのはサンブナン(Saint Venant)である。それ以降、矩形断面・開断面を含む各種断面形の値が求められており、設計においてはその定数を用いる。

なお、材軸だけにMtが作用する場合を「単純ねじり（サンブナンのねじり）」といい、H形鋼のような開断面部材の横座屈等で付加曲げモーメントの影響を考慮する必要がある場合のねじりは、「そり拘束ねじり」・「そりねじり」・「曲げねじり」などとよんで区別している。

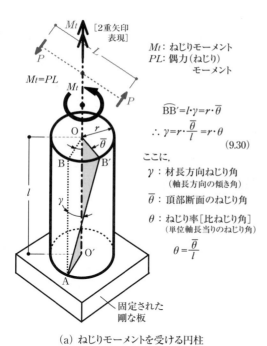

(a) ねじりモーメントを受ける円柱

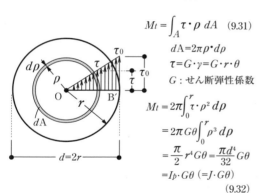

(b) ねじりモーメントに関する諸式

図9-11 円形断面をもつ部材のねじり

表面）位置に発生する。

せん断力 τ により発生する図心Oに関するモーメントの総和は，外力モーメント M_t と釣り合うことが必要なので，図中の（9.31）式が成立し，この式を展開すれば（9.32）式を得る。ここで，I_p は断面極2次モーメントとよばれる係数であり，円柱の場合には（9.34）式が成立する（『建築の力学Ⅰ』の「5 断面の諸係数」で説明している）。断面極2次モーメント I_p は円形（中空円を含む）断面についてだけ適用可能で，円形断面以外の場合にはサンブナンのねじり定数 J（〈メモ〉参照）を用いることが必要である。

円形断面部材がねじりモーメントを受ける場合に関する諸式には，断面極2次半径（9.35）式，ねじり剛性 GI_p，断面のねじり角 θ （9.36）式，ねじり断面係数 Z_p （9.37）式，ねじりせん断応力度 τ_0 （9.38）式がある。これらの式の誘導過程は省略するが，曲げモーメントを受ける部材の諸式（『建築の力学Ⅰ』の「7 部材の断面に生じる応力」で詳しく説明）と同じような形の式となることは興味深いことである。

(3) 偏心率とねじり補正係数

偏心率は，建築構造の分野で偏心の程度を表わす指標として用いられるもので，建物全体を一種の円柱（等価円柱）としてとらえ，円柱がねじりモーメントを受ける場合の力学特性に準拠して定義されている。

ねじり補正係数は，等価円柱にねじりモーメントが作用して生じるねじり角により建物各部（通り）に発生する変位（変形）を評価し，並進移動量に対する比率として表わすための係数である。

偏心率とねじり補正係数の算定手順について，図9-12を例として説明する。

手順1）　重心（水平力の作用位置）

建築分野における偏心率は，もっぱら建物が地震力を受ける場合の安全性を検定する場合に用いられる。地震による水平力は質量に加速度を乗じて求められるので，検討対象とする層の水平力はその層の質量中心に作用すると考えることができる。重量は質量に重力加速度を乗じた値であり，重心は重力加速度を受ける場合の質量中心である。質量中心に地震加速度が作用する場合でも，それによって生じる

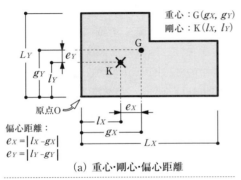

(a) 重心・剛心・偏心距離

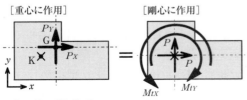

(b) 地震力による水平力とねじりモーメント

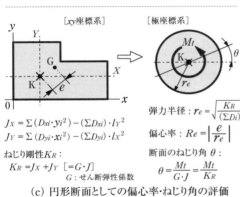

(c) 円形断面としての偏心率・ねじり角の評価

(d) ねじり補正係数

図 9-12　偏心率とねじり補正係数

力の作用する位置は重力加速度と同じであることから，通常，**質量中心**のことを**重心**とよぶ（風圧力の場合には重心位置には作用しないことに留意）。

検討対象層の質量が床版（スラブ）に等分布的に配置されていると考えれば，検討対象層の質量中心は床版の図心位置となり，水平力の作用位置は図心となる。小規模な低層建物では簡略的にこの仮定にもとづき，図心位置を重心とみなすことも多い。図心の求め方は，『建築の力学Ⅰ』の「5　断面の諸係数」で説明しているように，断面1次モーメント $S = 0$ となる点として求められる（〈参考〉参照）。

通常の建物では床は柱により支えられており，質量は床版上の柱位置に分散配置された形となっている。この場合には，分散質量（＝各柱の軸方向力 N_i）群の質量中心＝重心を，断面1次モーメント $S = 0$ の条件で求めればよい。

すなわち，地震力の作用位置＝質量中心＝重心位置 G（g_X, g_Y）は次式で求められる。

$$g_X = \frac{\sum(N_i x_i)}{\sum N_i}, \quad g_Y = \frac{\sum(N_i y_i)}{\sum N_i} \quad (9.39)$$

手順2）　剛心（回転中心）

D 値法では，ラーメン骨組の水平抵抗要素は柱であり，その強さ（大きさ）は D 値（せん断力分布係数）で与えられる。これを，強さ D_i の水平抵抗要素が床版上の柱位置に分散配置されていると考えれば，水平抵抗要素群の抵抗中心は，重心を求めた場合と同様，断面1次モーメント $S = 0$ の条件で求めることができる。なお，耐震壁のような水平抵抗要素も，その強さを D 値などの単位で評価できれば，同様の取扱いをすることができる。

水平抵抗要素群の抵抗中心を**剛心**とよび，剛心位置に水平力が作用した場合には並進移動だけが生じ回転移動は生じないことは，すでに 9-4（1）の項で説明している。

水平抵抗要素の強さを D 値で表わせば，剛心位置 K（l_X, l_Y）は，xy 座標系では次式で求められる（添字の x と y の関係に注意）。

$$l_X = \frac{\sum(D_{yi} x_i)}{\sum D_{yi}}, \quad l_Y = \frac{\sum(D_{xi} y_i)}{\sum D_{xi}} \quad (9.40)$$

手順3）　偏心距離

図 9-12（a）のように，重心（水平力の作用位置）

と剛心との距離を**偏心距離**eとよび，xy座標系では次式で計算される。

$$e_X = (l_X - g_X), \quad e_Y = (l_Y - g_Y) \tag{9.41}$$

建物にねじれを生じさせる**ねじりモーメント**M_tまたは**偏心モーメント**M_tは，図（b）のように水平力Pと偏心距離の積$[M_t = Pe]$で定義される。xy座標系の場合，地震力の大きさPはxy方向にかかわらず同じであるが，偏心距離はxy方向で異なるのでねじりモーメントの大きさはxy方向で異なる。したがって，xy座標系でねじりモーメントを評価する場合には，xy方向それぞれの力によるねじりモーメントを個別に考えることが必要となる。

手順4）　ねじり剛性

図（c）のように，建物全体をねじり中心が剛心である一種の円柱（等価円柱）と考えることとする。この場合，xy座標系で定義されている水平抵抗要素の強さD_iに関し，極座標系に置換したねじり定数Jを断面極2次モーメント（$J = I_p = I_x + I_y$）で評価することにして，等価円柱の**ねじり剛性**K_Rを次式で定義する（添字のxとyの関係に注意）。

$$K_R = J_X + J_Y$$

ここで，

$$J_X = \Sigma\left(D_{xi}Y_i^2\right) = \Sigma\left(D_{xi}y_i^2\right) - \left(\Sigma D_{xi}\right) \cdot l_Y^2$$
$$J_Y = \Sigma\left(D_{yi}X_i^2\right)$$
$$= \Sigma\left(D_{yi}x_i^2\right) - \left(\Sigma D_{yi}\right) \cdot l_X^2 \tag{9.42}$$

ここで，X，Y：水平抵抗要素の剛心からの距離

なお，（9.42）式の展開は，『建築の力学I』の「5 断面の諸係数」で説明しているように，図心軸に平行な軸に関する断面2次モーメントの公式による。

なお，以上の展開は図9-10で説明した円柱のねじりの基本式に準じているが，言うまでもなく，建物を等価円柱とした時点で力学的な厳密性は失われていることに留意。

手順5）　弾力半径r_eと偏心率R_e

円断面における断面極2次半径r_e（図9-11中の式（9.35））は，断面極2次モーメントI_pの大きさを円形断面の面積Aと半径r_e（直径＝$2r_e$）を関連づけた係数である。r_eが大きければI_pが大きい

＝回転剛性が大きい＝ねじり変形が小さいことを意味する。

円形断面の断面極2次半径r_eに相当する値を，等価円柱において**弾力半径**r_eとよぶことにすれば，弾力半径は（9.35）式中のAをΣD_i，I_PをK_Rとした式で表現できる。以上は極座標における議論であり，xy座標系においては，ΣD_iの値はxy方向それぞれの方向により異なる値となるので，xy方向それぞれの方向に個別に評価することにすれば，弾力半径は次式で定義される（添字のxとyの関係に注意）。

$$r_{eX} = \sqrt{\frac{K_R}{\Sigma D_{xi}}} \quad , \quad r_{eY} = \sqrt{\frac{K_R}{\Sigma D_{yi}}} \tag{9.43}$$

偏心率R_eは，弾力半径r_eに対する偏心距離eの比（e/r_e）と定義される。xy座標系のxy方向について個別に定義すれば，次式となる（添字のxとyの関係に注意）。

$$R_{eX} = \left(\frac{e_y}{r_{eX}}\right) \quad , \quad R_{eY} = \left(\frac{e_x}{r_{eY}}\right) \tag{9.44}$$

建築基準法令では，構造計算を行う必要のある建物で偏心率が0.15を超える場合には，特別な条件を付加した計算・検定を行う，あるいは保有耐力計算法・限界耐力計算法等による構造計算を行うことになっている。なお，小規模な低層木造建築物では，施行令第46条の耐力壁配置の良否検定に用いられる四分割法に代えて，偏心率を用いて検定することもできることになっているが，この場合には偏心率が0.3以下であることを確認すればよいことになっている。

手順6）　ねじり補正係数α

ねじり補正係数αは，水平力により生じる建物各通りの変位を，並進移動量に対する比率として表わす係数である。αは，ねじれの影響により割増しされる変位（＝水平力）を考慮した設計に用いられることから，ねじれ補正係数とよばれるが，αの数値そのものにねじれ補正の意味合いはない。並進水平力（並進変形）がねじりによりα倍割り増されても，各通りの許容耐力を超えないことを確認する場合に用いられることから，αのことを**割増し係数**とよぶことがある。

さて，図（d）のように水平力Pによる建物のY

方向 i 通りの変位に注目すれば，その変位 δ_{Yi} は［並進］変位 δ_{0Y} と［ねじり］変位 δ_{RYi} が合算されたものと考えることができる（9-4(1) 図 9-10 においても説明した）。

［並進］変位 δ_{0Y} と水平力 P との間には，$P = (\Sigma D_{yi}) \cdot \delta_{0Y}$ の関係がある。

［ねじり］変位 δ_{RYi} については，次のように考える。すなわち，円形断面のねじり角 θ は図 9-11 中の (9.36) 式により与えられるが，この考え方を等価円柱に適用すれば図 9-12 (d) 右図のように $\theta_X = M_{iX}/K_R$ と表現でき，このねじり角 θ_X によって，建物の Y 方向 i 通りは剛心からの距離 X_i $(= x_i - l_X)$ に応じて上下方向に変位 δ_{RYi} $[= (x_i - l_X) \cdot \theta_X]$ が生じる。式で表わせば，次のようになる（添字の x と y の関係に注意）。

$$\delta_{RYi} = X_i \theta_X = \frac{(\Sigma D_{yi}) \cdot e_X}{K_R} \cdot (x_i - l_X) \cdot \delta_{0Y}$$

したがって，Y 方向 i 通りの変位 δ_{Yi} を，［ねじり補正係数］α_{Yi} と［並進］変位 δ_{0Y} で表わせば，次式となる。

$$\delta_{Yi} = \delta_{0Y} + \delta_{RYi} = \alpha_{Yi} \cdot \delta_{0Y}$$

ここで，

$$\alpha_{Yi} = 1 + \frac{(\Sigma D_{yi}) \cdot e_X}{K_R} \cdot (x_i - l_X) \tag{9.45}$$

同様に，X 方向 i 通りの変位 δ_{Xi} についての［ねじり補正係数］α_{Xi} を誘導すれば，次式となる。

$$\alpha_{Xi} = 1 + \frac{(\Sigma D_{xi}) \cdot e_Y}{K_R} \cdot (y_i - l_Y) \tag{9.45}'$$

9-5 偏心率等の計算例

図 9-13 (a) のような平面をもつ建物（第 n 層）を例として，偏心率とねじり補正係数を求める手順を説明する。この層の柱の軸方向力は図 (b) に示すとおりとする。水平抵抗要素は，図 (c) に示すように柱と耐震壁とし，その大きさは D 値で表わすものとする。この場合，柱については xy 両方向に抵抗し，耐震壁は 1 方向（壁の長さ方向）に抵抗するものとする。なお，水平抵抗要素の大きさ表現は D 値だけでなく，木造耐力壁の場合には「壁の倍率」が使用されることもある。

偏心率等の算定は，前節で説明した手順に従って算定するが，手計算では図に示すような表を用いて行うのが効率的である。ここでは，図 9-13 中の表の作成手順を説明しながら，偏心率・ねじり補正係数の計算過程を示すこととする。

手順 1）　重心（水平力の作用位置）

重心は (9.39) 式により求める。重心の位置 G (g_X, g_Y) のうち，まず，g_Y について求める。図 (b) に示された X 方向・各通りごとの軸方向力を合計して N_i 欄に記入し，その合計 (ΣN_i) を①欄に記入する。各通りの x 座標軸からの距離 y_i を記入し，N_i との積 $(N_i \cdot y_i)$ を計算して合計値 (S_x) を②欄に記入する。①②欄の値にもとづいて，重心の y 方向位置 g_Y を求める［⑥欄］。g_X についても同様の手順で，③④⑤欄を埋めて求める。なお，図心を重心位置とみなす場合の算定例を〈参考〉として示しておく。

手順 2）　剛心（回転中心）

剛心は (9.40) 式により求める。剛心の位置 K (l_X, l_Y) のうち，まず，l_Y について求める。手順は重心の場合と同様で，D 値による断面 1 次モーメントを計算する。図 (c) に示された X 方向・各通りの D 値を合計して D_{xi} 欄に記入し，その合計 (ΣD_{xi}) を⑦欄に記入する。各通りの x 座標軸からの距離 y_i を記入し，D_{xi} との積 $(D_{xi}y_i)$ を計算して合計値 (S_x) を⑧欄に記入する。⑦⑧欄の値にもとづいて，剛心の y 方向位置 l_Y を求める［⑭欄］。l_X についても同様の手順で計算し，⑩⑪⑬欄を埋めて求める。

手順 3）　偏心距離

偏心距離は (9.41) 式により求める。重心と剛心の値にもとづき計算し，⑮⑯欄に記入する。

手順 4）　ねじり剛性

ねじり剛性 K_R は，(9.42) 式により求めた J_X，J_Y にもとづき計算する。まず，J_X について求める。$(D_{xi}y_i^2)$ を求めるために，表の $(D_{xi}y_i)$ 欄の値に y_i を乗じて計算した値の合計 $[\Sigma(D_{xi}y_i^2)]$ を⑨欄に記入し，⑦⑨⑭欄の値にもとづき計算し⑰欄に記入する。J_Y についても同様の手順で⑫欄を埋めて，⑩⑫⑬欄の値にもとづき計算し⑱欄に記入する。ねじり剛性 K_R は⑰＋⑱として計算し，⑲欄に記入する。

276

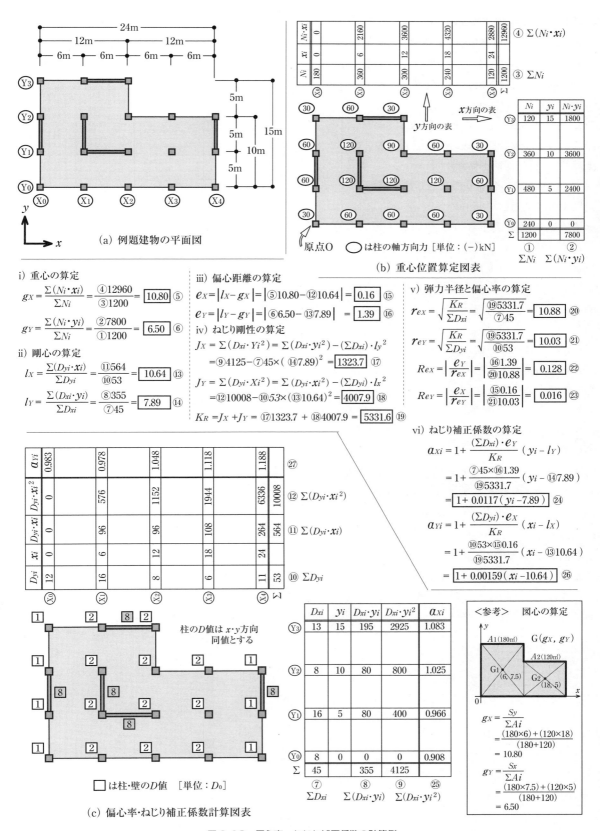

図 9-13 偏心率・ねじり補正係数の計算例

手順5)　弾力半径と偏心率

　弾力半径は（9.43）式により求める。r_{eX} は，⑦⑲の値にもとづき計算し，⑳欄に記入する。r_{eY} は，⑩⑲の値にもとづき計算し，㉑欄に記入する。

　偏心率は（9.44）式により求める。R_{eX} は⑯⑳の値にもとづき計算し，㉒欄に記入する。R_{eY} は⑮㉑の値にもとづき計算し，㉓欄に記入する。

手順6)　ねじり補正係数

　まず，X 方向の各通りのねじり補正係数を（9.45）式により求める。各通りの係数 α_{Xi} は，各通りの座標位置 y_i により決まるので，式に⑦⑭⑯⑲の値を代入し，㉔欄に示す計算式を作成する。各通りの係数 α_{Xi} は，㉔欄の式に X 方向各通りの座標位置 y_i を代入して計算し，表（c）の X 方向各通りの［㉕］欄に記入する。この欄の値が，X 方向各通りの（Y_i 通り）ごとのねじり補正係数（割増し係数）である。

　Y 方向の各通りの係数 α_{Yi} も同様に，（9.45）′式に⑩⑬⑮⑲の値を代入して，㉖欄に示す計算式を作成し，各通りの座標位置 x_i を代入して計算し，表（c）の Y 方向各通り［㉗］欄に記入する。この欄の値が，Y 方向各通りの（X_i 通り）ごとのねじり補正係数である。

　この例題の場合，Y 方向の偏心率は 0.128（R_{eY}㉒）でねじり補正係数の最大値＝最大補正係数は 1.188（X_4 通り㉗），X 方向の偏心率は 0.016（R_{eX}㉓）で最大補正係数は 1.083（Y_3 通り㉕）となる。当然ながら偏心率が大きくなれば α の値は大きくなるが，最大補正係数は建物の長さに関係するので，偏心率が小さくても建物の長さが長い場合には，最大補正係数の値が小さいとは限らないことに注意を要する。

10 仮想仕事法による 不静定構造の解法

不静定構造の解法には応力法と変位法があり，たわみ角法や固定モーメント法は変形を未知数として解くことから変位法と分類され，仮想仕事法などは力［応力］を未知数として解くことから応力法と分類されることは，6章で説明している。また，6章では，最も簡単な1本の梁を対象として，支持条件に注目して外的1次不静定構造〜外的3次不静定構造（両端固定梁）を解く手順を説明している。その場合，部材の変位を求める方法として，弾性曲線式（本書1章），モールの定理（本書2章），弾性仕事（エネルギー原理：本書4章），仮想仕事（本書5章）に注目する考え方があることを説明している。

仮想仕事法とは，釣合い状態にある系（仕事をなし終えて，荷重と変位が保持された状態にある系）に，仮想の荷重または仮想の変位を生じさせて仮想の仕事を行わせ，仮想外部仕事と仮想内力仕事が等しいという「仮想仕事の原理」を利用して注目する点の変位を求める方法で，5章において静定構造物を対象として詳しく説明している。

仮想仕事法による解法は，注目点の変位・変形を「単位荷重法」（本書5章）により直接求めることができ，不静定力に関する方程式を規則的・系統的に立てることができるところに特長がある。

本章では，仮想仕事法による不静定構造物の解法手順について，説明する。

10-1 仮想仕事法による不静定構造の解法原理

仮想仕事法による解法の手順は，1）解析対象の骨組の基本形（静定構造）に対し，各余力（不静定力）が付加された変形状態を仮想仕事の原理により求め，2）骨組の変形の連続条件（変形条件，変形適合条件ともいう）に着目した力［応力］を未知数とした方程式を立てて解くことにより，各余力の影響度合いを算定し，3）骨組全体の応力状態を明らかにするものである。なお，5章で説明したように，厳密にいえば，仮想変位を想定した「仮想仕事法」，仮想荷重を想定した「補仮想仕事法」とがあるが，

建築分野では両方法をともに単に「仮想仕事法」とよぶことが通例化していることから，本章でもこの通例に従うこととしている。

（1） 解法例1

図10-1（a）に示す屈折（ラーメン）骨組を例に，その手順を説明する。

1）　不静定次数

判別式により，この骨組の不静定次数（m）は2で，$m - 3$（静定構造の反力数）＝2より外的2次不静定構造と判定される。すなわち，余力（不静定力）は2つの支点反力（余剰反力）ということになる。

2）　基本形

この骨組の基本形（基本となる静定構造）としては，図（b）のように，①［片持ち支持］された形と②［単純支持］された形が考えられる。

3）　余力と性状係数

基本形（基本構）を［片持ち支持］された場合とすれば，余力（余剰反力）X_1，X_2はA点に発生し，A点の水平方向（x）変位，鉛直方向（y）変位は，各荷重状態ごとに図（c）のような3つの状態が考えられる。

ここで，1単位の余力（力またはモーメント）が作用した場合の各点の変形 δ_{ij}（変位・たわみ角）を**性状係数**と定義する。すなわち，性状係数 δ_{ij} は，荷重作用点 j に1単位の荷重（力・モーメント）を作用させた場合の，注目点 i に生じる変形（変位・たわみ角）を表わす。

性状係数 δ_{ij} を用いれば，荷重作用点 j に余力 X_i が作用した場合の変形は $\delta_{ij} \cdot X_i$ と表わすことができる。

具体的には，各余力について次のように表わすことができる。

［X_1 がA点の水平方向に作用した場合］

x 方向変位：$\delta_{11} \cdot X_1$

y 方向変位：$\delta_{21} \cdot X_1$

［X_2 がA点の鉛直方向に作用した場合］

x 方向変位：$\delta_{12} \cdot X_2$

y 方向変位：$\delta_{22} \cdot X_2$

4）　変形の連続条件

与えられた骨組の変形に注目し，変形の連続条件にもとづき条件式を立てて解くことにより，余力を

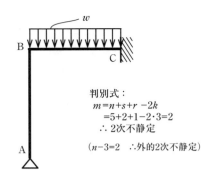

(a) 等分布荷重を受ける屈折骨組

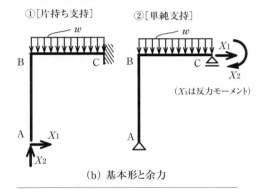

(b) 基本形と余力

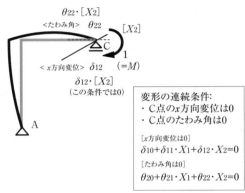

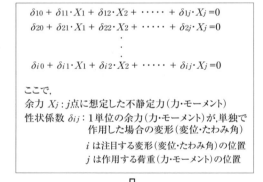

(d) 単純支持を基本形とした場合の変形の連続条件

$$\delta_{10} + \delta_{11}\cdot X_1 + \delta_{12}\cdot X_2 + \cdots + \delta_{1j}\cdot X_j = 0$$
$$\delta_{20} + \delta_{21}\cdot X_1 + \delta_{22}\cdot X_2 + \cdots + \delta_{2j}\cdot X_j = 0$$
$$\vdots$$
$$\delta_{i0} + \delta_{i1}\cdot X_1 + \delta_{i2}\cdot X_2 + \cdots + \delta_{ij}\cdot X_j = 0$$

ここで,
余力 X_j：j点に想定した不静定力（力・モーメント）
性状係数 δ_{ij}：1単位の余力（力・モーメント）が，単独で作用した場合の変形（変位・たわみ角）
　i は注目する変形（変位・たわみ角）の位置
　j は作用する荷重（力・モーメント）の位置

変形の連続条件式：$\sum_{i=1}^{i}\left\{\sum_{j=1}^{j}(\delta_{ij}\cdot X_j)\right\}=0$

(e) 変形の連続条件式

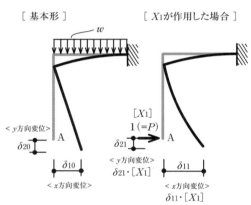

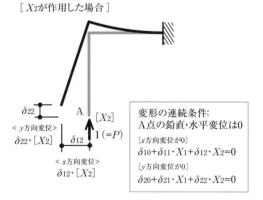

(c) 基本形を片持ち支持とした場合の変形の連続条件

図 10-1　仮想仕事による不静定構造の解析原理

同定する。

さて，問題として与えられた骨組は外力に対し釣合いを保った状態（外力による仕事をし終わった状態）にあり，A点を含むすべての位置（変形）が確定した状態［変形確定状態］にある。この状態が，［基本形］の変形と「余力 X_1，X_2 が作用した状態」の変形とが組み合わさった結果であると考える場合であっても，［変形確定状態］は維持されている必要がある。すなわち，［基本形］と「余力 X_1，X_2 が作用した状態」との組合せ状態と考えた場合においても，注目点の仮想変形等の合計は 0 となっていることが必要である。この変形に関する条件を，変形の連続条件（変形条件，変形適合条件）という。

この例では，余力を作用させた A 点の X_1，X_2 方向の各仮想変位等の合計は 0 であることが必要条件となる。A点がピン支点であることから余力 X_1，X_2 を仮定するので，「A点はピン支点であるので x 方向変位・y 方向変位ともに 0 である」と説明することも多いが，A点が余力の作用する節点であっても「変形の連続条件（仮想変位等の合計は 0）」は必要条件である。

A点における仮想の変位等が x 方向・y 方向ともに 0 である条件を式で表わせば，次のようになる。
［x 方向変位が 0］

$$\delta_{10} + \delta_{11}{\cdot}X_1 + \delta_{12}{\cdot}X_2 = 0 \qquad (10.1)$$

［y 方向変位が 0］

$$\delta_{20} + \delta_{21}{\cdot}X_1 + \delta_{22}{\cdot}X_2 = 0 \qquad (10.2)$$

上の 2 式を連立方程式として解けば，余力 X_1 と X_2 を求めることができる。

余力 X_1，X_2 が同定できれば，骨組の応力は，自由体としての力の釣合い，あるいは，各荷重状態における応力の重ね合わせにより求めることができる。

（2） 解法例 2

同じ問題を，基本形（基本構）を［単純支持］された状態として解く場合には，C点に余力 X_1（水平方向反力）と余力 X_2（モーメント反力）が発生すると仮定することになる。［基本形］・［余力 X_1（水平方向反力）］・［X_2（モーメント反力）］による水平方向変位とたわみ角を考えれば，各荷重状態ごとに図（d）のような 3 つの状態が考えられる。

このうち，余力（水平方向反力とモーメント反力）が作用した場合の変形（変位・たわみ角）は，性状係数を用いれば次式で表わすことができる。

［X_1（力）が作用した場合］
  x 方向変位：$\delta_{11}{\cdot}X_1$
  たわみ角：$\theta_{21}{\cdot}X_1$

［X_2（モーメント）が作用した場合］
  x 方向変位：$\delta_{12}{\cdot}X_2$（この例では 0 である）
  たわみ角：$\theta_{22}{\cdot}X_2$

C点の変形の連続条件（変形条件）を考えれば，C点の水平変位とたわみ角はともに 0 であることが必要であり，これを式で表わせば次式となる。

［x 方向変位が 0］

$$\delta_{10} + \delta_{11}{\cdot}X_1 + \delta_{12}{\cdot}X_2 = 0 \quad (10.1)［再掲］$$

［たわみ角が 0］

$$\theta_{20} + \theta_{21}{\cdot}X_1 + \theta_{22}{\cdot}X_2 = 0 \qquad (10.3)$$

上の 2 式を解くことにより，余力 X_1，X_2 を同定することができる。

余力が算定されれば，骨組の応力は，自由体としての力の釣合い，あるいは，各荷重状態における応力の重ね合わせにより求めることができる。

（3） 変形の連続条件の定式化

前項では，余力（不静定力）が 2 つの場合を例として変形の連続条件による式を展開したが，余力（力，モーメント）が増えた場合でも同様の考え方で条件式を作成できる。

余力作用点 j に余力 X_i が作用した場合に，各注目点 i（各余力の作用位置）に発生する変形は $\delta_{ij}{\cdot}X_i$ と表わすことができる。各注目点 i の変形の連続条件（変形条件）を考えれば，i 点の変形（変位，たわみ角）は 0 であることが必要であり，不静定力が j 個の場合について式で表わせば次式となる。

$$\delta_{10} + \delta_{11}{\cdot}X_1 + \delta_{12}{\cdot}X_2 + \cdots + \delta_{1j}{\cdot}X_j = 0$$
$$\delta_{20} + \delta_{21}{\cdot}X_1 + \delta_{22}{\cdot}X_2 + \cdots + \delta_{2j}{\cdot}X_j = 0$$
$$\cdots\cdots$$
$$\delta_{i0} + \delta_{i1}{\cdot}X_1 + \delta_{i2}{\cdot}X_2 + \cdots + \delta_{ij}{\cdot}X_j = 0$$

上式をまとめて表現すれば，変形の連続条件式は次のような一般式として表現できる。

$$\sum_{i=1}^{i}\left\{\sum_{j=1}^{j}\left(\delta_{ij}{\cdot}X_j\right)\right\} = 0 \qquad (10.4)$$

10 仮想仕事法による不静定構造の解法 281

10-2 ラーメン系骨組の解法例

図 10-2（a）のような梁部分に等分布荷重を受ける屈折（ラーメン）骨組を例として，具体的に説明する．

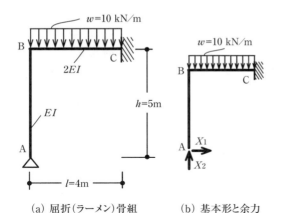

(a) 屈折(ラーメン)骨組　　(b) 基本形と余力

図 10-2　屈折骨組の解法例（その 1）

この骨組の部材配置と支持条件は前節の図 10-1 と同じなので，外的 2 次不静定構造であり，余力は 2 つの支点反力である．この骨組の基本形を図（b）のように［片持ち支持］された形とすれば，前節で説明したように，余力（不静定力）X_1，X_2 は A 点に発生し，A 点の水平方向（x）変位，鉛直方向（y）変位については，3 つの荷重状態が考えられる．

各荷重状態における水平・鉛直変位を，仮想仕事の原理による「単位荷重法」（本書 5 章で説明）により求める．すなわち，注目点（変位を知りたい点）n の知りたい方向の変位を求めるために，注目点の注目変位方向に単独（1つ）の仮想外力 $\overline{P_n}$ を，$\overline{P_n} = 1$（単位荷重）として作用させた場合の仮想外部仕事（厳密には補仮想仕事）を考えることにより，次式により注目点の変位 δ_n を同定する．

$$\overline{W}_{ext} = \sum \left(\overline{P_n} \delta_n\right) = \left(\overline{1} \cdot \delta_n\right) = \delta_n$$

$$\delta_n = \sum \left(P_n \overline{\delta_n}\right) = \sum \left(\overline{P_n} \delta_n\right)$$
$$= \int \frac{N\overline{N}}{EA} dx + \int \frac{M\overline{M}}{EI} dx + \int \alpha \frac{Q\overline{Q}}{GA} dx$$

(5.18)［再掲］

式からわかるとおり，変位 δ_n は，仮想外力による軸方向力（N），曲げモーメント（M）およびせん断力（Q）により生じた変形が合成されたものである．

ラーメン系骨組については，通常の場合，全変形に対する割合の大きな応力は曲げモーメントである．これを踏まえ，計算の繁雑さを避ける意図から，軸方向力とせん断力の変形は小さいとして無視し，影響の大きい曲げモーメントの項だけの計算値をもって δ_n とすることが通例である．すなわち，次式とする．

$$\delta_n = \int \frac{N\overline{N}}{EA} dx + \int \frac{M\overline{M}}{EI} dx + \int \alpha \frac{Q\overline{Q}}{GA} dx$$
$$= \int \frac{M\overline{M}}{EI} dx$$

なお，トラス系骨組の場合には，部材には軸方向力だけが発生するので，曲げモーメントおよびせん断力に関する項は 0 であり，したがって，軸方向力（N）の項だけで δ_n を求めることになる．

ここでは，ラーメン系骨組についての通例に従い，曲げモーメントによる変形だけに注目し，軸方向力とせん断力の変形は無視して，図（c）のように余力を同定する．

手順 1)　基本形の A 点の変位

図（c）のように，基本形の M_0 と，A 点の水平・鉛直それぞれの方向ごとに単位荷重を作用させて得られる $\overline{M_1}$ あるいは $\overline{M_2}$ との仮想仕事を考えることにより，［基本形］における A 点の水平・鉛直変位を求める．式中の［EI］は，各部材の曲げ剛性を表わす（この例では，柱は EI，梁は $2EI$ である）．骨組の仮想仕事は積分式で表わされ，骨組構成部材ごとの積分値の総和として求める．図中では体積係数による計算を行い，次のような性状係数を得る．

x 方向変位 $\delta_{10} =$ 性状係数 δ_{10}

$$\delta_{10} = \frac{wl^3 h}{12EI}$$

y 方向変位 $\delta_{20} =$ 性状係数 δ_{20}

$$\delta_{20} = -\frac{wl^4}{16EI} \quad (\text{下向き})$$

手順 2)　余力 X_1 が作用した場合の A 点の変位

図のように，余力 X_1 が作用した場合，基本形の M_1 と，A 点の水平・鉛直それぞれの方向ごとに単位荷重を作用させて得られる $\overline{M_1}$ あるいは $\overline{M_2}$ との仮想仕事を考えることにより，［余力 X_1 が作用した場

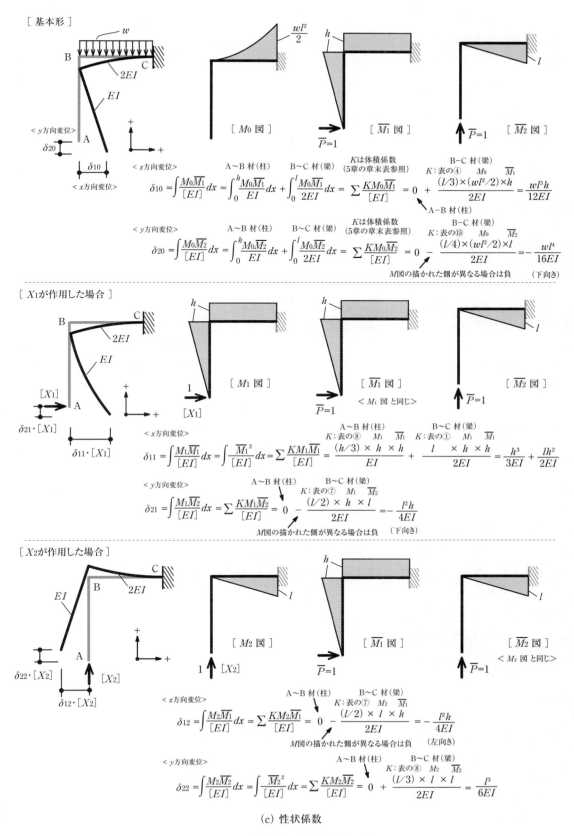

(c) 性状係数

図 10-2 屈折骨組の解法例（その 2）

合］のＡ点の水平・鉛直変位を求める。余力 $X_1 =$ 1とした場合が性状係数で，図中では体積係数による計算により，次のような性状係数を得る。

x 方向変位 $\delta_{11} \cdot X_1$

$$\delta_{11} = \frac{h^3}{3EI} + \frac{lh^2}{2EI} \quad （右向き）$$

y 方向変位 $\delta_{20} \cdot X_1$

$$\delta_{21} = -\frac{l^2h}{4EI} \quad （下向き）$$

手順3） 余力 X_2 が作用した場合のＡ点の変位

図のように，余力 X_2 が作用した場合，基本形の M_2 と，Ａ点の水平・鉛直それぞれの方向ごとに単位荷重を作用させて得られる $\overline{M_1}$ あるいは $\overline{M_2}$ との仮想仕事を考えることにより，［余力 X_2 が作用した場合］のＡ点の水平・鉛直変位を求める。余力 $X_2 =$ 1とした場合が性状係数で，図中では体積係数による計算により，次のような性状係数を得る。

x 方向変位 $\delta_{12} \cdot X_2$

$$\delta_{12} = -\frac{l^2h}{4EI} \quad （左向き）$$

y 方向変位 $\delta_{22} \cdot X_2$

$$\delta_{22} = \frac{l^3}{6EI} \quad （上向き）$$

手順4） 変形の連続条件による余力の同定

すでに述べたように，［基本形］と［余力 X_1, X_2 が作用した状態］との組合せ状態として仮想仕事（補仮想仕事）を考えた場合においても，［変形確定状態］の骨組と同様に，変形（変位，たわみ角）は０となることが必要である。

すなわち，［基本形］と［余力 X_1, X_2 が作用した状態］との組合せ状態を考えた場合であっても，［変形確定状態］は維持される必要があり，この例題にあっては，余力の作用点であるＡ点の x 方向変位・ y 方向変位ともに０であることが必要である。したがって，次式［再掲］を満足する必要がある。

［x 方向変位が０］

$$\delta_{10} + \delta_{11} \cdot X_1 + \delta_{12} \cdot X_2 = 0 \tag{10.1}$$

$$\frac{wl^3h}{12EI} + \left(\frac{h^3}{3EI} + \frac{lh^2}{2EI}\right) \cdot X_1 - \frac{l^2h}{4EI} \cdot X_2 = 0 \tag{10.1$'$}$$

［y 方向変位が０］

$$\delta_{20} + \delta_{21} \cdot X_1 + \delta_{22} \cdot X_2 = 0 \tag{10.2}$$

$$-\frac{wl^4}{16EI} - \frac{l^2h}{4EI} \cdot X_1 + \frac{l^3}{6EI} \cdot X_2 = 0 \tag{10.2$'$}$$

上の２式を連立方程式として解けば，余力 X_1 と X_2 は次のように求められる。

$$X_1 = \frac{wl^3}{4h(8h + 3l)}$$

$$X = \frac{wl(6h + 3l)}{2(8h + 3l)}$$

ここで，$w = 10$ kN/m，$l = 4$ m，$h = 5$ m を代入すれば，

$$X_1 = 0.615 \quad , \quad X_2 = 16.15$$

となる。

手順5） 応力図の作成

算定された余力 X_1 と X_2 にもとづいて，応力図を作成するが，作成には２つの方法が考えられる。

１つは，自由体としての力の釣合い条件にもとづき応力図を決定する方法である。図（e）の左に示したように，同定された反力と外力を受ける部材に関し，骨組を自由体としての力の釣合い条件により応力を求める方法である。

もう１つは，［基本形］・［余力 X_1 が作用した場合］・［余力 X_2 が作用した場合］それぞれの条件における応力を合成して求める方法である。図（e）には，自由体図により求める結果（左の縦欄）と，各条件の応力を合成する方法による結果との関係が示してある。

なお，各条件の応力を合成する方法の場合，合成応力は次のような一般式として表現できる。

$$M = M_0 + \overline{M_1}X_1 + \overline{M_2}X_2 + \cdots + \overline{M_j}X_j$$
$$Q = Q_0 + \overline{Q_1}X_1 + \overline{Q_2}X_2 + \cdots + \overline{Q_j}X_j$$
$$N = N_0 + \overline{N_1}X_1 + \overline{N_2}X_2 + \cdots + \overline{N_j}X_j$$

$$\tag{10.5}$$

10-3 トラスの解法例

トラス系不静定骨組の解法手順は，基本的に，ラーメン系骨組の手順と同じである。すなわち，基本形（静定構造）と余力（不静定力）を仮定し，基本形および余力が作用する場合の応力（荷重）と変形による仮想仕事（補仮想仕事）を考えることにより性状係数を求め，変形の連続条件により余力を同定することにより，与えられた荷重条件における不静定

[変形の連続条件：A点の水平・鉛直変位は 0]

<x方向変位> $\delta_{10} + \delta_{11} \cdot X_1 + \delta_{12} \cdot X_2 = 0$　　(10.1)

$\dfrac{wl^3h}{12EI} + \left(\dfrac{h^3}{3EI} + \dfrac{lh^2}{2EI}\right) \cdot X_1 - \dfrac{l^2h}{4EI} \cdot X_2 = 0$　(10.1)′

<y方向変位> $\delta_{20} + \delta_{21} \cdot X_1 + \delta_{22} \cdot X_2 = 0$　　(10.2)

$-\dfrac{wl^4}{16EI} - \dfrac{l^2h}{4EI} \cdot X_1 + \dfrac{l^3}{6EI} \cdot X_2 = 0$　(10.2)′

・(10.1)′と(10.2)′により余力を求める。

$X_1 = \dfrac{wl^3}{4h(8h+3l)}$

$X_2 = \dfrac{wl(6h+3l)}{2(8h+3l)}$

・$w=10$ kN/m, $l=4$m, $h=5$mを代入すれば，次のようになる。

$X_1 = \dfrac{10 \times 4^3}{4 \times 5 \times (8 \times 5 + 3 \times 4)} = \dfrac{640}{1040} = 0.615$

$X_2 = \dfrac{10 \times 4 \times (6 \times 5 + 3 \times 4)}{2 \times (8 \times 5 + 3 \times 4)} = \dfrac{1680}{104} = 16.15$

(d) 変形の連続条件にもとづく余力 X_1, X_2 の算定

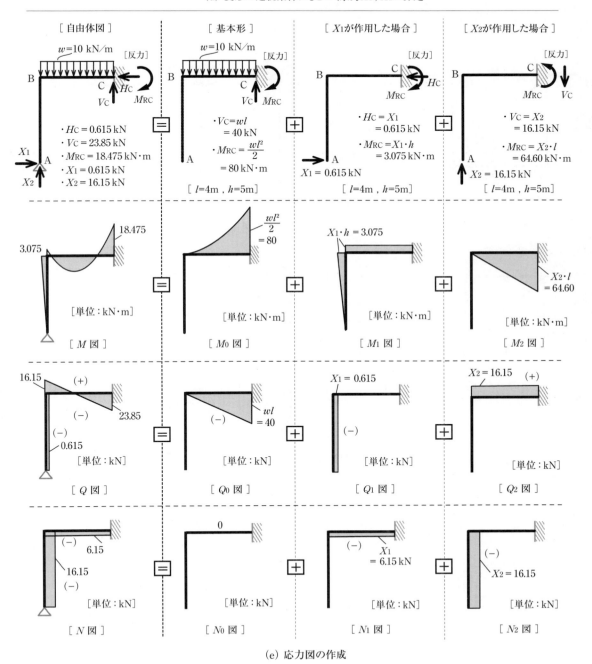

(e) 応力図の作成

図 10-2　屈折骨組の解法例（その 3）

トラスの応力を求める手順となる。

ただし，すでに説明したように，トラス系骨組の部材には軸方向力だけが発生するので，曲げモーメントおよびせん断力に関する項は0となり，したがって，次式のように軸方向力（N）の項だけでδ_nが決定されることになる。

$$\delta_n = \int \frac{N\bar{N}}{[EA]} dx \qquad (10.6)$$

ここで，$[EA]$は注目部材の軸剛性を表わす。

以下では，外的不静定トラスと内的不静定トラスに分けて，その解法を説明する。

（1） 外的1次不静定トラス

図10-3（a）のような2つのピン支点で支持された1次不静定トラスを例として，具体的に説明する。ただし，このトラスの全部材の軸剛性AEは同一で，圧縮材は座屈しないものとする。

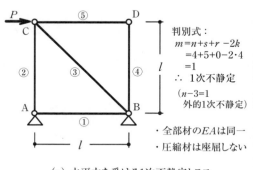

(a) 水平力を受ける1次不静定トラス

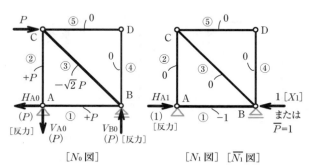

(c) 基本形と余力が作用した場合の軸方向力と反力

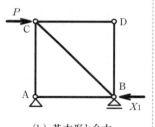

(b) 基本形と余力

部材	部材長	N_0	$N_1, \bar{N_1}$	$\dfrac{N_0 \bar{N_1}}{[EA]}[l]$ δ_{10}	$\dfrac{N_1 \bar{N_1}}{[EA]}[l]$ δ_{11}
①	l	$+P$	-1	$-Pl$	l
②	l	$+P$	0	0	0
③	$\sqrt{2}\,l$	$-\sqrt{2}P$	0	0	0
④	l	0	0	0	0
⑤	l	0	0	0	0
Σ				$-\dfrac{Pl}{EA}\cdot\dfrac{1}{EA}$	$\dfrac{l}{EA}\cdot\dfrac{1}{EA}$

変形の連続条件：$\delta_{10} + \delta_{11} \cdot X_1 = 0$

$-\dfrac{Pl}{EA} + \dfrac{l}{EA}\cdot X_1 = 0 \quad \therefore X_1 = P$ （左向き：仮定通り）

(d) 仮想内力仕事の計算表と余力X_1

軸方向力 $N = N_0 + \bar{N_1} \cdot X_1$

N	$=$	N_0	$+$	$\bar{N_1} \cdot X_1$
0		$+P$		$-P$
$+P$		$+P$		0
$-\sqrt{2}P$		$-\sqrt{2}P$		0
0		0		0
0		0		0

[反力]
$H_A = H_{A0} + H_{A1}\cdot X_1 = -P + 1\cdot P = 0$
$V_A = V_{A0} + V_{A1}\cdot X_1 = -P + 0 = -P$
$H_B = H_{B0} + H_{B1}\cdot X_1 = 0 - 1\cdot P = -P$
$V_B = V_{B0} + V_{B1}\cdot X_1 = P + 0 = +P$

(e) 軸方向力の計算表

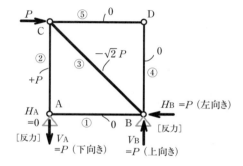

(f) 軸方向力(解答)

図10-3　外的1次不静定トラスの解法例

判別式により，この骨組の不静定次数 (m) は 1 で，$m - 3$（静定構造の反力数）＝ 1 より外的 1 次不静定構造と判定される。すなわち，余力（不静定力）は 1 つの支点反力（余剰反力）ということになる。

基本形として，図（b）のように B 支点がローラー支持された形を採用すれば，余力（不静定力）X_1 は B 点の水平方向の力（反力：左向き）となる。

図（c）のように，基本形の応力 N_0，B 点に余力 X_1 が作用した場合の応力 N_1 のそれぞれに対し，仮想の単位荷重 $\overline{P_n} = 1$ を水平方向に作用させて得られる $\overline{N_1}$ との仮想仕事を考える。

手順 1）　基本形の性状係数 δ_{10}

性状係数 δ_{10}（基本形の B 点の水平方向変位）は次式で計算される。

$$\delta_{10} = \int \frac{N_0 \overline{N_1}}{[EA]} dx$$

この計算プロセスは図（d）の表中に示してあるとおりで，次の結果を得る。

$$\delta_{10} = -\frac{Pl}{EA}$$

手順 2）　余力 X_1 が作用した場合の性状係数 δ_{11}

性状係数 δ_{11} は次式で計算される。

$$\delta_{11} = \int \frac{N_1 \overline{N_1}}{[EA]} dx = \int \frac{\overline{N_1}^2}{[EA]} dx$$

この計算プロセスも図（d）の表中に示してあるとおりで，次の結果を得る。

$$\delta_{11} = \frac{l}{EA}$$

手順 3）　変形の連続条件による余力の同定

すでに述べたように，与えられた骨組を［基本形］と［余力 X_1 が作用した状態］とが組み合わさった状態として考える場合であっても，仮想仕事等による変形は 0 となることが必要である。すなわち，余力の作用点である B 点の x 方向変位は 0 であることが必要であり，したがって，次式を満足する必要がある。

［x 方向変位が 0］

$$\delta_{10} + \delta_{11} \cdot X_1 = 0$$

$$-\frac{Pl}{EA} + \frac{l}{EA} \cdot X_1 = 0$$

上式を解けば，余力 X_1 は次のように求められる。

$$X_1 = P$$

手順 4）　応力図の作成

与えられたトラスの応力は，次式で計算される。

$$N = N_0 + \overline{N_1} X_1$$

この計算プロセスは図（e）の表中に示してあるとおりで，反力についても同様に計算される。

計算結果を一括表示した N 図が，図（f）として示してある。

（2）　内的 1 次不静定トラス

図 10-4（a）のような単純支持された 1 次不静定トラスを例として，具体的に説明する。ただし，このトラスの全部材の軸剛性 EA は同一で，圧縮材は座屈しないものとする。

判別式により，この骨組の不静定次数 (m) は 1 で，$m - 3$（静定構造の反力数）＝ 0 より外的には静定であるので，内的 1 次不静定構造と判定される。すなわち，このトラスは静定トラスよりも部材が 1 本多いことが原因で不静定構造となっていることになる。したがって，このトラスの基本形（静定トラス）としては，部材①〜⑥の内のいずれか 1 本を取り除いた骨組を採用すればよい。

ここでは，基本形を，図（b）のように斜材である部材⑥を取り除いた骨組とすれば，余力 X_1 は斜材⑥の材軸方向の力（応力）となる。この場合の余力は部材の軸方向応力なので一対の力であり，必然的に D 点と A 点には逆方向の力が作用することになる。

解法手順は前項と同様に，図（c）のように，基本形の応力 N_0，D 点と A 点に余力 X_1 が作用した場合の応力 N_1 のそれぞれに対し，仮想の単位荷重 $\overline{P_n} = 1$ を部材⑥の方向に作用させて得られる $\overline{N_1}$ との仮想仕事を考える。

手順 1）　基本形の性状係数 δ_{10}

性状係数 δ_{10}（基本形の D 点の斜材⑥の軸方向変位）は次式で計算される。

$$\delta_{10} = \int \frac{N_0 \overline{N_1}}{[EA]} dx$$

この計算プロセスは図（d）の表中に示してあるとおりで，次の結果を得る。

$$\delta_{10} = -\frac{\left(2 + \sqrt{2}\right) Pl}{EA}$$

手順2) 余力 X_1 が作用した場合の性状係数 δ_{11}

性状係数 δ_{11} は次式で計算される。

$$\delta_{11} = \int \frac{N_1 \overline{N_1}}{[EA]} dx = \int \frac{\overline{N_1}^2}{[EA]} dx$$

この計算プロセスも図(d)の表中に示してあるとおりで，次の結果を得る。

$$\delta_{11} = \frac{2(1+\sqrt{2})l}{EA}$$

手順3) 変形の連続条件による余力の同定

すでに述べたように，変形の連続条件により，仮想仕事などによる変形は0となることが必要である。すなわち，余力の作用点であるD点の部材⑥の軸方向変位は0であることから，次式を満足する必要がある。

$$\delta_{10} + \delta_{11} \cdot X_1 = 0$$

$$-\frac{(2+\sqrt{2})Pl}{EA} + \frac{2(1+\sqrt{2})l}{EA} X_1 = 0$$

上式を解けば，余力 X_1 は次のように求められる。

$$X_1 = \frac{(2+\sqrt{2})}{2(1+\sqrt{2})} P = \frac{\sqrt{2}}{2} P$$

手順4) 応力図の作成

与えられたトラスの応力は，次式で計算される。

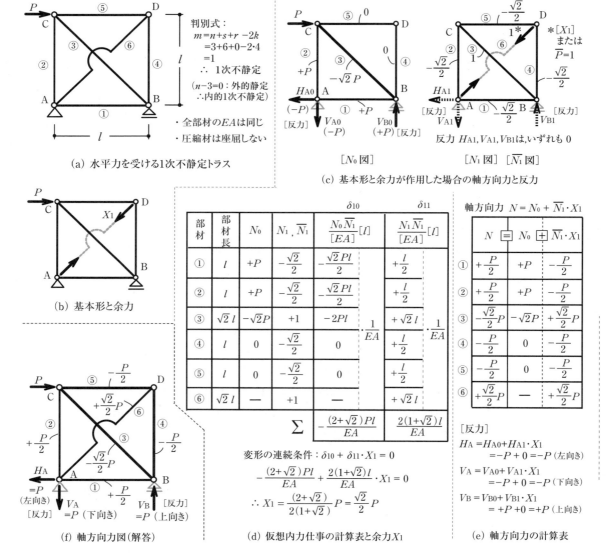

図10-4 内的1次不静定トラスの解法例

$$N = N_0 + \overline{N_1} \cdot X_1$$

この計算プロセスは図（e）の表中に示してあるとおりで，反力についても同様に計算される。

計算結果を一括表示したN図が，図（f）として示してある。

10-4 交差梁の解法例

図10-5のように，梁を直交あるいは斜交して平面的に構成する骨組を交差梁，複数の交差梁で構成される骨組を格子梁という。交差梁や格子梁の解法においては，梁の交差点において各梁の鉛直たわみが等しいという変形の連続条件により，各梁の分担荷重を求め，それにより骨組全体としての応力を求めることが通例である。この場合，交差点における各梁の鉛直たわみは，仮想仕事法の単位荷重法を用いれば容易に求めることができる。また，分担荷重を未知数として解く手法（応力法）は，仮想仕事法における余力を想定して変形の連続条件を考慮して解く手法と同じである。

本節では，2本の梁で構成される最も簡単な交差梁を例に，その解法手順を説明する。

（1）集中荷重を受ける交差梁

図10-6（a）のように，曲げ剛性EIが等しく長さが異なる2本の梁がスパン中央で交差する骨組の交差部に集中荷重Pが作用する場合を考える。

集中荷重Pは2本の梁が分担して負担することになるので，それぞれの負担荷重をP_1, P_2とすれば，

$$P = P_1 + P_2 \qquad (10.7)$$

梁の変形については，通例に従い，曲げモーメントによる変形だけを考慮するものとする。

各梁のC点（スパン中央部）の曲げモーメントによるたわみは，弾性曲線式・モールの定理・仮想仕事のいずれで計算しても，次式で表わされる（図（b）参照）。

梁AB（スパンl_1）：

$$\delta_{C1} = \frac{P_1 l_1^3}{48EI}$$

梁DE（スパンl_2）：

$$\delta_{C2} = \frac{P_2 l_2^3}{48EI}$$

変形の連続条件は，2本の梁の交差点Cのたわみは等しいことであり，次式で表現される。

$$\delta_{C1} = \delta_{C2} \qquad (10.8)$$

（10.7）式と（10.8）式とにより，各梁の負担荷重は次式のように表わされる。

$$\therefore \quad P_1 = \frac{l_2^3}{l_1^3 + l_2^3} P$$

$$P_2 = \frac{l_1^3}{l_1^3 + l_2^3} P$$

分担荷重を求める方法としては，交差梁を重ね梁（親子梁）と考える方法もある。重ね梁（親子梁）については，『建築の力学I』の「4-5-3 特殊な梁」で説明している。すなわち，交差梁を図（c）のようにC点で接する重ね梁と考えると，C点のたわみが小さいほうの梁（＝スパンが小さい梁）がたわみの大きいほうの梁（＝スパンが大きい梁）をC点で支える形となる。C点を支持点（上下に移動可能なので支点ではない）とすれば，上下の梁間には相互作用力（作用・反作用の力）Xが生じると考えることができる。相互作用力Xは，変形の連続条件「上下梁のC点のたわみは等しい」ことを条件として解けば，同定することができる。

同定された分担荷重による各梁の曲げモーメント図は，図（d）のようになる。

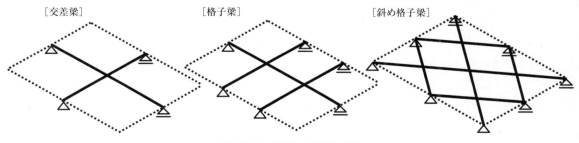

図10-5 交差梁・格子梁（例）

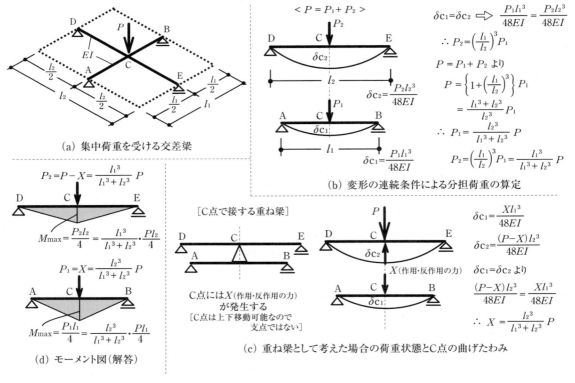

図10-6 集中荷重を受ける交差梁の解法例

ここで，得られた結果にもとづき，交差梁の曲げモーメントに関する特性について考察しておく。曲げ剛性 EI が等しい交差梁で，スパン比 (l_2/l_1) [スパンの小さいほうを1とした比] が1.2の場合には $P_1 = 0.63P(P_2 = 0.37P)$，同1.5の場合には $P_1 = 0.77P$ $(P_2 = 0.23P)$，同2.0の場合には $P_1 = 0.89P$ $(P_2 = 0.11P)$ となり，スパン比が大きくなるほど短スパンの梁の負担荷重が増大することがわかる。

なお，複数の交差点をもつ梁で構成される格子梁の各交差点のたわみを求める場合には，仮想仕事法の「単位荷重法」は最も有効な方法で，各交差点に発生する相互作用力（作用・反作用の力）を未知数として変形の連続条件を考慮すれば，相互作用力（不静定力）に関する方程式を規則的・系統的に立てて解くことができる。

(2) 等分布荷重を受ける交差梁

図10-7 (a) のように，図10-6と同じ骨組（曲げ剛性 EI が等しく長さが異なる2本の梁がスパン中央で交差する骨組）の各梁に異なる大きさの等分布荷重 (w_1, w_2) が作用する場合を考える。

この交差梁を図10-6 (c) と同様に，のようにC点で接する重ね梁と考えると，たわみが小さいほうの梁がたわみの大きいほうの梁をC点（交差点）で支える形となる。C点で上下の梁間に生じる相互作用力 X とし，等分布荷重と相互作用力によるたわみの合計値にもとづき，変形の連続条件を考慮する式を立てて解けば，相互作用力 X を求めることができる。

梁の変形として，曲げモーメントによるたわみだけを考慮すれば，図10-7 (b) のように，各梁のたわみ $(\delta_{C1}, \delta_{C2})$ は等分布荷重によるたわみ $(\delta_{C1w}, \delta_{C2w})$ と相互作用力によるたわみ $(\delta_{C1X}, \delta_{C2X})$ の合計として表わされる。これに，変形の連続条件 [2本の梁の交差点Cのたわみは等しい] を適用すれば，相互作用力 X は次のように同定することができる（図 (c) 参照）。

$$\delta_{C1} = \delta_{C2}$$

ここで，

$$\delta_{C1} = \delta_{C1X} + \delta_{C1w}$$
$$\delta_{C2} = \delta_{C2X} + \delta_{C2w}$$

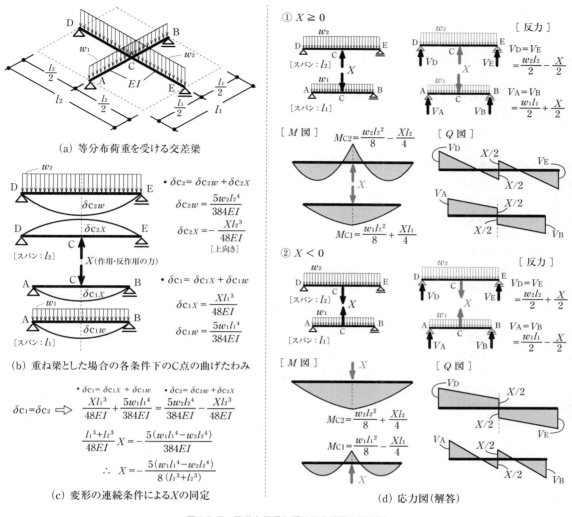

図10-7 等分布荷重を受ける交差梁の解法例

$$\therefore \quad X = -\frac{5(w_1 l_1^4 - w_2 l_2^4)}{8(l_1^3 + l_2^3)}$$

応力図は，各梁の各荷重条件に対応する応力図を合成すれば求められる。図(d)には，応力図としてM図とQ図（軸方向力は0なのでN図は省略）が示してあるが，応力図の形はXの正負で異なる。すなわち，①$X \geqq 0$の場合はXの方向は仮定どおりなので，上側の梁の応力図の形は2連の連続梁の場合と同じような形，下側の梁の応力図は単純梁と同じ形となる。一方，②$X < 0$の場合はXの方向が仮定と逆となるので，上側の梁の応力図が単純梁と同じ形となり，下側の梁の応力図の形が連続梁と同じような形となる。

参考図書

『建築の力学 I 』および『建築の力学 II 』を執筆するにあたり，下記の書籍を参考にさせて戴きました。

1) 鵜戸口英善・川田雄一・倉西正嗣：材料力学 上巻，裳華房，1957（昭和32）年5月
2) 鵜戸口英善・川田雄一・倉西正嗣：材料力学 下巻，裳華房，1959（昭和34）年3月
3) 谷資信・杉山英男：建築構造力学演習1，オーム社，1960（昭和35）年8月
4) 谷資信・杉山英男：建築構造力学演習2，オーム社，1960（昭和35）年10月
5) 齋藤謙次：建築構造力学演習，理工図書，1966（昭和41）年4月
6) 内藤多仲：建築構造学［第9版］，早稲田大学出版部，1968（昭和43）年7月
7) 谷資信・佐野弘 ほか：建築構造学1・構造力学（I），鹿島出版会，1969（昭和44）年5月
8) 竹内盛雄・小高昭夫 ほか：建築構造学1・構造力学（II），鹿島出版会，1969（昭和44）年11月
9) 望月重：構造力学 II，学献社，1975（昭和50）年11月
10) 小幡守：最新建築構造力学 I，森北出版，1976（昭和51）年5月
11) 田口武一：建築構造力学［I］，昭晃堂，1977（昭和52）年6月
12) 武藤清：耐震計算法［第2版］（耐震設計シリーズ1），丸善，昭和56（1981）年8月
13) 鷲尾健三・鬼武信夫：骨組の弾性力学（建築大学講座第15巻），コロナ社，1984（昭和59）年3月
14) 日本土木学会：構造力学公式集第2版，1986（昭和61）年6月
15) 日本建築学会：鉄筋コンクリート構造計算基準・同解説，1988（昭和63）年
16) 中村恒善編著：建築構造力学図説・演習 I，丸善株式会社，1994（平成6）年6月
17) 中村恒善編著：建築構造力学図説・演習 II，丸善株式会社，1994（平成6）年7月
18) 林貞夫：SI 対応 建築構造力学，共立出版，1997（平成9）年4月
19) 桑村仁：建築の力学—弾性論とその応用—，技法堂出版，2001（平成13）年4月
20) S. Timoshenko, D.H. Young（前澤成一郎訳）：材料力学要論，コロナ社，2003（平成15）年2月
21) 松本慎也：よくわかる構造力学の基本，秀和システム，2003（平成15）年11月

索　引

あ―お

安定な骨組の直角変位図	41, 46
異形ラーメン	47
異形ラーメンの解法	202
異形ラーメンの部材角	47
位置エネルギー	77
1層1スパンのラーメン架構の計算表	236
1層1スパンのラーメン骨組	235
1層1スパン骨組	188, 214
1層1スパンラーメン	87, 265, 266
1層2スパンラーメン	247
一端固定・他端ピン支持梁	142, 161
一端固定・他端ピン梁の固定端モーメント	148
一端固定・他端ピン梁の材端せん断力	148
一端固定・他端ローラー支持梁	140
イテラチオン	179
移動理論	37
ウィリオの変位図の基本	53
ウィリオ―モールの変位図	57
運動理論	37
Excel によるマトリックス演算の操作手順	221
エネルギー保存の法則	69, 98
エンゲッサーの定理	78
鉛直荷重を受ける異形ラーメン	203, 215
鉛直荷重を受ける屈折骨組	181
鉛直荷重を受ける静定ラーメン	133, 134
鉛直荷重を受ける半円形アーチ	81
鉛直方向たわみ	130
鉛直方向変位	103
応力がなす仮想仕事	95
応力法	139
応力法による解法の原理	139
親子梁	289

か―こ

外的1次不静定トラス	286
外的不静定構造	139
回転移動	274
回転角	132
回転拘束曲げモーメント	151
回転による移動	271
解放モーメント	227
外力仕事	63, 64
外力による弾性仕事	64
各種応力に対応する仮想仕事式	99
重ね梁	289
カスティリアーノの第1定理	77
カスティリアーノの第2定理	78
カスティリアーノの定理	77
カスティリアーノの定理の誘導	90
仮想応力度	97

仮想応力による仮想仕事	97
仮想応力による仮想内力仕事	98
仮想外力仕事と仮想内力仕事の関係	98
仮想荷重	98
仮想仕事による不静定構造の解析原理	280
仮想仕事の一般式	102
仮想仕事の計算表	127
仮想仕事の原理	93
仮想仕事法	93
仮想単位荷重	103
仮想内力仕事	95
仮想内力仕事の計算表	127
仮想の応力	96
仮想の変位	96
仮想歪度	97
仮想部材角による仮想仕事	214
仮想変位	98
仮想変位による仮想仕事	97
仮想変位による仮想内力仕事	98
片持ち梁のたわみ	11
片持ちラーメン系屈折柱	129
奇数スパンの場合の変形	177
基本則1	39
基本則2	39
基本則3	40
基本則4	40
基本則5	40
基本則を活用して描く直角変位図	44
均等ラーメン	172, 255
偶数スパンの場合の対称変形骨組	245
偶数スパンの場合の変形	178
矩形断面に蓄積される歪エネルギー（せん断）	68
屈折骨組の解法例	283
繰返し回数と誤差	240
交差梁の解法	289
格子梁	289
剛心	274
合成応力	284
剛性係数	256
剛性係数の実用式	257
剛節仮定と節点モーメント	149
剛節骨組	233
剛度	152
剛比	152
剛比変化による修正値	261
固定端モーメント	139, 144, 151
固定法	223
固定モーメント法	223
固定モーメント法の基本仮定と概念	223
コンプライアンス	54

さ―そ

載荷経路	74
最小仕事の原理	79
材端せん断力	145

索　引　293

材端にモーメント荷重を受ける単純梁	31
材端モーメント	150
材端モーメントだけを受ける部材の応力図	157
材長不変の仮定	150
3材により構成される異形ラーメン	47
3材により構成される不静定トラス	86
3層3スパンのブレース構造のフレーム	88
サンブナンのねじり定数	272, 273
3連続梁	244
3連続梁の表計算例	231
軸方向力に対応する仮想仕事式	99
軸力を受ける部材の歪エネルギー	65
仕事の定義	63
実仕事	96
質点に対し外力がなす仮想仕事	93
質量中心	274
支点のたわみ角	22
重心	274
従属部材	47, 51
従属部材角	51
集中荷重を受ける片持ち梁	23, 27
集中荷重を受ける交差梁	289
集中荷重を受ける交差梁の解法例	290
集中荷重を受ける単純梁	18, 20, 25, 83, 93, 116, 123
自由度	50, 51
自由度の高い骨組の直角変位図	51
ジュール	63
垂直応力度	96
垂直応力による仮想仕事	96
水平荷重が作用するトラス	82
水平荷重を受ける異形ラーメン	208
水平方向たわみ	131
水平方向変位	106
水平力により部材角が生じる骨組	248
水平力を受ける1層1スパンラーメン	249
水平力を受けるラーメン	249
水平力を受けるラーメンのM図パターン	264
スパン中央に集中荷重を受ける単純梁	26
スパン中央に集中荷重を受ける梁	16
性状係数	279, 282
静定梁のたわみ	15
接線角	153
節点位置を極とした直角変位図	42
節点移動のある骨組	188
節点移動のある骨組の計算手順	172
節点移動のあるラーメン骨組	248
節点移動のない剛節骨組	234
節点移動のない梁	160
節点移動のない骨組の解法例	181
節点移動のない骨組の計算手順	166
節点移動のないラーメン骨組の解法	232
節点に荷重が作用するトラス	94
静定トラスの変形（図式解法）	53
線材仮定	149
漸増荷重	63, 74

全体剛性マトリックス	180
せん断応力度	96
せん断応力に対応する仮想仕事式	101
せん断応力による仮想仕事	96
先端に荷重が作用する跳ね出し梁	82
先端に集中荷重を受ける片持ち梁	11
せん断力に関する微分方程式	23
せん断力による弾性曲線の微分方程式	22
せん断力分布係数	254
せん断力分布係数の誘導	254
せん断力を受ける部材の歪エネルギー（曲げ）	67
全ポテンシャル・エネルギー最小の原理	77
相互作用力（作用・反作用の力）	290
相互作用力（不静定力）	290
層高変化による修正値	261
相反作用の定理	74
層方程式と柱のせん断力	253

たーと

対称条件を満足する場合の解法	177
対称変形骨組の場合の有効剛比	244
体積係数	105
体積係数一覧表	137
体積法	104
他端ピンの場合の有効剛比	244
たわみ角	107, 132, 151
たわみ角法	149
たわみ角法基本式のマトリックス表現	179
たわみ角法による骨組応力の計算手順	156
たわみ角法の基本仮定	149
たわみ角法の基本式	152, 154
たわみ角法の基本式と仮想仕事	213
たわみ曲線式	9
たわみ曲線の微分方程式	9
単位荷重法	98, 103, 282, 290
段差梁	217
単純梁の中央に荷重が作用した場合のたわみ	71
単純支持されたトラスの直角変位図	42
弾性荷重	30
弾性曲線式	9
弾性曲線の微分方程式	9
弾性座屈荷重	88
弾性仕事	63
弾性仕事とエネルギー	63
弾性体の全ポテンシャル・エネルギー	77
断面極2次モーメント	273
断面に蓄積される歪エネルギー（せん断）	68
断面に蓄積される歪エネルギー（曲げ）	66
弾力半径	275
力による仕事	97
逐次法	43
中間荷重	144, 151
中間荷重が作用した場合のたわみ角	154
中間荷重が対称形の場合の応力図	158, 159
中間荷重を受ける3連続梁	230

中間荷重を受ける骨組 —————— 169	梁応力の算定 —————— 264, 269
中間荷重を受ける連続梁 —————— 228	梁におけるせん断変形 —————— 23, 26
直角変位図 —————— 37, 38	梁における曲げ変形 —————— 26
直角変位図（回転角 $\theta = 1$ とする作図方法）—— 40	梁のたわみ —————— 103
直角変位図（部材が平行に移動する場合）—— 39	梁の中央部に集中荷重を受ける片持ち梁 —— 35
直角変位図（部材の一端が移動できない場合）—— 39	梁の変形に及ぼすせん断変形の影響 —— 26
直角変位図（部材の両端が移動できない場合）—— 40	反曲点 —————— 254
直角変位図（部材両端が自由に移動できる場合）—— 38	反曲点高比 —————— 254, 260
直角変位図の基本 —————— 37	反曲点高比の算定表 —————— 261
直角変位図を利用した仮想仕事式 —— 205, 212	判定則 1 —————— 41
直角変位点 —————— 37	判定則 2 —————— 42
D 値法 —————— 253	反復繰り返し計算 —————— 179
D 値法によるラーメンの解法原理 —— 253	微小要素 —————— 95
D 値法の解法手順 —————— 263	微小要素に生じる歪エネルギー（せん断）—— 67
ディープビーム —————— 22	微小要素に生じる歪エネルギー（曲げ）—— 66
伝達モーメント —————— 224	歪エネルギー（内力仕事）—————— 65
伝達率 —————— 224	非対称鉛直荷重を受けるラーメン —— 249, 250
撓角法 —————— 149	非対称荷重を受ける骨組 —————— 198
到達モーメント —————— 223, 224	微分方程式の相似性 —————— 30
到達率 —————— 224	表計算ソフトによるマトリックス演算 —— 219
等分布荷重を受ける片持ち梁 —— 12, 24, 36, 111	標準剛度 —————— 155
等分布荷重を受ける交差梁 —————— 290	標準反曲点高比 —————— 262
等分布荷重を受ける交差梁の解法例 —— 291	不安定な骨組の直角変位図 —————— 43
等分布荷重を受ける単純梁 —— 24, 26, 113	復元条件 —————— 57
独立部材 —————— 47, 51	部材角 —————— 151, 153
独立部材角 —————— 51	部材角が生じた場合の基本式と反曲点高比 —— 254
独立部材と従属部材 —————— 50	部材角だけが生じる場合のたわみ角法の基本式 —— 248
独立部材の数 —————— 51	部材角比 —————— 215
トラスの鉛直たわみ —————— 127	部材角を 1 とした直角変位図 —————— 49
トラスの解法例 —————— 284	部材全長に蓄積される歪エネルギー（せん断）—— 68
トラスの水平たわみ —————— 128	部材全長に蓄積される歪エネルギー（曲げ）—— 67
トラスのたわみ —————— 126	部材の歪エネルギーの総量 —————— 69
	不静定構造の解法原理 —————— 279
な一の	不静定構造の解法種類 —————— 139
	不静定力 —————— 279
内的 1 次不静定トラス —————— 287	不釣合いモーメント —————— 227
内的 1 次不静定トラスの解法例 —— 288	分割モーメント —————— 225
内的不静定構造 —————— 139	分割率 —————— 225
内部歪エネルギー —————— 77	分散質量 —————— 274
内力仕事 —————— 63	分配モーメント —————— 223, 225
2 層 1 スパンのラーメン架構の計算表 —— 241	分配率 —————— 225
2 層 1 スパンのラーメン骨組 —————— 240	閉鎖型骨組 —————— 43
2 層 1 スパン骨組 —————— 183	並進移動 —————— 271, 274
2 層 1 スパンラーメン —————— 246	ベティの定理 —————— 75
2 層 2 スパン骨組 —————— 192	変形確定状態 —————— 281
2 層 2 スパンラーメン —————— 267, 268	変形対称性と有効剛比 —————— 243
任意の位置に集中荷重が作用する単純梁 —— 118	変形の連続条件 —————— 279
任意の点を極とした直角変位図 —— 41	変形の連続条件式 —————— 281
ねじり剛性 —————— 275	変形の連続条件の定式化 —————— 281
ねじり補正係数 —————— 272, 275	変形法 —————— 139
ねじりモーメント —————— 271	偏心距離 —————— 274
ねじりモーメントを受ける円柱の基本式 —— 272	偏心モーメント —————— 272
ねじれ —————— 271	偏心率 —————— 271, 272, 275
	偏心率等の計算 —————— 276
は一ほ	偏心率とねじり補正係数 —————— 273
柱の柱頭・柱脚モーメントの算定 —— 262	

偏心率・ねじり補正係数の計算例	277	両端固定梁	142, 160
偏微分係数	77	両端固定梁の固定端せん断力	146
補位置エネルギー	78	両端固定梁の固定端モーメント	146
方杖を有する骨組	95	臨界荷重	88
棒の要素剛性マトリックス	85	連続梁	163
補仮想外力仕事	98	連続梁の解法	225

わ

割増し係数	275

補仮想仕事	97
補仮想仕事式	103
複数の独立部材	51
保持荷重	74
保持力による仕事	64
骨組の安定・不安定の判別	40
骨組の仮想外力仕事	97
骨組の仮想仕事	97
骨組の仮想内力仕事	98
骨組のたわみと回転角	103
骨組のたわみ	129
補歪エネルギー	78
補歪エネルギー最小の原理	79
補ポテンシャル・エネルギー	78

ま―も

マクスウェルの定理	76
マクスウェル－ベティの相反作用	74, 75
曲げ応力に対応する仮想仕事式	100
曲げモーメントによる弾性曲線の微分方程式	9, 11
曲げモーメントを受ける梁	21
曲げを受ける部材の歪エネルギー	66
マトリックス演算	180
マトリックス演算による解法	179
マトリックス表現	180
マトリックス表示	180
マトリックスを用いる解法の計算手順	180
面積モーメント法	30
モーメント荷重を受ける連続梁	225
モーメント外力	152
モーメントが作用する片持ち梁	13, 109
モーメントが作用する単純梁	121
モーメント荷重が作用する骨組	166
モーメント荷重による仮想外部仕事	98
モーメント荷重による弾性仕事	64
モーメントによる仕事	98
モールの回転変位図	55, 57
モールの定理	29
モールの定理による単純梁のたわみ	30
モールの定理の原理	29
モールの変位図	57

や―よ

有効剛比	243
余剰反力	279
余力	139, 279

ら―ろ

ラーメン系骨組	282

執筆者

鈴木　秀三　　職業能力開発総合大学校 名誉教授　工学博士

吉田　競人　　第一工業大学 教授　博士（工学）

川上　善嗣　　広島工業大学 准教授　博士（工学）

黒木　宏之　　九州職業能力開発大学校 准教授

徹底解説
図解 建築の力学Ⅱ

2019 年 6 月 20 日　第 1 版第 1 刷発行

著　者	鈴木秀三　吉田競人　川上善嗣　黒木宏之Ⓒ
発行者	石川泰章
発行所	株式会社 井上書院
	東京都文京区湯島2-17-15 斉藤ビル
	電話 (03)5689-5481　FAX (03)5689-5483
	https://www.inoueshoin.co.jp/
	振替 00110-2-100535
装　幀	藤本　宿
印刷所	秋元印刷所

- 本書の複製権・翻訳権・上映権・譲渡権・公衆送信権（送信可能化権を含む）は株式会社井上書院が保有します。
- **JCOPY** 〈(一社)出版者著作権管理機構委託出版物〉
本書の無断複写は著作権法上での例外を除き禁じられています。複写される場合は，そのつど事前に(一社)出版者著作権管理機構（電話 03-3513-6969），FAX 03-3513-6979, e-mail : info@jcopy.or.jp）の許諾を得てください。

ISBN978-4-7530-0654-0　C3052　　　　　Printed in Japan

出版案内

徹底解説 図解 建築の力学 I

鈴木秀三・藤野栄一　B5判・224頁　本体3000円

初歩的な建築力学の数式解法や図解法を用いて，その論理的な知識を反復を重ねながら平易に解説。力と力のモーメント，構造物と荷重の表示，反力，部材の応力，断面の諸係数，応力度とひずみ度，部材の断面に生じる応力など，公式や手順の暗記ではなく論理的理解を目指す。

基礎から学ぶ 建築構造力学 理論と演習からのアプローチ

中川肇　A5判・200頁　本体2400円

静定構造物と不静定構造物の二編構成とし，演習を基本に構造力学の理論をできるだけ丁寧に解説したテキスト。理論や解法を目的とした例題と，学生自身が解くことで習熟度がはかれる演習問題（基礎から応用）を数多く収録し，可能な限り説明を加えながら詳しくまとめている。

最新 建築材料学

松井勇・出村克宣・湯浅昇・中田善久　B5判・274頁　本体3000円

建築材料の基本的な性質・性能はもちろんのこと，建物としての要求条件の把握と，これを満たす適正な材料の選び方に関する理解が深まるよう，建築設計，構造設計，環境設備設計，施工の各分野に関連づけてわかりやすく解説した，建築系学生から実務者まで役立つテキスト。

図解 建築の構造と構法 [改訂版]

鈴木秀三編，岩下陽市・古本勝則・奥屋和彦・磯野重浩著　A4判・168頁・二色刷　本体3200円

建築構造全般の概要を建築生産工程の流れを通して無理なく学習できるよう徹底図解したテキスト。木造，S造，RC造ごとに特徴，材料，工法，施工，ディテール，法規等の基礎知識が整理しやすいよう一工程を見開きで構成し，各構法について共通プランを用いて解説する。

基礎教材 建築施工

中川基治　B5判・216頁　本体2700円

建築学の基本教科「建築施工」のテキスト。各種工事の流れが理解できるよう，工事の冒頭には施工フローやその工事の項目一覧を示し，生産過程や施工上のポイントを多数の図表を駆使して解説している。建築士試験に必須の基礎知識を問う○×式の演習問題も随所に掲載。

建築系学生のための 卒業設計の進め方

日本建築学会編　B5判・192頁　本体2700円

卒業設計に向けての計画案作成，準備，進め方を解説。建築の諸分野を網羅して課題設定の参考となる社会的テーマを示すとともに，フィールドワークやプレゼンテーションまで，多彩なノウハウを体系的に整理している。参考となるトピックスや卒業設計事例もあわせて紹介。

＊上記の本体価格に，別途消費税が加算されます。